KB123326

문학사 연구의
기초와
원본비평

문학사 연구의 기초와 원본비평

전승주

장편소설

청춘기

한설야

보고사
BOGOSA

머리말

　지난 10여 년 동안 책을 내놓을 생각을 하지 않았다. 그동안 연구자의 길보다, 대학 강의실에서 학생들에게 제대로 된 글쓰기와 세상을 보는 눈을 이야기하는데 더 중점을 두고 싶었기 때문이다. 이와 함께 연구자로서 그동안 공부해왔던 지식과 성과를 지역 사회 활동을 통해 사회에 돌려주어야 한다는 일종의 사명감을 실천하기 바빴기 때문이다. 이처럼 일반 시민을 대상으로 한 글쓰기 강좌, 인문학 강연, 독서 지도 등의 활동을 하며 바쁜 시간을 보내면서 한편으로는 보람을 느끼기도 했지만, 다른 한편으로는 내적 축적 없이 소모적 활동을 하는 것 같은 아쉬움을 느낄 수밖에 없었다. 그래서 그동안 틈틈이 공부해 온 것을 모아 한 권의 책으로 꾸리기로 했다. 부끄러운 글들이기는 하지만, 후학들에게 조금이라도 도움이 되고자 하는 생각과 앞으로의 활동을 위한 또 하나의 매듭을 짓기 위해서이기도 하다.

　책은 모두 3부로 이루어졌다. 1부는 식민지 시대 문인들의 작품을 통해 당대의 시대적 특성에 관해 살펴보고자 한 글들이다. 특히 1930년대의 상황 변화에 따라 프로 문인들의 특성이 어떻게 변화하고 있는지를 중심적으로 살피고자 했다. 2부는 오래 동안 관심을 가져 왔고 지금도 민족문학사연구소의 다른 동료들과 함께 공부하고 있는 문학사 연구의 기초가 될 만한 단편적 생각을 피력한 글들이다. 앞으로도 이 부분에 대한 연구는 지속적으로 해나가고자 한다. 3부는 개인적으로 10여 년 전부터 관심을 가지고 진행해 왔던 원본비평의 작은 성과들이다. 우리 문학 작품들에 대한 이론적 분석은 상당히 많이 이루어지고 있지만, 작품 그 자체에 대한 연구는 소홀한 것이 사실이다. 이는 기본적으로 원본비평 작업 자체의 기간이 매우 길 뿐 아니라 그다지 매력적인 연구로 느끼지 못하는 연구 풍토 때문이기도 하다. 하지만 제대로 된 연구를 위한 기초 작업으로서 작품의 원본을 확정하는 일은 매우 중요하다. 이 책에 포함한 세 편의 글을 통해 원본비평의 의미와 중요성을 조금이라도 알릴 수 있다면 좋겠다.

늘 문학과 사회에 대한 고민을 공유해 온 민족문학사연구소의 선후배 동료들과, 나를 지탱해주는 가족들 그리고 나의 사회적 활동을 함께 나누는 노원의 사람들, 지근거리에서 일상의 소소함을 함께 하며 밝고 맑은 생각을 갖게 해주는 사람들 그리고 마지막으로 이 책이 빛을 볼 수 있게 기꺼이 출판을 허락해 준 보고사 김흥국 사장님과 이순민 님을 비롯한 직원 여러분께 감사드린다.

차례

제1부

식민지 시대의 문학과 정치

『경영』과『맥』의 세계

1. 머리말

1930년대 후반은 일제 파시즘의 강화로 인해 일체의 사상활동이 부정되던 시기이며 이에 따라 문단적으로는 20년대 중반 이후 형성되었던 프로문학과 민족주의문학의 대립 발전 구도가 와해되면서 문학전반이 위협을 받았던 시기였다. 이를 두고 임화는 "19세기적 진실과 20세기적 사실과의 구할 수 없는 모순을 인정할 뿐더러 20세기적 지성이 20세기적 사실에게 격퇴"당함으로써 '말하려는 것과 그리려는 것이 분열'[1]된 시대임을 말한 바 있다. 여기서 '20세기적 사실'이란 곧 파시즘의 대두를 가리키며 '격퇴당한 20세기적 지성'이란 역사의 진보에 대한 당대인들의 믿음의 상실을 의미한다. 이것은 근대자본주의를 계급모순의 사회로 파악하고 사회주의적 당파성을 내세움으로써 자본주의를 전면 부정하고자 했던 프로문학 쪽뿐만 아니라, 창조적인 개성을 억압하는 자본주의적 물신성을 극복하기 위한 일환으로 미적 자율성을 제

---

1 임화, 『문학의 논리』, 학예사, 1940, 129쪽.

시했던 모더니즘문학 역시 파시즘의 창궐 앞에서 자신들의 이념과 방법을 지켜낼 수 없었음을 의미한다. 특히 사회주의적 이념을 지향하며 자본주의의 몰락을 믿어 왔던 프로문인들에게 그러한 절망감이 더욱 극심했으리라는 점은 쉽게 짐작할 수 있다. 이러한 상황 속에서 임화는 성격과 환경의 부조화를 지적하며 적극적 주인공으로서 이를 타개할 것을 주장하는 본격소설론을 제시한 바 있다. 이를 두고 김남천은 '가공할 절망론'이라 비판하며, 작품세계의 개변이나 표현방법의 새로운 획득을 문제 삼기 이전에 비평가의 자기반성을 촉구했는데, 이는 소설론의 방향에 대한 근원적 반성을 제기한 것이라 볼 수 있다. 즉 그는 소설의 당면문제가 적극적인 주인공의 상실에 있는 것이 아니라 각 계층의 전형성의 발전에 있어서 그 불철저한 문학적 방법에 있는 것임을 분명히 함으로써 소설론의 접근방식에 대한 반성을 촉구하게 된 것이다. 발자크연구를 통하여 고발문학론에서 관찰문학론에 이르는 일련의 소설론과, 루카치의 견해를 빌려 강조한 「소설의 운명」이 바로 그것이다. 그는 이 일련의 소설론에서, 새로운 세계에 대한 전망을 가지지 못할 때 가능한 일은 개인주의가 남겨놓은 모든 부패한 잔재를 소탕하는 일뿐임을 강조한다. 곧 "왜곡된 인간성과 인간의식의 청소—이것을 통해서만 우리는 완미한 인간성을 창조할 새로운 양식의 문학을 가질 수 있다"[2]는 것이 그의 생각이었다. 그것을 위해 실천해야 할 하나의 방도로서 그는 작가의 사상이나 주관과는 무관한 단 하나의 길 즉 '리얼리즘'을 바로 진실을 그려낼 수 있는 방법이라고 주장했다.

그런데 여기서 말하고 있는 리얼리즘의 방법이란 다만 전환기를 감

---

2 김남천, 「「소설문학의 현상」 – 절망론에 대한 약간의 검토」, 『조광』, 1940.9.

독하고 왜곡된 인간성과 인간의식의 인간생활을 제시하는 정도에 그치고 있는 것이 사실이다. 아직은 구체적인 방법론이나 정신에 대한 해명을 제대로 정립하고는 있지 못한 상태이다. 김남천 스스로 고백하고 있듯이 결국 리얼리즘의 길을 마지막 방법으로 선택하고 있을 뿐 그 구체적인 방법을 더 이상 개진하지 못했던 것이다. 그러나 이러한 소설론은 카프해체 이후 더욱 강화된 일제의 군국주의와 사회적 위기에 대응하기 위한 문학론으로 대두되었다는 점에서 시대적 의미를 지닌다. 특히 주목되는 것은, 자신이 말하는 리얼리즘론에 입각하여 실제 작품을 창작, 실험하고 있는 점이다.[3] 소설론에 입각한 이러한 창작활동은 초기의 고발문학론에서부터 관찰문학론 그리고 「소설의 운명」에 이르기까지 지속적으로 연결되고 있는데, 미완의 장편인『낭비』와 그 연장선상에서 좀 더 현실적인 전향인의 내면을 그리고자 하는 실천의 산물인『경영』,『맥』은 그러한 노력의 마지막 지점에 있는 작품들이다. 특히『경영』과『맥』은 당대 지식인이 어떻게 살아야 하며 어떤 모럴을 추구할 것인가의 문제를 사상적 측면에서 제기함으로써, 당대 지식인들의 내면세계에서 가장 핵심적인 사항이었던 전향의 문제를 본격적으로 다루고 있어 더욱 문제적이다.

당시 전향이라는 문제는 생활인으로서의 개인뿐만 아니라 문인으로서의 생존과도 직결된 것이었기에, 이 민감한 전향 문제를 문학적 처지에서 공적으로 논의하거나 검토한 일은 거의 찾아볼 수 없는 상황이었다. 전향에 대한 공적인 논의가 단지 박영희와 백철 두 비평가에 의해서만 이루어졌던 사실도 그들에게 공식적으로 전향을 선언할 필요가 존재

---

3 권영민,『한국민족문학론연구』, 민음사, 1988, 328~329쪽.

했기 때문이었지, 그것이 지니는 역사적 의미나 내적 논리를 밝히는 것은 아니었다.[4] 특히 소설분야에서 이 전향의 문제는 주로 인간의 모럴이라든가 섬세한 삶의 감각이나 인식의 문제로 내면화되어 나타날 뿐 작품의 전면에 드러나는 경우란 거의 없었다. 더욱이 전향을 내면화한 이들 전향소설의 경우에는 설사 주인공이 작가가 아닐지라도 작가의 분신과도 같은 지식인을 내세우는 일이 하나의 원칙처럼 되어 있었는데, 이 전향의 문제가 김남천의『경영』과『맥』에 와서 비로소 지식인의 사상의 문제로 공적인 모습을 띠고 나타나게 된 것이다. 이러한 의미에서 이 두 작품은 그 성공여부에 관계없이 역사적 의미를 지닌다고 할 수 있다. 이런 까닭에 지금까지 김남천의『경영』과『맥』에 대한 연구는 주로 '전향'의 문제를 매개로 이루어져 왔는데,[5] 그것은 주로 전향자로 등장하는 '오시형'의 논리가 어떤 합리성을 지니고 있는가, 그리고 전향자와 그를 둘러싼 제반 현실은 어떻게 형성되었는지에 대한 고찰이었다.

그런데 이러한 시각은, 우리나라의 전향이 내부로부터의 전향이나 공적으로 언명된 전향이 아닌 '권력의 강제에 의한 외부로부터의 강제적인 규정'[6]에 의해 전향자가 속출하게 된 사회적 현상이라는 점을 생

---

4 김윤식, 「사상전향과 전향사상」, 『한국근대문학사상사』, 한길사, 1984, 259쪽.

5 김동환, 「1930년대 한국 전향소설연구」, 서울대학교 석사학위논문, 1987.
　정호웅, 「주체의 정립과 리얼리즘」, 『한국근대리얼리즘작가연구』, 문학과지성사, 1988.
　이덕화, 「김남천 연구」, 연세대학교 박사학위논문, 1990.
　김재남, 『김남천문학론』, 태학사, 1991.

6 사상의 과학연구회, 〔轉向〕, 上券 序文. 당시 일본지식인의 경우에는 전향해도 돌아갈 곳으로서의 조국-일본 천황제-이 있지만 식민지 조선의 지식인은 전향해도 돌아갈 곳이 없다는 한 일본좌익지식인(林方雄)의 말은 양국의 전향이 지니는 차이점을 말하는 것이지만, 이러한 전향의 문제는 결국 당대 일본 및 식민지 조선사회의 모순 속에서 그러한 모순을 타개할 길을 찾지 못하게 된 경우 취하는 사상의 변모이며, 그러한 사상 변모의 근저에는 현실인식의 문제가 놓여 있다는 근본적으로는 동일한 것이라 할 수

각한다면 그 특성을 밝히기엔 미흡한 소재주의적인 접근법이라 할 수
있다. 전향자와 전향의 추이에 대해 집중적으로 고찰하게 되면 결국
지식인의 소시민적 이중성으로 그 고찰의 준거가 모아지고, 이념과 현
실사이에 놓인 거리의 멀고 가까움을 밝히는 것으로 전향의 문제를 해
소시켜 버릴 가능성이 크기 때문이다. 전향(사상)의 문제는 더욱 더 보
편적인 현실연관의 문제로 다루어져야 한다. 즉 당대 식민지자본주의
라는 한정된 사회에서 발생하는 모순과, 그러한 모순 속에서 타개할
길이 눈앞에 보이지 않을 때 느끼는 내적 고민의 형상화라는 면에서
보아야 하기 때문이다. 그런 경우에만 전향의 문제뿐만 아니라 전향이
근거하고 있는 당대현실에 대한 작가의 인식까지 살펴볼 수 있다. 이러
한 의미에서 당대의 소설에 대한 방향모색은 말 그대로 시대정신의 모
색이라 할 수 있다. 작가가 현실에 대해서 도덕적 관계를 맺고 있지
않는 한 소설은 불가능해지며 현실세계와의 대립이 사라지면 소설양식
역시 해체되게 마련이다.[7] 명확한 대안이 마련되지 못한 혼돈된 세계
속에서 세상을 거부할 것인가, 아니면 현실을 완전히 수락할 것인가
그도 아니라면 실천적으로 세상을 모색할 것인가 하는 기로에서 이루

있을 것이다. 요컨대 한·일 양국 지식인의 전향이라는 행동양식은 현실을 인식하는
눈 즉 세계관의 변모라는 점에서 동일한 성질의 것이 아닐 수 없다.
7 당대에 일제에 의해 제출된 '내선일체'의 논리는, 중일전쟁의 장기화로 인한 조선인의
반일감정의 고양을 무마시키기 위한 정책의 일환으로 실시된 것이었다. 이 정책은 일제
의 입장에서는 '동화의 논리'로 작용하는 것이었지만, 이에 대한 식민지조선의 입장에서
는 '차별로부터의 탈출논리'로 인식되고 있었는데 이것이 전향으로 이어졌던 것이다.
이러한 전향의 논리는 자신이 발 딛고 있는 식민지 현실을 제대로 바라보지 못하는
것으로서 일제와 조선현실의 차이를 애써 외면하고 있는 것이 아닐 수 없다. 특히 식민지
조선의 작가들은 이러한 현실의 문제에는 눈을 감고 도피하려는 자세를 취함으로써
전향으로 쉽게 나아갈 수 있었다. 최원규 편, 『일제말기 파시즘과 한국사회』, 청아,
1988, 162~163쪽.

어지는 작가의 선택은 치열한 시대정신의 모색이 아닐 수 없으며, 그
결과에 따라 작가의 내면의식을 드러내는 방식 역시 달라지지 않을 수
없기 때문이다. 여기서는 이러한 문제의식에 입각하여, 전향소설의 최
고봉이라 평가되는 『경영』과 『맥』에서는 지식인이 어떤 양상으로 그려
지고 있으며, 또 이들 인물은 당대의 역사적 상황을 어떤 눈으로 바라
보며 어떻게 평가하고 있는가, 또한 이렇게 창조되어 당대의 상황에
일정하게 반응하고 있는 이들 인물에 대해서 작가 김남천은 어떤 태도
를 취하고 있는가를 살펴보고자 한다.

2. 리얼리즘의 모색과 현실수용의 과정

1) '관찰문학론'으로의 도정

김남천은 자신의 감옥 체험을 묘사한 「물」을 두고서 우익화 경향을
지적한 임화의 비판에 대해, 그러한 우익적 경향과 도식화, 유형화는
작가의 실천부재 혹은 소시민적 경향에서 나온 것으로 자신과는 거리
가 멀다고 반박했다. 문학을 결정하는 것은 작가이며 그 작가를 결정하
는 것은 작가의 실천이므로 문학의 힘이란 문학자체의 것이라기보다는
작가의 정치적 실천과정 속에서 획득되는 것[8]이라 주장했는데, 이러한
주장은 작품에 대한 평가 자체에는 수긍하면서도 감옥 체험을 강조함
으로써 자신의 정치적 우위를 강조하고자 한 전략적 비판으로 해석할
수 있다. 이러한 의식이 가능했던 것은 이 논쟁이 단지 작품 「물」의

---

8 김남천, 「임화적 창작평과 자기비판」, 《조선일보》, 1933.8.2.

형상화 여부에 대한 문학적 논쟁만으로 국한된 것이 아니라 사회주의
리얼리즘의 수용에 따라 제반실천을 통하지 않은 도식적, 우익적 창작
경향에까지 관련된 것이었기 때문이다.

그런데 이처럼 김남천이 자신의 의견을 조금도 굽히지 않고 주장할
수 있었던 것은 그의 실천관에 근거를 두고 있다. 김남천은 사회주의리
얼리즘이 수입되어 자연주의적 사실주의로 변질되어 유행하는 잘못된
태도를 지적하였지만, 그 역시 여전히 예술을 그 정치적 기능의 측면에
서만 이해하는 편향된 시각을 가지고 있었기에 가능한 태도였다.[9] 즉
예술을 정치적 당파성의 종속물로서만 이해를 함으로써 정치적 실천을
통하여 지식인 소시민성과 현실과의 간극을 메울 수 있다고 생각했던
것이다. 하지만 작가적, 정치적 실천이 강고한 파시즘의 논리 앞에서
더 이상 실현불가능하게 되었을 때, 예술을 정치적 당파성의 종속물로
생각했던 김남천으로서는 위기감을 느끼지 않을 수 없게 된다. 이 때
그의 앞에는 두 가지 길이 놓여 있었는데, 그것은 현실을 있는 그대로
그리거나 그렇지 않으면 자신이 말하고자 하는 것을 보장해 줄 현실을
가공해 내는 것이었다. 그런데 현실가공의 방법은 그가 극복하고자 했
던 작품의 도식화, 유형화를 낳는 길이었기에 김남천으로서는 있는 그
대로의 현실을 그리는 길을 택하지 않을 수 없게 된다. 그렇지만 이러
한 있는 그대로의 '객관세계'를 그리는 것은 파시즘적 현실을 수용하는
것을 의미하기에 스스로 받아들일 수 없는 방법이었는데, 이러한 모순
을 해결하는 과정에서 나온 것이 바로 '고발문학론'이라 할 수 있다.
즉 현실을 승인한 자리에서의 작가적 실천이란 불가능하며 단지 가능

---

9 김윤식, 앞의 책, 164쪽 참고.

한 것은 그 원칙론적인 입장을 되풀이 강조하는 일에 불과하게 되자, 내적으로는 자신의 신념을 포기하지 않으면서도 그러한 이념적 정당성을 발휘할 수 없는 자신의 소시민성을 폭로하는 것, 이것이 바로 그가 추구했던 자기고발의 길이었다.[10]

이것은 이전의 '물 논쟁'에서 외부세계로 향하였던 관심을 자기내부로 돌리면서 택한 길이라고 할 수 있을 것인데 이 때 그의 눈앞에 드러나는 것은 현실생활 속에서 안주하는 개인적 삶이었다. 그러나 「처를 때리고」 「춤추는 남편」 「요지경」 「제퇴선」 등의 작품에서 드러나는 지식인의 소시민성을 김남천이 아무리 치열한 자기고발과 비판으로 극복하고자 해도 그가 의도했던 주체재건으로는 이어지지 않았다. 그것은 자신이 비판하는 지식인의 삶 자체가 이미 개인적 윤리의 차원에 머무는 것이며 그 비판 속에서의 전망 역시 작가는 자신의 소시민적 왜소함 이상의 어떤 전망을 발견할 수 없었기 때문이다. 그것은 김남천의 작품 속에 나타나는 지식인의 자기비판 자체가 전체 현실에 대한 인식을 마비시킬 정도로 그 자체에만 몰입하지 않을 수 없도록 만드는 것이었기 때문이다. 즉 자기비판과 고발 자체가 전체현실을 올바로 보기 위한 준비 작업으로 출발했음에도 불구하고 실제로는 그러한 자기비판의 작업이 물신화되면서 전체 현실을 보지 못하도록 만들었기 때문이다. 달리 말한다면 작가 자신이 자기비판의 진정한 주체로서 작용하고 있는 것이 아니라, 그러한 자기비판의 작업 속에 파묻혀 그 비판이 없이는 마치 문학의 내용이 성립하지 않을 것 같은 상태에 이르렀던 것이다.

---

10 서경석, 「정치적 실천과 문학적 실천」, 권영민 편, 『월북문인연구』, 문학사상사, 1989, 86쪽.

이러한 사실은 문학적 대상으로서의 자기비판이 당시 현실과의 갈등 속에서 현실을 분석하는 것에서 제출된 것이라기보다는 그러한 현실에 무력한 지식인자신의 무력한 모습에 대한 개인적 반성에 의해 이루어진 것이라는 사실에 기인하는 것이다. 이처럼 자기고발이 한계에 부딪히자 그는 자기고발에서 현실고발로 나아가게 된다. 이와 함께 고발문학의 발전을 위하여 그는 형상화의 기법에 있어서도 다양한 시도를 하게 된다. 「남편 그의 동지」 이후 지식인의 소시민성을 그리는 「처를 때리고」계열의 이른바 '내성' 소설들이 그러한 시도의 산물이라 할 수 있다. 이들 작품에서 김남천은 사건의 개요를 그릴 때는 외부초점화자를 설정하여 사건이나 스토리를 서술하게 만들고, 고발의 대상이 되는 지식인의 심경이나 내면세계를 그릴 때는 내부초점화자를 설정하는 등 내면세계의 폭로에 주력한다. 그러나 이러한 고발이나 형상화기법의 다양화만으로는 주체재건이 이루어질 수 없었다. 그것은 재건되어야 할 주체가 이미 현실에 의해 훼손되었을 뿐만 아니라 그 훼손된 상태가 자기고발이나 현실고발로는 더 이상 치유될 수 없는 것이었기 때문이다. 따라서 그에게는 현실의 압박에 의한 분열을 겪지 않고 '캄캄한 현실상태'를 헤쳐 나갈 주체 즉 현실에 의해 훼손되지 않은 자아의 설정이 필요했는데 그것이 「남매」 계열의 주인공인 어린 소년 '봉근'이다. 하지만 이러한 자아는 아직 현실생활을 겪지 않은 가치미정형의 어린 소년들로서 가치판단을 내릴 시각을 지니지 못한 인물이라고 할 수 있다. 따라서 이들이 현실생활 속으로 들어와 자신의 시각으로 현실을 바라보게 되었다 하더라도, 현실의 부정성의 원인을 찾아내고 이를 치유할 길을 찾기란 불가능한 일이 아닐 수 없게 된다. 오직 현실에 대한 환멸만 느낄 수 있을 뿐이었다. 김남천이 지식인의 소시민성과 현실을

폭로함으로써 의도했던 것은 기본적으로 작가의 양심을 최소한으로 지
키고 회복하고자 하는 것이었지만 결국 그가 느꼈던 것은 이러한 현실
에 대한 환멸의 심화밖에 없었던 것이다. 이에 따라 그는 새로운 문학
론으로 나아가지 않을 수 없었는데, 그러기 위해서 그에게 필요한 것은
우선 있는 현실을 그대로 인정하는 것이었다. 결국 그는 현실에 대한
관찰자의 입장으로 나아가게 된다.

2) 현실수용과 리얼리즘

김남천은 자신의 관찰문학론의 의의에 관하여 "추상적으로 배운 이
데올로기, 현실 속에서 배우지 않은 사상의 눈이 현실을 도식화하는데
대하여 자기 자신의 눈을 통하여 현실 속에서 사상을 배우고 이것에
의하여 자기를 현실적인 것으로서 인식하자는 필요에 의한 것이었다."[11]
고 말한 뒤, 이러한 자신의 문학행로에 대해 다분히 조소적으로 '변모'
라고 말하는 것에 대해 문제는 그러한 '변모'에 있는 것이 아니라 어떻
게 변모하였으며 또 어떻게 변모할 것인가가 중요하다고 비판하면서,
자신의 문학적 행로를 자기성찰에서 '리얼리즘' 본래의 입장으로 변모
해 나가는 하나의 '발전'적인 것으로 파악하고 있다. 그가 이처럼 자신
의 관찰문학론을 하나의 발전으로 파악하고 있는 것은 자신의 관찰문
학론이 비록 처음부터 현상타개를 위한 것이 되었던 것이 아니라 자신
의 문제에 속한 것이라고는 하지만 그래도 암담한 현실 속에서 최소한
의 노력을 하는 것이라는 자부심을 느끼고 있기 때문이다. 그가 이러한

---

11 김남천, 「발자크연구노트 4-체험적인 것과 관찰적인 것」, 『인문평론』 8, 1940.5, 49쪽.

자부심을 느끼는 근거는 이 '리얼리즘'이란 것에 놓여 있는데 그가 말하는 리얼리즘이란 무엇인가? 김남천은 임화의 본격소설론을 한갓 '당돌한 구상'이라 비판하고 우리의 형편에서 가당하고 가능한 일은 '개인주의가 남겨놓은 모든 부패한 잔재를 소탕하는 일'이라 본다. 여기서 그가 말하는 개인주의는 아마도 자본주의사회의 특징인 그 개인주의의 이념이기보다는 개인이 갖고 있는 사상이나 주관을 이르는 것일 것이다. 이를 두고 그는 아이디얼리즘이라 불렀으며 이에 대비되는 리얼리즘을 주장한 것이다.

> 피안에 대한 구상을 가지고 있지 못한 우리가 무엇으로서 이것(개인주의가 남겨 놓은 모든 부패한 잔재를 소탕하는 일—인용자)을 행할 수 있을 것인가, 작자의 사상이나 주관 여하에 불구하고 나타날 수 있는 단하나의 길, 리얼리즘을 배우는 데 의하여서만 그것이 가능하리라고 나는 대답한다.[12]

이러한 리얼리즘은 두말할 것도 없이 발자크를 두고 '작가의 사상이나 이데올로기에 관계없이 나타나는 리얼리즘'이라 말했던 엥겔스의 말을 그대로 옮겨 놓은 것이 아닐 수 없다. 이러한 리얼리즘을 그는 일차적으로는 인물을 둘러싸고 있는 현실의 제 연관을 철저하게 해부하고 철저하게 규정적인 것으로 그리는 것에 의해 가능한 것으로 판단했다. 고발문학론이나 『고향』의 희준이 거둔 성과를 해부와 이중성의 고발로 보는 것 역시 그러한 시각에 근거하고 있다. 그가 자신의 문학론을 펼치면서 생활인이 직업인으로서 갖는 직분의 윤리를 강조한 것

---

12 같은 곳.

도 이 때문이다. 직분은 사상이나 이데올로기와 관계없이 성립하는 직업윤리일 뿐이며, 소설에서 보면 그것은 작가의 세계관과는 관계없이 나타나는 리얼리즘이라는 것이다. 1940년의 식민지 현실에서 문학 활동을 하는 가운데 세계관에 사로잡히지 않고 가능한 유일한 길로 그가 찾아낸 것이 바로 이 리얼리즘, 단지 현실을 있는 그대로 기록하는 것으로서 성립 가능한 리얼리즘의 길이었던 것이다. 이러한 리얼리즘의 반영이 바로 중편 「속요」와 미완의 장편인 『낭비』이며 그 연장선상에 있는 『경영』 『맥』이다.

3. 객관주의적 자기비판과 관념적 진술의 의도

1) 식민지 지식인의 유형

김남천은 중편 「속요」에서 생활을 지탱하는 지식인의 태도를 다음과 같이 드러낸 바 있다.

당대의 인테리 그것도 얼마 전까지는 문학이니 사상이니를 론지하여 문단을 질타하고 작단을 격려하던 김경덕이가 「오락과 취미」란을 즐기다니 그게 어디 당할 소리냐고 … 아무리 지성이 타락되어 인테리가 행방을 찾지 못하기로서니 그게 당초에 될 수 있는 일이냐고 그의 친구들도 놀랠 일일지도 알 수 없다. 그러한 생각은 김경덕이 자신도 의식한다. 그러기 때문에 그는 신문을 펼쳐들자 댓바람에 「오락과 취미」란을 찾아 가는 것이 아니다. 우선 제호를 살핀 뒤 「본지조석간십이령」이란 데서부터 서서히 눈을 옮겨 커다란 고딕이나 제호활자를 찾아서 한번을 훑어보는 척 하고는 다시 사회면, 그 다음에야 펄쩍 사면으로 가서 위로 두 단을 차지한 연재소설의 삽화를 구경하고 그 삽화 중에 무슨 기이한 놈이라도 그려져 있으면 그것을 잠깐 들여다보군, 이내 「요문철답」이라는 귀퉁이를 이모저모 찾아보는 것이었다. 그의 두 눈알이 과자 부스러기만 밖에 안 되는 이 「요문철답」을 발견하곤 좀처럼 이동이 되지 않는다. 드디어 그는 자리를 일어날 때까지 그놈을 붙들고 멍청하니 재미가 진진한 것이다.

이불속에서조차도 곧바로 「오락과 취미」란으로 나가지 않고 굵은 활자와 사회면을 거친 뒤 나아가는 것, 지식인의 양심 혹은 제스처를 거치지 않고서는 도저히 일상생활의 재미나 안일함으로 나아갈 없는 것, 이것이 김남천이 말하는 양심 지키기라고 할 수 있을 것이다. 이처럼 생활 속에서의 지식인의 양심 지키기란 한낱 제스처의 수준을 넘어설 수 없으며 지금의 시대는 '논평할 시대가 아니라 관망할 시대, 준비할 시대'라는 것을 말하고 있다. 이러한 현실 속에서 정작 작가가 느끼는 것은 아이러니일 뿐이다. 불과 삼사년 전만 하여도 '경덕' 자신이 복고주의를 공격하고 전통부흥을 폭로하여 대논전을 폈던 적이 있었으므로 다른 사람 아닌 복고주의반대론자가 고서출판에 가담하고 있다는 것, 이를 두고 작가는 아이러니라고 생각하지만 여기서 작가는 작품 속에 직접 개입함으로써 이러한 아이러니를 쉽게 극복하고 있다.

그러나 『경영』『맥』에 오면 이러한 작가의 개입은 사라지고 마는데 그것은 그러한 아이러니가 진실한 자기의 본질적인 문제로 다가오기 때문이다. 이는 곧 『경영』과 『맥』에서는 상황의 심각함을 느끼지 않을 수 없게 되었음을 반영한다.

『경영』『맥』에서 작가 김남천은, 식민지 현실에 적응하는 현상적인 인물로 설정한 '오시형'과 그러한 현실적응적 태도를 비판하지만 새로

운 대안을 추구하지 못하고 회의하는 지식인 '이관형', 그리고 그러한
식민지 현실 속에서도 미래에 대한 희망과 이상을 유지하려는 '최무경'
을 등장시켜 1940년 전후 지식인의 존재방식에 대한 진지한 모색을 시
도하고 있다. 이들 작가가 창조한 인물들은 그 작가의 세계관, 문제의
식, 관심구조 등의 형이상학적인 차원의 문제를 반영하고 있는데, 작
가의 인물창조란 단순한 기교상의 문제가 아니라 그 작가의 특질을 본
질적으로 드러내 주는 것이기 때문이다. 이렇게 볼 때『경영』『맥』에서
의 이들 인물들은 당대 사회와 역사의 의미를 알게 해 주는 매개체 노
릇을 하고 있다고 할 수 있다. 따라서 이들이 맺고 있는 관계와 아울러
각 인물들이 당대 역사적 상황과 맺고 있는 관계를 살펴보는 것은 작가
김남천이『경영』과『맥』에서 그려내고자 했던 핵심적인 주제를 파악하
는 일이 된다.

　무엇보다 여기서 문제적인 것은 각 인물이 표상하고 있는 사상이 어
떤 관계 속에서 표출되고 있는가 하는 문제이다. 전향자 오시형, 회의
론자 이관형에게 각각 드러나는 세계를 바라보는 '눈'에 해당하는 사관
의 문제로서의 다원사관과 일원사관을 최무경의 시선을 통해 검토하고
있는 것과 '보리'로 상징되는 미래를 기다리는 삶의 자세라는 문제가
바로 그것인데 이들의 사상검토를 통해 김남천이 지닌 문제의식과 세
계관에 접근할 수 있다.

　오시형은 고향으로 내려간 뒤 무경에게 보내는 편지에서 다음과 같
이 말하고 있다.

　　지금 내가 생각하고 있는 것은 나의 장래에 대한 것이오. 내가 어떻게
　하면 정신적으로 재생하여 자기를 강하게 하고 자기를 신장시킬 수 있을

까 하는 문제입니다. 일찌기 나는 비판정신을 배웠습니다. 그러나 이러한 자기 자신에 대한 비판만 되풀이하고 있으면 그것은 자학이 되기 쉽겠습니다. 나는 자학에 빠져버리고 싶지는 않습니다. 뿐만 아니라 외부세계에 대한 준열한 비판만 있으면 모든 것이 그대로 이루어지리라는 요즘의 지식인의 통폐에 대해서는 좌단을 표명할 수가 없었습니다. 비판해버리기만 하는 가운데서는 창조는 생겨나지 않을 것이기 때문입니다. 설령 그러한 결과 도달하는 것이 하나의 자애에 그치고 외부환경 대한 순응에 떨어지는 한이 있다고 하여도 지금 나의 가슴 속에 자라나고 있는 새로운 맹아에 대해서 극진한 사랑을 갖지 않을 수는 없겠습니다. 새로운 정세 속에 나의 미래를 세워 놓기 위해서 지금까지 도달하였던 일체의 과거와 그것에 부수되는 모든 물이 희생을 당하여도 유린을 당하여도 그것은 또한 어떻게 할 수 없는 일일까 합니다.

자기 자신에 대한 비판 즉 고발정신은 자학이 되기 쉽기 때문에 바람직한 것이 아니며, 외부세계에 대한 준열한 비판으로 생기는 것이 아무 것도 없기 때문에 현실에 순응하는 가운데 생기는 새로운 것의 창조가 가장 바람직한 것이라는 것이다. 이는 지난날 김남천 자신이 추구해 왔던 길에 대한 비판이 아닐 수 없다. 김남천은 몇 달 후 한 평론에서 서양의 모든 문화가 서양 중심으로 완결된 세계를 이룬다는 일원사관을 극복해고 다원사관을 받아들이는 것만이 신체제를 극복할 수 있는 길이라고 주장한 바 있는데[13], 이관형의 지식을 통해 오시형이

---

13 김남천, 「원리와 時務의 말」, 『조광』, 1940.8, 102~103쪽. 그는 여기서 "붓을 던지고 내외에서 관망하거나 원리의 상실만을 되풀이하는 것은 자기의 신상보전이나 명예는 유지될는지 모르나 그것은 진정한 문학인의 자세가 아니"라고 말하면서, 특히 임화의 『신문학사』를 두고 작가나 시인에게 추진력이나 목표를 주지 못하는 하나의 도피나 은둔으로 볼 수 있을 것이라며 비판하고 있다.

받아들이고자 했던 다원사관을 무경이 비판하는 것 역시 김남천 자신에 대한 자기비판이라 할 수 있다. 이렇게 본다면 오시형이라는 인물은 현재의 김남천 자신과 조금도 다르지 않다. 그러므로 오시형이 다음과 같이 자신의 전향동기를 설명하는 것 역시 김남천 자신의 심리를 대변한 것이라 할 수 있다.

> 옛날과는 모든 것이 다른 것 같애. 인제 사상범이 드무니께 옛날 영웅심리를 향락하면서 징역을 살던 기분두 없어진 것 같다구 그 안에서 어느 친구가 말하더니 달이 철창에 새파랗게 걸려 있는 밤, 바람 소리나 풀벌레 소리나 들으면서 잠을 이루지 못할 때엔 고독과 적막이 뼈에 사무치는 것처럼 쓰리구.

여기서 오시형은 자신의 전향동기를 영웅심리의 소멸과 고독의 증대로 설명하고 있는데 이 말은 이전의 사상이나 운동이라는 것이 자신의 관념에 지나지 않았다는 것, 즉 현실이 아니었다는 점을 의미한다. 그래서 이제는 현실에 발 딛고 새로운 창조를 위해 살아야 한다는 논리를 펼친다. 이러한 논리는 『경영』에서 주입되는 색깔에 따라 변하는 수국 및 이제는 다 낡은 형체만 남은 구두와 양복으로 비유되고 있는데, 이제는 다 시들어 버렸거나 낡아서 그 가치를 지니지 못하는 것으로서 시대에 순응하는 인물의 상징이다. 그는 전향을 하면서도 회의나 갈등 없이 당당한 태도를 보여주는데 이러한 태도는 당대 지식인에게 있어 전향이란 감정적으로 이해될 수 없으며 논리로서만 가능한 것임을 말하기 위함이다. 그러나 오시형에 대한 작가 김남천의 시각은 전혀 드러나지 않는다. 오시형은 바로 김남천의 현재적인 자아를 대변하고 있는 인물로서 당대 지식인의 한 유형을 관념적으로 대변하는데 그 목적이 있기 때문이다. 그는 자신에 대해서 더 이상 내적 비판을 가하고 있지 않으며 타인에 의한 논리적인 비판만을 그려줄 뿐이다.

한편 오시형의 사상을 비판하는 이관형은 어떤 인물인가? 미완의 장편인『낭비』에서 모습을 내비췄던 이관형은, 오시형이 사관의 문제를 내세워 서구의 일원사관을 배격하고 다원사관의 가능성 위에서 동양학을 건설할 것과 그를 위해 일본을 중심으로 한 신체제 건설에 힘쓰자는 전향논리를 펴는데 대해, 지극히 회의적인 생각을 보인다. 동양학이나 다원사관의 성립가능성을 묻는 무경에게 그것은 어렵고 애매하며 내용 없는 것으로서 서양이 가졌던 통일성을 가지지 못함에 따라 성립하기 힘든 것임을 말하며 그 허구성을 지적한다. 그러나 그 역시 이에 대한 설득력 있는 대안을 제시하고 있지는 못한데 이것은 이관형 역시, 오시형과 마찬가지로 조선의 식민지 자본주의현실을 제대로 바라보고 있지 못한 상태에서 그 현실에 안주하고 있기는 마찬가지이기 때문이다. 즉 오시형과 이관형이 각각 내세우는 일원사관과 다원사관은 서구자본주의의 합리적 이성과 그 폐해라는 동일한 문제를 중심으로 하여 서로 다른 눈으로 바라보는 것이지만, 그러한 인식의 근거가 되는 식민지 조선이 경험한 자본주의를 공통된 근거로 갖고 있다는 점에서는 동일한 것이다. 당시 조선의 카프작가들이 인식했던 자본주의란 진정한 의미에서의 자본주의가 아닌 그야말로 감각적 차원의 자본주의라고 할 수 있다. 그것은 그들이 경험한 자본주의가 제한적인 것, 즉 왜곡된 식민지자본주의에다 봉건적 잔재까지 안고 있었기 때문이다. 이처럼 당대 사회를 역사적 경험으로서의 자본주의로 일반화시킨 상태에서 식민지의 지식인들은 이념으로서의 사회주의를 지향했던 것이다. 따라서 30년대 말의 자본주의의 부정과 극복을 할 수 있는 논리를 선택하는데 있어서 기초가 되는 것은 바로 이 왜곡된 경험이라고 할 수 있다. 따라서 이관형이 오시형의 논리를 비판하고, 빵가루가 되기보다는 어느 흙 속에 묻혀 있기를 본능적으로 희망하는 인물이면서도 그것을 비극이라 인식하는 것은, 흙 속에 묻힐 용기가 없음을 고백하는 것이며, 궁극적으로는 현실과 이상 사이의 긴장 속에서 행동의 방향을 잡고 있지 못함을 고백하는 것이다. 그러므로 현실생활 속에 근거하지 못하고 단지 관념으로만 현실을 비판하는 이관형 역시 오시형과 마찬가지로 식민지의 정체된 지식인상을 대표하는 상황반영적인 인물이 아닐 수 없다. 이에 비해 최무경은 작품의 균형을 유지하는 중심적인 인물의 역할을 수행한다. 그러나 최무경은 말 그대로 단순한 중개자로서만 자신의 역할을 한정하고 있는데 이는 두 논리에 대한 중개자일 뿐만 아니라 이 작품을 통해서 양 논리를 중개자나 작가의 간섭 없이 그대로 독자에게 전달하는 중개자로서도 작용하고 있다. 이처럼 최무경을 단순한 중개자로서만 설정한 것은 현실적인 두 논리를 있는 그대로 제시하려는 작가의 의도에 의한 것으로 작품의 균형성을 확보하는 중요한 계기로 작용하고 있다. 따라서 무경은 작가의 이데올로기와 이상을 표방하는 인물이라고도 할 수 있다. 즉 그 이전 김남천이 주체재건을 위하여 내세웠던 「남매」의 '봉근'이나 「무자리」의 '학구'와 같은 계열의 인물이라 할 수 있는데, 이들이 어린 소년으로서 세계에 대한 인식을 하기 이전의 상태였듯이 최무경 역시 세계에 대한 가치판단을 내릴 수 없는 의식의 미정형 상태에 놓여 있기 때문이다. 이런 가치미정형의 인물이 현실에 대한 자신의 입장을 표명하는 인물들에 대해서 평가를 내릴 수는 없다. 따라서 작가는 무경에 대해서 관망의 자세를 취하면서 당대의 상황적 반영인물인 시형과 관형 사이에서 자신의 자리를 잡아 나가는 과정을 담담히 바라보고 있을 뿐, 적극적으로 무경의 진로에 개입하지 않는다. 무경이 현실개척의 새로운 전망을 얻는다는 것은 여전히 의식의 미정형으로 남아 있는 무경의 존재 자체를 부정하는 일이 아닐 수 없기 때문이다. 그러나『맥』에 이르면 무경은 자신의 전망을 찾아나가는 인물로 변모하는데 '보리'를 통해 상징하는 미래에 대한 아포리즘이 바로 그것이다.

2) 자기비판의 객관주의적 태도

김남천은 「처를 때리고」에서 사건개요와 중심 주제를 각각 객관적 서술자 그리고 '나'와 '처'를 번갈아 화자로 사용하는 의도적인 서술자의 변환으로 독특한 서술상황을 실험한 바 있는데, 그것은 소시민지식인의 내면심정을 보다 깊이 드러내어 자기고발의 의미를 살리기 위한 기법으로 활용된 것이었다. 이러한 장치들은 이후 작자의 자아를 표상하는 인물과 작품의 서술자의 위치에 따라 비판적 거리를 확보(「생일전날」「길우에서」)하거나 관찰자, 방관자로서만 기능(「철령까지」「미담」)하거나 무기력한 자아를 드러냄으로써 판단유보적인 행동(「녹성당」)을 보여주기도 했다. 이는 한 대상에게 고정된 시선만을 고집하는 것에서 다양한 시각을 부과함으로써 깊은 이해로 나아갈 수 있는 길을 개척하고자 한 것으로 이해할 수 있다.

『경영』『맥』에서 김남천은 최무경과 오시형의 애정관계를 한 축으로 설정하고, 다른 한 축으로 사상운동의 전력을 가진 오시형의 전향논리 및 그 과정, 그러한 전향논리의 기반이 되는 지배이데올로기로서의 다원사관과 동양학의 논리를 비판하는 이관형의 논리의 대립을 설정하여, 이를 최무경의 시선에서 바라보게 함으로써 균형 있는 짜임새를 갖추고 있다. 그렇지만 여기에서의 애정구조는 별다른 의미를 지니지 못한다. 그것은 상대방에 대한 감정이나 심리적 상태보다는 사상이나 현실에 대한 태도를 이해하는데 작가의 초점이 놓여 있기 때문인데, 이에 따라 애정갈등은 보조적인 장치로 사용될 뿐이다. 또한 여기서 작가는 작품 속에 개입하지 않은 상태에서 각 인물을 묘사하고 그들을 바라보는 함축된 작가로서 존재하면서, 각 인물유형을 철저히 대상화하여 그들이 지니는 이념과 전망모색의 과정을 드러냄으로써 작가의 의도전달의 효과를 더욱 높이고 있다. 지식인의 사상을 다룬 이들 작품에서는 작가는 전혀 자신의 시선을 드러내지 않는다. 그것은 전향자체에 대해 미리 가치판단을 내리고 있지 않고 있기 때문인데, 그것은 작가가 작품의 구조상에 드러나지 않는다는 사실에서 알 수 있다. 즉 그는 철저히 무경을 중심에 놓고 다원사관을 근거로 자신의 전향을 합리화하는 시형의 논리에도 그에 맞는 비중과 가치를 부여하고, 또 일원사관으로 이를 비판하는 이관형의 논리에도 마찬가지의 비중을 둔다. 물론 이 두 논리를 저울질하는 잣대는 최무경의 시선에 주어져 있다. 시형과 관형은 사회주의사상을 포기하고 지배이데올로기로 선회하는 체제 순응적 지식인, 진리로 믿어왔던 이성과 문명의 위기 앞에서 현실도피를 꾀하는 지식인으로 김남천이 파악한 당대 지식인의 두 유형이라 할 수 있다. 작가는 이 두 유형 모두에 일정한 거리를 두면서 무경으로 하여금 제3의 새로운 현실인식과 대응논리를 모색하도록 만든다.[14]

---

14 김재남, 『김남천문학론』, 태학사, 1991, 169쪽. 김재남은 『맥』에서 이관형의 입을 빌어 이루어지는 다원사관 및 동양학에 대한 비판을 김남천의 목소리로 이해하면서, 그 근거로 김남천이 「전환기와 작가」에서 중세의 통일된 기독교문화를 언급한 부분을 들

이를 위해 작가는 무경을 의식의 미정형 상태로 등장시킨다. 이러한 사실은『경영』의 보조 장치로 작용하는 애정구조에서 쉽게 드러난다. 작가는 무경이 시형을 왜 사랑하는가에 대한 계기를 드러내지 않는데, 이것은 시형이 무경과 헤어지는 사실과 그의 전향을 연관 짓기 위한 것이라 할 수 있다. 무경이 시형을 좋아하는 것은 그의 이념이나 사상적 지향과도 상관없고 시형이 지닌 배경(가문이나 재산)과도 관계없다. 그러므로 무경에게는 시형의 전향이나 사상포기가 별반 의미를 지니지 않는다. 그러나 무경에게 시형의 전향이 중요한 사실로 다가오게 하는 것은 전향을 계기로 시형의 애정이 무경을 떠났다는 사실이다. 이처럼 무경을 이념의 진공상태로 설정한 것은 작가의 치밀한 의도가 작용한 것이다. 이를테면 전향과 애정의 배반을 논리적 차원에서 같은 위상에서 객관적으로 바라볼 수 있도록 배려한 것이라고 볼 수 있다. 만약 무경이 특정한 이념을 지향하는 인물이고 그에 반추되어 시형의 행동과 성격이 그려진다면 처음부터 시형의 전향논리에 대해선 일정한 가치판단이 개입될 수밖에 없을 것이다. 시형의 배반을 감지하면서 비로소 무경은 시형의 전향과 사상의 변화에 대해 주목하게 되고 제 힘으로 그 논리를 따라가 보고 싶어 한다.

따라서 이러한 과정을 거쳐 무경이 도달하는 새로운 '주체'의 모습은

고 있다. 그러나 이러한 김남천의 언급은 다원사관에 대한 인정을 한 다음에 나오는 것이다. 더구나 당대를 전환기로 인식하면서 이를 극복할 지성의 임무를 개인주의 즉 주관의 극복에서 찾는 지점에 오면 그가 말하는 객관이란 있는 그대로의 현실을 수용하는 것이라는 짐작을 할 수 있는데 이렇게 본다면 김남천은 그 어느 입장도 명확히 따르지 않는 판단유보 상태에 놓여 있다고 할 수 있을 것이다. 그러나 이러한 판단유보는 적극적으로 현실의 앞길을 개척해 나가려는 의지를 보이지 않는다는 점에서 현실수용과 동일한 의미를 지니지 않을 수 없는 것이다.

아직은 일정 정도 추상적일 수밖에 없다. 그것은 무경이 새로운 논리를 찾는 계기가 사회적인 것이 되지 못하며 한낱 애정의 문제에서 출발한 것이기 때문이다. 이러한 무경의 인식은 김남천의 인식 자체가 새로운 방향성을 지니고 있지 못한 사실과 동일하다. 흙속에 묻혀 꽃을 피우겠다는 무경의 미래지향 역시 "나도 어디 여행이나 갈까?" "어머니 말대로 동경으로 공부나 갈까?"라는 결미와 이어짐으로써 여전히 미정형임을 말해준다. 따라서 이 아포리즘에 깔려있는 일말의 희망을 곧바로 전향소설에서 미래지향적 유형의 한 양상으로 환치시킨다든지, 혹은 부모나 애인에 의존된 자아에서 벗어나 한 인간으로서 독자적인 가치 창조의 주체자로 스스로를 각성하고 실현하는 주인공의 창조로 파악하는 것은 다소 과장된 해석이 아닐 수 없다.

그러나 무경의 역할은 섣부른 미래에의 열망이나 결단에 있지 않다. 오히려 무경의 진정한 역할은 당대 지식인의 두 유형을 견주어 보는 것이다. 그리하여 1940년을 전후한 시기에서 그들의 사상을 드러냄으로써 그들 논리의 허구성과 허무함을 보여주고자 한다. 따라서 무경이 그들의 사상에 대해서 미리 가치판단하지 않도록 의식의 미정형으로 출발시켜 전향논리에 대한 경멸감과 회의적 지식인의 고립감을 엿볼 수 있게 하는 것이다. 이러한 태도는 왜곡되어 가는 현실에 대한 작가의 저항의식이 전향자에 대한 주인공의 심리적 거리로서 표현되고 있는 것으로 전향자에 대한 경멸감을 보여주는 서술이라 할 수 있다. 그러나 여기서 문제가 되는 것은 이관형의 입을 빌어 작가가 행하는 전향자에 대한 비판의 태도이다. 즉 오시형을 비판하는 이관형의 모습이 철저한 회의론자로 설정되어 있는 점[15]이나 이 둘을 바라보는 최무경의 경우에도 그러한 현실적 논리에 대한 비판 없이 곧바로 보리의 상징을

통해 아포리즘으로 나아가고 있는 점 등이 그것인데, 이들의 비판과
미래지향은 심리학이나 인간학의 차원으로 선회하고 있다.[16] 이처럼
각자의 논리가 나열되고 있을 뿐인 점을 두고 주체를 몰각한 객관주의
적 편향으로 일컬을 수 있는데 이러한 객관주의적 태도는 그 사상적인
측면에서 작가 김남천의 고민을 보여주는 것이다. 즉 당대의 가장 핵심
적인 문제 특히 새로운 길을 모색하고자 했던 당대 지식인들의 사상문
제에 대하여 그 본질적인 면까지 추구해 들어가면서도 결국에는 자신
의 입장을 표명하지 못하거나 하지 않으려는 점이 바로 그것이다. 이것
은 발자크의 리얼리즘론을 수용하면서 드러냈던 객관주의적인 태도의
당연한 귀결이라고 할 수 있다. 이러한 객관주의적 태도로 인해 사상의
문제가 생활 속에서 드러나지 못하고 관념적인 대화를 통해 드러나게
되는 것이다. 객관을 구축하여 주관의 빈곤을 은폐하려는 혐의가 있다
는 당대의 비평[17] 역시 이 점을 지적하는 말일 것이다.

3) 관념적 진술구조의 효과와 그 양상

인물에 대한 작가의 이러한 객관주의적 태도로 인하여 각 인물들의

---

15 이러한 이관형의 성격은 『낭비』에서 드러나는 '부재의식'의 표현이다. 이관형은 『낭비』
에서 대학강사에 취임하기 위한 준비로 작성하는 논문에서 '아무것에 대해서도 공감을
느끼지 못하는' 상태에 대한 뼈아픈 경험, 경험이 없이 사는 생활, 그것의 반영인 문학을
강조하는데 이러한 사회적 의식의 근원을 부재의식에서 찾고 있다. 직접적으로는 시형
을 비판적으로 그리고 있는 것처럼 보이지만 소설 내적인 논리로 볼 때 오시형이 부정적
인 인물로 비치는 주요 계기는 애정배반이며 이것도 무경의 시선에서 볼 때만 가능한
것이다.

16 문영진, 「김남천의 해방전 소설 연구」, 서울대학교 대학원 석사학위논문, 1990.

17 윤규섭, 「10월 창작평」, 『인문평론』, 1940.11.

사상은 구체적인 생활을 통해 표명되지 못하고 있는데, 그 결과 대화와
서술을 엇갈려 배치하고 있는 작품의 진술구조에서는 관념적인 대화와
최무경의 두드러진 독백의 형태로 나타난다.[18] 여기서 현실인식의 논
리는 주로 인물의 대화를 통해서만 제시된다. 물론 이러한 대화와 서술
의 규칙적 교차는 소설에 일반적으로 통용되는 어법이라는 측면에서,
화자 혹은 작가가 주요장면을 작가의 직접적인 간섭 없이 관찰자의 입
장에서 제시하는 것으로 이해할 수 있다. 그런데 여기서 두드러지는
특징은 이러한 대화를 일단 제시한 다음에 작가의 전지적 시점에서 그
에 대한 해석적 서술을 덧붙이고 있는 점이다. 더욱이 여기서의 대화는
상황이나 인물의 행동과는 구체적 관련을 맺지 못한 극히 추상적인 현
실연관성을 성격을 드러낸다. 파시즘의 대두와 그에 따른 지식인의 동
요 그리고 이러한 상황에 대한 등장인물의 사유는 몇 페이지에 걸쳐
전개되는 대화에만 전적으로 의존하고 있을 뿐, 구체적인 일상을 통해
서는 그려지지 않고 있는 점에서 대화의 추상성이 드러난다. 이러한
추상적인 대화가 이루어지고 나면 작가는 무경으로 하여금 이를 정리
하게 만든다. 무경의 자기인식 및 현실인식은 이처럼 추상적이고 관념
적인 대화를 통해서만 이루어지는 것이다. 이는 다른 말로 관념적인
진술의 과다라고 할 수 있다.

　이러한 관념적 진술은 특히 『맥』에서 두드러진다. 『맥』의 앞부분에
서 무경은 지난 8개월간의 일을 회상하면서 『경영』의 줄거리를 요약,

18　최무경의 독백은 특히 『맥』의 전반부에서 두드러지는데, 여기서 지적하고자 하는 것
　은 그런 독백의 분량이 많다는 것이 아니라 무경의 중요한 인식이 주로 독백의 형태로
　이루어지고 있다는 점이다. 오시형이 편지 형식으로 자신의 심경을 피력하는 것도 이
　런 독백의 일종으로 볼 수 있다.

제시하고 있다. 『경영』에서는 언급되지 않았던 아버지의 방문에 대한 오시형의 심리적 반응까지 묘사하고 있는데, 이는 『맥』에서 이루어지는 것은 이제 무경이 자기인식을 획득하였으며 자신의 시각으로 가치판단을 내리고 있음을 말해준다. 『경영』에서는 이루어질 수 없었던 것이 이처럼 가능해진 이유는 무엇인가? 이러한 자기인식의 계기는 물론 시형과의 애정갈등 및 어머니와의 갈등을 단계적으로 발단과 고조 해소의 과정을 거치면서 겪게 되는 고독감에서 연유하는 것이기도 하지만 보다 결정적인 것은 무경이 지닌 '천품'이다.

> (무경은) 희망을 잃지 않고 살아 나가겠다는 하나의 높은 생활력 같은 것을 천품으로 지니고 있었다. 그러한 생활력은 제 앞에 부딪혀 오는 어떤 어려운 문제라도 꿰뚫고 나아가야 한다는 강력한 의지력으로 나타날 때가 있었다. 사람은 제 앞에 닥쳐오는 어려운 문제를 회피하지 않고 그것을 맞받아서 해결하고 꿰뚫고 전진하는 가운데서 힘을 얻고 굳세어지고 위대해진다고 생각해본다. 어떻게도 할 수 없는 난관에 부딪히고 함정에 빠져서 그가 생각해 본 것은 모든 운명의 쓴 술잔을 피하지 않고 마셔버리자 하는 일종의 능동적인 체관이었다.[19]

현실의 난관은 운명으로 인식되고 있으며 그러한 난관을 이겨내는 것도 '천품'에 의한 것이다. 이런 인식 속에서 이루어지는 주체적 자각이란 개인적 결단의 수준에 머무는 것에 불과하다. 이러한 개인적 결단 차원에서의 자기인식은 이 작품 전체의 주제를 드러내고 있는 이관형과의 대화를 통해 세계에 대한 지적 인식이 이루어지는 수준으로 비약

---

19 김남천, 『맥』, 을유문화사, 1988, 288쪽.

한다.

여기에서는 동양학, 일원사관과 다원사관에 대한 관형의 비판이 서술되고 있으며 보리의 상징을 통해 무경의 미래에 대한 아포리즘이 비춰지고 있다. 이 보리의 사상은 이후 「등불」에서의 '성실하게 살자'는 인식 그리고 「구름이 말하기를」에서의 "아름답게 살아보자, 생명의 충실감을 느껴가며 살아보자, 감격을 가지고 하루하루를 살아나가보자"[20]는 인식으로 이어지게 된다.

그리고 마지막 부분에 나오는 오시형의 공판장면을 들 수 있는데, 재판과정의 절차나 재판정의 묘사 그리고 각 인물들의 재판에 임하는 모습 등을 통한 당대 상황 하에서의 재판의 의미 혹은 전향자의 태도 등 사회적인 의미는 전혀 없이 단지 재판장의 질문에 대답하는 시형의 답변을 통해 그의 사상의 변화만이 관념적인 언어로 진술되고 있을 뿐이다.

이처럼 『맥』에 관념적 진술이 과다한 것은 이 작품의 궁극적 지향이 바로 관념적인 고민을 해결하는데 있기 때문이다. 1940년의 지식인이 자신의 현실대응태도를 결정하기 위해서는 반드시 거쳐야 할 고민이라면 김남천의 이러한 의도는 어느 정도 달성된 것이라 할 수 있다. 그러나 김남천은, 사상이나 이론의 체계 자체에 절대적인 가치를 부여하는 것이 중요한 것이 아니라 그러한 사상이 표현하는 바를 현실 속에서 발견하는 것이 중요하다는 사실을 알지 못했다. 이러한 태도는 김남천이 물 논쟁에서 임화의 현실연관적인 발언을 이원론이라 무시하고 자신의 경험주의적인 입장을 강력히 내세우는 태도에서부터 비롯된 것이

---

20 「구름이 말하기를」, 『한국근대문학단편대계』 4, 태학사, 1942, 484쪽.

었는데, 그것은 그가 자신의 행동에 대한 믿음보다는 마르크시즘이라는 이념만을 지주로 삼고 있었기 때문이다.

4. 맺음말

　김남천을 비롯한 프로문인들이 관념적으로 획득했던 전망은 30년대 후반기에 파시즘의 팽창과 함께 더 이상 지탱될 수 없었다. 이 때 이들에게 절실하게 제기되는 과제는 자신들이 유지했던 현실전유원리가 과연 올바른 것이었던가에 대한 자기비판이었다. 그러나 그들은 이전까지 유지했던 자신들의 신념 또는 현실전유원리를 여전히 옳다고 고집하고 있었다. 당시의 용어로 말한다면 여전히 말하려는 것은 옳은데 그리려는 현실은 그것을 따라주지 못하는 형국이었던 것이다. 이에 따라 구체적 현실 속에서 전형적인 인물과 전형적인 상황을 포착하여 자신들이 믿고 있는 이념을 추구함으로써 현실주의적 정향을 구축해 나가려는 노력보다는, 자신들의 신념을 옳다고 말해줄 수 있는 계기들을 찾아 나선다. 그러나 현실은 그들의 기대와는 달리 더욱 더 부정적인 모습을 띨 수밖에 없었는데, 여전히 존재하는 세계의 부정성과 그 부정성속에서 필연적으로 미래를 개척해야 하는 현실의 구체적인 모습들은 그들에게서 멀어지게 되고, 따라서 소시민지식인으로서의 자신의 존재를 확인하기 위한 작업으로 나아가게 된 것이다. 이러한 현실 속에서 그들이 작가로서 생명을 유지하기 위해 나아갈 수 있는 길은 소위 '전향문학'만이 존재할 뿐이었다. 그러나 이러한 상황 속에서도 김남천은 끝까지 현실을 자신의 문학대상으로 삼고자 노력하여 다양한 기법상의 시도 등을 통해 닫힌 현실에서 문제해결을 위한 노력도 시도해 보았지만 현실적 전망은 드러날 수 없었다.

결국 김남천이 마지막으로 닿은 곳은 「등불」의 자리였다. 어두운 현실에서 현재 자신이 선 자리에서 최선을 다하는 수밖에 없지 않느냐는 목소리만 들려주는 것이 바로 그것이다. 특히 이 작품이 서간체로 이루어졌다는 것은 주목을 요하는 일인데, 편지의 형식은 행동을 필요로 하지 않고도 자신의 심경을 고스란히 드러낼 수 있기 때문이다. 암담한 현실에서 새로운 환경과 운명 앞에 선 것을 깨달았을 때 거기에 대응할 만한 마음의 태세를 정비하는 것이 무엇보다 필요하다고 본 김남천은, 부여된 환경의 조건을 냉철히 판단하여 그 속에서 최선을 다하여 살아가는 길을 발견하는 것이 가장 바르고 현명한 태도임을 말한다. 이것만이 자기를 퇴폐에서 구하고 그 정신적 이완에서부터 지킬 수 있는 유일한 심리적 태도로서 그것은 곧 성실함을 가리키는 것이다. 이것이 현실을 끝까지 부여잡고자 했던 김남천이 마지막으로 도달했던 자리이다.

『황혼』 이후 한설야 문학의 의미

1. 머리말

1930년대는 한국 문학사의 단절과 연속이라는 관점에서 볼 때 매우 문제적 시기라 할 수 있다. 특히 1920년대에 본격적으로 '운동으로서의 문학'을 주도해왔던 카프조직을 중심으로 보면 더욱 그러하다. 1935년 카프 조직 해산 이후의 시기는 소위 '전형기'와 '암흑기'로서 과거 한동안 은 문학사에서 언급조차 잘 되지 않았던 시기로 일각에서는 문학사의 단절을 명확히 보여주는 시기로 평가되기도 했다. 그런데 다시 한 번 해방 이후 짧은 시간이나마 융성했던 사회주의문학과의 문학사적 연속성 을 고려한다면 1930년대의 문학사적 의미는 더욱 심대하다고 할 수 있다.

이 시기에 대한 기존의 해석 가운데 주목할 만한 견해는 크게 두 가 지로 구분된다. 그 첫째는 '인민통전'의 해석 방식을 끌어들여 1930년 대 후반을 해석하는 방식이며, 둘째는 '근대적 이성 체계와 반(탈)근대 의 대립'이라는 가치중립적인 입장을 들 수 있다.[1] 이러한 논의방식들

---

1 김윤식, 「한설야론」, 『한국현대현실주의소설 연구』, 문학과지성사, 1989.

은 1930년대의 상황을 그려내는 단순한 평면적 지적도에서 벗어나서, 당대의 구체적인 상황을 더 높은 단계인 추상으로 상승시킬 수 있는 계기를 이룬다는 점에서 의미 있는 해석이라 할 수 있다.

그런데 전자의 경우 연구자의 관점과 당대적 현상이 서로 뒤엉켜 당대의 구체적 모습을 연구자의 관점에 맞는 모습으로 바꾸어내는, 역사적 사실에 대한 일정한 왜곡과 견강부회의 논리가 스며있으며, 후자의 경우에는 이성과 비이성의 대립문제를 드러내는 과정에서 구체적이고 역사적인 계급투쟁의 문제가 너무도 급격하게 그리고 너무나 추상적으로 증발해버리는 문제가 생겨나게 된다.[2] 그 결과 전자는 당대의 민중생활과 또는 계급적 구성에 대한 올바른 미학적 천착이 이루어지지 않은 몇몇 문구만을 들어 계급성, 당파성 또는 민중성의 개념으로 과도하게 상승시키는 오류를 범하고 있으며 또 다른 한편에서는 구체적인 내용성을 달리하는 유진오와 임화 등의 논의를 같은 질로 규정하고 있다. 즉 1930년대 후반이 지니는 특수한 문맥의 단순화로 인해 그 구체적인 내용성이 상실될 염려가 있는 것이다.

본고에서는 이러한 의미를 지니는 30년대 후반 문학적 대응의 한 양상을 『황혼』의 작가 한설야를 통해 살펴보고자 한다. '염군사', '파스큘라', '제 3전선파'와는 또 다른 면모를 보이는 작가로서 생래적 오기로 표현되는 기질론 이라든가 귀향모티프 등을 통한 기왕의 연구 성과를 바탕으로 『황혼』 이후의 작품세계를 살펴보고자 한다.

---

2 서경석, 「한설야문학 연구」, 서울대학교 박사학위논문, 1991.

2. 1930년대 상황과 『황혼』

1930년대 후반 임화는 당대를 '말할려는 것과 그릴려는 것의 분열'로 규정하고 '자고 새면 이변을 꿈꾸는' 절망론에 빠져 있었으며, 『고향』으로 식민지농촌을 최고로 묘사한 바 있는 이기영은 풍자와 민담의 세계로 나아가 노동의 신성이라는 추상적인 원리에서 헤어 나오지 못하고 있었다. 한설야는 도스토예프스키의 『지하생활자의 수기』를 빌어 '응당 있어야 할 그것을 찾지 못하'는 '이 눈먼 지하실의 주인공은 언제까지든 불행한 것'[3]이라고 하여 자신의 내면을 드러낸 바 있으며, 이들과 함께 프로문학의 중심인물로 활동했던 김남천은 지난한 자기모색의 과정을 거쳐 '나의 생활신념은 주어진 환경 속에서 최선을 다하여 살아간다는 성실, 그것 뿐'[4]이라는 자기반성의 길로 나아가고 있었다.

이러한 모습들을 통해 당대 작가들의 내면풍경을 읽어낼 수 있는데, 여기서 문제 삼아야 하는 것은 이들 작가들이 30년대 후반 들어 방향 감각을 상실할 수밖에 없었던 이유가 어디에 있는가 하는 점이다. 이 물음에 대한 대답을 통해 1930년대 후반 문학사의 의미를 드러낼 수 있는 근거를 마련할 수 있을 것이다.

이에 대해서는 먼저 중일전쟁으로 일컬어지는 군국주의 또는 파시즘의 팽창에 일차적으로 눈을 돌려 살펴보아야 한다. 이 파시즘의 팽창은 당대의 문단에 직접적인 영향을 끼친 객관적 조건이라 할 수 있을 것인데, 이 때문에 당대의 식민지문학인이라면 어느 누구도 자신이 이전에 지녔던 이념과 방법을 더 이상 지탱할 수 없는 상황에 놓여 있었

---

3 한설야, 「지하생활자의 수기」,《조선일보》, 1938.8.7.

4 김남천, 「등불」, 『국민문학』, 1942.3.16.

다고 할 수 있다. 그것은 30년대 들어 대립구조를 이루어오던 프로문학과 모더니즘문학 그 어느 쪽이든 사정은 마찬가지였다. 프로문학이 근대자본주의를 전면적으로 부정하려는 입장에서 직접적으로 부딪혀 비판하며 사회변혁의 수단으로 문학을 바라보았다면, 모더니즘문학은 이를 내면화하여 예술의 자율적 성격을 강조하고 현실반영을 위한 수단의 역할보다는 작가의 작업도구인 문학매체 그 자체에 대한 각별한 관심을 기울이는 양상을 띠는 방향으로 나아갔다. 이처럼 서로 다른 방향의 길을 추구하고 있었지만 그 출발은 식민지 조선의 자본주의화라는 동일한 기반을 근거로 하고 있었다. 그리고 프로문학과 모더니즘문학 모두 1930년대 한국의 식민지 자본주의를 극복할 인식이나 현실적 방안을 갖고 있지 않다는 점에서도 동일한 기반을 지니고 있었다. 프로문학은 어떤 규정적 원리체계로서의 거대담론을 보장해 줄 혁명을 원하고 있었지만 현실적으로 불가능하였으며, 모더니즘문학은 이러한 혁명적 질서를 세울 수 있는 뭔가가 있다고 생각하는 형이상학적 거대담론의 전제를 가지지 않는다는 점에서, 전혀 다른 이질적 논리를 내세우고 있지만 궁극적으로는 동일한 기반을 갖는 것이었다고 할 수 있다. 결국 식민지 조선의 문단은 악화된 현실에 대한 대응수단의 결핍이라는 공통적 특성을 지니고 있었다고 말할 수 있다.

그 결과 당대의 문학인들은 파시즘에 근거한 당대의 문학적 문화적 특성을 야만주의라 부르며, 이전 시대와는 다르게 비판과 부정의 대상이 바뀐 것으로 인식하기에 이르렀다. 즉 그들은 자신들의 논리적 근거로 삼았던 자본주의의 부정 대신에 야만적인 파시즘의 충격에 직면하게 된 것으로 생각했다. 이에 따라 당대의 문학인들은 자신의 입지를 갑자기 박탈당했다고 생각하며 새롭게 대두된 현실적 조건 앞에서 무

기력해졌던 것이다.[5]

그런데 여기서 이런 질문을 할 필요가 있다. 과연 1930년대 중·후반의 사회는 이전과 질적으로 다른 사회적 상황을 맞이했던가 하는 점이다. 혹 프로문학을 지향하던 주체들의 사유구조가 변화한 것은 아닌가 질문할 필요가 있다. 객체를 인식하는 주체의 인식변화가 일어난 것인가 하는 의문이다. 외형적인 탄압의 강화는 사실이긴 하지만 1930년대 전반기의 모순구조 자체가 1930년대 후반에 이르러 갑자기 변화한 것으로 보기는 어렵기 때문이다. 중일전쟁 등의 제국주의전쟁은 어느 날 갑자기 발생한 것이 아니라, 일본 제국주의 발전과정 속에서 이미 예견된 것이기도 하기 때문이다. 따라서 중요한 점은 외형적인 상황의 변화가 왜 이들의 사유구조를 바꿔놓았는가 하는 점일 터이다.

본질적 상황이 변하지 않았음에도 불구하고 인식이 변했다는 것은 무엇을 의미하는가? 이는 이들의 논리가 관념과 구호 차원에서 벗어나, 현실적 관점으로 변화한 것으로 파악할 수 있을 터이다. 그러한 논리는 당대의 현실을 인민전선적 관점에서 새롭게 파악하고, 그 결과 카프시기 그들의 인식론적 구조를 규명하고 그 인식론적 구조가 종국에는 상황의 악화에 능동적으로 대응하지 못하게 만들었다는 인식으로 나아가데 만든다. 결국 카프문학의 출발 시기부터 잘못된 인식구조를 갖고 있었다는 반성의 결과를 낳게 된다.

반파시즘인민전선은 유럽에서 금융자본의 테러적 통치인 파시즘이 정권을 장악한 특수한 정세 하에서 공산당이 취한 동맹 '전술'이다. 이

---

5 차원현, 「『황혼』과 1930년대 노동문학의 수준」, 『한국근대장편소설연구』, 모음사, 1992, 89쪽.

것을 부르주아민주주의혁명의 한 형태인 혁명적 민주주의혁명의 전략
적 동력으로 사고하는 것은 당대 유럽사회들에 형성된 모순구조-독점
자본 대 노동자계급을 중심으로 하는 민중의 모순을 타파하기 위하여
무엇보다도 우선 파시즘의 극복이 요구되는 특수한 역사적 정세-에 대
한 특수한 인식으로 평가된다. 이러한 인식은 독점부르주아와 비독점
부르주아의 대립 아래에 계급모순을 종속시킨다. 인민전선전술이 사
회주의혁명의 전술로서 실제로 작용하기 위해서는 그 내부에서의 사회
주의혁명의 헤게모니적 발전문제가 고려되어야만 한다는 것이다.

이러한 의식을 그대로 받아들여 1930년대의 문학투쟁에 접속한 경
우가 1930년대 프로문학의 전술로 표현되었다. 문학은 이데올로기 투
쟁의 영역으로서 행동의 영역에서의 계급 간 타협이나 협정에도 불구
하고 이 영역에서는 어떠한 타협도 있을 수 없다. 하지만 이 시기 임화,
김남천, 한설야, 안함광 등 당대의 주요한 문학가들이 미래적 전망을
포지한 상태에서 전략, 전술에 기초한 문학 활동을 했다고 보기는 힘들
다. 물론 이들이 새 세계에 대한 신념까지 상실했다고 말하기는 어렵
다. 단지 그러한 인식이 그들의 내면에만 굳건한 응고물로 자리 잡았을
뿐 외형적으로 변화하는 시대적 면모의 본질과 그것의 운동방향을 포
착하는 데로 나아가지 못했음을 지적하는 것이다.

이러한 가운데서도 「과도기」를 통해 이 시대의 본질적인 모습을 자본
주의화의 과정으로 파악하고 동시에 노동자의 선진성을 이야기해 왔던
한설야가 전주체험을 겪은 뒤에도 외적 압력에 꺾이지 않고 자신의 신념
을 고스란히 드러내는 『황혼』을 통해 노동자들의 건강성을 드러내고자
한 점은 주목할 만한 일이 아닐 수 없다. 그는 이 작품에서 노동현장의
세부적 사실성을 확보하고 주인공 '여순'의 노동자로의 전이과정을 조명

함으로써 자본주의화와 민족자본의 재편과정을 일정 정도 보여주고 있
는데 이는 한설야의 신념적 차원의 토로라 할 수 있을 것이다. 그러나
임화가 이를 두고 '인간과 환경의 조화'라는 예술적 규범을 근거로 실패
작이라 규정한 이래 관념의 소산물이라는 지적이 있었는데 이는 다름
아닌 소시민지식인의 형상화에서 드러나는 주관적 초극에의 열망을 가
리키는 것이라 할 수 있다. 그것은 무엇보다도 여순이 가지고 있는 이중
적 존재기반으로부터 기인하는데, '경재'가 작가의 비극적 운명을 예시
한다면 여순은 자신이 견지해야 할 이념을 표상하고 있다. 그렇지만
여기서 여순의 갈등은 역사적인 것으로까지 고양되지 못하며 단지 자신
의 길은 자신이 개척한다는 주관적 의지의 발현만으로 꾸려나갈 뿐이
다.[6] 그런데 이와 함께 한설야가 신념의 차원에서 지속시켜내고자 했던
것은 노동자계급의 세계관의 관철이라는 점에 주목하지 않을 수 없다.
이는 무엇보다도 한설야 자신이 노동자계급을 역사의 주체로서 바라보
고 있으며 후반부의 구도를 노동(계급)–자본(계급)의 대립으로 구성하고
있기 때문이다. 이는 작품 이전에 한설야가 지니고 있는 신념이라고
할 수 있으며, 그 바탕에는 사회주의적 당파성이란 신념이 깔려 있다.[7]
이러한 양 측면 즉『황혼』에서의 두 가지 정향의 혼재–소시민지식인의
형상화에서 드러나는 주관적 초극에의 열망과 노동자계급의 형상화에
서 드러나는 객관적 현실의 보여주기–는 이후 그의 소설에서 어느 정도
구별되어 나타난다.[8]『청춘기』이후『탑』에까지 이어지는 소시민지식인
의 모습이 전자의 경우에 해당하는 것이라면「홍수」「부역」「산촌」등

---

6 채호석, 「황혼론」, 『민족문학사연구』창간호, 민족문학사연구소, 1991, 240~243쪽.
7 한설야, 「고향에 돌아와서」, 『조선문학』, 1936, 102쪽.
8 김윤식, 앞의 글, 522쪽.

그 자신의 신념을 지속적으로 드러내는 작품들은 후자와 연계되어 있다고 말할 수 있다. 이런 의미에서 『황혼』은 이후 작품의 모습을 암시하는 하나의 뿌리이자 태반이다.

3. 이념적 관성과 현실수용

전주체험을 한 뒤 고향으로 돌아가서 이기영에게 보낸 한설야의 서간은 그가 아직도 얼마나 자신의 이념에 확신하고 있으며 외적인 알력 앞에 굴복하는 문인들에 대해 혐오감을 지니고 있었는가를 잘 보여준다.[9] 이런 확신 속에서 그가 여전히 운동으로서의 문학범주에 속하는 『황혼』을 썼다는 것은 지극히 당연한 사실로 보인다. 이 시기 한설야 자신의 내면을 드러내는 방법으로 '어떠한 대조아래 마주 비추어' 즉 '준식'을 필두로 한 노동자계급의 모습에 대조하여 자신을 투영한 경재의 모습을 노동자로 존재이전을 하는 여순과 함께 그려낸 것은, 자신의 지식인적 소시민성을 노동자와의 관련성속에서 그려냄으로써 일정한 객관성을 확보해내고 있는 것이다. 그러나 거의 비슷한 시기에 씌어진 「임금」의 경우는 어떠한가? 이 작품에서도 역시 한설야가 그려내고 있는 것은 자신의 이념이 여전히 옳다는 것이지만, 그것을 뒷받침해주는 것은 『황혼』에서의 노동자계급과는 달리 가족이 그 대조지점에 서 있다. 이전에 사상운동에 휩쓸려 살던 개인이 이제 생활인으로서 자리를 옮겨 앉아 '이념'보다는 돈을 벌어오기를 원하는 아내와 사과 하나를 주워

---

9 한설야, 「본지에 빛날 장편소설」, 『황혼』, 《조선일보》, 1936.1.28.

먹기 위해 역사에 잡힌 그의 아들 등 생활환경은 철저하게 가족의 범위 안으로 제한되어 있다. 즉 주된 대립이 가족과 이념사이에 방황하는 지식인과 가족적 이데올로기 또는 생활인으로 살아갈 것을 내세우는 부인 또는 가족으로 설정되고 있다는 것이다. '경수'는 이러한 가족과의 삶에 대해 괴로움을 느끼면서도 여전히 자신의 이념과 행동의 정당함을 내세우고 있는데, 이처럼 생활을 위해서 현실과 타협해야 할 것인가 아니면 현실을 거부한 채 이념을 쫓아야 할 것인가 하는 이분법적 질문 앞에서는 자신의 이념을 객관화해낼 수 없게 된다. 그런데 여기에서 중요한 것은 이들 지식인의 고민이 당대적 현실과 고립된 곳에서 이루어지고 있는 점이다. 이들은 단지 자신과 가족을 돌아볼 뿐 그 외의 민중들에 대해서는 시선을 돌리지 못하고 있다. 따라서 왜 자신의 이념이 현실을 변혁하지 못하고 실패로 끝났는가 하는 진지한 의문은 나타나지 않는다. 그리하여 실제로 작품 속에서 그가 취하고 있는 현실에의 모색이란 역사에 가서 역장에게 따져 아들을 데려오거나, 치수공사장에서 노동을 하며 노동에 대한 막연한 찬양을 할 수밖에 없다. 이에 이념과 가족을 동시에 만족시킬 수 있는 논리를 찾아가는데 그것은 주로 당대의 현실과 분리된 추상적인 원리에 의해 이루어지고 있다. 그가 '제가 갈 길을 찾은 듯하였다. 맨 밑바닥을 걸어가자! 거기서부터 다시 시작하자!'라는 신념에 찬 말을 할 수 있었던 것도 운동의 실패를 묻는 것이 아니라 자신의 신념지키기로 나아가기 때문이다. 이러한 지식과 실천의 합일로 이루어지는 앞길이란 구체적 현실 속에서 미래적 전망을 찾아나가는 것이 아니라 단지 자기합리화의 방식임은 너무도 분명다고 말할 수 있다. 어떤 경우이든 자신의 신념을 잃지 않는 것에 사고가 집중될 것이기 때문이다. 이것이 능동적 실천으로 이어질 리가 없음은 너무나 명백한데, 작품

제작에 관한 자신의 견해를 이론화하여 발표했던 글에서 "조직을 통해 대중의 속으로 들어가서 그들과 함께 생활"하여 현실을 명확히 파악해야만 창작이론(프롤레타리아리얼리즘)이 가능하다[10]고 말했던 것은 사실 이러한 행동이 불가능한 지경에 이르게 되었음을 말해주는 것이다.

이러한 노력이 '딸'의 모습에서 발견하는 반항성, '철도교차점'에서의 후미끼리방 설치를 위한 싸움, '이녕'에서의 족제비 두들겨패기 등으로 나타난다. 이는 다른 말로 가장이자 지역사회인으로 복귀한 현실에 갇혀 있는 삶의 진창으로부터 빠져나오기 위한 적극적인 방도이며 오기[11]라고 할 수 있다. 그러나 이러한 오기나 자존심 즉 현실에 대한 의지가 미래를 향하고 있는 것이 아니라 과거로 향하는 회고조를 지니고 있는 점이 문제이다.

> 세상은 모든 것이 자기를 버리고 멸시하는 것 같다. 그래서 가끔 득의의 옛 기억은 사람을 몰라보는 경박한 세속을 미워하는 노염으로 변해지는 일이 있으나 그 노염은 곧 서글픈 감상으로 바뀌어지고 만다. (중략) 생각할수록 그리운 것은 돌아오지 않는 옛날이다.[12]

이처럼 작가는 현실을 체념적으로 수용하면서 좋았던 과거를 동경하는 회고적 자세를 취하고 있다. 이제 현실은 어떠한 전망도 가질 수 없는 수용의 대상이 되거나 병적인 거부의 대상으로 존재하게 된다. 현실에 대한 이러한 절망적 인식은 무력감과 좌절로 인한 병적인 자기

---

10 한설야, 「사실주의 비판 – 작품제작에 관한 논강」, 《동아일보》, 1931.5.17-25.
11 김윤식, 앞의 글, 523쪽.
12 한설야, 「귀향」, 『야담』, 1939.4, 33쪽.

분열로까지 나아가게 된다. 잃어버린 딸아이를 찾지 못하자 실성해 남의 아이를 유괴해 자기의 딸이라고 우기는 '보복', 의처증과 가학취미로 아내에게 금족령을 내리고 아내의 어디든 '찢어서 피를 보고 싶어' 하는 주인공의 모습을 그린 '파도' 등이 바로 그러하다. 이를 두고 공간적 도피 혹은 전향소설이라 부를 수 있을 것인데[13], 이러한 모색의 포기는 당대의 객관적 현실 하에서 프로문학의 성과가 더 이상 이루어지지 않게 되었음을 말해주고 있다.

그런데 사실 이러한 병적 현상은 개인적인 차원의 문제로만 그치지 않는다. 이는 암울한 시대적 상황과 밀접히 연결되어 있다. 즉 현실에 대한 강렬한 거부의 몸짓으로 변화하게 된다. 이 부류의 소설이 지니는 의미는 실상 여기에 있다. 시대에 온 몸으로 항거하는 강렬한 의지를 우회적으로 드러내는 일이 바로 그것이다. 현실에 대한 아무런 항거도 할 수 없지만 자신의 신념을 포기하지 않으려 할 때, 나아갈 수 있는 길은 병적 상태가 아니고서는 불가능하기 때문이다.

4. 소시민지식인의 세계

『황혼』 이후 상황의 변화 앞에서 한설야는 새로운 세계를 발견한다. 바로 소시민의 세계였다. 『황혼』에서는 노동자계급을 대표하는 준식과 소시민계급을 대표하는 경재의 상호 역관계가 형성되는 중간지대에 여순이 자리 잡고 있어 계급의식에 매개된 갈등을 통해 작가의 이념의

---

13 서경석, 「한국경향소설과 귀농의 의미」, 『한국근대리얼리즘작가연구』, 문학과지성사, 1987, 184쪽.

지향을 그려낼 수 있었다. 그러나 『청춘기』에서의 홍명학-은희-김태호의 역관계에서 대립구도를 매개하는 것은 인간적 삶을 위한 보편적인 의지 등과 같은 추상적인 요소로만 이루어지고 있다. 임화가 『청춘기』를 높이 평가하는 이유는 바로 이 작품이 작가 자신과 가장 밀접한 세계를 그리고 있다 는 점 즉 소시민 지식인이 지니고 있는 세계에 대한 주관적인 대응을 그려낸 점이라고 할 수 있을 것인데, 그 세계 속에서 비로소 작가 한설야가 가장 자유롭게 현실을 보여주고 있다고 바라보았기 때문이다. 이리하여 임화는 작품에 대한 평가를 더 이상 역사성 속에서가 아니라 일종의 '인간과 환경의 조화'라는 예술적 규범성 속에서 행하고 있다. 이러한 예술적 규범성이 역사적 의미를 획득하지 않는 한 예술적 규범성은 고정된 것으로 남는다. 하지만 『청춘기』의 태호가 보이고 있는 것은 세계에 대한 올바른 인식이라기보다는 오히려 주관적인 초월의 욕망이다. 그가 중요하게 생각하는 것은 세계가 어떠한 방식으로 변화해야 할 것인가, 그리고 그것을 위해서 어떤 행동을 해야 하는가가 아니라 이상적 인간상을 형성해 놓고 그것에 끊임없이 자신을 일치시키려고 노력하는 것이다. 결말부분에서 주인공이 사라졌다가 그가 그리던 철수와 함께 투옥되는 것은 그러한 작가의 주관적인 열망을 그려놓은 것에 불과하다. 이러한 임화의 지적에 대해 한설야는 자신이 기본계급의 '전형적인 인간'을 창조해보려고 했으나 주인공들이 무력하고 그 세계 또한 협소했다고 고백하지만[14] 1년 뒤에는 '여순'이 명일의 길을 걷는 사람이요, 환경과 타협하지 않고 싸우는 그리고 그러기 위해 마음의 무장을 해제하지 않은 사람이라 평가하며, 자신의 신념과 속마음을 드러내고

---

14 한설야, 「감각과 사상의 통일」, 《조선일보》, 1938.1.8.

있다. 이처럼 상반된 모습은 작가 한설야에게 내재해 있는 모순을 보여
주는 것이라고 할 수 있으며, 이러한 이중적 평가는 카프가 해체됨으로
써 이제 더 이상 합법적인 문학투쟁이 불가능해졌다는 객관적 현실 때문
이라는 점을 생각할 수 있다. 카프 해체 이후에야 비로소 한설야의 내적
의식이 표면적으로 드러날 수 있었던 것이다. 이러한 모순은 근원적으
로는 주관과 주체를 혼동하는데서 연유하는데, 객관현실은 주관(의지나
의식)에서 독립되어 있지만 객관현실의 능동적 일부를 구성하는 주체로
부터 독립되어 있는 것은 아니다. 그런데 여순은 객관현실과는 동떨어
져 주체로서 서지 못한 채, 단지 주관적 바람을 형상화하고 있기 때문이
다. 여기서 한설야는 더 나아가 주체를 개인적으로 이해하고 있는 바,
즉 작가 개인을 당, 계급, 민중 등과의 연관관계 속에서 생각하고 있지
못하다. 그 결과 그가 생각하는 신념으로서의 당파성은 객관현실의 능
동적이고도 적극적인 구성부분으로서 이해되지 않는다.

　이러한 소시민지식인의 세계에서 더욱 나아간 것이 1930년대 후반
의 가족사, 연대기적 소설(또는 풍속소설)로서의 『탑』이다. 이러한 현상
은 한설야뿐만 아니라 이기영, 김남천 등 여타 작가의 경우에도 마찬가
지인데 작가적 특성에 따라 차별성을 보이면서도 여러 면에서 공통적
인 속성을 지니고 있다. 대표적으로는 이들 모두 개화기라는 과거의
세계로 돌아가서 작가 자신의 성장과정을 그린 성장소설 또는 교양소
설적인 형태를 갖추고 있다는 점이다. 이는 물론 현실의 앞길이 보이지
않는 상태에서 자신의 현존재를 확증하기 위한 행위로 과거를 돌아다
보는 행위에 해당한다.[15] 즉 자신이 딛고 나온 세계에 대한 역사적 인식

15　게오르그 루카치, 반성완 역, 『소설의 이론』, 심설당, 1998, 47쪽.

을 함으로써 현재의 모습을 반추해보는 것이다. 그러나 대부분 자신이 걸어온 길에 대한 인식과 비판에 실패하고 있는데 그 특징적인 표현이 주인공이 모두 가출하는 것으로 끝나고 있는 점 즉 이들 주인공의 출발점만 제시되고 있는 점이다.

루카치는 소설이라는 장르를 선험적 고향 또는 모든 삶이 멀리서 비치는 불빛을 향해 나아가는 자연과의 합일된 세계를 잃었을 때 나타난 장르임을 설명하였는 바, 1930년대 후반 당대문학인들의 인식이 곧 이에 비교될 수 있다. 역사 저 너머에서 비추던 강렬한 불빛이 사그러들었다는 인식이 그것이다. 이에 따라 임화는 당대를 말하려는 것과 그리려는 것이 분열된 시대라고 불렀으며 한설야 또한 도스토예프스키의 '지하생활자의 수기'에서 '응당 있어야 할 그것을 찾지 못하는' '이 눈먼 지하실의 주인공은 언제까지든지 불행'하다는 말로 일제말의 역사적 방향성을 상실한 자신의 모습을 드러낸 바 있다. 곧 이루어질 것 같았던 혁명은 점점 더 멀리 사라져 갔으며 자신들의 이성적 논리로는 알 수 없는 사태가 벌어졌다. 곧 패망하리라 믿었던 자본주의(제국주의)는 계속되는 발전과 팽창의 과정을 걷고 있었고 믿었던 소비에트는 가장 야만적인 독일과 불가침조약을 맺었다. 이러한 일련의 사실들 앞에 그들은 무기력해졌으며 곧 합리적으로 또는 지성에 의해 설명될 수 없는 '사실의 시대'로 규정하게 된다.

압도적인 외부의 힘 앞에 리얼리즘적 경향이 퇴조하는 방식 중의 하나가 사실에 대한 집착 즉 진정한 연관에서 벗어난 사실들에 대한 집착을 생각하면 이들의 이러한 인식은 사회생활과 역사의 인식가능성에 대한 불신으로 확장될 위험성을 안고 있는 것이다. 이것은 이들이 카프 시기에 사회주의적 이념을 당대적 현실적 운동에 대한 구체적 인식하

에서가 아니라 자신을 이끌 강력한 불빛 정도로 인식했던 사실에 연유
한다. 이러한 인식은 역사적 과정에서 드러나는 개개의 사건들을 필연
성속에서 바라보지 못하고, 단지 역사의 합법칙성이라는 이름으로 즉
절대정신의 차원에서 그 합법칙에 합당한 현상들만을 찾아 나서는 태
도를 지니게 만든다.

　이러한 시기의 산물이 '선험적 고향상실'이라는 역사철학적 상황 속
에 놓여진 『탑』의 세계다. 소설 첫머리에 설정된 3대에 걸친 인물들의
상호관계는 가족사소설의 구도에 가깝게 짜여 있지만, 그 이후의 흐름
은 작가의 투영물인 '우길'의 생활에 편중되어 있어 세대 간의 갈등이
라거나 형제간의 삶의 역정을 재현해 내지 못하고 있어, 소설 전체가
우길의 성장소설과 같은 형국으로 변모한다. 이러한 사실은 고향에서
의 삶이 주로 우길의 유년기 체험과 풍속묘사에 기울여져 있는 점 그리
고 우길의 내면묘사가 거의 이루어지지 않는 특성으로 드러난다. 이처
럼 한설야의 작품이 내면성과 외부세계의 조화를 추구하는 교양소설의
모습을 띠고 있다는 것은 주목을 요하는 사실이다. 이러한 소설적 유형
에서는 사회적 공동체의 이념과 자신의 내면성의 화해가능성을 추구한
다. 또한 이러한 공동체는 신비주의적 동동체적 체험 즉 잠정적이고
경직되어 있으며 또 죄악에 빠지기 쉬운 것으로서 고독한 개인적 성격
을 갑자기 떠오르는 영감 앞에서 잊게 만드는 그런 공동체적 체험이
아니라, 과거에는 고독했고 또 자신 속에서만 폐쇄, 칩거하고 있는 인
물들이 서로 마찰하는 과정에서 자신을 조정하고 적응시키는 그런 공
동체적 체험이다. 여기서 중요한 점은 한설야 등이 왜 마지막으로 이
교양소설에 집착했는가 하는 점이다. 이는 전망은 보이지 않고 현실의
쇄말적인 사실만이 압도적인 무게로 다가오는 시대에 과연 자신이 가

지고 있는 내면세계와 외부세계가 화해할 수 있는가를 시험하고자 한 결과로 볼 수 있다.

하지만 이들의 이러한 시도는 여지없는 실패로 끝날 수밖에 없는 운명이었다. 우길의 서울생활에서 보이는 소극성이라든지 동경생활에 대한 열망만 있을 뿐 이를 실행으로 제대로 옮기지 못하는 사실, 소설 말미에서 나타나는 누이동생 이순과의 돌연한 가출 등 시간의 발전이라든가 새로운 세계를 향한 열망 등 성장소설을 규정하는 제 요소 또한 제대로 갖추고 있지 못한 것도 사실이다. 따라서 젊은 시절의 단계 즉 소설 속의 출발점에서 이들의 성장이 멈추고 말며 본격적인 세계와 개인의 만남이 이루어지기 이전에 소설이 끝나고 있는 것이 이를 증명하는 것이다. 따라서 이 소설들은 가출과 동시에 멈추게 되며 또한 그 후편은 나올 수 없었다. 젊은 시절의 방황과 외부세계의 화해의 단계를 이어나갈 수 없기 때문이다. 이를 두고 현재의 나와 과거의 나와의 거리를 살펴보는 즉 자신의 현존재를 확증하기 위해 과거를 돌아보는 행위라 할 수 있지만, 단지 시대풍속의 의미만을 확인할 수 있었을 뿐, 자신이 딛고 나온 세계에 대한 역사적 인식과 비판을 제시할 수 없었다. 여기서 현재의 자신이 지니고 있는 '신의'를 과학적으로 묘사하기란 불가능한 것이었기 때문이다. 이러한 양상은 목적의식기 시대의 대부분의 경향소설이 귀향으로 시작되며 그 귀향의 내적 필연성이 부재하다는 사실과 연관되어 있는 것으로 보인다. 이들 교양소설에서의 방황과정이 그려지지 못한 것과 귀향의 내적 필연성의 부재는 한마디로 이들의 이념선택이 현실의 올바른 이해와 그에 따른 실천과의 연관 속에서 이루어지지 못했음을 의미한다. 그들에게 있어 사회주의란 주관으로부터 독립하여 존재하는 객관적 실재에 대한 인정과 그것의 법칙성을 인식하고 그에 올바른 실천을 가하게 하는 역사적 과정의 결과로서가 아니라 그저 바라다보며 걸어가야 할 불빛으로만 보였던 것이다. 결국 이들은 교양소설을 완성된 형태로 끝맺지 못한다. 그리고는 바로 친일문학의 길로 접어들게된다. 이는 내부세계와 외면성의 마지막 조화를 시도하여 자신의 입지를 분명하게 밝히고자 했던 이들의 의도는 이제 더 이상 불가능하게된 것이며 그들은 곧바로 외부세계의 압도적 힘에 굴복할 수밖에 없었던 사정을 반영하고 있다. 그들은 결국 내면성과 외부세계의 조화가능성에대한 신념을 상실하게 된 것이며 따라서 최소한의 논리만을 남겨두고 외부세계의 논리에 이끌려가게 된다. 이로부터 이들의 문학은 객관현실을 반영하는 현실주의적 지향을 멈추고 작가 내부에서만 의미가 있는 신념을 지키거나 생존욕구를 표출시키는 문학의 길로 접어들게 된다.

이상으로 간단히 30년대 후반 한설야의 문학적 과정의 일단을 살펴본 셈인데, 그가 어떤 변모과정을 보여주든 간에 이 시기에 들어 당대 사회의 모순구조를 부르주아계급과 프롤레타리아계급의 근본적인 화해불가능성에서 찾는 것이 아니라 단지 작가 개인의 내면과 외부세계 전체의 대립으로 인식하기 시작했다는 것은 충분히 강조되어야 할 필요가 있다. 결론적으로 말해 그가 내세웠던 계급성 당파성이란 당대의 조선현실의 운동방향에 올바르게 뿌리내리지 못한 것이었으며 어떤 절대정신에 가까운 것이었다. 즉 당대사회의 특수성에 대한 규명과 그를 통한 사회적 실천방향을 모색하는 것이 아니라 단지 역사적 보편성만을 강조할 뿐이었다. 이 때 당파성 혹은 계급성은 올바르게 객관현실의 본질에 육박할 수 있는 과정이기를 멈춘다. 사회주의적 징후를 찾는 것에 그치게 되며 따라서 당대적 현실을 과장하고 왜곡하는 결과를 낳게 된다. 그 표출이 주관적 의지의 강조였다. 전위의 눈으로 세계를 보라고 하며 의식의 능동성을 강조하게 되는 것이다. 물론 이러한 주체성의 강조는 그 자체로서 문제가 되지는 않는다. 문제는 이 주체성의 강조가, 의식으로부터 독립하여 자기운동성을 지닌 객관적 실제의 운동 방향을 올바르게 인식하게 하는 계기로서 자리 잡지 못하기 때문이다.

5. 맺음말

1930년대 후반 프로문학이 작가의 이념을 매개할 현실적 계기를 찾지 못한 채 현실의 표면을 겉도는 모습 속에서 한설야는 귀향으로 표현되는 현실과의 거리두기를 통해 자신의 이념을 분명히 세우고자 했다. 이에 필요한 것은 선험적 전망 속에서 자신이 유지했던 현실 전유의 원리 즉 유물변증법은 과연 올바른 것이었으며 그것을 올바르게 실천했는가 하는 자기비판이었다. 그러나 한설야의 경우, 이전까지 자신이 유지했던 신념을 여전히 옳은 것으로만 고집하고 되뇌일 뿐, 어떤 반성도 하지 않는다. 즉 여전히 말하려는 것은 옳지만 다만 그리려는 현실이 그것을 따라주지 못한다는 인식이었다. 이에 따라 자신의 신념과 현실과의 제 연관에 대한 탐구보다는 자신의 신념을 옳은 것으로 보증해 줄 수 있는 계기를 찾아 나서게 되는데 그로 해서 찾아진 것이 민중들의 생명력, 노동하는 자에 대한 외경심, 일상사 속에서의 징후 찾기 등이었다. 때문에 여전히 존재하는 세계의 부정성에 대한 대립과 투쟁보다는 거부의 몸짓으로 나아가게 되었으며, 소시민지식인으로서의 자신의 존재를 확인하기 위한 작업속에서도 자신의 길을 제대로 확인하지 못했다. 이처럼 현실에서 뿐만 아니라 과거 인식에도 실패했을 경우 작가로서 생명을 유지하기 위해 나아갈 수 있는 길은 소위 '전향문학'의 방향뿐이었다. 그러나 그러한 과정 속에서도 그에게 남아있는 주관적 의지는 분명했는데, 이것이 해방 이후로 연결되었다고 할 수 있다.

이북명 노동소설의 성과와 한계

1. 머리말

1920년대 중반에서 30년대 중반까지 약 10년간 문단을 주도했던 프로문학진영의 이론을 뒷받침한 작품 활동은 크게 농민문학과 노동문학 창작으로 대별할 수 있다. 이 가운데서도 프로문학 이념의 성과와 한계를 동시에 잘 보여주는 것은 노동소설이라 할 수 있다. 근대 노동문학은 1920년대 말에야 비로소 시작된다. 우리 역사에 있어 20년대는 식민지적 본원적 축적위에서 일제의 경공업자본의 이식이라는 형태로 자본주의적 생산양식의 이식, 발전이 이루어지기 시작했던 시기이다. 이후 1920년대 말에서 1930년대 초에 걸쳐 일본의 이식 자본에 의한 발전과정을 겪고, 1930년대 본격적인 독점자본의 침투를 통해 식민지 자본주의의 발전이 이루어진다. 이렇게 볼 때 1920년대는 본격적인 식민지 자본주의 발전의 매개 시기로서 의미를 지닌다.[1]

자본주의적 생산양식이 지배적인 사회구성체로의 발전은 아직은 미

---

1 서사연 경제분과, 『한국에서의 자본주의 발전』, 새길, 1992, 53쪽.

미했지만 일제의 식민지 개발을 매개로 한 자본이식을 통해 자본주의적
생산양식이 그 지위를 확립해 나가는 시기가 바로 1920년대였으며 그런
자본주의적 생산관계의 확산에 따라 계급으로서의 노동자가 양적, 질적
면에서 성장해 나가는 시기이기도 했다. 이에 따라 사회운동의 방면에
서는 1924년 '노농총동맹'의 성립과 1927년의 '노동총동맹'의 성장, 분
리가 이루어지고 1927년 한 해 동안 총 1만 5천 여 건의 쟁의를 일으키는
등 본격적인 민족해방운동세력으로서의 위치를 잡게 된다.[2] 노동운동의
성장은 당연히 운동으로서의 문학 활동을 수행하던 카프작가들의 중심
적 형상화작업 대상이 되지 않을 수 없었다. 따라서 노동자계급과 혁명
적 노동운동만이 당대의 객관적 모순의 해결자라고 인식하고 있었던
카프작가들은 이러한 노동계급의 성장에 따른 현실적인 새로운 전망을
형상화하는 데에 모든 힘을 집중했고, 그 성과가 바로 1930년대의 노동
문학 작품이라 할 수 있다.

　이렇게 시작된 노동소설은 「용광로」(1926), 「석공조합대표」(1927) 등
의 작품을 쓴 송영으로부터 시작된다. 그 이전 신경향파소설의 경우에
도 자유노동자의 삶을 다룬 작품이 있지만 그 작품들의 경우 노동자의
형상화에 있어 가장 중심적인 문제인 자본–노동의 관계를 중심테마로
설정하고 있지 못하거나 설정하고 있다고 해도 그러한 자본–노동의 모
순을 단결과 조직을 통한 현실적 문제의 해결이라는 전망 즉 계급으로
서의 노동자적 전망을 갖지 못하고 단지 개인적 차원에서의 복수나 절
규로 끝내고 있는 경우가 대부분이었다. 따라서 신경향파소설을 우리
문학에서의 노동소설의 출발로 보기는 힘들다. 송영 소설의 특징은 임

2　김정명·이반송, 『식민지시대 사회운동』, 한울림, 1986, 48~52쪽.

화의 지적처럼 "소위 절망의 폭발, 개인적 반항의 직시투쟁이라는 당시의 일반경향에 비하야 항상 조직적인 고처에 올라"[3] 있었지만 작품 속에서의 문제해결은 현실적 근거를 지니지 못하고 단지 노동자에 대한 작가의 강렬한 믿음만이 형상화되는 '주관의식의 강열한 표출'에 머물고 만다. 이러한 송영의 뒤를 이어 "현실에서 분열된 관념과 관념에서 떨어진 묘사의 세계를 단일한 메카니즘 가운데 형성하려고 한 최초의 작품"이자 "작가의 주관의 개입이 아니라 실천을 통해 현실을 구체적으로 인식하는 진정한 경향성을 확립하였으며 완결된 인물의 개입을 의도적으로 막고 행동적 인물 유형이 확립됨으로써 본격적인 소설의 가능성을 연 작품"[4]으로 평가되는 한설야의 「과도기」와 「씨름」 그리고 이기영의 「제지공장촌」 등이 당대의 노동자의 삶을 형상화하고자 한 노동문학으로 일컬어진다. 한설야의 이 작품들은 우선 「과도기」에서 드러나듯이 식민지 조선의 자본주의화에 따른 농민의 몰락과 노동자로의 전화과정을 전형적으로 보여주며 또한 이 상황 앞에 직면한 주인공이 적극적으로 대처하고 마주서서 새로운 전망을 열어가고자 함으로써 역사적 발전에 따른 의식의 발전 – 시대의 변화를 단순히 인정하는 것이 아니라 변화한 상황 앞에서 자신의 상태를 의식하고 적극적으로 대항한다는 의미에서 – 즉 조선의 객관적인 자본주의의 발전에 따른 노동자로의 필연적인 전화과정을 있는 그대로 보여줄 뿐이다. 이 작품의 속편으로 여겨지는 「씨름」에는 「과도기」에서 노동자로 전화한 창선이 선진적인 노동자 명호로 등장한다. 「과도기」가 노동자로의 전화과정을

---

3 임화, 「소설문학의 20년」, 《동아일보》, 1940.4.16.
4 위의 글, 1940.4.20.

그렸다면, 「씨름」은 노동자로의 전화과정 이후 노동조합 결성과정을 형상화하고 있다. 하지만 노동자로서 활동하는 명호와 그에 의해 수행되는 일련의 사건들은 작가의 관념적 산물에 가까워 소설 내적 갈등의 필연성이란 측면에서 매우 초보적 양상을 드러내고 있다.[5]

이후 노동문학은 '당'과 '전위의 눈'으로 압축되는 카프조직의 볼세비키화 방침에 따라 산출된 김남천의 「공장신문」(1931)과 「공우회」(1932)에 이어진다. 이 작품들은 당시에 유물변증법적 창작방법에 다른 획기적인 것으로 평가를 받지만 곧 창작의 고정화와 도식화에 빠졌다는 비판을 받게 된다.

이러한 도식성이 극복되고 노동현장에 대한 구체적인 형상화가 이루어지는 것은 당시의 유일한 노동자 출신의 작가 이북명에 이르러서였다. 이북명은 알려진 바와 같이 함흥고보를 마친 뒤인 1927년부터 약 3년간 흥남 질소비료공장에서 노동자로서 체험한 바 있다. 그의 처녀작으로 알려진 「질소비료공장」이 처음 발표된 것은 1932년 《조선일보》 지상이었으나 작가의 말에 따르면 1928년에 처음 창작하였고, 원고 압수로 인해 1930년 재집필 후 다시 발표하게 되었다.[6] 이러한 노동자출신 작가의 출현은 그가 산출한 작품의 가치를 떠나 문학생산주체의 변화라는 점에서 주목받게 되었고, 현장에 대한 구체적 경험을 기반으로 정치의식이나 특정한 슬로건으로 구체적 노동현실을 대신하던 이전의 예술방법과는 달리 현실극복의 의지를 구체적인 노동자의 삶과 노동운동을 통해서 해결하고자 하는 노력을 보여주고 있다.

---

5 차원현, 「한국경향소설연구」, 서울대학교 석사논문, 1987, 20~24쪽.
6 이북명, 「공장은 나의 작가수업의 대학이었다」, 한설야 외, 『나의 인간수업, 문학수업』, 인동, 1989, 154쪽.

이북명의 소설은 1937년 1월에 발표된 「답싸리」를 기점으로 크게 전, 후기로 나누어진다. 그의 후기문학은 「답싸리」, 「칠성암」, 「야회」, 「화전민」 등 인정과 세태의 인간적인 측면을 그리고 있는데 이들 후기 의 작품은 카프 2차 검거 이후 여타 작가들의 경우와 마찬가지로 현저 히 일상신변에 관한 것, 세태적인 것으로 전기의 작품들과는 확연히 구분되는 다른 성격의 작품들로 전기의 작품들에 비해 후퇴했다는 평 가를 받기도 한다.[7]

이북명의 특징은 그의 전기 문학 즉 그가 흥남 질소비료공장에 근무 하면서 체험하고 완성한 그의 사상이 드러나는 전기문학에 놓여 있다. 특히 그가 공장에 들어간 사유가 당시 지식층에게 강력히 호소했던 좌 익사상의 영향과 고리키적 체험을 하겠다는 문학에 대한 정열 그 이외 의 어떤 뚜렷한 목적의식이 있어서가 아니며 생활의 진실을 체득하기 위해서는 현실 속으로 들어가야 한다는 카프의 선배작가와 동지들의 교훈에 의한 것이었다는 점을 상기하면, 이북명의 작품에 나타나는 현 장에 대한 강조가 그의 특징적인 면이라 할 수 있다.

2. 구체적 현장성 – 당대 노동운동의 형상화

우선 이북명의 소설은 현장 체험에 의한 현장의 구체적 배경을 제시 한 점에 그 특징이 있다. 이는 그의 처녀작인 「질소비료공장」을 비롯하 여 「기초공사장」, 「암모니아탱크」, 「출근정지」, 「여공」, 「오전3시」 등

---

7 박대호, 「노동문학의 현실성과 목적성-이북명론」, 『한국문학의 리얼리즘과 모더니 즘』, 민음사, 1989, 106쪽.

그의 초기작에서 여실히 드러난다. 그의 소설이 이전의 목적의식과 당파성을 강조하여 작품을 추상적으로 만들었던 지식인 전위의 작품과 구별되는 분기점이 바로 이 생산현장에 대한 작가의 생생한 체험으로부터 나오는 것이고 그래서 작중에 생생한 프롤레타리아적 현실성이 부여되어 있고 박진력이 있다는 평가를 받기도 했다.[8] 당시 문단 등단 이후 1935년까지 약 12편 정도가 발표되는데 이중 공장과 노동자를 다루지 않은 소설이 한 편도 없다는 점을 생각하면 흥남 질소비료공장에서의 체험이 이북명에게 있어 어느 정도로 작용하는지 알 수 있다.

"H질소비료공장의 형편은 내가 이미 소설이나 '팜플렛'에서 읽은 것보다 훨씬 더 비참"[9]하였다는 작가의 말처럼 당시 흥남질소비료공장의 노동조건은 조선인노동자에게 있어 열악하기 그지없었다. 일본자본주의는 1920년대의 만성적 불황을 통해 자본의 집적, 집중을 가속화하여 20년대 말이 되면 독점자본이 산업자본을 지배하고 독점자본과 국가권력이 융합하는 국가독점자본주의단계에 이른다. 이러한 독점자본의 성숙은 과잉자본을 낳게 되었고 보다 유리한 투자기회를 위해 과잉자본의 해외진출을 필연화하기에 이르렀다. 이에 따라 일본자본주의는 30년대 들어 독점자본의 수출을 시도하였고, 그 과정에서 20년대 말 세계공황에 따른 일본자본주의의 위기를 헤쳐 나가는 과정에서 나타난 상부구조의 파시즘화는 대외팽창을 기도하고 군수산업의 필요성을 절감하게 되었다. 이에 따라 중국대륙 침략을 위해 식민지 조선에서도 군수산업을 육성해야 할 필요성이 증대되었다. 이러한 공업화 정책에 따라 자본이

---

8 한설야, 「이북명론을 논함」, 《조선일보》, 1933.6.22.
9 이북명, 앞의 글, 154쪽.

이식되었기 때문에 일본 독점자본의 진출분야는 일제가 가장 시급히 확충하려는 군수산업부문에 집중되었고, 조선총독부의 정책 역시 이 부문의 독점자본의 식민지 초과이윤 보장을 통한 군수산업 확충이라는 방향으로 전개되었다.[10] 이러한 조선공업화정책의 전개과정은 일본 독점자본이 진출한 것을 강력한 동인으로 하여 위로부터 자본주의적 생산관계를 강권적으로 구축하는 과정이었고 그에 따른 자본-임노동관계의 확대과정이었다. 그러나 이 공업화는 민족적으로 자주적인 자본주의적 생산관계의 발전과정은 아니라고 할 수 있으며, 일본 독점자본의 식민지 초과이윤수탈을 강화하는 일본경제의 재생산 구조의 일환으로 조선경제가 편입되는 형태로 전개된 것이었다. 이리하여 30년대 전반기에는 금속, 화학공업을 중심으로 한 군수산업에 관련한 부문이 급격히 확대되었는데 그 중의 하나가 당시 조선에 진출한 최대의 독점자본인 노구찌 (野口)재벌이 설립한 흥남 질소비료공장이다. 이러한 일본 독점자본의 조선 진출은 첫째, 식민지 조선의 저렴한 노동력 착취와 민족적 억압체계의 일환으로서의 노동력 통할, 둘째, 조선 북부 산악지대의 전력 및 공업원료의 독점적 이용과 개발의 가능성, 셋째, 유안의 일본 국내생산량을 능가하는 소비량의 증가와 이에 따른 대규모공장의 설립 필요성, 넷째, 대륙침략전쟁을 위한 군사기업 확장의 필요성에 의한 것이었다고 할 수 있다. 이 중 첫째 요인은 특히 국내 노동자계층의 변화와 관련하여 중요성을 지닌다. 흥남질소비료공장의 경우 일본인 노동자는 조선인 노동자에 비해 2배 가까운 임금을 받았다. 게다가 일본인 노동자는 임금

---

10 허수열, 「일제하 한국에 있어서 식민지적 공업의 성격에 관한 일연구」, 서울대학교 박사학위논문, 1983, 10~21쪽.

외에도 '재선(在鮮)수당' '재향군인수당' '보너스' '상금적용' '별거수당' 등을 받았을 뿐 아니라 회사의 복리후생시설을 이용할 수 있는 반면, 조선인 노동자에게는 이러한 특전이 없었던 것은 물론 반봉건적 고용관계 밑에서 십장 등에게 중간착취를 당하는 위에 노동규율 위반에 따른 벌금, 각종 강제 저축 등의 명목으로 임금이 깎였다. 이들 제 조건을 감안하면 실제 임금 차는 동일한 기술 및 노동조건에서도 3내지 3.5배의 차이가 있었던 것으로 추산된다. 이러한 민족적 차별은 단지 임금에서 뿐만 아니라 직종별 구성에서도 나타나는데 공장의 중추부문에는 조선인 노동자가 배제되고 일본인 노동자가 그 주체로 이루어졌으며 더구나 그들은 많은 직제(職制)로서 노동과정을 지휘, 감독하는 식민지 '산업하사관'의 역할을 맡고 있었다. 하지만 이러한 저임금에 비해 "노동시간은 매일 12~16시간이었으며 때로는 교대자가 나타나지 않아 강제로 24시간 계속 노동을 시켰다."[11]는 말에서 보듯이 노동시간은 무제한으로 연장되었다. 이처럼 열악한 노동조건의 현장 경험들이 그의 초기 소설들에 반영되어 있다.

> "쇠 썩는 냄새, 급속도로 돌아가는 기계에서 타는 기름 냄새, 거미줄 같은 *색한 파이프 새어 나오는 암모니아 냄새가 서로 얼키어 마스크를 쓴 코를 잔침질한다. 그리고 식욕까지 빼앗아가는 고약한 냄새다. 뿐만 아니라 얼굴이 노래지고 기침을 컥컥 하게 된다. 게다가 콘크리트 벽과 바닥이 흔들리는 요란한 모터와 프로워(송풍기) 벨트의 소리에 신경은 극도로 파리해지고 가슴은 빈 구역이 난다."(「질소비료공장」, 《조선일

---

11 梶村秀樹, 「1930년대 조선공업화 정책의 전개과정」, 『한국근대경제사연구』, 사계절, 1983, 508~510쪽.

보》, 1932.5.31)

　"공장장은 몃푼의 삯전을 더 준다는 교묘한 수단으로 직공들에게 잔업을 시키었다. 자기 뼈가 부러지는 줄은 모르고 몃푼의 돈을 더 준다는 바람에 그들은 잔업을 하는 것을 기뻐하였다. 아침 일곱 시에 직장에 들어가 오후 다섯 시에 직장을 죽게 되어 나오는 그들이 그 위에 두 시간 내지 세 시간을 남은 노력을 팔고 침만 넘기면서 집으로 돌아오는 것이었다. 이렇게 하루에 열네시간이나 열다섯 시간을 과격한 노동을 하고 과즉 칠십 전을 받았다."(「기초공사장」, 『신계단』, 1932.11)

　"전기 그랜(기중기)이 커다란 기계를 허공에 드리우고 가랑가랑 소리를 내면서 왔다 갔다 한다. '프랜지'를 때이는 숯불이 쏴 나오는 소리가 요란히 들렸다. 연공부(鉛工部)의 소년직공들은 나무로 만든 유산딩크에다 연판(鉛板)을 싸고는 조그만 히구지(火口)로 집느라고 야단이다. 까스 냄새와 연판이 녹는 독기와 먼지는 그들의 얼굴의 핏기를 핥아 먹었다. 뿐만 아니라 가슴까지를 들쑤시어서 그들은 늘 기침을 쿵쿵 하는 것이다."(상동)

　"두께가 일촌이 넘는 강철판으로 꾸민 변성탱크, 직경이 열자나 되고 높이가 이십 자 가량 되는 변성탱크 이 탱크 안에서 암모니아, 유산, 탄산이 몇 백 기압으로 화합하여 지독한 약품을 만들어 낸다. 이렇게 항상 기압이 높은 탱크이니만큼 항상 폭발될 위험성이 많다. 직공들은 이 탱크 밑으로 다니기를 싫어하였다. 탱크는 직공들에게 魔같이 보였다."(「출근정지」, 『문학건설』, 1932.12)

이처럼 구체적으로 드러나는 열악한 노동조건과 그 속에서 일하는 노동자의 형상화는, 기존프로문학 계열의 소설들에서 두드러지게 표출

되었던 구체적 현장의 결핍과 그로 인한 노동하는 인간의 성격의 추상화
라는 결점을 일정하게 극복할 수 있게 만들었다. 특히 이들 인물 형상화
에 있어 두드러지는 점은 이전의 소설에서 보이는 지식인 전위보다는
구체적 현장 속에서 삶의 방향을 찾는 평범한 노동자가 주인공으로 등장
한다는 사실이다. 따라서 노동현장의 모순을 해결하는 과정도 전위적
인물의 의식적인 지도와 노력에 의해서가 아니라 현장자체가 가지는
힘에 의해 이루어지고 있다. 즉 작품을 이끄는 기본적인 갈등 자체가
작가의 관념적인 구상에 따른 인위적인 대립이 아니라 구체적인 노동현
실 속에서 일어나는 필연적인 갈등 양상을 띨 수 있게 된 것이다. 이러한
성과는 전적으로 작가 이북명의 현장체험에서 비롯되었다고 할 수 있을
것인데, 이는 카프의 1, 2차 방향전환 이후 노동현장에 직접 들어가 운동
가로서의 실천을 경험했던 김남천과도 그 성격을 달리하는 작가적 실천
에 해당한다. 즉 이북명의 실천은 노동자의 삶을 외부에서 경험할 수밖
에 없었던 김남천의 실천과는 달리 자신이 형상화하고자 하는 대상인
노동자의 삶과 노동운동을 체화하는 그러한 실천이었다고 할 수 있다.
이러한 작가적 체험의 힘으로 그는 김남천과 같은 추상적인 구호의 작품
의 제작으로부터 일정하게 벗어날 수 있었다.

이러한 특징을 가장 잘 드러내고 있는 것은 그의 대표작인 「질소비료
공장」, 「암모니아공장」을 비롯한 「출근정지」, 「오전3시」, 「여공」 등의
작품이다. 이 작품들은 모두 노동현장의 열악한 조건과 이에 따른 산업
재해 그리고 이를 타개하는 방법으로 공장 노동자의 단결이라는 주제를
선택하여 자본의 횡포에 대항하는 노동자의 대응이 노동쟁의 등의 형태
로 자연발생적으로 일어날 수밖에 없는 필연적 과정을 형상화하고 있다.
열악한 노동조건에 대해서는 이미 위에서 인용한 부분에서도 충분히

드러나는 사실이지만 이러한 조건 속에서 더욱 비참한 산업재해가 뒤따르는 것은 자본의 횡포가 낳는 필연적인 결과이다. 「질소비료공장」의 '문호'는 H읍이라는 조그만 어촌에 질소비료공장이 생길 때부터 열심히 일해 온 대가로 폐병을 얻었으며, 「암모니아탱크」의 '동제'는 일전 오십전에 탱크를 닦다가 질식해서 쓰러진다. 「출근정지」의 '창수'도 3년 동안의 직공생활로 폐결핵에 걸릴 뿐 아니라 그도 부족하여 결국 작업 중 탱크폭발로 형체도 없이 사라지고 만다. 「기초공사장」의 '봉원', 「오전 3시」의 '문모' 등도 모두 이러한 산업재해의 피해자다. 이처럼 언제나 목숨까지 저당 잡힌 채 일해야 하는 가혹한 노동조건은 전위의 의식적인 지도와 자본-임노동에 대한 이론적 지식이 없어도 노동자들로 하여금 단결하지 않을 수 없게 만든다. 산업재해에 대한 보상을 요구하고 출근 정지에 항의하는 노동쟁의를 일으키고(「출근정지」), 감독의 학대와 청부 제도로 인한 극도의 노동착취에 대항하여 단결로 이를 해결하는 등(「여공」) 모든 문제의 해결은 자연발생적인 쟁의와 단결로 이루어진다. 이러한 자연발생적인 쟁의와 단결은 곧 자본의 횡포에 대항하여 노동자가 계급으로서 자각해가는 과정이다. 그것은 이들 노동자들이 더 이상 한 개인의 입장에서 문제를 해결하는 것이 아니라 공통의 노동과정을 통해 공통의 경험을 갖게 되고 공통의 이해관계를 깨달음으로써 자본-임노동의 생산관계를 인식하게 되고 이러한 노동자로서의 계급의식 속에서 자본가에 대항하여 새로운 전망을 열어가는 첫걸음이다. 이러한 구체적 현장성에 이북명의 소설이 지니는 진보적 특성이 새겨져 있다.

3. 인물의 비전형성과 폐쇄된 전망

지금까지 보아온 인물과 사건에 대한 이러한 구체적인 형상화는 이전의 노동소설에서 드러나는 생경한 추상적인 묘사를 극복한 새로운 것임에 틀림없지만 한편으로는 "남천과 북명, 두 작가의 가장 큰 결함이고 내지는 경향문학 전반의 예술적 약점이 이 성격의 개조, 운명의 변천이 미묘하고 깊은 내용을 이해하지 못한데 있다"[12]는 임화의 지적처럼 전형적인 인물로서는 부족한 양상을 보여준다. 이북명의 작품들에서 형상화되고 있는 인물들은 모두 '특정한 개별인물' 즉 열악한 노동현장에서 고통 받고 있는 노동자의 전형이지만 동시에 구체적인 개인으로서의 모습을 띠지 못하고 단지 노동자로서의 모습만을 가지고 있을 뿐이다. 형상화에 대한 이러한 미흡함은 작품 속에서의 문제해결 방식에서 명확히 나타난다. 그것은 이미 앞에서 말한 바 있는 자연발생적인 쟁의와 단결을 통한 문제해결 방식이다. 이는 이미 조현일에 의해 노동현장에서 형성되는 노동자의 계급의식 형성과정을 여실히 묘사함에도 불구하고 주제의 선택과 형상화가 혁명적 노동운동 속에서 이루어지는 것이 아니라 기본적으로 경제투쟁의 실천과 그에 대응하는 경제주의적 사상에 지배당함으로서 대상 자체의 한계를 벗어나고 있지 못하다고 지적된 바 있는데 이러한 비판은 사회주의 리얼리즘에 대한 고정된 시각을 가지는 약점에도 불구하고 핵심적인 면을 지적하는 것이다.[13] 그것은 작품 속의 모든 문제해결이 의식적 노동자의 수준이 아

---

12 임화, 「한설야론」, 『문학의 논리』, 학예사, 1940, 562쪽.
13 조현일, 「1920-30년대 노동소설 연구」, 서울대학교 석사학위논문, 1991, 83~86쪽.
　　여기서 조현일은 까간의 예술방법개념을 이론적 근거로, 이북명소설의 한계를 작가의

닌 일용노동자 즉 이제 막 노동현장에 투입되어 오로지 현실체험으로
서만 노자대립의 관계를 인식할 수 있는 초보적 수준에서 해결되고 있
다는 점이다. 이는 당대의 노동운동에 대한 작가의 인식 수준이 미흡함
을 말해주는 것으로, 작품 속에서 노동자와 대립하는 자본가의 형상은
전혀 드러나지 않는다는 점에서도 알 수 있다. 즉 대부분의 갈등은 노
동자와 그들을 관리, 감독하는 일본인 중간관리자와의 대립, 갈등으로
설정되고 있는데, 이것은 당대가 식민지사회였다는 점을 감안하더라
도, 노-자 대립의 근본적 지점인 생산의 사회적 성격과 소유의 사적
성격 사이의 모순에 대한 인식에까지는 미치지 못했으며 단지 그러한
모순의 표현물의 하나인 임금이나 제도의 불합리성에 대한 비판에 묶
여 있는 것을 말해주는 것이다. 따라서 현실적으로 대다수를 차지하는
노동자의 의식적 단계가 여기에 머물러 있었고 이에 따라 작가의 의식
은 이러한 현실에 바탕을 두고 노동운동의 단계성을 중시한 것이며,
이런 노동자의 일상적인 평범한 삶 자체를 형상화함으로써 진정한 전
형을 획득했다는 평가[14]도 어느 정도 설득력을 지니고 있다고 말할 수
있다. 그럼에도 불구하고 진정한 전형이란 있는 그대로의 수준을 사실
적인 차원에서 보여주는 것이 아니라 즉자적 단계에 머물러 있는 평범
한 노동자들의 삶속에서 내재적으로 관철되고 있는 자본-임노동의 모
순과 그러한 모순을 타개하는 각성과 행동의 과정을 현실적 경향으로

세계관적 허약함과 당파성의 부족에서 기인하는 것으로 파악하고 있다. 그런데 이러한
평가는 과학적 세계관에 기반한 사회주의리얼리즘에서는 작가의 세계관과 창작방법간
의 괴리가 일어나지 않는다는 일반화된 이론적 인식(과학적 세계관으로서의 노동자계급
의 세계관)으로부터 구체적 작품을 평가하고 있다는 점에서 문제적이라고도 할 수 있다.
14 박대호, 앞의 글, 110~112쪽.

드러냄으로써 그들의 고통의 원인을 밝히는 것이다. 결국 이북명의 소설들은 이러한 형상화의 수준으로는 나아가지 못했기에 이북명소설의 인물들은 '바로 이사람'으로서의 모습을 지니지 못하게 되고, 문제 해결에 있어서도 집단적인 노동자의 항의나 쟁의가 등장할 뿐 그 과정에서의 주도적인 인물이나 문제적 인물은 찾아 볼 수 없다. 진정한 전형은 당대의 구체적 상황에 의해 요구받는 것이라 할 수 있을 텐데, 이미 식민지공업화가 상당히 이루어진 당시의 노동자계급의 수준을 고통 받는 개인적 노동자의 수준으로 파악하는 것은 '전형'이 아니라 평균적인 인물의 형상화로 그치게 만든다. 이로 인하여 이북명의 소설에서는 현장에서의 노동자의 쟁의가 비록 승리하더라도 미래에의 희망이나 전망은 보이지 않는데 이 점이 바로 김남천에 의해 정치적 수준의 저하함으로 비판받게 된 점이라 할 수 있다.[15]

4. 일상적 삶의 묘사와 현장성의 약화

이상 열악한 노동조건으로 인하여 노동자들이 자연발생적인 노동쟁의를 일으키는 현실적 과정을 묘사한 작품들을 보았는데, 그 작품들의 한계와 성과는 자연발생적 노동쟁의와 집단적 노동자의 형상 창조라는 한 곳에 집중되어 있음을 보았다. 여기서 살펴 볼 작품들은 직접 공장을 배경으로 한 노동자 생활과 거기에서 나타나는 모순과 대립을 보여주는 위의 작품들과는 달리, 노동 현장 외부에서의 노동자의 삶의 모습을

---

15 김남천, 「문화시평—문화적 공작에 관한 약간의 시감」, 『신계단』 8호, 1933.8.

형상화하고 있는 작품들이다. 이 작품들은 위에서 그 한계로 지적한 바 있는 특정한 개별인간으로서의 노동자의 삶을 보여주고 있다는 점에서 주목된다. 여기에는 「병든 사나이」(1934.1), 「민보의 생활표」(1935.9)처럼 노동자 개인적 삶의 부분을 정밀하게 묘사한 작품과 「공장가」(35.4), 「어둠에서 주운 스켓취」(36.4) 등처럼 노동자로 취업하기까지의 과정과 그 주변에서 일어난 일들에 대해 묘사한 작품들이 있다.

「병든 사나이」는 아버지가 노동 중에 사고로 죽고 자신 역시 아무런 희망도 없는 그 길을 세대 간에 걸쳐 되풀이해야만 하는 노동자의 삶에 대한 표현을 통해 당대 공장노동자들의 어려운 생활을 보여주고 있으며, 「민보의 생활표」는 일상생활의 괴로움, 운동과 생활의 갈등 등을 중심주제로 삼아 주인공 민보가 겪는 일상생활의 어려움을 한 달 생활표를 통해서 제시하는 등 매우 자세하게 노동자의 일상적인 삶을 보여주고 있다. 이를 통해 앞의 작품들이 지니고 있던 열악한 노동현장−자연발생적 쟁의와 대항−승리라는 작품 구성의 도식성을 일정 정도 극복하고 있지만[16] 이 작품들은 인물을 전형성을 보장하는 주요한 두 축인 생활과 운동을 완전히 양분하여 그 일면만을 묘사함으로써 단순한 개인적 생활의 제시에 그치고 있을 뿐이다. 엄밀히 말해 이는 사물과 상황에 대한 직접적 경험의 기록에 그치는 자연주의적 묘사에 그쳤다고 말할 수 있다. 노동자로 취업하기 이전까지의 생활과 그 주변상황을 묘사한 「공장가」나 「어둠에서 주운 스켓취」 등의 작품이 이러한 사정을 잘 보여준다. 「공장가」는 「구직」 「공장」 「투쟁」 3부작 중 그 첫 번째

---

16 이에 대해 한효(「문학상의 제 문제」, 《조선중앙일보》, 1935.6.4)나 조병남(「이북명 소설 연구」, 성균관대 석사학위논문, 1991, 24~26쪽) 등은 생활을 진정하게 반영하고 사회현실을 폭넓게 묘사하고 인물의 성격발전을 이루었다고 평가한다.

에 놓이는 작품으로 공장주변에 대한 묘사와 다양한 인물들에 대한 묘사가 상당히 사실적이지만, 주인공인 창수가 느끼는 노동자로서의 출발에 대한 희망은 생활과 운동이 매개되지 못하는 다분히 추상적인 것이며, 비교적 의식적인 인물로 묘사되고 있는 군자의 경우에도 노동운동에 대한 많은 경험이 전혀 생활과 연결되지 못하고 그저 술로 하루하루를 보내는 인물로 그려지고 있다. 이러한 경향은 특히 「공장가」의 후일담이라고도 할 수 있는 「민보의 생활표」에서 특히 두드러지는데, 「공장가」의 주인공 창수가 겪는 고통과 「민보의 생활표」에서 민보가 겪는 생활의 어려움에 대한 치밀한 묘사에도 불구하고 이들 작품은 '낡은 공식주의와 객관주의가 혼합'[17]되어 있다는 비판처럼 생활의 고난의 근원에 대한 탐구나 극복을 위한 운동과 연결되지 못함으로써 생활의 한 단면에 대한 사실적 제시 이상의 의미를 지니지 못한다.

　이러한 모습들은 결국 자신의 가장 강렬한 체험을 통해 구체적으로 드러낼 수 있는 부분이었던 현장의 모습을 더 이상 작품 속에 담아내지 못하게 되는 데서 오는 현장성의 약화라 할 수 있다. 이러한 변화가 노동 작가로서의 이북명이 1935~36년을 분기점으로 하여 여타의 작가들과 마찬가지로 일상 신변에로의 후퇴를 그리는 작가 대열에 합류하게 만든 것이다. 「도피행」, 「야광주」, 「암야행로」, 「한 개의 전형」 등은 모두 「암야행로」를 예외로 하면 이전의 마르크스주의자들이 주인공으로 등장하여 생활과 부딪혀 나가는 모습을 형상화하고 있는데, 이들은 이전까지 자신이 유지해오던 사상성의 내재화 혹은 외형적인 포기의 모습을 드러내는 전향적인 모습을 보여준다. 여기에는 물론 카프조직

17　임화, 「조선문학의 신 정세와 현대적 제상」, 《조선일보》, 1936.2.4.

의 와해라는 중요한 사실이 중요한 원인으로 작용하고 있지만, 작가 이북명의 이러한 후퇴를 가져온 것은 문학과 창작방법에 대한 그의 인식의 미흡함일 것이다. 그는 유물변증법적 창작방법을, 문학 활동을 정치활동의 부속물로 전락시킨 극도의 기계적, 공식적 창작방법으로 이해하고, 사회주의 리얼리즘을 정치주의로부터의 자유로 인식하면서 환영하고 있다. 그가 사회주의 리얼리즘을 어떻게 이해하고 있는지는 다음과 같은 표현, 이를테면 '쓰지 못하던 패배의 기록을 그릴 수 있고 인간을 연구하고 부르주아를 그리고 소부르주아를 그리고 연애를 그릴 자유가 부과되었다. 소설 한 편을 창작할 때 나의 창작 기술 모두를 작품에 담을 수 있게 되었다. 가장 자유로운 감성 그대로를 그리게 되었다.'거나 '한 개의 사물을 묘사하는 데는 가장 적절한 한 개의 형식과 방법만이 허락되는 그 형식과 방법을 연구 … 이것이야말로 두말할 것 없이 '소시알리스틱 리얼리즘'에 입각한 창작방법일 것입니다. 현실을 똑바로 보고 있는 그대로 그려야 하겠고 있는 그대로에 겁내어서는 안 될 것입니다.'라고 말하는 데서 드러나는데, 이북명은 리얼리즘을 사실주의적 기법 정도로 받아들이고 있는 것이다.[18] 이러한 인식이 그의 문학이 세태묘사로 나아가게 하는데 일조했음은 분명한 사실이라 할 수 있을 것이다. 이는 후기 이북명의 최고작이라 꼽히는 「답싸리」의 경우에도 크게 다르지 않다. 이 작품의 핵심 인물인 호룡 영감과 아들의 행위를 구와 신의 대립으로 설정, 아들 경덕의 투항적인 자세를 비판하는 호룡 영감에게서 긍정적 주인공을 모색한다고 보기에는 어렵다. 작품 속에서 아들 경덕의 행위는 전혀 새로운 것을 담아내지 못하

---

18 이북명, 「사실주의 절대지지」, 《조선중앙일보》, 1935.7.11.

고 있을 뿐 아니라, 작가가 비호하는 호룡 영감의 행위가 인간성의 왜곡과 돈에만 집착하는 가치전도의 양태를 드러내는 등 건강함과는 거리가 멀다는 점에서 새로운 세계로 나아간 작품으로 평가하기 어려운 것이 사실이다.

5. 맺는말

작가 이북명은 초기의 성취에도 불구하고 이후 대상 자체에 얽매임으로써 집단적 노동자의 형상화에서 인물의 비전형성이라는 한계를 노출할 수밖에 없었다. 초기 공장문학에서는 구체적 현장경험에 기반하여 추상적인 목적의식을 극복한 사실적인 묘사를 어느 정도 성취할 수 있었지만, 1930년대 후반 식민지 상황의 악화는 물론, 리얼리즘에 대한 그의 소박한 견해 그리고 미래의 총체적 전망에 대한 결핍이 더해지며, 일상적 삶에 대한 자연주의적 묘사 즉 생활에 대한 세태묘사로 나아갔다고 할 수 있다. 당시 노동자의 의식 수준이 이북명이 형상화하고 있는 자연발생적인 단계에 머물러 있었다고 하더라도 그러한 현상을 뚫고 들어가, 있는 그대로가 아닌 있어야 할 것을 그리는 것이 식민지 작가의 임무라는 점을 생각한다면 작가 이북명은 최초의 노동자출신 작가로서 성과와 한계를 뚜렷이 잘 보여주는 작가로 평가할 수 있다.

안막-문예운동가, 무용기획자, 문예정책가로서의 삶

1. 안막 연구의 범위

시인이자 프로문예비평가인 안막(安漠)은 식민지 시대 임 화 등과 함께 프로문학의 방향전환을 주도하고, 사회주의 리얼리즘론을 둘러싼 논쟁의 계기를 마련하는 등 문학사적으로 중요한 역할을 했을 뿐만 아니라, 당대의 세계적 무용가였던 최승희와의 결혼 이후 1930년대 중반부터는 식민지에서의 문예운동이 어려워지자, 조선의 무용을 세계에 알리는 공연 기획가이자 매니저로서 활동한 바 있다. 하지만 문예운동가로서의 안막이나 공연기획자로서의 안막 그 어떤 면에 대한 연구도 제대로 이루어지지 않은 상태라 할 수 있다. 뿐만 아니라 해방 이후 북한에서 문화예술계에서의 고위직을 역임하면서 14편의 시와 4편의 평론을 쓴 점이나, 최승희의 요구로 전통악기의 개량 사업을 주도한 사실 등에 대해서도 아무런 조명을 받지 못하고 있는 상태이다.[1] 그 핵

---

1 2007년 이주미의 연구가 처음으로 안막의 다양한 활동에 대해 언급하고 그러한 활동

심적 이유는 그의 비평 활동이 1930년 카프의 방향전환을 주도하면서
부터 아내 최승희의 무용 매니저로서 전념하게 된 1933년 무렵까지의
매우 짧은 기간에 국한되어 있으며, 그 기간 동안 쓴 평론도 10여 편
정도에 불과하다는 사실 때문이라 할 수 있다. 이 때문에 안막에 대한
연구는 프로문학의 방향전환에 대한 연구나 1930년대의 비평 연구의
한 부분으로만 다루어지는 것이 보통이었는데, 카프문학 혹은 프로비
평의 범주에서 조금 시각을 넓혀 문화사 전반으로 확대해서 안막의 문
예활동과 아내 최승희의 무용기획자로서의 역할을 살펴볼 필요가 있
다. 이 글에서는 안막의 활동을 그의 평론활동을 중심으로 아내 최승희
의 무용 공연 기획가이자 매니저로서의 역할까지 고려하여 살펴봄으로
써 안막이 우리 문학사와 문화사에 남긴 업적을 살펴보고자 한다.

　1910년 경기도 안성에서 태어나 신동소리를 들었던 안막은 아들이
없던 숙부의 양자로 가게 되는데, 이후 안막과 최승희의 동경 시절 안막
과 최승희의 딸 안성희를 돌본 사람은 바로 안막의 양어머니인 숙모였
다. 제2고등보통학교(현재의 경복고등학교)에 진학한 후, 학생운동에 적극
적으로 가담하여 집회에서 '조선독립만세!'를 외쳤다는 이유로 퇴학을
당한 안막은 이후 독학으로 일본의 동지사(同志社)대학을 거쳐 와세다(早
稻田) 제일고등학원 러시아문학과에 들어가게 된다. 바로 이 동경 유학
시절 이북만·김두용·임화·김남천 등과 함께 공산당 재건운동의 준비
기관인 무산자사(無産者社)를 설립하고 이전의 카프 기관지 『예술운동』
대신 『무산자』를 간행하는 등 이른바 제3전선파로 활동하게 되는데, 이

　의 중요성을 평가하고 있는 것을 볼 수 있을 뿐이다. 이주미, 「'추백'의 프로문학 비판
　가 안막의 예술 전략」, 『國際語文』 제41집, 국제어문학회, 2007년 12월.

시절 후쿠모토(福本)주의의 영향을 받아 귀국 후 문예운동의 방향전환을 주도한다. 1920년대 말에 귀국하여 당 재건운동의 일환으로서 계급문학 운동에 가담한 그는 내면적으로 지하단체와의 연계를 확보하면서 노동 자들을 조직화하고 민족단일당을 자처하는 신간회를 해소하여 당 재건 을 주도하고 당의 사상적·이념적 정통성을 회복하는 일을 추진한 것으로 알려져 있다. 이와 함께 예술운동의 정치적 진출을 꾀하기 위해 예술 운동의 볼셰비키화를 내세워 카프 조직을 기술자 조직(예술가 위주)으로 개편하기에 이른다. 이것이 이른바 잘 알려진 카프의 제2차 방향전환이다. 그리고 카프 본부 조직에 적극 참가하여 1930년 4월에 시행된 조직 개편 때 중앙위원과 연극부 책임자로 선임되는 등 카프 조직의 중요한 구성원으로서 활동하게 된다.

2. 문예운동가로서의 안막

카프의 볼셰비키적 방향전환론은 카프 조직의 변모를 가져왔고 이 과정에서 중앙위원의 직책을 맡은 안막은 방향전환과 조직 변화의 이 론적 근거로서 '프롤레타리아 리얼리즘'론을 제출한다. 1930년 3월에 발표한 첫 평론 「프로예술의 형식문제-푸로레타리아 리아리즘-의 길로」부터 같은 해 8월의 「조선 프로 예술가의 당면의 긴급한 임무」에 이르기까지 모두 5편의 글이 집중적으로 발표되었는데, 이 일련의 비 평을 통해 안막은 프롤레타리아 리얼리즘을 미학이론으로 한 예술운동 의 볼셰비키화를 내세우고 있다. 특히 김기진의 대중화론을 형식주의 로 비판하면서 모든 예술은 프롤레타리아 전위의 관점을 가져야 한다

는 점과 당의 슬로건을 대중의 슬로건으로 채택해야 함을 주장하고 있
는데 이는 당 재건운동이라는 당시 사회주의운동을 문예운동 상에서
드러낸 것으로 볼 수 있다. 이러한 주장들의 결과는 이듬해인 1931년
3월 카프 중앙위원회에서 조직 재개편안을 통해 확인할 수 있는데, 카
프를 각기 독립된 동맹의 협의체인 조선프롤레타리아 예술단체협의회
로 개편하자는 주장이 바로 그것이다.

　이러한 조직의 개편과 함께 제출된 문예운동의 볼셰비키화는 이른
바 '동경 소장파'로 불리는 임화, 권환, 안막, 김남천 등이 1930년 무렵
귀국하면서 제기함으로써 프로 문예비평의 핵심적 쟁점으로 부각된 것
이지만, 실제로 이 문제는 김두용에 의해 가장 먼저 주장된 바 있다.[2]
김두용은 볼셰비키화론이 본격적으로 제기되기 전인 1927년, 마르크
스주의를 선전 선동하고 당의 슬로건을 대중의 슬로건으로 만드는 것
이 프로문예의 당면한 역할임을 주장한 바 있는데, 1930년의 볼셰비키
화론은 바로 김두용의 이 논리의 연장선상에 있는 것이라 할 수 있다.

　안막은 먼저 자신이 주장하는 볼셰비키화론의 근거로서 먼저 당대
의 예술운동을 부르주아적 소부르주아적 반동의 성격을 띠고 있는 것
으로 비판한다.

　　"정노풍, 양주동 등의 부르주아 반동 예술가들의 모순된 '민족문학론'
　　이며 형식을 위한 형식을 논한 手淫的 '형식주의론' 등이며 또한 프롤레타
　　리아 예술가라는 이름 아래에서 나온 개량주의적 日和見主義的 '합법주의
　　론' 또는 ×의 대중화를 몰각하고 예술의 대중화를 운운하는 군소 허구적

2　김두용, 「〈문예공론〉〈조선문예〉의 반동성을 폭로함」, 『무산자』 제3권 3호, 1929.7,
　31쪽.

'대중화론' …… 그 뿐만 아니라 부르주아적 소부르주아적 반동적 내지 사이비 프롤레타리아 예술작품과 또한 그것을 진정한 마르크스주의적 입장에서 평가치 못하는 기만적 '예술비평' 등 – 이것은 모두 다 이러한 ×× (혁명–필자)기에 있어선 필연적으로 보다 더 표면에 現生되는 탁류인 것이다."[3]

여기서 보듯 안막은 부르주아적 소부르주아적 예술을 반동적 성격으로 규정하고 이를 예술의 이론과 실천 양 면 모두에서 극복해야 할 뿐 아니라, 프로 문예 내에서도 속화되고 왜곡된 대중화론을 극복함으로써 진정한 마르크스주의적 예술비평의 기준을 확립해야 함을 강조한다. 즉 자신들이 수행해야 할 진정한 마르크스주의적 비평은 당이 내건 슬로건을 내중의 슬로건으로 만들기 위한 광범한 선전선동 사업에 결부될 때 비로소 확립될 수 있다는 것이다. 이처럼 안 막이 주장한 볼셰비키화론은 당파성의 확립과 그를 통한 대중성의 확보라는 당시 문예운동 볼셰비키화의 핵심을 담고 있다.

이러한 볼셰비키화론의 핵심을 안막은 프롤레타리아 리얼리즘의 확립으로 제시한다. 그래서 이후 안막은 프롤레타리아 예술비평의 기준을 확립하는 데 논의를 집중하고 있다. 예술이 역사적이고 계급적인 필요의 의식적인 반영인 만큼, 예술작품을 그 대상으로 하는 비평 또한 계급성과 공리성을 벗어날 수 없으므로, 마르크스주의자는 예술비평의 계급성을 승인하고, 나아가 그것을 계급투쟁의 무기로 사용해야 한다는 주장이 바로 그것이다. 즉 프롤레타리아 예술비평은 혁명적 마르크스주의로 무장하고 그 역사적 사명을 다하기 위한 무기로서의 역할

---

3 안막, 「맑스주의 예술비평의 기준」, 《중외일보》, 1930.4.19.

을 해야 한다는 것, 그리하여 '프롤레타리아트의 종국의 승리'라는 계급적이고 객관적인 관점에서 문예비평의 기준을 확보해야 한다는 것이다. 이처럼 안 막이 프롤레타리아 리얼리즘의 확립을 위한 예술 비평의 기준으로 철저히 강조하고 있는 것은 계급성이다.

> "프롤레타리아 예술의 내용이 자본주의제도 하에서 강요받는 ×인간적 존재로부터 해방되며 ××××××(프롤레타리아)의 ××(해방)을 종국적 역사적 목적으로 하는 프롤레타리아트의 계급적 필요를 반영한 ×××(혁명적) 이데올로기임은 말할 것도 없다.
> 그것은 구체적으로 전투적 프롤레타리아트–프롤레타리아 전×(위)의 ××(혁명)적 이데올로기이다."[4]

여기서 안막은 예술이 프롤레타리아의 혁명적 계급적 필요에 의해 나온 것이기 때문에 그것은 당에 속해야 한다고 말하고 "문학은 당의 문학이 아니어서는 안된다."는 레닌의 말을 인용하면서 '당과 문학' '당과 예술가'와의 관계를 말하며 당에 속하지 않은 예술가 및 당을 떠나 사이비 프롤레타리아 예술을 매장시켜야 한다고 주장했다. 그리고 프롤레타리아 리얼리즘을 다음과 같이 설명하고 있다.

> "프롤레타리아 리얼리즘이란 이러한 프롤레타리아의 세계관이 변증법적 유물론에 입각하여 사회현상을 유물적으로 발전성에 있어 전체성에서 파악하고 그것을 프롤레타리아트의 결국의 ××라는 계급적 입장에서 형상을 빌리어 묘출하는 예술적 태도인 것이다."

---

4 안막, 「프로예술의 형식문제 – '프롤레타리아 리얼리즘'의 길로」, 『조선지광』, 1930.6.

결국 안막이 주장하는 프롤레타리아 리얼리즘은 첫째, 프롤레타리아 예술가는 현실을 묘출함에 있어 유물적, 객관적 현실주의적 입장을 가져야 한다는 점. 둘째, 프롤레타리아 리얼리즘의 변증법적 유물론의 입장은 모든 사회적, 계급적 관점에서 조아야 한다는 것. 셋째, 변증법적 유물론에 입각하여 과거, 미래의 역사적 도정 위에서 당면의 과제가 어디에서 오는가를 전체적 관계에서 파악해야 한다는 사실. 넷째, 사회현상을 역사의 객관적 법칙이 우리들에게 가리키는 종국의 '승리'란 관점에서 파악하며 묘출해야 한다는 점. 마지막으로 이데올로기와 함께 노동자 농민의 심리를 갖도록 하여 작품을 생산, 그들이 감각을 가질 수 있도록 해야 한다는 것이다.

이처럼 그가 예술비평의 가장 중요한 기준으로 계급성을 내세운 것은 프롤레타리아트의 종국적 승리라는 정치적 관점에서였지만, 예술 작품의 평가에서는 이러한 정치적 관점 뿐 아니라 경제적, 문화적 관점까지도 배제해서는 안 된다는 입장을 보여줌으로써 기계적 태도와는 다른 모습을 보여주고 있어 주목할 만하다. 즉 프롤레타리아의 혁명적 승리에 직접적인 이익이 되지 못한다 할지라도 그 가치를 단순히 부정하거나 비평의 대상에서 제외시켜서는 안 된다는 것이다. 다소 반동적인 요소를 포함하고 있더라도 "한편으로는 그 ××성으로라든지 건강한 미를 주는 점으로라든지 역사적 인식의 의의로서라든지 또는 그 뛰어난 예술성으로 말미암아 그 뛰어난 기술적 형식을 프롤레타리아 예술 형식에 비판적 섭취가 될 수 있다는 점에서 – 그것은 간접으로 프롤레타리아트의 종국적 승리에 이익이 되기" 때문에 당파성과 계급성을 핵심적 요소로 내세우면서도 이를 경직된 태도로 적용해서는 안 된다고 강조했던 것이다. 이러한 관점이 가능했던 것은 안막이 철저히 루나차르스키의 '프롤레타리아 윤리'에 자신의 논리적 근거를 두고 있기 때문이다. 즉 주어진 작품의 출신 성분이나 경향만을 따지지 말고 그것을 우리의 건설에 이용할 수 있는 것이라는 시각에서 재평가하는 것이 마르크스주의 비평가의 직접적인 임무이며 프롤레타리아 과업의 발전과 승리에 조력하는 모든 것이 바로 선이라는 루나차르스키의 명제[5]를 문학비평의 기본적인 규범으로 받아들여 이를 근거로 프롤레타리아 리얼리즘이라는 주장을 펼쳤던 것이다.[6] 즉 이들 동경에서 귀국한 소장파들 특히 안막의 논리는 엄밀히 말해 식민지 조선의 현실을 바탕으로 제기한 것이라기보다는 마르크스주의주의 비평의 원론에 충실한 것으로 당시 일본의 사회주의문예이론가들의 논리를 거의 그대로 가져온 것이라 할 수 있다. 안막의 첫 비평인 '프로예술의 형식문제'는 일본의 프로문예비평가인 장원유인(藏原唯人)의 '프롤레타리아 리얼리즘의 길'과 '프롤레타리아 예술의 내용과 형식'을 거의 전적으로 수용하고 그의 주장을 빌려 프롤레타리아 리얼리즘을 주장하고 있는 글이다. '맑스주의 예술비평의 기준'은 소비에트 문예비평가 루나차르스키의 '마르크스주의 문예비평의 임무에 관한 테제'에 기대어 마르크스 비평의 기준을 제시하고 있는 글이다. 그리고 '조선프로예술가의 당면의 긴급한 임무'는 앞의 두 글을 바탕으로 문예운동의 전면적인 볼셰비키화를 주장하고 있는 글이다.

안막은 이러한 관점의 확립 아래 프롤레타리아 리얼리즘의 실현을 위한 구체적 방법론을 몇 가지로 논의하고 있다.

---

5 루나차르스키, 「마르크스주의 문예비평의 임무에 관한 테제」, 이한화 엮음, 『러시아 프로문학운동론 1』, 화다, 1988, 253~256쪽.
6 신재기, 『한국 근대 문학비평론 연구』, 고려대민족문화연구소, 1996, 96~99쪽.

첫째, 안막은 예술작품의 사회학적 분석을 강조한다. 그러한 분석의 출발은, 예술 현상을 사회적 현상의 하나로 보고 예술 작품의 생산과 반영, 영형 등을 마르크스주의의 사회학적 관점에서 과학적으로 분석하여 그 결과가 프롤레타리아트의 승리에 도움이 되는지를 명확하게 규정해야 한다는 사실이다. 이러한 주장은 예술을 사회적 경제적 토대의 이데올로기적 반영으로 인식하는 마르크스주의미학에 충실한 논리가 아닐 수 없다. 특히 안막의 다음과 같은 주장은 카프의 초기 비평 특히 박영희 등에 내세워졌던 외재적 비평론의 약점을 훌륭히 극복하고 있다.

> "변증법적 유물론에 입각한 마르크스주의자는 모든 현상을 일정불변한 고정된 것으로가 아니라 동적으로 그 발전상에 있어서 고찰하여 모든 현상을 개개의 제 현상에서 분리된 고립된 단위로가 아니라 그것을 그 전체상에 있어서 제 현상의 인과적 연속 중의 주요한 일환으로 이전의 조건의 결과로 또 장래의 '件'의 원인으로 고찰한다."[7]

물론 여기서도 문학예술을 객관적인 사회적 조건에 의해 결정된 이데올로기적 생산물로 규정하고 있다는 점에서 기계론적 약점이 여전히 남아 있기는 하지만, 문학예술이 정식화된 이데올로기뿐만 아니라 사회의식이나 사회심리를 어떻게 반영하고 있으며, 한편으로는 예술작품이 사회의 물질적 토대에 어떤 영향을 미치는가를 밝히는 것이 마라크스주의 비평가의 임무라는 점을 안막이 내세우고 있다는 점에서, 기계적 반영론과는 거리가 있다는 점은 충분히 짐작할 수 있다.

둘째, 위에서 보았듯이 안막은 이러한 내용비평의 강조에 있어 이데

---

7 안막, 앞의 글, 1930.4.27.

올로기뿐만 아니라 사회심리까지 그 대상으로 삼아야 할 것을 강조한다. 즉 문학예술의 내용은 사상적 요소에 해당하는 이데올로기뿐만 아니라 정서적 요소에 해당하는 사회심리의 측면까지 관심을 확대하여 그것이 프롤레타리아트의 투쟁과 승리에 기여하고 있는지 평가할 수 있어야 한다는 것이다. 안막이 말하고 있는 '피시코이데올로기(psycho-ideology)'[8]란 아직 이데올로기로 체계화되지 못한 사회심리를 의미하는 것이라 할 수 있다.

이처럼 일본의 藏原惟人, 그리고 근본적으로는 러시아의 마르크스주의 문예비평가 플레하노프의 이론을 수용하고, 이를 볼셰비키화론 그리고 프롤레타리아 리얼리즘의 이름으로 제시하고 있는 궁극적 목적은 프로문학의 대중성 확보이다.

> "대중의 흥미를 주기 위한 작품은 이데올로기적 방면보다도 그 뿌시고로기-(심리)적 방면에 흥미를 주는 점이 많은 것을 알 것이며 그럼으로 인하여 그 뿌시고로기가 가장 완전한 것이 되기 위하여는 그것은 작가나 일정한 층을 대상으로 하는 데에서 비로소 가능하다는 것을 보아도 알 것이다.
> 아무리 우리들의 작품이 프롤레타리아적이며 ××적인 훌륭한 작품이라 하여도 그것이 노동자 농민이 보아 이해치 못하며 흥미를 갖지 못한다면 우리들의 예술로서 아지프로적 역할은 없을 것이요 따라서 아무런 가치도 찾지를 못할 것이다."[9]

여기서 보듯 안막은 노동자 농민에게 프롤레타리아 계급의식을 고

---

8 안막, 「맑스주의 예술비평의 기준」, 《중외일보》, 1930.5.1.
9 안막, 「프로예술의 형식문제」, 『조선지광』 90호, 1930.3, 93쪽.

취하는 선전적 역할을 담당하기 위해서 예술작품은 무엇보다도 그들에
게 쉽게 이해되고 흥미를 줄 수 있어야 함을 주장한다. 그가 이처럼
노동자 농민의 사회심리까지도 그려내야 함을 주장했던 것은 당시 프
롤레타리아 예술가들이 이데올로기 방면에서는 프롤레타리아적 요소
를 지녔지만 사회심리적 측면에서는 소부르주아적 지식인의 특성을 버
리지 못한 채 노동자 농민의 정서적 감각을 얻지 못하고 있다고 파악했
기 때문이다.

　셋째, 안 막 역시 전통적 마르크스주의의 관점에 근거하여 기술비평
보다는 내용비평을 우선적인 것으로 파악함으로써 프로문학의 일관된
관점을 유지하고 있다. '형식이란 다만 예술의 객관적 내용인 사회적
심리를 표현하려는 수단'[10]이라는 언급도 바로 이러한 인식에서 비롯된
것이다. 이처럼 안막은 문학의 형식이나 기술을 내용 표현의 수단으로
인식하고 있다. 하지만 안막의 논의는 카프 초기의 내용-형식 논쟁에
서의 기계적 내용 우위론과는 거리를 취하고 있다. '우리들은 언제나
내용과 형식을 통일적 방면으로서 그 변증법적 불가분성에 있어서 또
변증법적 발전 속에서 보지 않으면 안 될 것'[11]이라거나 '변증법적 교호
작용 속에서 일정한 예술적 내용은 그 내용에 가장 적응한 예술형식을
확정할 수 있다'[12]는 언급에서 보듯 형식을 도외시하고 일방적인 내용
만을 강조하는 입장과는 거리를 두고 있음을 알 수 있다. 이는 예술의
내용과 형식의 관계는 변증법적인 것으로 서로 분리될 수 없는 상호의
존적인 것으로 파악하는 전통적 마르크스주의 미학의 관점에 서 있기

---

10 안막, 「맑스주의 예술비평의 기준」, 《중외일보》, 1930.5.17.
11 안막, 「프로예술의 형식문제」, 『조선지광』 90호, 1930.3, 99쪽.
12 안막, 「프로예술의 형식문제(二)」, 『조선지광』 91호, 1930.6, 45쪽.

때문이다. 이러한 인식은 내용과 형식을 유기적으로 통일된 한 가지 현상의 두 가지 불가분의 측면들로 파악하기에 가능하다.

하지만 이상의 주장보다도 정작 안막이 하고 싶었던 주장은 그의 비평 제목 자체가 '프로비평의 형식 문제'라는 점에서도 나타나듯이 프롤레타리아 문예비평의 형식에 대한 것이라고 볼 수 있다. 그는 '마르크스주의 비평은 여하한 형식 평가의 규범을 가져야 할 것인가'라는 물음을 제기하고 그 해답으로 구체적인 형상을 통해 현실을 반영해야 한다는 '형상성'을 제시하고 있다. 형상성이란 문학예술만이 가지는 특수한 성격으로, 문학의 형식이란 단지 사상을 전달하고 표현하는 기교나 방법 그 이상의 것이라는 점을 강조하고 있다. 이와 함께 새로운 내용에는 새로운 형식이 요구된다는 형식의 독자성, 독자대중에게 강한 영향을 줄 수 있는 형식의 대중성을 확보해야 함을 강조하고 있다.[13] 즉 프로 이데올로기에 의한 세계관을 강조할수록 프로문예작품의 경직화 현상이 더욱 두드러지는 현실 속에서 대중들의 호응을 얻을 수 있는 방법은 구체적 형상화의 문제 즉 형식의 문제로 제기될 수밖에 없었던 것이다. 하지만 이러한 대중화의 필요성을 절감하면서도 어떻게 성공적으로 형상화할 것인가 하는 문제에 대한 천착은 안막 역시 충분히 다루고 있지 못한 것이 사실이다. 이러한 한계는 사실 안막이 제창한 프롤레타리아 리얼리즘론이 자신의 견해라기보다는 일본가 러시아의 프롤레타리아문학이론을 거의 그대로 받아들여 소개하는 차원을 크게 넘어서지 못한 점이라는 사실에서 어느 정도 예견된 것이라고 할 수 있다.[14] 그럼

---

13 신재기, 앞의 글, 99~101쪽.
14 이 점에 대해서는 김윤식 교수의 지적 이래 카프의 문학론 혹은 리얼리즘론을 연구한 대부분의 논자들이 지적하고 있는 점이어서 여기서는 상세하게 지적하지 않기로 한다.

에도 불구하고 그의 프롤레타리아 리얼리즘론이 의의를 지니는 것은 박영희 김기진 사이에 벌어진 내용 형식 논쟁이나 김기진의 속화된 대중화론을 넘어 하나의 창작방법론으로서의 리얼리즘론으로 발전시키는 계기를 만들었다는 점이라 할 수 있을 것이다. 즉 창작방법의 태도에 따라 리얼리즘의 용어가 프롤레타리아 리얼리즘, 변증적 사실주의 등으로 혼합되어 사용되던 것이 안막에 의해 '프롤레타리아 리얼리즘'으로 확립되었다는 점이 바로 이를 뒷받침해준다.

이런 볼셰비키화 논리는 이후 권 환에 의해 더욱 구체적으로 제시된다.[15] 작품 제작에 있어 내용은 프롤레타리아트의 해방을 목표로 마르크스주의의 이데올로기 즉 전위의 사상으로 해야 함을 말하고 제재 선택의 규정을 아주 구체적으로 제시해 놓은 바 있다.[16] 이처럼 내용이 혁명적이고 선동적이기 때문에 그에 맞는 형식은 현실적, 직설적이어

다만 여기서 강조하고 싶은 사항은 일본에서 제시된 프롤레타리아 리얼리즘론이 제출된 배경이 사실은 프로문예의 대중화 문제와 관련되어 있는 점인데, 안막 역시 팔봉 김기진의 대중화론에 대한 비판과 함께 카프문학의 대중화론에 대한 인식에서 이 문제를 제출했다고 할 수 있다.

15 권환, 「조선 예술운동의 당면한 구체적 과정」, 《중외일보》, 1930.9.2-16.

16 권환이 제시해 놓은 제재는 다음과 같다. 1. ××(전위)의 활동을 이해하게 하여 그것에 주목을 환기시키는 작품 2. 사회민주주의, 민족주의 ×(정)치운동의 본질을 ××(폭로)하는 것 3.대공장의 ×××× 제네락×××× 4. 소작××(쟁의) 5. 공장, 농촌 내 조합의 조직, 어용조합의 ×× 쇄신동맹의 조직 6. 노동자와 농민의 관계를 이해케 하는 작품 7. ×× ××(제국주의)의 조선에 대한 ××××(예하면 민족적 ××, ××××확장, ×××××조합 등의 역할…) ××(폭로)시키며 그것을 맑스주의적으로 비판하여 프롤레타리아트의 ××와 결부된 작품 8. 조선 토착 부르주아지와 그들의 주구가 ×××××(제국주의자)와 야합하여 부끄럼없이 자행하는 적대적 행동, 반동적 행동을 폭로하여 또 그것을 맑스주의적으로 비판하여 프롤레타리아트의 ××와 결부한 작품 9. 반×××××의 ××을 내용으로 하는 것 10. 조선 프롤레타리아트와 일본 프롤레타리아트의 연대적 관계를 명확하게 하는 작품, 프롤레타리아트의 국제적 연대심을 환기하는 작품. 위의 글, 1930.9.4.

야 하고 독자 대상이 노동자 농민이므로 간결하고 평이해야 한다고 말
하고 있다.[17]

안막에 의해 주창되고 권환에 의해 구체화된 이 프롤레타리아 리얼리
즘은 당의 정치적 임무에 지나치게 도식적, 기계적으로 결합시키고 있
었던 점과 1931년의 제1차 검거선풍으로 인해 더 이상 발전하지 못하고
사회주의 리얼리즘 논의로 전환된다.

그런데 그 이전인 1931년 3월 안막은 일본의 〈나프〉 기관지에 「조선
에서의 프롤레타리아 예술운동의 현실적 상황」이라는 글을 발표한 바
있는데, 이 글과 함께 1931년 9월 카프 제1차 검거 때 동경에서 체포되어
조선으로 압송되어 와서 자술서 형식으로 제출한 「조선 프로레타리아
예술운동 약사」이 두 편의 글을 보면 당시 안막이 어느 정도 프로문예운
동에 관여하고 있었으며 무엇을 생각하고 있었는지 쉽게 알 수 있게
해 준다. 그것은 이 두 글의 내용이 조선의 프로문예운동의 조직 전모와
목표가 무엇이었는지를 잘 밝혀주고 있는 중요한 문건이기 때문이다.

안막은 이 글들에서 〈카프〉의 활약상을 소개하고 〈나프〉와의 조직적
유대를 요구하고 있다. 그는 〈카프〉의 이기영, 송영, 윤기정, 조중곤
등이 혁명주의 예술 확립의 임무를 충실히 수행하고 있으나 김기진,
한설야 등은 사보타지하고 있다는 점. 〈카프〉내의 이론연구회, 소설
희곡연구회, 시연구회 등은 가장 활발하게 조직이 진행되고 있으며 특
히 이효석 등 이른바 동반자 작가들을 〈카프〉 진영이 획득하는 데 성공

---

17 안막과 권환의 이 프롤레타리아 리얼리즘론은 일본의 프롤레타리아 리얼리즘 및 사회
주의 리얼리즘론의 직접적 영향 아래 논의되었음은 당연한 일이다. 이에 대해서는 다음
의 글을 참고. 김윤식, 『한국근대문예비평사연구』, 일지사, 1973 및 김윤식, 『한국근대
문학사상사』, 한길사, 1984 참고.

하였다고 말함으로써 당시 〈카프〉 조직이 식민지 문단에 어느 정도의 영향력을 가지고 있었으며 또 활동의 목표가 무엇이었는지를 잘 보여주고 있다.[18]

특히 안막은 이 글에서 1930년 4월 카프가 영화부문을 신설하여 반혁명성, 반프롤레타리아성 부르주아의 '신흥영화동맹'을 흡수하려 했으나 실패하고 부르주아와 강렬하게 투쟁하여 프롤레타리아 영화인 갑영(甲英)의 원작 「지하촌(地下村)」을 강호의 감독으로 완성시켜 영화운동의 볼셰비키화를 실천적으로 수행하고 있다고 말하고 있을 뿐 아니라, 연극 미술 음악 부문에 대해서도 카프의 활동상을 설명하고 있다. 게다가 양주동, 정노풍 등 중간파, 카프와의 대립각을 세우고 있던 이광수, 염상섭, 김동인 등 조선의 민족주의 문학자들뿐만 아니라 나운규, 안종화 등 영화부문의 활동상황까지도 설명하는 등 당대 조선 문화예술 전반에 대한 생각을 드러내고 있다. 조선 문화 전반에 대한 인식 속에서 그가 강조하고 있는 것은 조일(朝日) 프롤레타리아 예술운동의 조직적 연결의 확립이 시급하다는 것으로, 이를 위한 〈나프〉의 최대의 원조를 호소하며 두 조직의 연대투쟁을 강렬하게 제시한 바 있다.

3. 프롤레타리아 리얼리즘에서 사회주의 리얼리즘으로

이처럼 문화예술 전반에 대한 인식 속에서 1930년과 1931년에 걸쳐 프로문예비평가로서 혹은 프로문예운동가로서 활동하던 안막의 삶을

---

18 박명용, 『한국 프롤레타리아문학 연구』, 글벗사, 1992, 134쪽.

완전히 바꾸어 놓은 일이 바로 1931년 최승희와의 결혼이다. 1931년 와세다 제일고등학원 러시아문학과 학생 시절, 최승희의 오빠 최승일과 박영희의 소개로 삼각산(북한산) 근처의 진관사에서 최승희와 맞선을 보게 된 것이다. 그런데 안막은 이미 결혼 전력이 있었다. 상대는 경성에서 의원을 경영하고 있던 사람의 딸이었는데 아이를 분만할 때 난산으로 산모와 아이가 모두 사망한 것으로 알려져 있다. 바로 이 때문에 최승희의 부모가 강력하게 반대했다고 알려졌는데, 최승희 본인과 오빠 최승일의 설득으로 허락을 얻고 1931년 5월 10일 청량원에서 결혼식을 올리게 되었다. 신혼여행으로 금강산 석왕사(釋王寺)에서 2주간 머물다 돌아온 이후 안막은 와세다 대학 학기말 시험을 치르기 위해 동경으로 떠나게 된다. 그러나 기말시험은 표면적인 이유였고 실제적인 이유는, 동경에서의 동지사(同志社) 해체 문제를 해결하기 위한 카프 중앙위원회의 결정에 의한 것이었다고 한다. 1928년 3월 모스크바에서 개최된 프로핀테른-국제적색노동조합-4차 대회에서, 재외 외국인 노동자와 식민지 노동자는 거주 국가의 노동조합에 가입하여 투쟁해야 한다는 방침을 결정했고 1930년 10월의 5차 대회에서는 예술, 교육 분야에서의 활동에까지 이 방침을 적용한다는 결정을 내린 바 있다. 이에 따라 일본에서는 1931년 11월 일본프롤레타리아 문화연맹-코프 KOPF-가 결성되었고, 당시 일본에서 거주하는 조선인 프롤레타리아 작가 예술가들이 결성하여 활동하고 있던 '동지사(同志社)'는 해체해야 한다는 결정이 채택되었는데, 바로 이 문제를 해결하기 위해 안막이 일본으로 파견된 것이다.

이처럼 이 시기에는 그가 아내 최승희의 무용을 위해 문예운동가로서의 자신의 활동을 포기하지 않고 있었다. 이후 본격적으로 최승희의 무용 기획가이자 매니저 활동에 자신의 시간과 노력을 바치게 되면서

안막은 최승희의 무용을 통해 조선적인 것의 세계화를 꿈꾸게 되는데,
바로 이 무렵 발표한 비평이 「창작방법문제의 재토의를 위하여」(1933)
라는 글이다. 여기서 안막은 1930년 주장했던 프롤레타리아 리얼리즘
론을 비판하고 새로운 창작방법론으로서의 사회주의 리얼리즘을 수용
하고 있다. 새로운 창작방법론으로 사회주의 리얼리즘을 소개하고 있
는 이 글은 이후 프로문예비평에서의 창작방법 논쟁의 시발점이 되었
다. 사회주의 리얼리즘이란 용어를 처음으로 소개한 것은 백철이었지
만 사회주의 리얼리즘에 대한 본격적 논의는 '추백(萩白)'이란 필명으로
발표한 안막의 이 글에서 이루어진다. 그는 먼저 새로운 이론의 제창의
근거를 다음과 같이 들고 있다.

> "이 새로운 제창의 현실적인 근거는 단순히 비평가들이 엥겔스의 발자
> 크 비판에서 배웠다는 그것만에 의하여 이러한 것이 아니고 실로 소비에
> 트 동맹의 경제적, 정치적, 문화적인 거대한 약진 – 제2차 5개년 계획의
> 성공적 수행, 예술가들을 포함한 인텔리겐차의 대부분의 프롤레타리아트
> 측으로의 전환, 대중의 문화적인 욕구의 현저한 성장 등 – 에 의하여 이
> 새로운 현실에 적응키 위한 운동의 필연 속에서 전개되게 된 것이다."[19]

안막은 이 글에서 사회주의 리얼리즘이 소련의 경제, 정치, 문화의
급진전에 따라 새로운 현실에 적응키 위한 필연적인 상황 아래에서 전
개되고 있는 것임을 말하고 지금까지 논의해 온 변증법적 사실주의를
자기비판하면서 새로운 창작방법의 확립을 강조한다.

그것은 첫째, 예술과 창작방법에 있어서 변증법적 유물론이 창작방

---

19 추백, 「창작방법의 재검토를 위하여」, 《동아일보》, 1933.11.29.

법의 문제를 추상화하고 이론을 기계적으로 도입함으로써, 무엇보다 우선시되어야 할 작품 자체의 객관적인 진실성과 현실에의 충실성을 망각해버렸다는 점에 대한 비판이다. 이 때문에 작가의 계급성을 비평가 자신의 주관적인 선입견에 의해 재단하는 오류를 범하고, 예술상의 리얼리즘과 철학 상의 유물론과의 관계 등에서 나타난 오류를 발견하지 못함으로써 계급성이 없는 산 인간의 묘사 등을 제창했다는 것이다.

둘째, 이러한 오류로 인해 창조적이고 비판적 활동이 부진할 수밖에 없었고 그 결과 작가·비평가들의 발전에 있어 파행을 가져올 수밖에 없었으며 결국 이는 카프 조직 구성에 결함을 초래하게 되었다는 사실이다. 이전의 '라프'나 '카프'의 문학운동에 있어서 '창작방법에 있어서의 변증법적 유물론'의 결함을 가지고 있었던 점, 즉 구 '라프' 또는 일본의 장원유인(藏原惟人)의 이론을 조잡히 반추하고 적용함으로써 작가에게 위협수단이 되었다는 것이다.

셋째, 위와 같은 오류로 인해 예술가의 세계관과 창작방법의 의존관계를 혼동하고 예술적 창작과정의 복잡성, 특수성을 무시하여 창작방법에 있어 변증법적 유물론이 단순화 도식화되었다는 것이다. 그리고서 비평의 바람직한 방향을 다음과 같이 제시한다.

"예술비평은 우리들의 예술이 어떻게 풍부하게 또한 정당히 객관적 현실을 반영하고 있는가. 그 풍부한 정당한 반영에 있어서 프롤레타리아트의 세계관으로의 예술가의 의식적인 또는 무의식적 근접이, 여하한 역할을 하고 있는가를 개인의 작품에 관하여 구체적으로 검토하지 않으면 안될 것이다."[20]

---

20 안막, 위의 글, 1933.12.3.

이처럼 자신이 주장했던 프롤레타리아 리얼리즘에 대한 자기비판 위에서 이루어진 안막의 논의는 이후 리얼리즘 논의의 새 장을 여는 역할을 한 것으로 평가할 수 있다. 하지만 여기서 이루어진 자기비판이 과연 얼마나 정당한 것인가 하는 데는 의문의 여지가 남는다. 즉 과거의 유물변증법에 의한 창작방법이 외부로부터 들어온 이론을 그대로 적용한데서 오는 오류라고 비판하면서 새로이 제창하고 있는 사회주의 리얼리즘 역시 식민지 조선의 현실과는 다른 사회주의 현실을 바탕으로 제기된 외부로부터의 수입이론이라는 점이다. 게다가 과거의 유물변증법적 창작이론과 프롤레타리아 문학이론이 어떤 점에서 미흡한 것이었는지 특히 세계관 해석의 오류인지 유물변증법적 창작방법에서의 오류인지 구체적으로 분석하지 못하고 있으며, 또한 창작실천에 대한 구체적 방안까지는 마련하지 못하고 있음을 볼 수 있다. 이 때문에 안막의 논의는 곧바로, 창작방법의 전환이 소련에서는 조직 전환과 결부되어 있다는 점과 '진실을 그리라'는 명제를 속류적으로 해석하여 조직적 당파성을 외면하는 탈정치주의적 경향을 낳고 있다는 두 가지 측면에서 김남천의 비판을 받게 된다. 하지만 그러한 비판과 관계없이 안막의 글은 새로운 논의의 장을 열었다고 할 수 있다. 그것은 안막의 사회주의 리얼리즘 논의 제창 이후 김남천[21], 안함광[22], 권환[23], 한효[24], 김두용[25] 등에 의해 30년대 중반의 풍부한 리얼리즘론 논의가 이어졌다는

---

21 김남천, 「창작방법에 있어서의 전환의 문제 – 추백의 논의를 중심으로」, 『형상』 2호, 1934. 3.
22 안함광, 「창작방법문제 신이론의 음미」, 《조선중앙일보》, 1934. 6. 17–30.
23 권환, 「현실과 세계관 및 창작방법과의 관계」, 《조선일보》, 1934. 6. 24–29.
24 한효, 「신창작방법의 재인식을 위하여」, 《조선중앙일보》, 1935. 7. 27.
25 김두용, '창작방법의 문제–리얼리즘과 로맨티시즘', 《동아일보》, 1935. 8. 24–9. 3.

점이 이를 증명하고 있다.

4. 무용기획가, 문예정책가 안막

안막의 논의를 계기로 창작방법 논쟁이 본격화되었지만 막상 안막 자신은 이후 문예운동을 접고 논쟁에 참가하지 않는다. 그 사정을 잠깐 살펴보면 다음과 같다. 카프 맹원 1차 검거 때 체포되었던 안막은 1932 년 1월 3개월 만에 불기소처분으로 석방되어 최승희와 국내 순회공연의 마지막 장소인 경북 안동에서 재회한다. 이후 동경으로 파견되었던 안 막은 일본의 좌익 문화인 일제 검거가 실시되었을 때 경찰에 연행되어 잠깐 유치장 생활을 보내기도 한다.[26] 1932년 7월 딸 안승자(安勝子)가 태어나고, 1933년 2월 최승희와 딸 모두 일본으로 옮겨와 동경에서 가족 이 재회하게 되는데 이후 최승희는 일본에서 주로 생활하며 일본과 조선 을 오가며 공연활동을 하게 된다. 당시 와세다 대학에 다니고 있던 안막 은 이때부터 본격적으로 최승희의 무용 공연 기획자로 매니저로 활동하 게 되면서 문예운동가로서의 자신의 꿈을 접고 최승희의 공연활동에 주력을 기울이게 된다. 1933년 이후 문예활동이 거의 없는 것은 바로 이 때문이라 할 수 있다. 1935년 3월 와세다 대학 졸업 후 '중앙공론(中央 公論)', '가이조(改造)' 등 일류 출판사에 들어가기 위해 '가이조'사의 야마 모토 사장을 만나는 등, 문예활동가로서의 길을 한 번 더 모색해보지만 안막은 끝내 문인으로서의 활동을 접고 최승희의 무용 공연 기획자로

---

26 이는 최승희가 주연한 영화 '반도의 무희'에 최승희의 상대역으로 출연한 센다 고레야 (千田是也)의 증언에서 드러난다.

매니저로 활동하는데 전념하게 된다.

이후 안막과 최승희는 딸을 동경에 남겨둔 채 1937년 12월 미국 공연을 시작으로, 최승희를 세계적 무용가로 만든 파리 공연을 포함한 1938 –1939년에 걸친 유럽순회공연, 1940년 5월부터 6개월에 거친 남미 순회공연 등 3년여의 해외 공연을 마치고 일본에 돌아오게 된다. 일본 도착 이후 일본, 조선, 중국 각지를 돌며 순회공연을 하였으며, 1944년 3월 15일 일본을 떠나 조선, 중국에서의 공연을 갖게 되는데 이후 다시는 일본으로 가지 못하게 된다. 특기할만한 사실은 남미 순회공연을 가기 직전인 1940년 5월, 7년 만에 《매일신보》에 당대 문단의 동향과 관련한 단평[27]을 발표하는 등 문단에 대한 관심은 계속 가지고 있었다는 점이다. 즉 공연과 기획, 관객 동원, 일본 당국의 감시와 관객들의 눈길이라는 이중적 시선으로부터의 자유로운 공연, 조선 전통무용과 중국의 고전으로부터의 자양분 습득, 유럽과 미국, 남미 대륙에 걸친 세계 공연 등 문화예술기획자로서 새로운 예술세계를 구축하는 데 전념하면서도, 언제든 문예운동가로서의 모습으로 돌아가기 위해 문예동향에 대한 지속적인 관심을 갖고 있었던 것이다.

1945년 초 전화(戰禍)를 피하고 지속적인 무용 공연과 연구를 위해 북경에서 최승희와 함께 동방무용연구소를 운영하고 있던 안막은 조선독립동맹 본부가 있던 연안(延安)으로 떠날 결심을 하고 북경을 탈출한다.[28] 연안에 도착한 안막은 조선독립동맹의 간부들이었던 김두봉, 무

---

27 1940년 5월 22, 24, 25일 《매일신보》에 「중간문학론」 「문예지 부진」 「이론의 퇴락」이라는 제목으로 원고지 3-4장 분량의 짧은 글을 발표한다.

28 정확한 시기는 현재로서는 알 수 없지만 1957년 북한의 『조선예술』에 연재된 최승희의 평전에도 '일본이 패전할 무렵 안막은 일본제국주의와의 전투에 참가하고 있어 안막

정, 최창익, 김창만, 허정숙 등과 친분을 쌓게 되는데, 이들 '연안파'와의 인맥은 1959년 숙청을 당하는 한 원인으로 작용하기도 한다. 1945년 8월 15일 중국 북경에서 해방을 맞은 안막은 9월 초 가족을 북경에 그대로 둔 채 연안에 있던 독립동맹 동지들과 함께 평양으로 들어가 북한에서 다시 문예운동전선에 뛰어든다.[29]

이처럼 해방 이후 평양으로 간 안막은 10여 편의 시와 4편의 비평만을 남겨놓았는데, 대부분 1946.3 조선노동당 중앙당 선전선동부 부부장. 문학예술가총동맹 상무위원으로 활동할 때이다. 이에 따라 그 내용들도 당시 북한의 혁명론에 맞는 사회주의문학의 건설, 극좌적 극우적 양편향에 대한 비판, 미국과 남한에 대한 극단적인 비판과 소련에 대한 찬양 등 문화예술기관의 책임자로서 가능한 극히 공식적인 문학론의 성격을 띠고 있다. 이후 국립평양음악학교 초대 교장(1949년), 평양음악학원 초대학장(1949년), 문화선전성 부상(副相, 1956년) 등 문예비평가로서보다는 문화예술 분야의 책임자로서 최승희의 요청에 따른 전통악기 개조 등 문화책임자로서의 활동에 주력한다. 그러다 1958년 8월 반당종파분자 혐의로 체포되어 소식이 단절되는데, 1957년부터 시작된 '연안파' 숙청 단계에서 연안파의 조선의용군과 함께 귀환한 안막도 연안파에 가까운 인물로 분류되어 함께 숙청당한 것으로 보인다. 안막은 이후

부부는 떨어져 생활하고 있었던 것으로 기록되어 있는 점으로 보아 이는 확실해 보인다.
29 일부 연구나 연보에서는 1947년 7월 월북한 것으로 기록하고 있으나 최승희 자서전 등 모든 기록을 종합해 볼 때 중국에서 해방을 맞은 뒤 연안파와 함께 북한으로 들어온 것으로 보인다. 안막이 평양으로 떠나버리고 남은 가족들은 1946년 5월 29일 미군이 제공한 배를 타고 인천항으로 들어왔다가, 최승희는 1946년 7월 20일 한밤중에 안제 승·김백봉 부부, 이원조 등과 함께 마포에서 안막이 보낸 8톤짜리 발동선을 타고 인천 을 거쳐 월북하게 된다.

지하철 노동자로 전락해 나중에 사망한 것으로 알려져 있다. 이로 인해
1959년 10월 딸 안성희가 안막과 최승희를 공개비판하고, 최승희도 한
때 연금상태에 놓이기도 하며 무용학교 평교사로 재직하기도 하는데,
이후 1961년 문예총 중앙위원, 조소(朝蘇)친선협회 중앙위원, 조국통일
중앙위원으로 선임되고, 1964년 조선무용동맹위원회 위원장에 올라
1967년까지 재직하지만 실권 없는 자리에 불과했으며 무용계에서는 사
실상 모든 권력을 잃은 상태로 떨어지고 한다.[30]

 이처럼 식민지 시기 급진적인 문예비평가에서 최승희와의 결혼 이
후 문화기획자로의 변신 다시 북한에서의 문예조직의 책임자로서의 활
동에 이르기까지 안막의 일생은 문화사 전반에 걸쳐 큰 족적을 남긴
인물이라 할 수 있다.

---

30 결국 최승희는 1967년 6월에 숙청된 것으로 보이는데, 11월 7일 일본의《조일신문(朝日
 新聞)》이 '최승희 등 반김일성파 숙청'을 보도한 바 있다. 아사히신문은 최승희가 연금상
 태에 있다고 보도했으며 마이니치신문은 공민권을 박탈당하고 투옥되었다고 보도한
 바 있다. 이후 정치범수용소에서 자살했다거나, 딸과 함께 중국 국경을 넘다 사살되었다
 거나 수용소에서 '병사'했다는 등 여러 가지 소문이 전해졌지만 확실한 것은 알 수 없는
 상태이다.

정치운동으로서의 문학-박승극론

1. 서론

　박승극은 1948년 월북 이전까지 50여 편의 평론과 20여 편의 소설을 남기고 있지만, 프로문학 작가 혹은 평론가로 크게 주목받지 못했다. 그것은 박승극의 소설 편수가 그리 많지 않다는 점 또 장편이 없다는 점, 평론의 경우에도 50여 편 가운데 많은 수가 매우 짧은 단평이거나 작품평 등이며 주제론 등의 본격적 평론이 그리 많지 않다는 이유 때문일 것이다. 이는 박승극에 대한 연구가 학위논문 1편을 포함하여 모두 10편에도 미치지 못하는 사실도 그 때문일 것이다. 그러나 사회주의운동가로 단 한 번도 자신의 길을 벗어난 적이 없이, 실천에 근거한 일관된 주제의식을 보여주기도 하고, 식민지 말기 침체된 상황 속에서 생활문학으로서의 농민문학론을 내세우고 그 문학론을 바탕으로 창작한 농민소설은 주목할 만하다. 여기서는 박승극의 소설을 중심으로 그의 문학사적 행적을 조망해보기로 하겠다.

2. 본론

1) 생애와 사상적 배경

박승극은 1909년 수원 양감면 출생으로 1924년 배재고보에 입학한
뒤 배재고보 및 고향 선배인 박팔양의 영향을 받아 민족문학에 눈을
뜬 것으로 알려져 있다.[1] 그러나 식민지 교육에 회의를 품고 학업을 중
단하고 1928년 3월 일본 유학을 결심하게 된다. 동경의 일본대학 정경
과에 입학하지만 사상관계로 6개월도 채 되지 않아 일본대학에서 출학
당하고 귀국하여 고향 정문리에서 빈농과 무산 자녀들을 위한 신흥학
당을 운영하면서 본격적인 사회운동을 시작하게 된다. 이후 조선일보
수원지국을 운영하기도 하고, 수원청년동맹, 신간회 수원지회 및 수원
기자동맹 등 각종 사회운동 단체에 주도적으로 참여·활동하는데, 이
시기 그의 사회주의 운동의 평생 동지라고 할 수 있는 장재문, 김시중,
변기재, 김영상, 공석정, 권순중 등을 만나게 된다.

1928년 1월 오산 청년동맹 회원이었던 공석정과 양감면 반도청년회
회장이었던 박승극 등이 주체가 되어 수원청년운동자간담회를 개최하
였는데, 여기서 박승극은 '현하 조선청년운동과 수원 청년운동의 미래
방침'에 대한 자신의 의견을 개진하고 청년동맹의 조직과 지부 설치를
결의한 것으로 알려져 있다.[2] 이후 1929년 6월 29일의 임시대회에서
박승극은 집행위원장으로 선출되었고, 같은 해 8월 25일 제 1회 정기대
회에서 위원장 박승극, 교양부장 권순중, 검사위원장 공석정 등이 선출

---

1 홍일선(『박승극 전집』 1, 학민사, 2001)이 작성한 연보에 이렇게 설명이 되어 있다.
2 1928년 1월 31일 《동아일보》 기사.

되었다.[3]

이 수원청년동맹과 함께 이후 박승극 소설의 바탕을 이룬 것은 1929년 창립된 수진농민조합에서의 활동이다. 수진농민조합의 활동은 1930년의 소작료 불납운동 등에 대한 탄압으로 인해 침체에 빠지지만 1931년 2월 8일과 2월 20일 잇달아 개최된 집행위원회를 개최하여 지도부를 새롭게 조직하고 조합원을 정리하는 등 재정비하기에 이르는데, 여기에 박승극, 변기재, 남상환, 김영상 등 사회주의 운동가들이 주축을 이루게 된다. 이후 수진농민조합은 확실히 사회주의적 성향을 드러내게 되며 1931년 5월 이후 적색농민조합으로 전환하여 본격적인 활동을 전개한다. 동네 야학회의 학부형회를 빙자한 소작인대회를 개최하여 소작쟁의를 선동하고 이를 정치투쟁으로 전환시키기 위한 투쟁의 방법을 정하는 등 이 시기 농민조합활동은 박승극이 주도적인 역할을 담당한 것으로 알려져 있다. 결국 박승극, 남상환, 김영상 등은 '수진농민조합사건'으로 체포당한 이후 1933년 3월 경 출옥하게 되는데, 이 가운데 출감 후 병으로 사망한 남상환의 이야기는 소설 『백골』에서 볼 수 있다.

이 시기에 박승극은 또 하나 중요한 수원지역의 운동단체 카프 수원지부를 결성하여 이끌어 가게 된다. 카프 수원지부는 1929년 4월 23일 신간회 수원지회 사무실에서 서무부 박승극, 교양부 공석정, 선전 및 조사부 권순중 등을 중요 임원으로 하여 결성되었는데, 1929년 8월 12일 제 1회 정기대회에서 위원장 박승극, 서무부 권순중, 교양부 공석정, 조직부 엄익홍, 조사부 황응선 등 임원진을 개편하고 본부대회 촉성, 연극공연, 자체내 개량주의자 속출 등의 안건을 결의하고 있다.[4] 이들

---

3 1929년 8월 29일 《동아일보》 기사.

임원들은 대부분 신간회와 수원청년동맹에서 활동하고 있던 사회주의
운동가들로, 이처럼 카프 수원지부의 조직이 수원지방의 많은 사회운동
단체 특히 신간회와 청년동맹 지회에 그 기반을 두고 있었던 것은 다른
지방의 카프 지회와 비슷한 양상이었다.[5] 따라서 카프 수원지부에 참여
했던 핵심 인물들이 문예에 소질이 있다거나 관심이 있어서 참여한 것으
로는 보기 어렵다. 박승극 자신의 말처럼 김봉희와 같이 문학에 열성적
인 흥미를 지니고 있는 인물도 있었지만, 공석정이나 권순중 등은 문예
에는 별 관심 없었으며 예술운동을 위해 단체에 참여한 것이라기보다는
카프 수원지부를 수원청년동맹이나 신간회 수원지회와 같은 하나의 지
역운동단체로 생각하고 수원 지역의 사회주의운동을 더욱 활성화시키
기 위한 목적이었다고 보는 것이 타당할 것이다. 즉 카프 수원지부의
활동은 엄격히 말해 문학운동보다는 사회주의 운동을 위한 지역 단체였
음을 말해주는데, 박승극 역시 이들과 근본적인 입장을 같이 한 것으로
생각할 수 있다. 이 점은 이후 박승극의 문단활동이 주로 이들 수원
지역 운동단체들의 활동이 좌절된 이후 본격화되었다는 점, 또 프로문
예가로서의 박승극의 문학적 지향이 어디로 향하고 있는지를 짐작할
수 있게 해 주는 중요한 단서라 할 수 있다.

---

4 1929년 5월 11일 카프 수원지부는 문학강연회를 개최한 바 있는데, 이에 대한 자세한
   사정은 송영의 수필 「수원행」(『조선지광』, 1929.6)에 언급되어 있다.
5 이들은 신간회 수원지부에서도 같이 활동했는데, 1928년 8월 19일 신간회 임시대회에
   서 공석정이 유급 상무간사로 선임되고, 1929년 4월 7일 제2회 정기대회에서는 총무간
   사 박승극, 공석정, 상무간사 김봉희 등 카프 수원지부의 인물들의 이름을 볼 수 있다.
   1930년 3월 26일 수원기자동맹이 만들어졌는데, 여기에도 역시 박승극, 공석정, 변기
   재 등 수원청년동맹의 주도세력들이 간부로 참여하고 있는 모습을 볼 수 있다. 권영민,
   『한국계급문학운동사』, 문예출판사, 1998, 143쪽.

2) 문예운동의 출발점

박승극은 평범한 식민지 소작농이 노동자 생활을 거쳐 이른바 '주의자'로 전이되는 과정을 그린 「농민」을 잡지 『조선지광』(1929.6)에 발표하면서 등단한다. 이 작품은 그의 첫 작품이지만 박승극의 사상을 모두 보여주는 작품으로 각별히 살펴볼 필요가 있다. 박승극이 생각하는 사회운동의 길과 그를 바탕으로 한 박승극 소설의 특성이 극히 짧은 이 소설 속에 제시되어 있기 때문이다. 소설의 마지막 장면에서 박승극은 식민지 시대의 평범한 농민이 노동자로 전화되고 다시 주의자로 나아가는 과정을 몇 줄의 언급을 통해 보여주고 있는데 이는 이후 박승극의 모든 소설의 방향성을 제시하고 있는 것이라 할 수 있다.

"강춘이는 머슴 살아 몇 푼 남은 돈으로 차비를 장만해 가지고 떠나기 어려운 정들은 고향산천을 등지고 아내와 출생한 지 돌 지난 아들과 세 식구가 먹을 것을 찾아서 눈물을 씻어가며 멀리 ○산으로 향하여 갔다. 강춘이는 가는 즉시로 S의 소개로 당지도 노동조합에 입회한 후에 해보지 않은 도회노동을 피곤함을 무릅쓰고 매일 계속하였다. 이리하여 세 식구의 밥을 간신히 대어 왔다.

밤에는 조합에 가서 글자도 배우고 이야기도 듣고 해서 강춘이는 전보다 탁월한 견고한 의식(意識)을 갖게 되었다. 그러는 대로 그는 차차 세상형편을 알게 되고 자기의 지위를 깨닫게 되었다. 말하자면 한 자각한 노동자로 눈뜨게 되었다.

그해 일 년을 지나서 미증유의 ――――――한 사람으로 활동하게 되었다."

여기에서 살펴보아야 할 점은 첫째, 이념적 측면에서 소작농 이강춘이 집까지 전당을 잡히면서 살아보려 하지만 결국은 노동자로 변신하지 않을 수 없게 되는 과정과 그 속에서의 자각을 통해 사회주의 운동가로 성장한다는 박승극의 신념이다. 둘째, 이러한 신념을 드러내는 방법으로 그가 채택한 것은 체험을 있는 그대로 보여주는 것이었으며, 그것이야말로 올바른 리얼리즘이라고 생각했다는 점이다. 소작 형편, 집 전당, 특히 가마니 짜는 작업에 대한 구체적인 언급을 통해 바로 그가 활동 기반으로 삼고 있던 수원 근처의 지역적 특성을 드러내고 있는 까닭은 여기에 있다. 셋째, 등단작 「농민」 이후 이른바 '주의자소설', 사상소설, 감옥소설이라 불리는 초기 소설들에서 두드러지는 서술위주의 관념적 특성과, 1930년대 말과 해방 시기 구체적 농민 현실 묘사 중심의 농민소설들의 특성이 고스란히 드러나고 있다는 사실이다.

1931년 6월 두 번째로 발표한 「재출발」[6]은 수원청년동맹 활동과정에서 사회주의에 입각한 노동자들의 집단투쟁을 그리고 있다. 제철공장의 노동자인 성철, 청년동맹의 이군, 신간회의 상춘, 근우회의 순희 등 의식분자들을 등장시키고 있는 이 작품은 당시 수원청년동맹, 수원기자동맹, 카프 수원지부, 교육 사업 등 자신의 운동체험을 바탕으로 하고 있지만, 등단작 「농민」과 마찬가지로 각종 사건이나 갈등에 대한 묘사와 인과적 진행 등이 부족하며 생경한 정치운동 용어가 동원되는 등 의식과잉의 작품이 되고 말았다.

이후 박승극은 수원에서의 지역운동에 전념하게 되는데, 본격적인

---

6 「비판」(1931.6)에 발표된 작품으로, 작품 말미에 실제 발표시기보다 1년 정도 앞선 1930년 7월 3일에 초안했다고 밝히고 있다.

문단활동을 시작하는 것은 1933년 이후이다. 1932년 1월 첫 평론「프로문학운동에 대한 감상」을 발표한 이래 1년 6개월이 지난 1933년 7월 11–13일「문필가의 당면한 부분적 임무」를 《조선중앙일보》에 발표하면서 본격적인 평론가로 나서기 시작한다. 1933년 짧은 소설평을 포함하여 1933년 11편, 1934년 8편, 1935년 14편, 1936년 4편, 1937년 5편, 1939년 4편, 1940년 9편 등 총 50여 편을 남기고 있다. 여기서 보듯 평론가로서의 활동은 1933년부터 1935년 사이에 집중되어 있다. 이러한 사실은 박승극을 문학인이 아닌 운동가로서 이해할 경우 쉽게 해명할 수 있다. 그가 평론을 집중적으로 쓴 1933년에서 1935년은 카프의 활동이 극도로 침체되어 문예운동의 방향성을 상실하고 있던 시기라할 수 있는데, 바로 이시기에 지도성을 발휘해야 하는 평론에 집중하고 있는 것이다. 카프가 해산됨으로써 조직운동의 길이 사라진 1935년 이후부터 평론과 함께 소설 창작에 본격적으로 나선 것도 마찬가지의 이유에서라고 볼 수 있다.

3) 의식의 내면화

1935–1936년 동안 박승극은「풍진」을 비롯한 7편 정도의 단편을 쓴바 있다.

소설「풍진」(『신인문학』 1935.4)은 김좌진 장군을 쫓아다니며 독립운동을 하기도 하고 이후 실력양성론의 대열에서 활동하다가 감옥에 들어왔지만 나이 60에 가까우면서도 독서를 통해 더 많이 배우고자 하는 주의자 '철식'이라는 인물을 중심으로, 동격유학생 출신 인텔리 '상섭' 및 노동자 농민 학생 등 다양한 인물을 등장시켜 3평짜리 감방 안의 파벌싸움의 모습을 보여줌으로써 주의자의 고난과 당대의 사상운동의 단면을 보여주고 있는 작품이다. 여기서 철식은 풍진 속에서 걸어 왔던 길이 옳은 것이었는지 앞으로는 어떨 것인지 고민하면서 각오를 새롭게 다지는 모습을 보여주는데, 이 장면은 박승극의 자기다짐의 표현이라 할 수 있다.

「그 여인」(『신인문학』 1935.8)은 운동 관계로 감옥에 온 '정철'이 감옥 밖으로 보았던 소녀 혁순에 대한 이야기인데, 오빠를 감옥에 보낸 뒤 오빠들을 위해 감옥에서 바라보이는 곳으로 옮겨온 소녀가 결국 오빠들을 따라 감옥으로 들어오게 되었다는 짧은 이야기다.

「색등 밑에서」(『신인문학』 1935.10)는 카페 여급 '종죽'이 '이상철'이라는 운동가를 좋아하게 되고 그와 함께 5·1 운동 사건으로 검거된 후, 종죽의 친구 혜숙이 종죽의 일기장을 찾아 읽으며 그간의 사정을 전달해 주고 있는 내용으로 되어 있다. 이 작품에서도 종죽의 친구 혜숙이 종죽의 일기장을 읽어가는 동안 종죽과 같은 길을 걷게 될 것이라는 생각을 하게 해 준다.

「화초」(『신조선』 1935.12) 역시 감옥 속 주인공의 심경을 드러내는 내용이다. 「그 여인」에 등장하는 소녀의 오빠라고 할 수 있는 주인공 '천호'는 감옥 속에서 계절의 변화에도 생동력을 보이는 풀과 꽃을 통해 그리고 때마침 들어온 혁순의 편지에 씌어진 꽃 이야기를 통해 생명의 약동을 느끼면서 의식분자, 주의자로서의 마음가짐을 다시 하는 것으로 끝을 맺고 있는데, 이러한 결말 역시 앞의 소설들과 마찬가지로 자신의 신념을 내면화하는 모습이 할 수 있다.

「추야장」(『신인문학』 1936.1) 역시 이들 작품의 연장선상에 있는 작품이다. 「그 여인」에서도 등장했던 '정철'이라는 인물이 치안유지법 위반으로 감옥으로 들어와, 농민조합사건으로 수감된 황동무, 공장직공 창식 등 의식을 공유하는 인물들 외에도 꿈 이야기, 잡범들의 이야기, 면회 온 어머니가 들려준 여동생 정희이야기 등으로 많은 고뇌를 느끼지만 흔들리지 않고 열심히 공부하는 모습을 보여준다. 여기까지의 작품은 모두 감옥에서의 박승극 자신을 더욱 단련시키는 모습을 그려내고 있다.

「풍경」(『신조선』 1936.1)은 감옥이 아닌 철도공장 내의 노동자들의 모습을 그리고 있다. 전쟁 준비를 위한 공장 작업량의 증가로 인한 육체적 정신적 어려움에도 불구하고 비밀회의를 개최하고 학습을 지속하면서 "이 다음 주일에는 꼭……" 이라는 결심을 하는 노동자들의 모습을 그리고 있다. 장소도 달라졌고 뚜렷한 중심인물도 설정되어 있지는 않지만 현실적 어려움 속에서도 미래를 위해 굳은 결의를 다지는 것은 앞의 작품들과 동일하다.

「백골」(『비판』 1036.9)은 다시 「색등 밑에서」에 등장했던 상철의 죽음과 그 유골을 화장하고 남은 한 줌 백골을 놓고 어머니와 뒷바라지해왔던 친구 영식의 감상을 서술해 놓은 소설이다.

이 작품들은 모두 감옥에서의 체험을 바탕으로 하고 있으며 특히 결말 부분에서 어떤 어려움 속에서도 자신의 길을 굳게 걸으리라는 다짐을 하는 유사한 모습을 보여주고 있다. 특히 이들 작품에서 주목할 것은, 폐쇄된 감옥 안에서 의식분자들이 느끼는 심경이다. 「풍진」의 '철식' 「화초」의 '천호' 「추야장」의 '정철' 등은 모두 운동의 좌절과 외부와의 단절 가족의 고난 등으로 인해 많은 고뇌를 하지만 결국 마음을 다잡고 미래에 대한 희망을 품고 있는 인물이다. 이들은 곧 박승극 자신이다. 이들이 위기감 속에서도 끝내 학습에 매달리는 것은 수원 지역에서의 운동이 좌절되고 감옥에 갔다가 나왔으며, 카프 조직의 해산 등이

몰고 온 박승극 자신의 내적 위기감을 극복하기 위한 스스로의 다짐이
자 신념의 내면화를 위한 일종의 주술이라 할 수 있다. 이 소설들이
모두 이미 상당한 신념을 가진 운동가의 심경을, 구체적 묘사나 대화보
다는 인물의 내면적 결심을 고백하고 다짐하는 서술을 통해 이루어지
고 있는 사실도 바로 이 때문이다. 이러한 인식은 이 시기 그의 평론에
서도 단호한 발언의 형태로 나타난다. 카프 해산 전 이미 카프 지도부
격이었던 임화, 김남천 등의 평론과 소설에 대해 "임화의 루즈한 조직
생활과 그로서 배태(胚胎)된 루즈한 행동이나 김남천의 소부르주아적
극좌적 망동(妄動)이나 다 같은 일류(一類)의 오류"[7]라고 비판한 바 있는
데, 그가 작품을 평가하는 기준은 오직 '작품 속에 일관된 진보적인 이
데올로기'이자 '정당한 의미의 당파심'[8]을 어떻게 고수하는가 하는 점
이었다. 결국 박승극에게 있어 프로작가가 작품을 쓰는 "원칙이란 간
단히 말하면 작가는 프롤레타리아 세계관을 파지하고 프롤레타리아의
실천과 결부해서 현실의 진실한 발전상과 및 모든 상태를 묘사하는데
있는 것"이었다.[9] 하지만 그의 이러한 원칙에 비추어 볼 때 이 시기 그
의 작품은 자신이 말한 원칙의 반쪽만을 충족시키는 것이었다고 말할
수 있다. 나머지 반쪽은 더 많은 시간이 지난 후 구체적 생활을 그려낸
농민소설에 와서야 어느 정도 볼 수 있게 된다.

---

7 박승극, 「푸로작가의 동향」, 《조선일보》, 1933.9.5.
8 박승극, 「문예시감」, 『신조선』, 1935.12, 71쪽.
9 박승극, 「리얼리즘 소고 – 창작방법의 신음미」, 《조선중앙일보》, 1935.3.22.

4) 예술적 실천으로서의 농민소설

그가 농민문학에 대해 구체적인 인식을 보여주는 것은 카프가 기획
물로 제작했던 카프농민소설집에 대한 평을 통해서이다.[10] 그는 이 글
에서 비록 발표하지는 못했지만 「농민문학운동과 그의 배포문제」「농
민문학에 대하여」 등의 농민문학 관련 비평과 「싹트는 곳」「농민조합」
이라는 소설을 쓴 바 있다고 말하면서 농민문제와 농민문학에 대한 지
속적 관심을 기울이고 있음을 밝히고 있다. 이러한 사실은 수진농민조
합사건으로 실제 옥고를 치른 것으로 충분히 증명되는 사실이다. 이는
농민문제에 대한 그의 소설이나 문학론이 단지 이론적 관심 수준 정도
가 아니라 실제 경험 즉 농민운동의 실천을 바탕으로 하고 있음을 말해
주는 것이다. 그가 농민문학 문제에 있어 가장 강조하는 점은 소설의
창작이나 이론적 문제에 대한 토구를 조직적 통제 하에 두지 못했다는
점이다. 이러한 의미에서 카프가 조직적으로 산출한 농민소설집을 고
평하고 있다. 구체적으로는 이기영의 '부역'과 권환의 '목화와 콩' 등의
작품에 대해 조선 남도의 실정을 소재로 취한 생생한 작품으로 묘사와
표현에 있어 리얼리티를 획득하고 있는 것으로 고평하고 있다. 여기서
관심을 두고 살펴볼 것은 박승극의 작품 평가 기준이 무엇인가 하는
점이다. 그가 제시하는 농민문제의 해결방법은 그 자신의 수진농민조
합의 결성 및 소작쟁의 활동이라는 실천을 통해 확인할 수 있듯 농민조
합의 조직과 활동이다. 이런 인식 하에 그가 농민소설을 평가하는 기준
은 이기영의 「홍수」와 「부역」의 평가에서 보듯 얼마나 농민의 단결된
힘을 표출하고 있는가 하는 점 즉 농민의 의식화 과정을 통한 농민운동

---

10 박승극, 「농민소설집–농민문제와 관련하여」, 《조선일보》, 1933.12.10.

의 정당성을 보여주는가 하는 점이다. 이데올로기와 당파성이 프로문
학의 첫째 요소라는 그의 인식이 여기서는 농민의 단결된 힘의 표출이
라는 말로 표현된 것이다.

이러한 인식이 더욱 명확해지는 것은 의식분자들을 등장시켜 신념
의 내면화를 보여주었던 초기 소설에서 농민의 구체적인 생활에 대한
묘사로 눈을 돌린 「술」을 발표한 이후에 나온 「생활적인 문학」[11]에서부
터 본격화되기 시작한다. 일제의 제약이 극심해지는 식민지 말기에 현
실에서 물러나 은둔하거나 현실에 휩쓸려 추종하는 당대의 문단을 비
판하고, 그런 현실 속에 적극적으로 뛰어들어 생의 의의를 찾는 태도를
지닐 때 비로소 사실성을 확보할 수 있을 뿐 아니라 현실을 바로 볼
수 있는 시대적 생활적인 문학으로서의 농민문학을 만들어낼 수 있다
고 주장한다. 이러한 논리는 「농민문학의 옹호」[12]에서 다시 반복하여
강조된다. 당대의 대부분의 문학이 비시대적 소비적 문학으로 생활의
문학 농민문학을 가지지 못하는 이유를 농촌과의 접촉이 박약한데서
오는 리얼리티의 부족에서 찾고 있다. 대부분의 작가들이 "오늘날 농
촌을 모르고 또 농촌에서 자신이 생활한다 해도 색맹처럼 똑똑히 볼
줄 모르는 까닭에 혹은 농촌을 그리고 농민을 등장시켰으되 '사이비농
민소설'이거나 값싼 人情小說의 폐를 벗지 못한"[13] 작품을 낳는다는 것
이다. 특히 그는 여기서 근대화의 기치 아래 농촌도 변화하고 있다는
점을 강조하고 있는데, 많은 작가들은 이러한 농촌의 변화를 모르고
농촌과 농민을 고정화시키는 까닭에 리얼리티를 살릴 수 없다고 비판

11 박승극, 「생활적인 문학」, 『조광』, 1940.1.
12 박승극, 「농민문학의 옹호」, 《동아일보》, 1940.2.24-29.
13 위의 글, 1940.2.25.

한다. 이러한 비판이 가능했던 이유는 그 자신이 수원지역에서 농민운
동을 하며 농촌운동의 현장을 지켰기 때문이다. 이런 인식 때문에 '사
실을 사실대로 쓰자'라는 구호를 농민문학의 첫 구호로 내세웠다고 할
수 있다. 이러한 체험을 통한 리얼리티의 획득이라는 농민문학의 과제
를 스스로 창작으로 옮긴 것이 바로 농민 생활의 재현에 힘쓴 자신의
농민소설들인 것이다.

　감옥체험을 바탕으로 의식분자로서의 결심을 내면화한 소설들과 본
격적인 농민소설 창작과의 사이에 놓여 있는 것이, 그 자신에게 소설이
란 무엇인가를 묻는 「어느 비오는 날의 이야기」(1939)라는 작품이다.
과거의 '주의자'들이 모두 제각기 사는 보람을 찾아 허덕이는 것 같이
'공대영'은 장편소설 '사랑의 길'을 집필하고자 한다. 하지만 소설 속의
남녀 주인공의 앞길을 어떻게 만들 것인지 멈추어 나가지 못하고 있다.
여기서 그가 고민하는 까닭은 건전한 '사회적 생활'의 길을 어떻게 그
려야 할 것인지 방향을 잡지 못하고 있기 때문이다. 이 건전한 사회적
생활의 길에 대한 고민은 곧 1930년대 말 상황에서 박승극 자신을 비
롯한 과거 카프 맹원들 모두의 고민이기도 하다. 검열난과 발표사정을
생각하고 그리고 무엇보다 부르주아 작가와는 엄연히 자신을 구별해야
하기 때문에 그 길은 더욱 어렵게 느껴진다. 다른 이들에 대한 비난을
늘어놓다 돌아간 친구 '강민'이나 정의보다 돈에 신경쓰는 변절자라는
말을 듣는 공대영 등 주인공들로 하여금 새 길을 가게 할 것이라는 결
심으로 원고를 잡는다. 이 작품에서 박승극은 기존의 부르주아 작가들
의 타락한 모습에 대한 비판은 말할 것도 없고 같은 길을 걷고자 했던
카프 맹원들조차 건강, 생활 등의 이유로 올바른 길로 나가지 못하고
기껏해야 냉소적인 자세를 벗어나지 못하고 있다고 비판한다. 그리고

자신만은 지금껏 자신이 추구해 온 것을 계속 지켜 나가리라고 마음의 다짐을 한다. 어떤 조직적 실천운동도 불가능해진 시기에 문예적 실천의 길로 나아가고자 한 것이다.

주의자, 운동가로서의 의식 지키기에 몰두했던 이전의 소설과는 달리 식민지 말기 농민생활의 고난을 묘사하고 있는 「술」(『비판』 1939.4)에서 그러한 실천이 시작된다.

주인공 홍국표는 한 동네의 '특별 요시찰인' 한남수를 감시하는 밀정 노릇을 하며 일제 경찰들과의 친분을 쌓은 친일지주이다. 남편이 버젓이 있는 동네 주막집 주모를 공공연한 첩으로 삼아 자식까지 낳았을 뿐 아니라 불법으로 아버지와 아내 명의의 생명보험에 들게 되는데 결국 아버지의 죽음으로 큰 보험금을 타게 된다. 홍국표는 자신의 행위에 어떤 반성이나 추호의 부끄러움도 없는 철면피한 인물로 그려지고 있는데, 이 외에도 산림간수로 홍국표의 불법벌목을 도와주면서 사례비를 받는 천을순, 생명보험회사 지점을 운영하며 홍국표로 하여금 불법적인 조건으로 아버지의 생명보험금을 타게 해주면서 이득을 챙기는 정상현, 엉터리 치료와 신체검사를 해주고 비싼 왕진료를 받아챙기는 송의사, 홍국표가 주는 돈 몇 십 원에 홍국표를 대단한 인물인 양 떠받드는 지관 등 식민지의 친일군상들을 적나라하게 고발하고 있다. 이들의 반대편에는 이들 반민족적인 친일파의 억압과 술수에 의해 고통받는 농민과 의식분자들이 있다. 주막집 주모의 남편으로 아내를 뺏기고도 마음속에 울분만 품을 뿐 드러내지 못하는 준보, 홍국표로 인해 감옥에 갔다 왔지만 지하로 숨어버린 의식분자 한남수, 야학과 계몽사업을 벌이지만 앞날을 알 수 없어 어찌할 줄 모르며 숨어버린 한남수의 지도를 받을 수 있다면 좋을 것이라는 막연한 생각만 하는 김정중과 평소 홍국표의 눈밖에 나

절도범의 누명을 쓰고 잡혀 들어가게 되는 농민 김춘필 등 홍국표와 같은 친일파들의 억압에서 신음하는 인물들이 존재한다. 1930년대 초의 작품이 농민들의 의식분자로의 성장을 관념적으로 그리고 있다면 여기에서는 친일파들의 억압과 그들에 맞서 대항하고 고통 받는 농민들과 삶에 초점을 맞춤으로써 의식분자로의 성장과정에 필연적인 과정이 어떠했는지를 있는 그대로 보여주고자 한 것이다.

이러한 농민의 삶은 해방시기의 소설에서 더욱 구체적으로 묘사된다. 식민지 말을 시간적 배경으로 하고 있는 「떡」(『문학』 1946.11)은 크게 두 가지 내용으로 구성되어 있다. 하나는 '정순'이 농촌에 내려와 있는 동안의 마을 사람들의 생활을 통해 보여주는 식민지 말기 농촌사회의 모습과 농민들의 의식이다. 이웃 아낙네와의 대화를 통해 당시의 물가, 쌀 공급과 배급의 어려움을 말해주는가 하면, 근로보국단 정신대 등 식민지 말기의 억압과 착취를 위한 각종 제도를 '창식', '한충석' 등 다양한 인물들의 삶 속에 반영하여 고발하고 있다. 다른 하나는 이 소설의 큰 틀을 구성하고 있는 이야기로, 공장노동자로서 야학의 우등생이었던 정순이 병으로 고향에 내려와 농촌생활을 하는 동안 어머니와의 갈등 등을 겪고 결국 다시 공장 노동자 동무들과의 생활로 돌아가기 위해 각오와 희망을 안고 공장으로 떠나는 내용이다. 농민의 노동자로의 전화, 의식각성을 통한 의식분자로의 전이가 필연적이라는 것을 농민들의 생활을 '있는 그대로 보여'줄 수 있게 된 것이다. 특히 근로보국단과 같은 당시의 강제적 제도의 경우에도 그것의 부당함을 정치적 의미로 서술하는 것이 아니라 1개월에 40원의 월급, 노총각 아들을 결국 근로보국단에 내보내야 하는 어머니의 마음 등을 통해 자연스럽게 전달해주고 있다. 모녀간의 대화로 시작되는 소설의 첫 장면도 훨씬 안정적일 뿐 아니라 이후 소설의 전개도 실제 농민들의 생활을 중심으로 이루어지고 있어 실감나는 소설을 내놓게 된 것이다. 소설의 마지막 부분에서 기차선로를 '공장으로 통한 희망의 선로'로 인식하고 각오를 다지는 '정순'의 모습이 설득력을 얻게 된 것은 이런 이유에서이다.

「술」「떡」과 같은 경향의 작품으로 남한에서 마지막으로 발표된 작품이 「밥」(《남선경제신문》[14]1948.10.1-11.6)이다. 「술」이 해방 이전 박승극의 대표적인 농민소설이라 한다면 「밥」은 해방 이후 대표적 농민소설이라 할 수 있다.[15] 소작농민인 '태선'은 술김에 노름을 하다 마을 진흥회장 '안창섭'의 초사로 일주일간 유치장 신세를 지게 된다. 이 와중에 이태선의 아내 '버들미댁'은 셋째 딸을 출산하나 앓아눕게 되고 이러한 신세를 갓난아기와 멀리 공장에 있는 큰 딸 '정숙'에 대한 푸념으로 대신한다. 마침 큰 딸 정숙이 돌아오고 어머니 버들미댁은 기운을 회복하지만, 정숙을 주재소 순사 '최선화'의 소실자리에 은근히 들여보내려는 부모와 마을 야학선생 '용창'을 사모하는 정숙의 거부로 마찰이 생기게 된다. 춘궁과 함께 찾아온 막내딸의 발병은 무당을 통해 치유하려는 버들미댁의 봉건적 사고로 인해 죽음으로 이어지고, 정숙을 순사의 소실자리에 중매를 들었던 주막쟁이 '차군선'과 안창섭의 술수로 소작을 떼인 이태선 가족은 '만주이민모집'을 강요받아 큰 딸 정숙만을 남기고 떠나게 된다. 정숙과의 은근한 만남에서 시국에 대한 비판의식과 앞으

---

14 대구 지역의 지방지로 이후 《매일신문》으로 바뀌었다고 하는데 박승극의 월북시기가 48년 8월로 알려져 있는 점을 생각하면 아마 이 작품은 월북 전 탈고된 원고를 이 시기에 연재한 것으로 생각된다. 아마도 이는 중앙에 잘 알려져 있지 않은 지방지인데다 남북한 정부가 수립된 직후라는 시기를 감안하면 가능한 일이었을 것으로 생각된다.

15 권영미, 「박승극의 문학연구 - 소설과 비평을 중심으로」, 경기대학교 교육대학원, 2001, 27쪽.

로의 각오를 다짐했던 용창이 지원병으로 나가게 되자 정숙은 공장으로 돌아가고자 결심한다.

이 작품에는 가마니 작업을 놓고 벌이는 시동생과의 언쟁, 귀가한 정숙과의 대화를 통해 알려주는 전쟁, 공장 등 세상 돌아가는 이야기, 국방헌금 모집을 위한 고철 모집을 위해 돌아다니는 진흥회장 안창섭의 행동, 큰 딸 정숙을 소실로 탐내는 주재소 순사 최선화와 은근히 이를 권하는 부모, 야학선생 용창을 은근히 맘에 두고 돈과 권력을 완강히 거부하는 정숙, 땅을 늘리기 위한 욕심에 계략을 부리는 안창섭, 간난아기의 발병을 부당의 굿을 통해 치유하고자 하는 봉건적 미신에서 빠져나오지 못하는 버들미댁의 모습 등 박승극이 겪고 보았던 식민지 농촌의 모든 고난이 고스란히 담겨져 있다. 이러한 구체적 묘사가 있기에 공장으로 돌아가리라는 정순의 결심을 자연스럽게 받아들일 수 있게 된다. 이러한 점은 그 스스로 수원지역을 근거로 한 운동의 현장을 지키고 있었으며, 그것을 바탕으로 자신만의 문학적 원칙을 지켰기 때문이었다고 말할 수 있을 것이다.

월북 이후 박승극은 문학인보다는 행정가로서의 삶을 살며 채 10편이 되지 않는 작품만을 선보였을 뿐이다.

3. 결론

해방 이후 박승극은 조선문학건설본부, 조선프롤레타리아 문학동맹, 조선문학가동맹 등 파벌에 관계없이 좌익 진영의 모든 문학단체에 명단을 올리고 있다. 1946년 2월 15일 전국 좌익단체 모임인 '민주주의 민족

전선'에 임화, 김남천, 이원조, 김기림, 한효, 권환 등과 함께 참여하여 305명의 중앙위원에 포함되었지만 임화를 비롯한 다른 문인들이 조선문학가동맹 소속이었던 것과는 달리 박승극의 경우 경기도 지방대표로 참가하고 있다.[16] 이는 박승극이 자기의 중심을 문학단체 소속의 문인이 아닌 사회주의운동가로서 지역에 그 기반을 두고 있었음을 의미하는 것이라 할 수 있다.

사상의 일관성을 박승극 만큼 유지해 온 문인도 드물 것이다. 그는 문인이기에 앞서 수원지역을 활동의 근거지로 삼았던 사회주의운동가였으며, 현장에서의 실천활동을 바탕으로 소설과 평론을 쓸 수 있었다. 이런 점에서 박승극은 중앙 문단에서 활동한 여타의 프로맹원들과는 일정하게 구분되는 특성을 지닌다. 해방 이후 월북할 때까지 고향 수원 지역을 떠나지 않고 고향에서 활동한 사회주의운동가였으며, 카프 수원지부의 조직과 활동 역시 실천운동의 일환이었던 것으로 파악할 수 있다. 카프 중앙지대의 어떤 파벌이나 이론에도 휘둘리지 않고 자신의 일관된 입장을 유지할 수 있었던 것도 실천의 기반으로 수원지역이 있기에 가능했던 것이다.

---

16 김남식, 『남로당 연구』, 돌베개, 1984, 530~531쪽.

제2부

문학사 연구의 기초

안확의 『조선문학사』와 임화의 『신문학사』

1. 문학사 연구의 필요성

1990년대 중후반 신자유주의적 경향이 한국 사회 전반에 걸쳐 팽배해지면서, 문학이념과 사상에 대한 관심과 연구는 상당히 위축되었다. 이는 한국 사회의 근원적 변화의 가능성에 대한 열망이 급격하게 위축된 사정과 그 궤를 같이 하는 사실이다. 그 대신 본격화된 사적 일상과 다양한 문화 현상에 대한 관심이 증폭하는 현실을 불렀다. 이러한 이념과 사상에 대한 연구의 퇴조는 거대이념 자체가 노정한 한계 때문이라고도 할 수 있을 터이다. 하지만 이 이념과 사상에 대한 연구는 문학사 연구의 출발점이자 전통이기도 하다. 즉 이념 및 사상사에 대한 지속적 연구와 평가는 오늘날의 문학 창조와 새로운 문화이념을 모색하기 위해서라도 다시 이루어져야만 한다.

'문학'과 '역사'라는 두 개념의 조합으로 이루어진 문학사라는 개념을 어떻게 해석하든, 문학사 서술은 문학이라는 이데올로기 형태를 매개로 권력을 역사적으로 재구성하여 해석하지 않을 수 없다. 따라서 문학사 서술 과정에서는 필연적으로 선택과 배제의 논리가 작동하게 된다. 이런 작업을 통해 문학사 서술의 주체는 자신의 동일성 혹은 주체성을 확인하게 된다.[1] 또 이처럼 서술 주체의 동일성을 확인하는 과정 속에서 결과적으로는 위계와 차별을 근저로 하는 근대성의 논리를 반복적으로 강화하는 모습을 보여왔다. 이러한 특성은 근대 이후 최초의 문학사인 안확의 『조선문학사』부터 최근의 모든 문학사에 이르기까지 공통적이라 할 수 있다.

본 글에서는 안확의 『조선문학사』와 1939-1940년에 걸쳐 나온 임화의 『신문학사』[2]의 특성을 몇 가지 지점에서 비교 확인해보고자 한다. 사실 본 연구의 중심 대상은 안확의 문학사 가운데 근대문학을 다루고 있는 부분이지만, 그가 서술한 근대문학 내용 자체가 매우 약소하기 때문에 그 자체로만 다루기는 쉽지 않다. 이처럼 최초의 문학사로서 근대 초기 부분만을 간략히 서술한 점을 감안하여, 근대 초기 문학사를 풍부하게 다루고 있는 임화 신문학사와의 비교 검증을 통해 살펴보고자 했다. 물론 이 두 문학사는 집필 시기, 서술 대상 등의 측면에서 볼 때 직접 비교하기 어려운 점이 있는 것도 사실이다. 여기에서는 일부이기는 하지만 공통적으로 다루고 있는 근대 초기에 대한 인식과 그 방법론적 특성에 국한하여 살펴보기로 한다. 조금 더 구체적으로는 첫째, 근대와 근대문학의 출발에 대한 두 사람의 고찰. 이 부분에서는 두 사

---

1 김명인, 「문학사 서술은 불가능한가」, 『민족문학사연구』 43호, 민족문학사연구소, 2010 참고.

2 개설신문학사, 《조선일보》, 1939.9.2-10.31. 총 43회.
신문학사, 《조선일보》, 1939.12.8-12.27. 총 11회.
속신문학사, 《조선일보》, 1940.2.2-5.10. 총 48회.
개설조선신문학사, 《인문평론》, 1940.11-1941.4. 총 4회 이상 일련의 문학사 연구를 총칭하여 『신문학사』로 지칭.

람 모두 갑오년을 근대의 시작으로 보고 있다는 점에서 유사성을 찾을 수 있지만, 단순한 시기상의 공통점을 넘어 이 근대 출발을 어떤 의미에서 파악하고 있는지 자세히 그 공통점과 차이점을 살펴보아야 할 것이다. 둘째, 앞의 문제로부터 조금 더 나아가 '근대' 혹은 근대성의 특성을 무엇으로 파악하고 있는가 하는 점. 안확의 경우 '개아(個我)'를 근대의 특징으로 파악하고, 이로 인해 나타난 문제로 노동, 여성 등 오늘날에도 여전히 문제가 되는 지점을 지적하고 있다. 이러한 인식은 동시대의 다른 어떤 문학가에게서도 볼 수 없는 지점이라 할 수 있다. 임화의 경우에는 '신문학사' 서술의 상당 부분을 개항 시기부터 갑오년을 거치는 근대 초기의 물질적 변화과정을 마르크스주의 입장에서 고찰하고 있다는 점을 생각한다면 특히 노동에 대한 인식 등에 있어 유의미한 비교가 가능한 지점이 성립할 수 있을 터이다. 셋째, 근대 혹은 근대문명의 수용과 전통의 관계에 대한 인식. 안확은 이 문제의 고구에 있어 '고유성'과 '보편성'에 대한 논의를 통해 풀어가고 있는 반면, 임화의 경우 토대와 환경이라는 특징적인 조건을 내세우고 그 위에서 '이식과 전통' 논의를 이끌어내고 있다. 고유성과 보편성 그리고 이식과 전통(혹은 토대와 환경), 이 둘 사이의 공통점과 차이점을 살펴보는 것 역시 의미 있는 고찰이 될 것으로 생각한다.[3]

---

3 이와 함께 안확의 사상은 1920년대 계몽주의 특히 이광수의 '민족개조론'과도 비견될 수 있다. 전체적으로 이 시기의 계몽주의는 사상적 측면으로 보아 안확의 오른쪽에 놓고 비교할 수 있다. 하지만 1920년대의 부르주아 민족주의의 계몽적 인식과의 비교만으로는 드러날 수 없는 특성의 비교를 위해선 시기적으로 직접 비교하기 어려운 것처럼 보이는 임화의 문학사를 사상적으로 안확의 왼쪽에 놓고 비교해 볼 수 있을 것이다. 이런 의미에서 안확은 왼쪽으로는 임화, 오른쪽으로는 이광수라는 비교대상을 가지고 있는 것으로 말할 수 있다. 임화의 경우 말할 것도 없고 안확 역시 자본주의를 비판하고 사회주의에 대해 우호적이었다는 점에서, 1920년대 초반과 1930년대 말이라는 다른

새로운 문학사 기술을 위해서는 현실적 상황을 정확하게 파악할 수
있는 시각이 필요할 뿐 아니라, 문학적 실천에 요구되는 이론을 갖추어
만 하며 동시에 미학적 자기 갱신까지 이루어낼 수 있어야 한다. 즉
현실적 이념적 미적 정합성에 대한 요구를 문학예술의 영역 속에서 내
면화해야 하는 매우 어려운 작업을 수행해야 한다. 이러한 작업의 기초
를 안확과 임화의 문학사 읽기를 통해 그 단초를 마련해보고자 한다.

2. '문학'과 '문학사'에 대한 시각; 『조선문학사』와 『신문학사』

안확은 식민지 초·중기에 걸쳐 국학 방면에 방대한 저술을 남긴 대표
적 인물이다. 『조선문법』과 같은 국어학부문, 『조선문학사』『시조시학』
등의 문학부문, 『조선문명사』『조선무사영웅전』 등의 문화, 문명사부문
등 국학의 다양한 방면에 많은 저술을 남겼다. 그런데 식민지 시대 본격
적으로 시도되었던 임화의 문학사 연구에서 안확의 이름은 등장하지
않는다. 이후에도 안확의 연구는 많은 문학사가들에게 외면 받아오다가
1980년대 이후에야 본격적인 연구가 이루어지기 시작했다.[4]

논자에 따라 약간씩 입장은 다르지만 대체적으로 안확의 논의는 1910

시점에서 각기 당대 사회에 대한 사회주의적 인식의 표출 방식에 대한 비교도 가능할
것이다. 이 측면에 대한 구체적인 고찰과 이광수와의 구체적인 비교 연구는 차후의
연구과제로 삼고자 한다.

4 그 까닭을 명확히 이야기하기는 어렵지만 대체적으로는 본격적 문학사와 국학에 대한
연구가 식민지 시대의 경성제대 출신의 연구자들에 의해 이루어지기 시작하면서, 안확
의 문학사가 지닌 자료적 측면에서의 모호함이나 이론적 생소함 등으로 인해 주류적
연구자들에게 믿을만한 가치를 지닌 자료라는 인식을 주지 못했기 때문이었으리라 짐
작할 수 있다.

년대에 조선 민족과 문화의 고유성을 강조하는 입장에서 1920년대 이후 고유성과 보편성의 조화를 강조하는 입장을 보이는 것으로 알려져 있다.[5] 시기상으로 보아 안확의 국학 연구는 한말 애국계몽운동의 일환으로 발흥했다는 사실로 볼 때, 당시 애국계몽운동의 주요한 사상적 흐름인 사회진화론를 근거로 삼고 있으리라는 점은 충분히 짐작할 수 있다.[6] 일본 유학 이전 17세 무렵부터 역사연구에 관심을 가졌고, 이로부터 일본 식민 지배에 문화적으로 저항하는 민족인 정서를 지니게 되었으며, 여기에 중인 출신이라는 계층적 특성과 일본유학을 통한 신학문 경험을 지녔던 점을 고려하면 신학문과 신사상을 받아들이는데 큰 거부감이 없었을 것으로 생각할 수 있다. 따라서 안확의 저술 전체의 근저에는 대부분 국권회복과 자주독립의 성취의식이 깔려 있다고 생각해도 좋을 것이다.[7] 특히『조선문학사』가 간행된 시기인 1922년 무렵은 3·1운동 이후 계몽주의적 사상이 중심을 이루었던 시기였다. 이에 따라 안확의 문학사 서술은 근저에 민족주의적 이념을 바탕으로 삼고 있다고 말할 수 있지만, 이 시기의 계몽주의가 매우 다양한 양상으로 분화되었듯이, 단순히 민족주의라는 이름으로 규정하는 것만으로는 안확의 문학사가

---

5 안확의 생애 및 연구사에 대해서는 이종두, 「안확의 '문명적' 민족주의」, 고려대학교 박사학위논문, 2008, 2~7쪽 참고.

6 최원식 교수는 안확의 국학은 한말 애국계몽운동의 일환으로 발흥한 것이며 애국계몽운동의 지적흐름인 사회진화론과 대종교의 영향을 받아 민족주의 사학의 형성과 발전에 영향을 미쳤으며, 그것이 가장 두드러지게 나타난 것이『조선문학사』라고 결론지었다. 최원식, 「안자산의 국학」, 『자산안확국학논저집』 6, 여강, 1994 참고.

7 안확은 1920년대 중반 조선국권회복단중앙총부 결성에 참여하여 마산 지부장을 지냈으며 1919년의 삼일운동에도 주도적으로 참여한 바 있다. 1920년에는 조선청년연합회에 들어가 교무부장을 지냈으며 잡지『아성』의 편집인으로 활동하였고, 이 시기 「자각론」 「개조론」 등을 집필하기도 했다.

지닌 정확한 특성을 밝혀낼 수는 없을 것이다.

안확의『조선문학사』는 최초로 시도된 국문학사란 점에 우선 그 의의를 둘 수 있다. 특히 국문학의 흐름을 전체적으로 논하고 이를 안확 자신의 일정한 방법론에 따라 서술하고 있어 일정한 학문적 가치를 지니고 있는 저술이라 할 수 있다.[8] 먼저 눈에 띄는 것은 시대구분의 문제이다. 그는 우리 문학사를 상고시대(단군부터 삼국시대까지), 중고시대(삼국시대부터 신라시대까지), 근고시대(고려시대), 근세시대(이조시대), 현대(갑오경장부터 1920년대 초반)의 5대 시기로 구분하고 있다. 각 시대의 시세는 정치상의 시대와 서로 다른 것이지만 그 대세는 정치의 소장(消長)과 동반하기에 정치사의 시대를 중심으로 문학사의 시대를 나누었음을 말한다. 이처럼 정치적 변천을 준거로 문학사의 시대를 구별하고는 있지만, 문학의 변천은 반드시 이같이 명확한 것이 아니라 한 시대 안에서도 여러 시기로 나눌 수 있다고 부연 설명하고 있다.[9] 그의 이러한 문학사 시대구분의 기준이 일반역사의 구분법에 의거한 것이라 해도 정치사상의 변천이라는 나름의 기준을 세우고 있는 점은 특기할 만한 사항이다. 여기서 정치사상의 변천이라는 기준을 역사가 진보 발전한다는 발전론 위에 세우고자 한 점은 그의 문학사를 읽는데 매우 중요한 기준이 된다. 이런 입장은 문학사 서술과 거의 같이 이루어진『조선문

---

8 이후 안확에 대한 연구가 거의 이루어지지 못했던 까닭은 경성제대 출신 학자들에 의한 의도적인 무관심에 그 원인의 일단이 있다. 조윤제, 김태준, 이희승 등 근대 문헌학의 실증주의 방법론을 정착시킨 경성제대 출신의 과학적 학문연구 방법론이 국학적 연구에 대해 소홀히 하게 만든 것이다. 이는 엄밀하게 말해 단순한 방법론의 차이가 아니라 학문정신의 문제라고도 할 것이다.

9 안확, 최원식·정해렴 편역,『안자산 국학논선집』, 현대실학사, 1996, 16~17쪽. (이하 『안자산 국학논선집』으로 표시)

명사』에서 더욱 분명히 찾아볼 수 있다. 그는 이 저술의 머리말에서 "조선 민족의 생활사를 살피려면 그 정치사를 먼저 연구하지 않을 수 없을 것"이라며, 우리 역사를 유럽의 선진 문명과 유사하게 자치제를 발전시킨 역사로 파악하고자 했다. 이를 통해 '사대주의와 당쟁'을 강조하는 식민사관을 비판 부정하고 근대적 역사연구 방법론과 진보사관을 내세우고 있다.[10] 이를 통해 안확이 조선문학사를 연구하고자 한 동기가 식민사관의 부정과 진보사관의 확립을 문학사를 통해 확인하고자 한 것임을 알 수 있다.

이와 함께 안확의 문학사에서 눈여겨 볼 대목은 국문학의 장르 체계에 대한 검토이다. 일반적으로 말해 문학사는 문학 장르의 전개사(展開史)라 할 수 있을 터인데『조선문학사』에 제시된 각종 장르의 명칭이나 개념 및 분류방법은 오늘날의 관점과는 약간의 차이를 보여준다. 중고 문학에서 향가(鄕歌)를 '가요(歌謠)'라는 항목에 넣어 다룬 점이라든지, 시조(時調)에 대한 명칭도 근고문학에서는 '시(詩)'라 했다가 근세문학에서는 '가(歌)'로 칭한 점 등이 그러하다고 볼 수 있다.

이제『조선문학사』와 '신문학사'의 구체적 내용으로 들어가 보자.

먼저 안확은 문학이라는 말은 때와 장소에 따라 형질을 달리하므로 일정한 뜻을 가지고 있기가 불가능하지만 그럼에도 "문학이라는 것은 미적 감정에 바탕한 언어 또는 문자에 의하여 사람의 감정을 표현한 것"이라고 정의하고 있다. 이에 따라 시가, 소설 같이 상상력을 위주로 한 것은 물론이요, 다소 사상성을 더한 사전(전기), 일기, 수록 또는 교

---

10 류시현, 「민족사와 문명사 그리고 정체성 찾기」, 김기승 외, 『인문학의 싹』, 인물과 사상사, 2011, 46~47쪽.

술적인 문류라도 실로 미적 감상에 바탕한 저작인 이상 이를 다 문학
중에 포괄하여야 한다고 말한다.[11] 이후의 서구의 근대적 개념의 문학
개념보다 훨씬 넓은 의미에서 사용되고 있음을 알 수 있다. 미적 감정
이라는 기본적 인식 위에 사상성을 더한 사전이나 수록까지 더하고 있
는 것은 계몽의지라는 시대적 특성을 강력히 생각하고 있었다는 점을
말해준다. 결국 안확의 문학사 서술은 시대정신과 시대적 과제를 강력
히 의식하고 그 실천의 일환임을 짐작할 수 있다.

문학에 대한 이러한 정리를 바탕으로 안확은 문학사를 다음과 같이
정의한다.

> "문학사라 하는 것은 문학의 기원, 변천, 발달을 질서 있게 기재한 것
> 이다. 곧 한 국민의 심적 현상의 변천 발달을 추구하는 것이다. 대개 한
> 국민의 심적 현상을 나타낸 것은 홀로 문학뿐 아니라 정치 미술 종교 같
> 은 것들도 적지 않다. 그러나 문학은 가장 민활 영묘하게 심적 현상의
> 전부를 드러내므로 그 국민의 진정한 발달 변천을 알고자 한다면 이보다
> 더 큰 것이 없으니, 그러므로 이 점으로 말하면 문학사는 일반 역사, 더
> 욱이 인문사의 중요한 일부로 볼 뿐 아니라 뒤집어 여러 가지 역사를 다
> 해명한 것이라 볼 수 있다."[12]

그리고 이런 문학사의 구체적인 내용으로 언어, 풍속, 습관과 기후,
산천의 변화 그리고 제도 문물의 변천, 각 시대의 정신, 각 위인의 사업
등을 연구의 대상으로 설정하고 있다.[13] 여기서도 문학의 정의에서와

---

11 『안자산 국학논선집』, 15쪽.
12 위의 책, 15~16쪽.
13 위의 책, 16쪽.

마찬가지로 문학사에서 다루어야 할 항목을 매우 넓게 설정하고 문학
사를 통해 역사 일반의 수준으로까지 나아가고자 했음을 보여준다.

이에 비해 임화의 문학에 대한 정의는 그 시기에서 알 수 있듯 안확
의 정의보다 훨씬 근대적 개념으로 좁혀 사용되고 있다. 조선의 근대문
학을 근대정신을 내용으로 하고 서구문학의 '장르'를 형식으로 한 조선
의 문학으로 규정하고, 내용으로서의 근대정신과 서구문학의 장르를
각각 정신과 양식에 대응되는 것으로 매우 명확하게 규정하고 있다.
이를 바탕으로 문학사는 문학 및 예술의 역사적 발전에 관한 일반적
학(學) 즉 역사적 과학으로서의 '사적 문예학'으로 규정된다.[14] 그리고
이것이 예술적 형성 과정에 관한 논리학과 인식론으로서의 '변증법적
문예과학'과의 통일 가운데서 독립적인 학문이 될 수 있다고 인식된다.

그런데 이러한 그의 인식이 단순한 이론으로서 제출된 것이 아니라
1930년대 중반 카프 해체 이후 침체와 혼돈이라는 위기 상황 속에서
실천을 강조하기 위한 논리였다는 점은 이미 잘 알려져 있다. 즉 임화
의 문학사 연구는 순수한 역사적 관심이나 학술적 동기에서 출발한 것
이 아니라 당면한 현실적 난관을 돌파하려는 실천적 노력의 산물이라
는 점이다. 이로써 임화에게 문학사 연구를 촉발시킨 직접적인 계기는
순수한 이론적 자극이 아니라 당면한 문단현실의 실천적 필요였다고
할 수 있다.[15] 안확의 문학사 역시 식민사관의 극복과 진보사관의 문학
적 확인이라는 실천적 요소를 지니고 있는 점을 생각할 때, 안확과 임
화의 문학사는 그 출발점에서 어느 정도 공통적 성격을 지니고 있는

---

14 임화, 「집단과 개성의 문제」, 《조선중앙일보》, 1934.3.13~20. 신두원 편, 『임화문학
    예술전집』 4, 소명출판, 2009, 413~414쪽.
15 염무웅, 「임화 문학사의 내재적 기원」, 『살아있는 과거』, 창비, 2015, 260~263쪽.

것으로 볼 수 있다.

즉 이들의 연구는 이념 연구가 문학예술의 사적 이해에 있어 핵심적 요소라는 점을 인식하는 데서 출발하고 있다고 말할 수 있다. 이념은 세계를 이해하는 수단이고, 인간다운 삶이 보장되는 세계 창출로 나아가기 위한 제반 기획의 인식론적 토대로 기능한다. 따라서 그 속에는 인간의 역사적 실천 일반이 녹아 있고, 구체적인 삶의 양상들이 빛을 발하고 있다. 역사가 자기 보존과 갱신을 위한 열망의 기록이라면 이념은 그러한 열망의 결정체라 할 수 있기 때문이다. 특히 이들이 살았던 식민지 시대의 경우 억압적 통제 장치가 강력히 작동하던 시대로, 자주적 근대화와 민족 국가의 수립을 목표로 했던 사회적 정치적 운동은 물론 다양한 문화적 예술적 실천 역시 본질적 위험에 직면했기에 당대의 문화예술은 급진적 실천운동의 양상으로 나타날 수밖에 없었다.

이러한 공통점을 바탕으로 하고 있지만, 둘의 차이점은 문학사의 핵심을 설정하는데서 찾을 수 있다. 먼저 안확이 문학사 서술에서 중요하게 생각한 것은 문학사적 맥락의 연구를 통한 계통화라고 할 수 있다.[16] 그가 의도한 것은 문학사 전체를 관통하는 주제를 찾아 그 주제를 중심으로 문학사를 서술하고, 이를 통해 독자적이고 고유한 조선적인 요소를 발견해야 한다는 점, 즉 민족정체성 형성에 있었다. 그리고 이러한 조선문화(문학)의 발전과 발달을 서구의 보편성과 비교 확인할 수 있도록 하는 것이었다고 볼 수 있다. 이는 그의 국학 연구의 주요 연구방법론을 문학사에 그대로 적용한 것이다. 이러한 사실은 조선문학사를 두고 자각론의 서문을 대신하고자 함에 있다고 말한 점, 문학사와 문명사

---

16 류시현, 앞의 글, 56쪽.

가 거의 동시에 집필되었다는 점 등을 생각할 때 분명하다고 말할 수 있다. 이는 자각론의 핵심논리인 발전론의 문학적 확인인 셈이다. 안화의 문학사는 곧 자신의 문명 발전론을 문학적 사실로 구체화한 것이다.[17] 결론적으로 안확에게 문학사 서술은 조선의 고유성을 확인하고 서구의 보편성과의 비교를 통해 '고유성의 보편성'을 확인하는 작업이었다고 말할 수 있다.

그럼 임화는 문학사 연구와 서술을 통해 무엇을 밝혀내고자 했는가? 임화의 경우 문학사의 최초의 임무는 몇 개의 특색 있는 양식을 발견하는 것이며 이것이 또 문학사의 큰(중요한) 임무라고 말하고 있다.[18] 여기서 임화가 말하는 양식이란 시대의 고유한 어떤 문예상의 개성(시대의 양식)이다. 따라서 양식의 역사는 그 시대정신의 역사적 형식이 된다. 계속해서 임화는 시대정신을 '시대의 고유한 정신, 시대의 고유한 체험과 분위기와 목표 등을 통합한 지적 혹은 정신적 상태'라고 한 뒤, 새로운 시대정신인 근대정신을 '이런 각 시대의 개성적 차이를 초월하여 그러면서도 각 시대의 공유한 근원으로 연결되어 있는 것'이자 '조선의 근대사회가 형성된 이래 오늘날까지의 정신내용을 의미'하는 것으로, '이것은 구시대와는 근본적으로 구별되면서 또한 최근 30, 40년간의 여러 가지 시대적 차이를 넘어 공동한 핵심이 될 수 있는 것을 아직껏 함유하고 있는 정신형태'라고 규정하고 있다. 하지만 우리 신문학사에선 양식의 창안 대신 양식의 수입으로 여러 시대가 시작되었으며, 이러한 새 양식의 수입은 새 정신의 이식임을 의미한다고 말한다. 여러 가

---

17 이종두, 앞의 글, 80~82쪽.
18 임화, 『문학의 논리』, 신두원 편, 『임화문학예술전집』 3, 소명출판, 2009, 660쪽.

지 양식의 수입사는 그러므로 곧 여러 가지 정신의 이식사이기에 문학
사적 연구는 실상 이 연구가 결정적이라고 단정하고 있다. 이처럼 신문
학이 서구적인 문학 장르를 채용하는 순간, 신문학은 그 정신까지도
이식하게 된다. 즉 새 양식의 수입은 새 정신의 이식을 의미하게 되고,
따라서 양식의 수입사는 곧 정신의 이식사로 파악되는데 바로 이 정신
의 이식사를 연구하는 것이 문학사 연구의 핵심이 된다.

결국 임화의 신문학사의 근저에 자리 잡고 있는 것은 '근대'와 '근대
정신'으로 규정할 수 있는데 그가 밝히고자 한 것 역시 이 근대정신의
구체적 성격이라 할 수 있다. 특히 근대정신은 토대와 문학의 매개로서
의 역할을 할뿐만 아니라 조선근대문학의 배경이자 내용이기도 하다.
임화는 조선근대문학을 일차적으로 규정하는 토대로서의 조선근대사
회를 '봉건사회관계의 와해와 시민사회관계의 형성'으로 파악하여 조
선사회의 성격을 '근대'로 파악한다. 그러나 조선사회는 정체성을 그
특징으로 하기에, 봉건사회 자체의 미성숙으로 조선사회 자체에서는
근대사회를 준비할 만한 성숙한 힘이 존재하지 않으므로 외래로부터
근대사회와 그 문명을 이식하지 않을 수 없다고 파악하여 조선의 근대
는 이식된 것으로 규정한다. 여기서 이식된 '근대'는 일본 자본주의를
가리키는 것인 바, 당시 일본은 자본주의의 고도의 성장단계인 제국주
의 단계에까지 돌입한 상태였다. 그런데 문제는 이러한 일본의 자본주
의가 임화가 파악하듯 단순한 반(反)봉건만을 그 본질로 삼는 것이 아
니라 그 이면에는 제국주의의 침략정신을 그대로 담고 있다는 점이다.
즉 임화는 반(反)봉건으로서의 근대에는 주목하면서도 일본자본주의의
제국주의적 성격에 대해서는 깊은 인식을 보여주지 못하고 있다. 이러
한 사실은 환경 항목 설정에서도 동일하게 나타난다. 임화는 환경 항목

설정을 통해 조선근대사회의 미성숙이 정신문화까지도 이식하게 만들
게 되는 것으로 설명하고자 했다. 그런데 환경 곧 일본문학의 영향을
설정하면서도 그것을 토대와 분리시켜 설명하는 모습을 보인다. 이로
인해 이식된 일본문학이 담고 있는 정신을 평가함에 있어 제국주의적
침략에 대한 언급은 거의 찾아보기 어렵다. 그 구체적 결과로 일본의
근대정신을 충실히 받아들여 체현하는 개화파를 당시 조선사회에서의
역사적 주체로 설정하게 되고, 문학사에서도 다분히 친일정신에 입각
하여 활동한 이인직을 조선근대정신의 최고 구현자로 인정하는 결과를
낳게 된다. 이와 함께 임화는 신소설 최고의 작품으로 이인직의『은세
계』를 들고 있다. 하지만 이『은세계』는 강렬한 反봉건의식을 드러내
면서도 다른 한편으로는 문명개화를 주장하는 속에 필연적으로 제국주
의 침략을 옹호하고 합리화하고 있는 것이 사실이다. 이에 대한 임화의
비판이 없는 까닭은 이처럼 근대정신의 다면성에 대한 인식의 부족 때
문이라고 할 수 있을 것이다.

　결론적으로 안확이 문학사 서술을 통해 추구했던 조선의 고유성 확
인 및 서구 보편성과의 비교를 통한 '고유성의 보편성' 확인이나, 임화
의 근대정신의 해명 노력은 모두 식민지적 현실에 대한 극복노력의 표
현이었다고 볼 수 있다. 하지만 안확의 경우 서구적 보편성에 대한 인
식이나 근대 이후의 사회에 대한 전망에 있어 '고유성의 보편성' 확인
이라는 길을 제시하는 성과를 거두었지만 아직은 추상적이고 일반적인
논의에 그치고 있고, 임화의 경우 마르크스주의적 방법론을 통한 근대
초기 사회의 분석을 토대로 근대정신의 분석을 시도하여 근대정신의
해명에 일정한 성과를 보여주고 있지만 근대 자본주의의 제국주의적
성격에 대한 인식과 비판의 결여라는 한계를 드러내고 있다. 결국 안확

이나 임화 모두 문학사 서술의 기초는 조선 신문학을 낳은 배경으로서
의 사상과 이념에 대한 인식을 그 근저에 두고 있으며, 그것은 각기
고유성의 보편성과 근대시민계급의 새로운 시대정신이라는 핵심을 설
정하는 데서 그 차이를 볼 수 있다.

3. 정신적 배경과 물질적 토대에 대한 인식

안확은 문학과 정치를 일국의 문명을 구성하는 주요한 요소로 파악
하고, 이를 좀 더 구체화하여 문학은 인민의 내정을 지배하는 것이고
정치는 인민의 외형을 지배하는 것이라고 파악했다. 안확은 이 두 요소
중 정치를 문명의 핵심 요소로 파악하고 있는데, 이를 뒷받침하는 중요
한 사례로 갑오경장을 들고 있다. 특히 고종의 군국기무처 설치 및 이
기무처의 36조 의안에 따라 학교령이 제정 발표되면서 각급 학교가 설
립되었던 사실을 거론하고, 이를 매우 높이 평가하고 있다. 이와 함께
개인적 일화를 들어가며 연설과 토론의 기풍이 일어났던 점에 대해서
도 긍정적 시선을 보내고 있다. 이러한 인식은 이 시기 안확이 서구적
문명의 수용을 통한 개조만이 유일한 길이라고 믿고 있었다는 점을 말
해주는데, 이러한 인식은 문학사 서술에 그대로 반영되어 있다. 그리
고 이처럼 서구적 문명의 수용을 통한 개조의 중요성을 강조하는 사상
적 근원으로 유길준의 『서유견문』을 들고 있다. 『서유견문』은 갑오경
장 후 문학상 특별히 의 기념할 책으로서, 이 책을 통해 '서양 문명의
찬란(함)'에 경탄하여 물질문명에 대한 생각이 움직였으며, 유길준을
신문명 수입 이래로 학자의 태도를 가지고 문학에 뜻을 가진 오직 한

명사』에서 더욱 분명히 찾아볼 수 있다. 그는 이 저술의 머리말에서 "조선 민족의 생활사를 살피려면 그 정치사를 먼저 연구하지 않을 수 없을 것"이라며, 우리 역사를 유럽의 선진 문명과 유사하게 자치제를 발전시킨 역사로 파악하고자 했다. 이를 통해 '사대주의와 당쟁'을 강조하는 식민사관을 비판 부정하고 근대적 역사연구 방법론과 진보사관을 내세우고 있다.[10] 이를 통해 안확이 조선문학사를 연구하고자 한 동기가 식민사관의 부정과 진보사관의 확립을 문학사를 통해 확인하고자 한 것임을 알 수 있다.

이와 함께 안확의 문학사에서 눈여겨 볼 대목은 국문학의 장르 체계에 대한 검토이다. 일반적으로 말해 문학사는 문학 장르의 전개사(展開史)라 할 수 있을 터인데 『조선문학사』에 제시된 각종 장르의 명칭이나 개념 및 분류방법은 오늘날의 관점과는 약간의 차이를 보여준다. 중고문학에서 향가(鄕歌)를 '가요(歌謠)'라는 항목에 넣어 다룬 점이라든지, 시조(時調)에 대한 명칭도 근고문학에서는 '시(詩)'라 했다가 근세문학에서는 '가(歌)'로 칭한 점 등이 그러하다고 볼 수 있다.

이제 『조선문학사』와 '신문학사'의 구체적 내용으로 들어가 보자.

먼저 안확은 문학이라는 말은 때와 장소에 따라 형질을 달리하므로 일정한 뜻을 가지고 있기가 불가능하지만 그럼에도 "문학이라는 것은 미적 감정에 바탕한 언어 또는 문자에 의하여 사람의 감정을 표현한 것"이라고 정의하고 있다. 이에 따라 시가, 소설 같이 상상력을 위주로 한 것은 물론이요, 다소 사상성을 더한 사전(전기), 일기, 수록 또는 교

---

10 류시현, 「민족사와 문명사 그리고 정체성 찾기」, 김기승 외, 『인문학의 싹』, 인물과 사상사, 2011, 46~47쪽.

술적인 문류라도 실로 미적 감상에 바탕한 저작인 이상 이를 다 문학 중에 포괄하여야 한다고 말한다.[11] 이후의 서구의 근대적 개념의 문학 개념보다 훨씬 넓은 의미에서 사용되고 있음을 알 수 있다. 미적 감정 이라는 기본적 인식 위에 사상성을 더한 사전이나 수록까지 더하고 있 는 것은 계몽의지라는 시대적 특성을 강력히 생각하고 있었다는 점을 말해준다. 결국 안확의 문학사 서술은 시대정신과 시대적 과제를 강력 히 의식하고 그 실천의 일환임을 짐작할 수 있다.

문학에 대한 이러한 정리를 바탕으로 안확은 문학사를 다음과 같이 정의한다.

> "문학사라 하는 것은 문학의 기원, 변천, 발달을 질서 있게 기재한 것 이다. 곧 한 국민의 심적 현상의 변천 발달을 추구하는 것이다. 대개 한 국민의 심적 현상을 나타낸 것은 홀로 문학뿐 아니라 정치 미술 종교 같 은 것들도 적지 않다. 그러나 문학은 가장 민활 영묘하게 심적 현상의 전부를 드러내므로 그 국민의 진정한 발달 변천을 알고자 한다면 이보다 더 큰 것이 없으니, 그러므로 이 점으로 말하면 문학사는 일반 역사, 더 욱이 인문사의 중요한 일부로 볼 뿐 아니라 뒤집어 여러 가지 역사를 다 해명한 것이라 볼 수 있다."[12]

그리고 이런 문학사의 구체적인 내용으로 언어, 풍속, 습관과 기후, 산천의 변화 그리고 제도 문물의 변천, 각 시대의 정신, 각 위인의 사업 등을 연구의 대상으로 설정하고 있다.[13] 여기서도 문학의 정의에서와

---

11 『안자산 국학논선집』, 15쪽.
12 위의 책, 15~16쪽.
13 위의 책, 16쪽.

사람으로 평가하고 있다. 하지만 갑오개혁과 함께 있었던 동학과 농민들의 항쟁에 대해서는 "사술파(邪術派) 동학당은 군사를 일으켜 난리를 꾸밀 새 오직 개화를 배척할 뿐 아니라 탐관오리를 살해하매 이 소동으로 말미암아 백성과 나라는 필경 수라장이 되기에 이르렀다."[19]며 매우 부정적인 인식을 드러내고 있다. 이러한 인식은 고유성에 대한 안확의 인식이 구체화되지 못했을 뿐 아니라 그가 추구한 '고유성의 보편성'이 서구적 보편성의 개념에 훨씬 가까운 것으로서 아직은 추상적이고 관념적 차원에서 인식되었음을 말해준다.

계속해서 안확은 독립협회가 해산된 이후 정변이 자주 일어나고 시운은 날로 위축되어 정치적 변동이 급박해지면서, 정치운동에서 큰 실패를 보고 외적 저항이 불가능함을 헤아려 내적으로 반구(反求)하여 문화교육에 대한 관심이 생겨났다고 분석하고 있다.[20] 이처럼 안확은 이 시기를 외적 혹은 정치적으로 저항하기 힘든 형세였다고 파악하고 이로부터 문화와 교육이라는 신문명 개화의 길을 가게 된 것은 정당하다는 평가를 내린다. 이에 따라 신학문 연구의 열정이 비등하고 특히 과학 만능의 기풍이 교육계를 풍미하는 가운데, 신진기예는 바깥의 물질문명을 포용하여 모든 옛 것을 파기하고 혁신의 기풍을 일으켰지만, 어디까지나 그 정신이 외래 문명에 현혹되어 맹목적으로 충동되는 것이 아니라 자유와 평등을 이상으로 표준을 정치 방면에 두었음을 강조한다. 하지만 이후 교육열의 발흥과 함께 민속과 인심의 개량을 고취하는 국민교육회, 흥사단 등의 단체와 보성학교, 휘문의숙 등 교육기관

---

19 『안자산 국학논선집』, 140~141쪽.
20 위의 책, 144쪽.

이 발행한 각종 교과서와 잡지에 대한 평가는 매우 비판적이다. 여러 종의 잡지는 각기 다른 학술의 주장이 아니라 회보에 불과하고 내용이 비슷한 바, 그 원인은 구미 및 일본문학을 직접 수입하지 못하고 중국의 손을 매개로 수입한 까닭이라고 평가한다.[21] 이러한 평가의 근원에는 민족성 개조에 대한 그의 인식이 놓여 있다. 삼일운동과 '문화정치'라는 일제의 지배정책의 변화 속에서 조선 지식인층은 다양한 개조론을 소개했고 안확의 개조론 역시 이러한 논의 가운데 하나였다. 당시 1920년대 초반의 시대적 상황은 적극적으로 수용해야 할 전형이 될 만한 단일한 서구사상이 부재한 시기로 다양한 서구사상이 다양하게 한꺼번에 밀려들어온 시기였다. 안확의 경우 문명이라 함은 인격의 이상으로써 도덕의 표준을 삼음에 있고, 이 인격은 노동에 의하여 성립하고 노동에 의해 실현된다고 파악한다. 이는 그가 당대의 여타 논자들과 확연히 구별되는 지점이다. 먼저 무엇보다 노동의 가치를 높게 평가하고 있는 점과 이를 통해 사회주의에 대해서도 매우 긍정적인 시선을 보내고 있기 때문이다. 그럼에도 안확이 가장 중요하게 생각한 것은 인격의 개조라는 측면이었다. 그리고 이를 통해 민족성의 장단점을 논하고 약점을 개조해야 한다는 민족성 개조론까지 나아가고 있다. 민족성 논의는 원래 제국주의의 '식민학'에서 비롯되었기 때문에 조선인이 민족성의 장점을 논한다는 것은 제국주의에 정신적 학문적으로 대응하는 성격을 지닐 수밖에 없다. 따라서 1920년대 초반 안확이 민족성을 논의하고 특히 단점의 개조를 강조한 것은 조선 민족의 개선 내지는 진보를 희망하는 역설적인 표현이었다고 할 수 있다.[22] 특히 그가 조선

---

21 위의 책, 145쪽.

민족의 단점으로 지적한 '진취적 기상, 이상적 정신'은 서구 근대의 가치관을 이루는 핵심적 요소로서 그가 주장한 보편성의 추구가 무엇이었는지 짐작할 수 있게 해준다.

이처럼 안확은 이 시기의 물질적 토대에 대한 분석보다는 정치라는 외형 곧 제도의 개혁에 초점을 맞추고 있다. 이러한 사실은 그가 조선민족의 정치적 특성을 민족의 장점으로 파악하고, 위기 상황 속에서도 정치제도를 갖춘 문명을 산출해야 하며 또 산출할 수 있다고 생각했음을 말해준다.

이에 비해 임화는 매우 길게 신문학 생성 발전의 배경이 되는 객관적 조건 즉 물질적 토대에 대해 설명하고 있다. 먼저 신문학사의 토대로서의 조선근대사회사 즉 경제사, 정치사, 농업사 등의 자본주의발달사는 물론이고 민중운동사 내지 각 계급의 관계사(계급투쟁사), 여기에 교육사, 종교사, 언론문화사 등의 기타 일반문화사까지 두루 분석해야 함을 강조하고 세밀하게 살펴보고 있다.

특히 경제적으로 허약하고 산업적으로 충분히 성숙하지 못한 조선의 물질적 토대와, 그로 인해 대내적으로는 봉건주의에 대해 타협적이고 대외적으로는 제국주의에 대해 굴복적일 수밖에 없었던 부르주아의 계급적 특성을 지적하고, 이러한 시민계급의 미성숙으로 인해 근대의 완성은 물론 근대 이후 사회 건설의 임무도 프롤레타리아계급이 맡게 되었던 역사적 상황의 특성을 문학사 서술에 적용하고자 한 점은 빼어난 안목이라 할 것이다.[23] 안확의 경우 이러한 인식에까지 미치지 못했

---

22 류시현, 앞의 글, 58~59쪽.
23 염무웅, 앞의 글, 63쪽.

음은 어쩌면 당연하다고도 말할 수 있다. 시기적으로 임화에 비해 훨씬 앞서 있었을 뿐 아니라 근대문학의 물질적 조건에 대한 탐구가 거의 이루어지지 않은 상황 속에서의 문학사 서술이었기 때문이다.

임화는 결론적으로 조선근대사의 특징을 자주적 근대화 조건의 결여로 규정한 뒤, 이 조건의 결여를 당시 사회과학 연구자들의 연구결과로 뒷받침하고 있다. 하지만 왜곡된 근대로의 진입 원인을 아시아적 정체성 논리에서 구하게 되어 한계를 안고 있는 것도 분명하다. 예컨대 1876년을 조선 근대화의 '시그널'로 삼고 중국의 속국에서 독립국임을 공언한 것은 형식적이지만 큰 의미를 지니는 것이라고 평가하고 있는데, 이러한 주장은 오늘날에도 많은 연구자들이 공감하는 견해 중 하나로 조선 사회의 성격 변화를 잘 지적하고 있는 점이라 할 수 있다. 하지만 이 역사적 사실이 한편으로는 일본의 식민지로 전락하는 길을 여는 역할을 담당한 측면에 대해서는 별다른 인식을 보여주지 않고 있는 것도 사실이다.

본격적인 근대로의 길을 걷게 된 1894년 갑오 이전의 대립적 사회세력이 개화파 대 수구파였다면 그 이후 조선사회의 개혁과 발전에 관한 문제는 개화파내의 각 세력 간의 갈등으로 표출되었다고 할 수 있다. 그리고 이때의 사회적 과제는 급진적 개화파든 점진적 개화파든 모두 새로운 사회 건설에 그 초점을 두고 있었다고 할 수 있는데, 그 방향성은 당대 사회에 대한 '총체적 인식'과 현실의 '객관적 반영' 방식에 따라 달리 결정될 수밖에 없었다. 그리고 그 현실에 대한 인식과 반영 방식은 당대사회의 여러 계층의 현실적인 지향성과 그 현실적인 힘의 관계에 의해 결정되었다고 할 수 있다. 이때의 현실반영이란 당대의 각 세력의 지향점에 대한 가치평가의 문제이기도 하다. 그런데 임화의 경우 마찬가지로 문학사에서 다루어야 할 항목을 매우 넓게 설정하고 문학사를 통해 역사 일반의 수준으로까지 나아가고자 했음을 보여준다.

이에 비해 임화의 문학에 대한 정의는 그 시기에서 알 수 있듯 안확의 정의보다 훨씬 근대적 개념으로 좁혀 사용되고 있다. 조선의 근대문학을 근대정신을 내용으로 하고 서구문학의 '장르'를 형식으로 한 조선의 문학으로 규정하고, 내용으로서의 근대정신과 서구문학의 장르를 각각 정신과 양식에 대응되는 것으로 매우 명확하게 규정하고 있다. 이를 바탕으로 문학사는 문학 및 예술의 역사적 발전에 관한 일반적 학(學) 즉 역사적 과학으로서의 '사적 문예학'으로 규정된다.[14] 그리고 이것이 예술적 형성 과정에 관한 논리학과 인식론으로서의 '변증법적 문예과학'과의 통일 가운데서 독립적인 학문이 될 수 있다고 인식된다.

그런데 이러한 그의 인식이 단순한 이론으로서 제출된 것이 아니라 1930년대 중반 카프 해체 이후 침체와 혼돈이라는 위기 상황 속에서 실천을 강조하기 위한 논리였다는 점은 이미 잘 알려져 있다. 즉 임화의 문학사 연구는 순수한 역사적 관심이나 학술적 동기에서 출발한 것이 아니라 당면한 현실적 난관을 돌파하려는 실천적 노력의 산물이라는 점이다. 이로써 임화에게 문학사 연구를 촉발시킨 직접적인 계기는 순수한 이론적 자극이 아니라 당면한 문단현실의 실천적 필요였다고 할 수 있다.[15] 안확의 문학사 역시 식민사관의 극복과 진보사관의 문학적 확인이라는 실천적 요소를 지니고 있는 점을 생각할 때, 안확과 임화의 문학사는 그 출발점에서 어느 정도 공통적 성격을 지니고 있는

---

14 임화, 「집단과 개성의 문제」, 《조선중앙일보》, 1934.3.13~20. 신두원 편, 『임화문학 예술전집』 4, 소명출판, 2009, 413~414쪽.

15 염무웅, 「임화 문학사의 내재적 기원」, 『살아있는 과거』, 창비, 2015, 260~263쪽.

것으로 볼 수 있다.

즉 이들의 연구는 이념 연구가 문학예술의 사적 이해에 있어 핵심적 요소라는 점을 인식하는 데서 출발하고 있다고 말할 수 있다. 이념은 세계를 이해하는 수단이고, 인간다운 삶이 보장되는 세계 창출로 나아가기 위한 제반 기획의 인식론적 토대로 기능한다. 따라서 그 속에는 인간의 역사적 실천 일반이 녹아 있고, 구체적인 삶의 양상들이 빛을 발하고 있다. 역사가 자기 보존과 갱신을 위한 열망의 기록이라면 이념은 그러한 열망의 결정체라 할 수 있기 때문이다. 특히 이들이 살았던 식민지 시대의 경우 억압적 통제 장치가 강력히 작동하던 시대로, 자주적 근대화와 민족 국가의 수립을 목표로 했던 사회적 정치적 운동은 물론 다양한 문화적 예술적 실천 역시 본질적 위험에 직면했기에 당대의 문화예술은 급진적 실천운동의 양상으로 나타날 수밖에 없었다.

이러한 공통점을 바탕으로 하고 있지만, 둘의 차이점은 문학사의 핵심을 설정하는데서 찾을 수 있다. 먼저 안확이 문학사 서술에서 중요하게 생각한 것은 문학사적 맥락의 연구를 통한 계통화라고 할 수 있다.[16] 그가 의도한 것은 문학사 전체를 관통하는 주제를 찾아 그 주제를 중심으로 문학사를 서술하고, 이를 통해 독자적이고 고유한 조선적인 요소를 발견해야 한다는 점, 즉 민족정체성 형성에 있었다. 그리고 이러한 조선문화(문학)의 발전과 발달을 서구의 보편성과 비교 확인할 수 있도록 하는 것이었다고 볼 수 있다. 이는 그의 국학 연구의 주요 연구방법론을 문학사에 그대로 적용한 것이다. 이러한 사실은 조선문학사를 두고 자각론의 서문을 대신하고자 함에 있다고 말한 점, 문학사와 문명사

---

16 류시현, 앞의 글, 56쪽.

당대의 물질적 토대를 아시아적 정체성 논리에 근거하여 분석하게 됨으로써, 제 세력 중 현실적 힘을 획득하고 있는 경우만을 가치 있는 것으로 평가하는 경향을 드러내게 된다. 현실성 획득의 문제와 현실적 존재의 문제에 대한 구분이 사라지고 만 것이다. 예컨대 이인직이 『은세계』 후반부에서 옥순, 옥남 남매와 의병의 대립을 그대로 드러내는 것은 현실적인 반영이라 할 수 있다. 즉 의병을 화적으로 몰아 비판하고 일본을 통한 근대문물의 수용만이 유일한 근대로의 길임을 주장하며 친일 논리를 드러내는 옥남의 인식과 존재는 충분히 묘사할 수 있는 대상이다. 하지만 이를 현실적인 존재의 의미를 넘어 현실적인 힘을 획득한 가치 있는 것으로, 지향해야 할 가치로 파악하는 것은 전혀 다른 문제이다. 따라서 임화가 이 점에 대한 어떤 비판적 인식도 보여주지 못하고 있는 것은 명백히 문제라 하지 않을 수 없다. 이러한 인식의 문제는 결국 조선의 식민지적 조건에 대한 인식의 불철저함에서 기인하는 것으로 보인다. 조선의 식민지라는 조건에 대해 문학사 전반에 걸쳐 여러 곳에서 표명하고 있지만, 근대문학의 내용으로서의 근대정신을 이야기하는 곳에서는 조선의 식민지적 토대와 그로 인한 식민지 자본주의의 발전정도나 성격에 대한 서술을 하지 못하고 있는 점도 바로 이 때문이라 할 수 있다.

4. 고유성과 보편성, 이식과 전통

안확은 성리학을 부정하고 근대사상을 추구했다. 안확의 유교비판은 유교의 발상지인 중국문화와 조선문화는 다르다는 것을 강조하기 위한

차별성의 표현이었고, 사대적이고 중화적인 중국 인식에 대한 비판을
위한 논리였다. 이 때문에 조선의 고유성을 찾고 그 속에서 서양이 이룬
근대와 같은 보편성을 찾는 일이 그의 학문적 과제로 서정된다. 결국
조선적인 것을 찾는 일은 중국이나 일본은 물론 서양과도 다른 차이를
강조하는 고유성을 찾고자 하는 것이면서 동시에 문명과 문화의 기준이
되는 '보편'을 설정하고 이 목표를 달성하는 발전 단계에 해당하는 조선
적인 사례를 강조하는 것이었다. 신문화운동에 있어서도 물질적 방면의
경제생활과 정신적 방면의 예술, 철학, 과학, 도덕을 모두 발전시키는
것을 목표로 했다. 서구와 같은 문명국이 되는 것이 목표였다. 이런 점에
서 안확의 입장은 서구지향적이고 반전통적인 것이다. 당대에 독립신문
등을 통해 본격화된 문명론은 동양이 서양에 맞서기 위해서는 서양처럼
부강하고 자주독립해야 하며 문명화되어야 한다는 논리이다.

이러한 문명구상은 법률 사상 제도로부터 의식주와 같은 생활에까
지 철저한 서구화를 목표로 한 것이었지만, 문명화를 위한 동일시와
배제의 논리로 인해 조선의 야만성을 규탄함으로써 망국의 위기 속에
서 부정적 조선민족상을 강조하는 논리로 변질되기도 했다. 결국 조선
의 위기를 해결할 방책으로 제시되었던 문명론이 오히려 조선의 위기
를 부채질하는 결과를 초래했던 것이다.[24] 이에 따라 안확은 고유한 문
명과 서양의 신문명을 조화해야 한다는 논리를 내세웠다. 즉 신문명을
수용하면서도 민족적 정수인 국수를 보전함으로써 민족정체성을 유지
하고 국권을 회복할 수 있다는 논리로 나아간 것이다. 여기서 국수란
'그 나라에 역사적으로 전래하는 풍속, 습관, 법률, 제도 등의 정신'이

---

24 이종두, 앞의 글, 15~16쪽.

며 언어, 역사, 종교, 정치, 풍토, 기후 등 온갖 것에서 특유의 미점(美點)을 뽑아 이름붙인 것이다. 이처럼 한 나라에 역사적으로 전래하는 고유한 것으로서의 '고유성'을 설정하고 아로부터 '보편성'을 추출한다는 것이 국수론의 중요한 핵심이라 할 수 있는데 문제는 어떤 것을 고유한 것으로 볼 것인가 하는 점이다. 그 어떤 것을 고유한 것으로 취하든 외래문화를 적대적인 것으로 파악하기 때문에 '고유성'은 설정과 동시에 필연적으로 배타성을 띠게 될 수밖에 없다. 결국 안확의 이념은 이런 문명론과 국수론의 불안한 타협으로 출발했다고 볼 수 있다. 일종의 동도서기론이라고도 할 수도 있을 것이다. 그런데 이처럼 고유문명을 긍정했던 동도서기론도 궁극적으로는 서구문명론의 틀 속에서만 작동하는 한계를 벗어나지 못하고 만다. 그 이유는 전통 문명을 끌어오는 기준 자체가 서구문명이었기 때문이다.[25]

그럼에도 안확은 이러한 한계를 극복하고, 고유사상이 외래문명이나 외래사상의 수용이 갈등하거나 일방적 수용으로 이루어지지 않고 외래사상을 지속적으로 수용하면서 발전해가는 것으로 파악할 필요가 있었다. 이를 위해 '협화(協和)'란 개념을 제시하게 된다. 이 협화 개념은 민족적 자부심을 바탕으로 하고 있는 것[26]으로 고유사상과 외래사상의 대립 갈등 속에서 고유사상만의 고수를 강조하는 국수론에 머물지 않고 외래사상의 수용을 통한 발전의 논리를 세울 수 있게 했다. 외래문화의 수입이나 수용은 결코 일방적으로 이루어지는 것이 아니라 조선 내부의 성숙이라는 조건이 갖추어졌을 때 가능하다는 논리가 바로

---

25 위의 글, 16~22쪽.
26 김현양, 「민족주의 담론과 한국문학사」, 『민족문학사연구』 19, 민족문학사연구소, 2001, 37쪽.

그것이다. 그리고 수입된 외래문화는 조선 고유의 문화를 발전시키는 데 공헌한 것으로 파악한다. 이처럼 협화는 조선 문학이 고유성과 보편성을 동시에 획득하는데 있어 필수적인 개념으로 사용되고 있다.

결국 안확의 '고유성의 보편성'론은 발전론에 그 근거를 두고 고유문명과 신문명의 조화를 강조하고 있는 것이라 할 수 있다. 안확의 유교 비판이 민족적이라거나 종교적인 성격이 아니라 전근대적이라는 성격에 대한 것이었다는 사실에서도 그가 중요하게 생각한 것은 바로 발전의 개념임을 알 수 있다. 이는 그가 동/서양을 대비할 때 동서라는 지역의 문제나 문화의 차이가 아니라 단지 고금의 문제 즉 시간성의 문제만을 제기하고 있으며, 여기에서 곧 전근대적인 것과 근대적인 것의 대비를 이끌어내고 있는 점에서도 나타난다. 즉 서구를 '보편'으로 설정하고 조선 문화와 역사를 이에 대비시키고자 했던 안확의 연구방법론은 이 개념에 힘입어, 조선 민족과 문화의 독자성만을 강조했던 민족주의적 시각이나 일방적인 서구 문화의 수용을 통한 근대로의 발전논리와는 일정하게 다른 모습을 보일 수 있었다.

문제는 이 협화 개념이 지나치게 포괄적이라는 점에 있다. 고유문화와 외래문화의 단순한 병렬, 고유문화와 외래문화의 혼용, 고유문화와 외래문화의 변증적 발전 가운데 어느 정도로 안확이 인식하고 있었고, 그 증거를 문학사에서 어떻게 서술하고 있는가 하는 문제인 것이다. 안확의 목표가 단순히 반외래적인 고유성을 확인하는 데에 그치는 것이 아니었고 발전 과정을 통해 조선 문학의 보편성을 확인하고자 한 것이었다면, 그가 사용하는 협화의 개념 속에는 외래문화의 수용을 통한 고유문화의 질적 변화와 발전이 이루어져야 하기 때문이다. 그리고 실제로 문학사 속에서 삼국시대 풍류사상의 형성과정과 고려시대의 음가 거의 동시에 집필되었다는 점 등을 생각할 때 분명하다고 말할 수 있다. 이는 자각론의 핵심논리인 발전론의 문학적 확인인 셈이다. 안확의 문학사는 곧 자신의 문명 발전론을 문학적 사실로 구체화한 것이다.[17] 결론적으로 안확에게 문학사 서술은 조선의 고유성을 확인하고 서구의 보편성과의 비교를 통해 '고유성의 보편성'을 확인하는 작업이었다고 말할 수 있다.

그럼 임화는 문학사 연구와 서술을 통해 무엇을 밝혀내고자 했는가? 임화의 경우 문학사의 최초의 임무는 몇 개의 특색 있는 양식을 발견하는 것이며 이것이 또 문학사의 큰(중요한) 임무라고 말하고 있다.[18] 여기서 임화가 말하는 양식이란 시대의 고유한 어떤 문예상의 개성(시대의 양식)이다. 따라서 양식의 역사는 그 시대정신의 역사적 형식이 된다. 계속해서 임화는 시대정신을 '시대의 고유한 정신, 시대의 고유한 체험과 분위기와 목표 등을 통합한 지적 혹은 정신적 상태'라고 한 뒤, 새로운 시대정신인 근대정신을 '이런 각 시대의 개성적 차이를 초월하여 그러면서도 각 시대의 공유한 근원으로 연결되어 있는 것'이자 '조선의 근대사회가 형성된 이래 오늘날까지의 정신내용을 의미'하는 것으로, '이것은 구시대와는 근본적으로 구별되면서 또한 최근 30, 40년간의 여러 가지 시대적 차이를 넘어 공동한 핵심이 될 수 있는 것을 아직껏 함유하고 있는 정신형태'라고 규정하고 있다. 하지만 우리 신문학사에선 양식의 창안 대신 양식의 수입으로 여러 시대가 시작되었으며, 이러한 새 양식의 수입은 새 정신의 이식임을 의미한다고 말한다. 여러 가

---

17 이종두, 앞의 글, 80~82쪽.
18 임화, 『문학의 논리』, 신두원 편, 『임화문학예술전집』 3, 소명출판, 2009, 660쪽.

지 양식의 수입사는 그러므로 곧 여러 가지 정신의 이식사이기에 문학
사적 연구는 실상 이 연구가 결정적이라고 단정하고 있다. 이처럼 신문
학이 서구적인 문학 장르를 채용하는 순간, 신문학은 그 정신까지도
이식하게 된다. 즉 새 양식의 수입은 새 정신의 이식을 의미하게 되고,
따라서 양식의 수입사는 곧 정신의 이식사로 파악되는데 바로 이 정신
의 이식사를 연구하는 것이 문학사 연구의 핵심이 된다.

결국 임화의 신문학사의 근저에 자리 잡고 있는 것은 '근대'와 '근대
정신'으로 규정할 수 있는데 그가 밝히고자 한 것 역시 이 근대정신의
구체적 성격이라 할 수 있다. 특히 근대정신은 토대와 문학의 매개로서
의 역할을 할뿐만 아니라 조선근대문학의 배경이자 내용이기도 하다.
임화는 조선근대문학을 일차적으로 규정하는 토대로서의 조선근대사
회를 '봉건사회관계의 와해와 시민사회관계의 형성'으로 파악하여 조
선사회의 성격을 '근대'로 파악한다. 그러나 조선사회는 정체성을 그
특징으로 하기에, 봉건사회 자체의 미성숙으로 조선사회 자체에서는
근대사회를 준비할 만한 성숙한 힘이 존재하지 않으므로 외래로부터
근대사회와 그 문명을 이식하지 않을 수 없다고 파악하여 조선의 근대
는 이식된 것으로 규정한다. 여기서 이식된 '근대'는 일본 자본주의를
가리키는 것인 바, 당시 일본은 자본주의의 고도의 성장단계인 제국주
의 단계에까지 돌입한 상태였다. 그런데 문제는 이러한 일본의 자본주
의가 임화가 파악하듯 단순한 반(反)봉건만을 그 본질로 삼는 것이 아
니라 그 이면에는 제국주의의 침략정신을 그대로 담고 있다는 점이다.
즉 임화는 반(反)봉건으로서의 근대에는 주목하면서도 일본자본주의의
제국주의적 성격에 대해서는 깊은 인식을 보여주지 못하고 있다. 이러
한 사실은 환경 항목 설정에서도 동일하게 나타난다. 임화는 환경 항목

악에 대한 설명에서, 고유문화가 외래문화를 수용함으로써 발전하는 측면 즉 새로운 고유문화를 창출하는 면에 초점을 맞춰 분석하고 있는 것으로 평가한다.[27] 하지만 갑오경장 이후 근대문학을 설명하는 논리 속에서는 거의 찾기 어렵다. 그가 고민했던 문학과 정치의 괴리 문제가 근대문학의 설명 속에서는 거의 언급되지 않고 있는 것이다. 물론 시대적 거리가 확보되지 않는 상황이었고, 명확한 시대정신이 확보되지 않는 채 다양한 계몽주의가 펼쳐지는 시대였기에 외래사상의 수용을 통한 고유사상의 발전적 측면을 설명하기는 거의 불가능했다고 말할 수 있지만, 그럼에도 이 '협화' 개념의 불명확성은 문제일 수밖에 없다.

임화 역시 발전사관에 입각하여 문학사의 진행과정을 파악하고 그 과정에 역사적 의미를 부여하고 있다는 점에서 안확과 같은 입장을 취하고 있다고 말할 수 있다. 임화는 봉건조선의 몰락 이후 신문학의 등장 특히 근대시의 생성과정과 신소설 이후 근대소설의 생성에 문학사적 의미를 부여하고 있다. 문제는 이러한 발전 과정의 설명에 있어 지속적으로 언급되는 이식문학론이다. 그의 문학사 여러 부분에 걸쳐 있는 언급은 표면적으로 그의 문학사가 이식문학론에 근거하고 있음을 보여준다. 조선의 "신문학이란 새 현실을 새 사상의 견지에서 엄숙하게 순예술적으로 언문일치의 조선어로 쓴, 바꾸어 말하면 내용 형식 함께 서구적 형태를 갖춘 문학"[28]이라거나 근대사회는 결코 한 국가나 지방의 폐쇄적 독존을 허락하지 않으며 상업과 화폐에 의한 모든 지방의 세계화가 당대의 특징이기에 개국이 근대화의 유일한 길이라는 언

27　이종두, 앞의 글, 90~91쪽.
28　임규찬 편, 『임화문학예술전집』 2, 소명출판, 2009, 15쪽.

급은 대표적인 표현이다.[29] 임화의 생각에 서구 사회제도와 문화의 이식은 조선만이 아니라 동양사회 전체의 근대화에 필요불가결한 강제였고 동양의 근대문학사는 사실 서구문학의 수입과 이식의 역사였던 것이다. 이러한 인식은 마르크스주의적 시각을 바탕으로 한 '문학'의 상부구조적 특성에 대한 인식으로부터 시작된다. 임화에게 문학이란 결정적으로 토대의 영향을 받는 일종의 상부구조이기에 문학의 발전 역시 토대의 성격에 의해 규정받지 않을 수 없는 점을 명확히 한 것이라 할 수 있다. 토대와 배경에서 분리하여 한 나라의 문학을 둘러싸고 있는 여러 인접문학으로서의 환경을 설정하고 있는 것도 이 때문이다. 임화는 '신문학사의 연구에 있어 문학적 환경의 고구라는 것은 신문학의 생성과 발전에 있어 부단히 영향을 받아온 외국문학의 연구'라고 명확히 규정한다. 그것은 신문학이 서구적인 문학 장르(자유시와 현대소설)를 채용하면서부터 형성하고 문학사의 모든 시대가 외국문학의 자극과 영향과 모방으로 일관되었다 해도 과언이 아닐 만큼 신문학사란 이식문학의 역사이기 때문에, 그 길의 치밀한 연구는 곧 신문학의 태반의 내용을 밝히게 된다고 강조하고 있다.

하지만 임화의 문학사 인식이 단순히 이러한 인식에 머물러 있지 않다는 점에 그의 문학사가 지닌 특성이 있다. "문화의 이식, 외국문학의 수입은 이미 일정 한도로 축적된 자기 문화의 유산을 토대로 하지 않고는 불가능하다. 그러므로 일찍이 토대를 문제삼을 때 토대와 아울러 정신적 배경이 문제된 것"[30]이라거나 "동양 제국과 서양의 문화교섭은

---

29 위의 책, 26쪽.
30 임화, 「문학의 논리」, 신두원 편, 『임화문학예술전집』 3, 소명출판, 2009, 656쪽.

그것이 순연한 이식문화사를 형성함으로써 종결하는 것 같으니, 내재적
으로는 또한 이식문화사 자체를 해체하려는 과정이 진행되는 것이다.
즉 이식문학이 고도화되면 될수록 반대로 문화창조가 내부로부터 성숙
한다. 이것은 이식된 문화가 고유의 문화와 심각히 교섭하는 과정이요
또한 고유의 문화가 이식된 문화를 섭취하는 과정"[31]이라는 언급은 임화
의 인식이 단순한 이식문학론에 머물러 있지는 않음을 말해준다.[32] 즉
외래문화와 고유문화의 변증법적 교섭의 결과로 '제 3의 것' 즉 새로운
문화가 산출되는 것으로 설명하여 일방적인 이식이 아님을 강조하고
있다. 하지만 앞에서도 언급했듯 임화는 조선근대문학을 일차적으로
규정하는 토대로서의 조선근대사회를 '봉건사회관계의 와해와 시민사
회관계의 형성'으로 파악, 당대 조선사회의 기본적 성격을 '근대사회'로
규정하면서도, 정체성을 그 특징으로 하는 미성숙한 조선사회 자체에서
는 근대사회를 준비할 만한 성숙한 힘이 존재하지 않았으며 결국 외래로
부터 근대사회와 그 문명을 이식하지 않을 수 없었다고 파악한다. 이
때문에 임화가 설정한 것이 환경 항목이었다. 그렇지만 임화는 환경
곧 일본문학의 영향을 설정하면서도 그것을 토대와 분리시켜 설명하는
모습을 보인다. 그리하여 이식된 일본문학이 담고 있는 정신을 평가함
에 있어 제국주의의 침략에 대한 언급은 거의 찾아볼 수 없다. 그 구체적
결과로 일본의 근대정신을 충실히 받아들여 체현하는 개화파를 당시
조선사회에서의 역사적 주체로 설정하게 되고, 문학사에서도 다분히
친일정신에 입각하여 활동한 이인직을 조선근대정신의 최고 구현자로

---

31 위의 책, 657쪽.
32 이에 대해서는 신승엽, 「이식과 창조의 변증법 – '이식문학론'의 정당한 이해를 위하여」,
　　『창작과비평』 73, 창작과비평사, 1991 참고.

인정하는 결과를 낳게 된 것이다.[33]

5. 신문학 평가의 문제

당대의 시가와 소설에 대한 안확의 평가는 매우 간략하게 사실을 기술하는 정도라 할 수 있다. 먼저 시가의 경우 최남선과 잡지 『소년』을 거론하며 언문일치에 주력하고 약간의 신사상도 소개했지만, 노래는 일본의 7·5조를 근본으로 삼고 있었다는 정도 이상의 평가를 하지 않는다. 하지만 소설을 평가하는 곳에서는 조금 더 적극적으로 자신의 견해를 드러내고 있다. 소설 평가의 경우에는 평가하는 부분에서는 크게 두 가지 시각으로 나누어 볼 수 있다. 먼저 한역의 형태로 이루어진 것으로 파악한 '역사전기'에 대한 평가를 들 수 있다. 『서사건국지』『월남망국사』 등 서양 위인의 사적과 저치 역사 등에서 뽑은 역사소설의 경우 한때 큰 환영을 받았지만, 종래의 권선징악주의에 길든 안목으로 받아들이기 쉬웠고 문체도 한적(漢籍)의 옛 투를 벗어나자 못하였으며 그 내용에 있어서도 객관적 사실의 나열에 불과하였다고 비판한다. 그리고 이는 문학의 면목은 변치 않고 오직 정치적 관념이 비등하여 국가

---

33 물론 이에 대해 신두원 등은 신문학사 방법론 가운데 특히 전통에 대해 '근대문학의 이식적 성격 속에서도 주체성과 전통의 모체를 고려하고 있다'는 평가를 내리면서 임화의 문학사가 단순한 이식문학사를 뛰어넘고 있다고 평가받기도 했다. 하지만 실제 '신문학사' 서술에서 전통과 관련된 것으로 과도기문학을 설명하면서 그 핵심으로 제시된 '언문문학'에 대해 서구 르네상스에 비견할만한 정신의 부재를 들어 부정적인 측면에서 평가하고 있다. 즉 "조선의 전통은 새 문화의 순수한 수입과 건설을 박해하였으면 할지언정 그것을 배양하고 그것이 창조될 토양이 되지는 못했다"고 평가하고 있다. 신승엽, 위의 글 참고.

관념을 대전제에 두었기 때문이라 분석한다. 신채호의『이태리건국삼
걸전』『을지문덕』등에 대해서도 역사의 신견지(新見地)를 연 독창성에
서 나온 것이지만 조선사를 민족적으로 전체를 다루면서도 어느 곳에
서는 역사의 본색을 잃은 점도 있다고 평가하고 있다.

이처럼 애국계몽서사에 대해서는 당대의 주류로 평가하면서도 큰
의미를 두지 않는 대신, 이인직 류의 신소설에 대해서는 시대적 추세밖
에 있는 것이라 말하지만 과거 권징주의와는 다른 성격 묘사로 신문학
의 출발이라고 높이 평가하고 있다. 신소설에 대해서 일본 문학의 의작
(擬作)이라고 이야기하면서도 상당히 긍정적인 시각으로 바라보고 있
다. 안확은 특히 이인직을 당대의 시대적 추세 밖에 서서 신문학의 문
을 연 작가라고 평가한다.『혈의누』『귀의성』『치악산』등 이인직의 신
소설이, 종래의 권징주의의 소설과 달라 인정을 위주로 주인공과 그를
둘러싼 인물들의 성격을 묘사하고 그 심리 상태를 그림이 극히 정묘한
지경에 도달한 것으로 종래 소설에서 보지 못하던 바로 신문학의 출발
이었다는 것이다.[34]

식민지로의 강제합병 이후의 문학적 상황에 대한 설명을 더욱 간단하
다. 고대소설이 유행하고, 문학에 대한 관념이 진보되어 소설 애독 풍속
이 왕성해지면서 신소설도 더 유행하게 되었다고 파악한다. 하지만 이
해조의 신소설이 가장 많고, 조중환과 이상협이라는 작가도 있었다는
정도의 극히 기초적인 사실의 언급에 머물고 있다. 이광수에 대한 서술
에서도 무정, 개척자 등의 작품이 모두 연애를 위주로 한 것으로 이는
자유연애 관념이 일어난 시대적 반영이라는 정도에 불과하다. 결국 이

34『안자산 국학논선집』, 145~146쪽.

인직 이후 소설계의 주요한 조류는 한편으로는 회고적으로 구소설이
성했지만 다른 한편으로는 문학을 희롱의 도구로 알지 않고 진지한 인생
문제를 다루고 있고, 소설가도 직접적으로 현실과 교섭하여 오직 객관
적으로 사상(事相)을 묘사하던 종래의 방식에서 벗어나 주관적으로 자기
의 믿음을 고백하여 국민 사상의 중심이 되기에 이르렀다고 평가한다.[35]
3·1운동 이후 신문학에 대한 서술 역시 매우 간단하다. 문화운동이 다시
융성해지면서 문화를 표방하는 신문과 잡지가 유행하게 되었지만, 잡지
의 경우 내용은 각기 주의가 있으나 그 글은 동일하여 볼 만한 논문이
적다고 비판하고 있다. 각 신문이나 잡지의 이념, 노선 등의 구체적 차별
성에 대한 인식은 거의 서술되지 않는다. 모두 합해 한 종의 잡지를
만들어도 부족할 정도밖에 되지 않는데도 문호를 따로 세워 자기의 명예
를 취하기에 급급하고 서로 멸시하며 자기 외에는 적합한 논자가 없는
줄 알아 현학의 기풍이 성하고 과장적 기운이 충만하여 지식은 결렬되고
사상은 분산되어 통일적 정조가 없어지기에 이르렀다고 비판한다.[36]

　이 시기에 대한 안확의 문학사 서술은 극히 짧게 이루어지고 있지만
특이한 점은 이인직과 이해조를 다른 시대의 작가인 것처럼 서술해 놓
은 점과 이인직을 신문학의 출발을 이룬 작가로 높이 평가하고 있는
점이다. 이러한 평가는 문학사 연구 자체가 그의 중심이 아니었고 조선
의 문화사와 문명사를 밝히고자 한 목적 때문이라고도 할 수 있을 것이
다. 즉 이인직의 작품에서 드러나는 문학예술적 특성보다는 개화문명
에 대한 강조에 주목한 평가라 말할 수 있을 것이다. 안확의 문학사

35 『안자산 국학논선집』, 147~148쪽.
36 『안자산 국학논선집』, 149쪽.

전반을 관통하고 있는 보편성 획득에 대한 기대를 이인직의 작품을 통해 드러낸 것이라 평가할 수 있겠다.

이에 비해 임화의 문학사는 신소설 분석이 대부분이라 해도 좋을 만큼 충실하다. 임화는 신소설의 특성을 한마디로 '과도기의 문학'으로 규정한다. 과도기의 문학이란 언문에 의한 새로운 시대정신의 표현이면서도 재래의 형식을 빌려 새 사상을 표현하는 절충적 성격을 기본적으로 지닌다는 것이다. 여기서 과도기란 어느 하나의 시대가 몰락하고 다른 하나의 시대가 발흥하는 중간시대를 의미하지만 실제로 무게중심은 '신시대의 탄생과 구시대의 몰락'으로 대변되는 창조적 의미를 갖는 시기에 두어진다. 이처럼 임화는 근대의 관점에서 당대를 파악했는데 그럼에도 과도기라 한 것은 새로운 가치(질적 가치)를 지닌 용어를 사용할 수 없었기 때문이라고 할 수 있다.

여기서 주목할 것은 임화가 신소설의 뚜렷한 특징으로 '절충성'을 내세우고 있는 점이다. 임화는 이 절충성을 정신의 미숙이면서 동시에 문학의 유소함을 의미하는 것으로 파악한다. 이것이 현대문학에 이르러서는 종합성으로 발전한다고 말하는데 이러한 발전을 임화는 이인직으로부터 시작하는 것으로 파악한다. 이는 중국이나 일본의 경우와는 다른 우리 문학사의 특수한 현상으로, 우리 신문학의 힘이 약한 데 그 원인이 있지만 근본적으로는 외적인 압력이 강했기 때문에 본래로는 문화적, 정치적으로 상용키 어려운 봉건적 지배층과 평민적 피치층의 문화적, 정치적 합작 가능성이 컸기 때문이라고 분석하고 있다. 이는 우리의 현실이 서구의 근대화, 즉 자본주의화와는 달리 식민지적 발전을 겪고 있다는 사실을 말하는 부분으로 적어도 임화가 맹목적인 서구주의적 근대화를 최고의 것으로 여기거나 우리의 근대를 서구의 그것에 갖다 맞히는 식으로 사고하고 있지 않았음을 알 수 있다.

하지만 임화가 이인직의 작품을 분석하는 구체적 과정에서는 무리한 이론적 적용이 이루어지는 것을 확인할 수 있다. 그는 신소설이 창가와 같이 낡은 양식, 새 정신의 모습에서 새 정신, 새 양식의 '예상하는 도식' 처럼 발전하지 않고 이인직이라는 작가에 의해 처음부터 새 정신, 새 양식의 발전을 이룩한 것으로 보았다. 이인직의 작품 분석을 통해 이인 직 개인에 있어서는 이러한 발전도식이 들어맞는 것으로 평가한다. 하 지만 이러한 임화의 평가에 대해 첫째, 작품 발표순서의 추정 오류와 둘째, 작품 평가의 문제라는 두 가지 문제점을 지적할 수 있다. 이인직 과 이해조의 비교 평가를 보면 매우 분명하다. 그는 이해조의 문학은 신소설의 절충성을 대표하는 반면, 이인직의 경우 초기의 절충성을 종 합적 통일적 방향으로 발전시켰다고 평가한다. 이해조의 경우는 철저히 절충성 그 자체에 갇히고 만 반면 이인직은 새로운 종합의 방향으로 한 걸음 진전했다고 할 수 있다는 것이다. 결론적으로 이해조는 출발 당시의 절충성에서부터 이인직과 같은 문학적 발전의 길을 걷지 않고 단조로운 정치소설이나 계몽문학의 길로 들어서는 문학적 방황의 길을 걸었다고 평가한다. 이에 반해 이인직은 구소설의 양식적 영향을 떠나 서 객관소설의 신기원을 개척하고 권선징악 설화가 아닌 신소설을 쓴 유일한 작가, 환언하면 새로운 정신을 낡은 양식으로 표현한 신소설 시대에 새로운 정신을 새로운 양식으로 표현해 본 유일한 작가로 고평 한다. 그런 작품으로『은세계』와『혈의루』를 든다. 그런데 임화는『혈 의루』를『은세계』보다 늦게 나온 작품으로 놓고『은세계』에서『혈의루』 로 문학적 발전의 길을 걷는 것으로 평가하고 있다.『은세계』속 '옥남' 의 연설은 의병을 화적으로 비판하는 당대 신문 기사의 논조와 거의 일치하는 모습을 보이기도 한다.[37] 이러한 한계는 식민지적 현실에 대한 인식의 문제가 작품 속에 그대로 반영된 모습이라 하지 않을 수 없다. 즉 『은세계』에서 작가의 대변자라 할 옥순, 옥남의 개화사상이 전반부만큼 강한 현실적 힘을 지니지 못하고 개화 일반으로 추상화되어 버리는 결과를 가져왔다고 말할 수 있다. 즉 신소설의 모티브, 구조 등의 양식의 새로움이 단지 양식차원에서뿐만 아니라 내용의 측면에서도 어떻게 새로움이 보장되는가 하는 점을 설명하는 과정에서 논리적으로 이어지지 못하는 한계를 드러내고 만 것이다.

결국 안확과 임화 모두 이해조보다는 이인직을 높이 평가하고 있으며, 신소설을 문학의 새로운 길을 열어가는 작품으로 평가하고 있다는 점에서 공통적이다. 이는 이 두 문학사가가 발전사관을 바탕으로 보편성의 추구를 우선적 과제로 설정한데서 온 것이다. 즉 두 문학사 모두 신소설을 평가하는 기본틀로서 사상성이라는 표지를 설정하고 있는 것으로 평가할 수 있다. 이 사상성은 일상성, 예술성으로 확장되고 있는 것이다. 즉 당대 사회의 모순으로 인한 전형적인 정치적인 사건이 한 개인의 인물의 생활에까지 파급되어 그 일상적 삶의 모습으로 드러내고 있는데, 임화는 바로 이 사상성을 최고의 것으로 평가한다. 안확의 보편성 확인도 같은 맥락에서 나온 것일 터이다. 그러나 이 두 사람이 높이 평가하는 이인직의 작품에서는 당대 민중의 지향성이나 시대정신에 대한 분석은 보이지 않는다. 안확이 애국계몽서사에 대해 상당히 비판적

---

37 《황성신문》 1907.9.25. 일자. "국권을 회복하려면 일시의 모욕을 참고 국가원대의 계를 도모하야"의 무기를 놓고 직업에 돌아가라는 권고, 의병투쟁의 불합리성, 의병이름 하의 도적질에 대한 비판, 무기와 재산 그리고 학술의 미준비성에 대한 지적은 작중 옥남, 옥순 남매의 연설과 매우 비슷하다.

인 모습을 보이는 점이나 임화가 『은세계』에서의 의병에 대한 비판을 그대로 수용하고 있는 점은 이른바 민중성이 결여된 정치성의 표현이라 할 수 있겠다.

1930년대 순수문학론 - 김환태론

1. 머리말

근대 초기 이광수의 계몽주의와 김동인의 예술주의, 1920-30년대의 계급주의문학과 민족주의문학, 60년대의 순수/참여 논쟁 등 우리 문학사의 전개과정은 문학의 계몽성 및 정론성의 강조와, 이와는 대립적인 순수성의 지향이라는 두 경향의 갈등과 발전의 역사라 할 수 있다. 이러한 시각에서 문학사를 바라보는 경우, 비록 문학예술이론과 예술성을 둘러싼 논쟁이라 할지라도 결과적으로는 예술 자체의 고유성은 사라진 일방적인 사회적 실천만을 주장하게 되거나, 현실과의 절연성에만 집착하여 추상적 미의식만을 강조하는 부정적 현상을 볼 수 있는 것도 사실이지만, 문학사에서의 이러한 대립과 논쟁이 우리문학사를 풍부하게 하는 긍정적 요인이 되었던 점이나 특히 각 시대의 문학이, 문학가들이 처한 당대의 역사적 상황과 현실적 토대 자체에 대한 정치적 입장의 표명이라는 의미를 지니지 않을 수 없도록 만든 우리 역사의 특수성을 생각하면, 근대문학사의 전체적인 흐름을 일목요연하게 정리하고 구분할 수 있는 이러한 시각은 매우 효율적일 수 있다. 1930년대의 프로문학

의 융성 및 쇠퇴와 이에 맞섰던 '순수'문학이나, 30년대 후반 '세대론'에
서 파생된 '순수문학' 논쟁은 이러한 우리 문학사의 특수성을 명백히
보여주는 대표적인 사례 중의 하나일 것이다. 이러한 시각에서 이 글의
대상인 김환태의 비평 역시 30년대 순수문학의 한 구체적 양상으로서
그 문학사적 위치를 자리매김할 수도 있을 것이다.

김환태는 프로문학과의 대결의식에서 출발한 이래 절필에 이르기까
지 '순수'의 영역을 조금도 벗어나지 않는다. 그의 비평이 지니는 문학
사적 의미로, 30년대 중반 이후 문단의 위기를 극복하려는 방법의 일
환으로 비평의 정론성 및 지도성을 배제한 인상주의적 비평을 내세워
'예술비평'의 길을 선구적으로 개척하고자 한 점, 또 이러한 태도가 '구
인회'라는 예술파의 득세에 속도를 부여하고 비평의 방향전환에 앞장
서게 만들었다는 점[1]을 거론할 수 있는 것도 모두 프로문학과의 대립
속에서 파악할 때만 가능한 것이다. 그런데 여기서 주목해야 할 점은,
현실극복의 수단으로서의 문학을 강조했던 프로문학이나 이에 대립하
여 문학의 자율성을 강조하고 문학을 현실로부터 절연시킬 것을 주장
했던 김환태의 '순수'문학도 근원적으로는 동일한 토대위에서 산출된
문학이라는 점이다. 그 토대란 다름아닌 식민지적 특수성이라 할 수
있는 파행적 근대사회였다. 즉 이들에게는 식민지라는 삶의 조건과 그
속에서도 필연적으로 전개되어 나갔던 자본주의가 이미 하나의 보편성
으로 자리잡고 있었다. 타율적 근대화와 식민지라는 이중적 조건이 바
로 그들로 하여금 근대에 대한 동경과 환상을 가지게 하면서도 동시에

---

1 김윤식, 「순수문학의 의미-높인 김환태 연구」, 『근대한국문학연구』, 일지사, 1983,
406쪽.

그 근대적 삶의 조건 자체를 부정하도록 만든 것이 아닐 수 없다. 따라서 김환태의 비평을 검토하는 데 있어 가장 먼저 고려해야 할 사항은 '과학주의에 맞서는 순수문학'이라는 그의 비평의 핵심적 명제이자 동시에 그의 비평의 성립을 가능하게 만든 당대의 시대적 상황이다. 그의 비평의 핵심이라 할 '순수'의 의미를 제대로 밝혀낼 수 있는 것도 이러한 맥락 속에서만 가능한 것이며, '근대성의 인식과 실천'이라는 우리 문학사의 핵심과제에 대한 본격적 논의도 이를 벗어나서는 불가능할 것이다. 김환태 비평의 의의를 밝히는 것은 그의 비평문의 상식적 내용을 분석하는 데 있는 것이 아니라 문학과 정치의 등질성을 문제 삼는 곳에 있다[2]는 지적도 바로 이러한 의미에서 이해할 수 있다. 따라서 김환태의 비평 연구는 30년대의 큰 문학적 흐름의 하나였던 순수문학의 이론적 기반을 확인하는 작업일 뿐만 아니라 30년대 문학 전체의 구도를 그릴 수 있는 작업의 일환이기도 하다.

우리가 주목해야 할 것은 우리의 근대문학에 나타나는 근대성 자체에 대한 굴절된 인식이다. 이식된 문명은 근본적으로 근대문명으로서의 성격을 지니기 마련이지만 식민지라는 왜곡된 발전조건으로 인해 필연적인 사회적, 문화적 굴절을 겪기 마련이기 때문이다. 이에 따라 근대성에 대한 인식 자체가 가로막히고 각자의 선택과 입장에 따라 근대의 인식 자체가 파편적으로 이루어진다. 프로문학이 온전한 근대의 성취 자체가 어려운 식민지 현실실 속에서도 근대를 일거에 뛰어넘는 이론으로 무장한 채 자신들의 목소리를 마음껏 높일 수 있었던 사정도 이에서

---

2 김윤식, 「김환태 비평의 비평사적 의의」, 문학사상 자료조사연구실 편, 『김환태 전집』, 문학사상사, 1988, 395쪽.

비롯된 것이다. 프로문학의 퇴조에 맞춰 자신들의 목소리를 드러내기 시작했던 모더니즘 역시, 근대문명과 그로 인한 인간의 왜소화에 그 관심을 두었지만 그들이 구현하고자 했던 미적 영역에서의 근대성을 미적 자율성이란 이름아래 사회적 인식과 고립시켰다는 점에서는 파편적 인식을 드러내고 있는 것이 아닐 수 없다. 순수문학의 자리는 바로 이러한 파행적 근대인식으로 인한 전망의 상실 속에서 마련되었다.

2. 김환태 비평의 궤적과 '순수' 문학의 의미

1) 구인회에의 참여

김환태의 프로문학과의 대결의식이 소위 '예술파'로 알려진 구인회의 성원으로서 또 구인회의 유일한 이론비평가로서 이루어졌다는 점에서도 그의 비평은 우선 주목할 만하다. 하지만 구인회와 관련하여 김환태에 대한 연구는 거의 이루어지지 않았다고 해도 과언이 아니다. 이는 우선 구인회 자체에 대한 연구의 어려움에서 기인하는 것으로 말할 수 있을 것이다. 즉 "순연한 연구적 입장에서 상호의 작품을 비판하며 다독다작을 목적으로"(《조선일보》, 1933.8.30) 모임을 가질 뿐이라거나 "문단의식을 가지고 했다느니보다는 … 지나요리를 먹으면서 지껄이는 것이 … 나중에는 구보와 상이 그 달변으로 응수하는 것이 듣기 재미있어서 한 것"[3]이라는 발언 등에서 보듯이 그 이념이나 방향성을 알 수 있을 만한 어떤 언급도 하지 않음으로써, 구인회의 문학단체로서의 정체성

---

3 김기림, 「문단불참기」, 『문장』 2권 2호, 1940.2.

규정 자체가 어려운 것이 사실이다. 그러나 바로 이러한 존재방식 자체가 30년대적 상황의 문학적 반영이며 구인회의 문학사적 의미를 드러내는 것이라는 점을 인식한다면 사정은 달라진다. 구인회 성원들은 당시 4대신문 문예란의 실질적인 책임자였고 따라서 그들은 한 눈에 어떤 존재방식이 가장 효율적인가를 알고 있었다고 말할 수 있다. 특히 이러한 존재방식이 곧 바로 그들의 작품 경향과 연결된다는 점에서 어떻게 자신들의 존재가치와 문학적 가치를 드러내야 하는 가를 보여주었다고 할 수 있다. 즉 그들은 당대의 문단적 상황에 대한 철저한 인식 속에서 구인회를 결성하고 그들의 문학적 행위를 펼쳐 나갔던 것이다. 이처럼 구인회는 단순히 친목단체로 존재한 것이 아니라 30년대 문학의 성격을 파악하는데 없어서는 안 될 중심적 위치에 놓여 있으며 김환태의 비평도 그 파장 속에서 이루어지고 있었다. 그러나 구인회의 유일한 이론비평 전공자로서 김환태의 이론이 이들 다른 구인회회원들의 창작상의 이론적 근거가 되고 있다거나 또 구체적인 논리가 되고 있다고는 보기 어렵다. 이는 그의 이론 자체가 체계적이지 못하며 매우 상식적일 뿐만 아니라 무엇보다도 비평의 지도성이나 정론성을 거부하고 있기 때문이다. 바로 이러한 성격이 자신들의 예술적 이념이나 주장을 표명할 필요가 없는 친목단체임을 표나게 내세웠던 구인회에 이론비평가로서 김환태가 참여할 수 있도록 한 것이다. 말하자면 구인회성원들의 실제 작품활동상 가장 대립적인 집단인 프로문학의 이념성에 대한 부정이라는 기본적인 유대가 상호간의 이질성에도 불구하고 그 구성원들을 묶어 주는 가운데, 정지용, 박용철 등과의 친분관계, 본질적으로는 예술 애호가로서의 성격 즉 문학의 순수정신을 옹호하는 '순문학파'라는 근본적인 지점에서 구인회성원이 될 수 있었던 것이다. 김환태가 구인회의 유일한

비평가임에도 불구하고 제대로 논의가 이루어지지 않는 실제적인 이유
는 바로 이러한 사실에 있다.

2) 1930년대의 비평계 동향과 김환태 등장 배경

군국주의로 무장하기 시작한 일본이 1931년 만주침략을 시도한 이래
식민지에 대한 탄압은 더욱 심화된다. 그 결과, 모든 정치, 사상적인
운동이나 행위가 금지되고 오직 예술행위만이 가능했던 20년대에 정치
사상을 내면화한 이데올로기의 형식으로 문단을 주도해 왔던 프로문학
은 주도권을 상실하게 된다. 이러한 프로문학 진영의 퇴조와 맞물려
평단은 자연 침체일로에 빠져 들었다. 객관적 정세의 변화에 따른 이러
한 프로문학의 권위 하락은, 문학이 정치의 하위개념으로서 정치적 목
적을 위한 수단이나 도구로 더 이상 기능할 수 없게 되었음을 말해주는
것으로, 이는 20년대와 같은 비평의 지도성이 자리할 기반이 더 이상
존재할 수 없게 되었음을 의미한다. 비평의 권위상실이라는 이러한 당
대의 위기는, 현실을 통찰할 수 있는 뛰어난 평론사상가의 부재와 이로
인한 표절과 같은 비양심적 문자 유희, 단순한 어구의 나열로 지도성을
잃어버린 평론, 객관적 정세에 눌려 난해하고 미온적인 문구와 논조를
나열함으로써 긴장미를 상실한 평론, 편 가르기와 오평(誤評)속에서 피
상적 격칭만매(激稱漫罵)의 추태를 연출하는 평론[4]등으로 압축적으로 표
현되기도 했는데, 이러한 문단적 위기상황은 「평론계의 SOS」[5]라는 저널
리즘의 기획에서 비평무용론으로 표출된다. 이종명, 양주동, 방인근, 이

---

4 이헌구, 「평론계의 부진과 그 당위」, 《동아일보》, 1933.9.15-19.
5 「평론계의 SOS - 비평계의 권위확립을 위하여」, 《조선일보》, 1933.10.3-19.

무영, 이효석, 이헌구, 이태준 등 그동안 비평계에 눌려 왔던 작가들은
이 기획에서 비평의 위기는 '비평정신의 결여, 탈선행위의 횡행' 등 비평
계 자체의 문제에서 발생하는 것이라는 진술을 통해 비평의 횡포에 대한
비판을 가함으로써 비평무용론을 제기한 것이다. 그런데 주목할 점은
이 기획에서 작가들이 비판의 일차적인 대상으로 삼고 있는 것은 무엇보
다도 비평의 정론성과 지도성을 내세웠던 프로문학쪽이라는 사실이다.
즉 기획의 진정한 의미는 작가들의 마음 깊은 곳에 자리 잡고 있던 프로
비평에 대한 불만의 표현이자 프로문학의 퇴조를 맞이하여 새로운 질서
재편을 위한 방향모색의 시도라는 점을 알 수 있다. 이후 김동인, 이기
영, 이무영, 이석훈, 엄흥섭, 채만식 등에 의해, 작가들이 평론을 다시
평하는 '문예비평가론'[6]이 이어지는데, 이들의 비평불신론은 단순한 감
정적 태도가 아니라 평단의 객관적인 상황을 조망하려는 모습을 보여주
고는 있지만, 프로문예를 비판대상으로 하고 있다는 점에서는 마찬가지
였다. 결국 당대의 비평위기론은 다름 아닌 프로문예 비평에 대한 비판
과 위기를 말하는 것이며, 이는 곧 프로문학이 객관적 상황의 악화 속에
서 더 이상 지배적 힘을 발휘할 수 없게 된 현실적 상황의 적나라한
반영이라고 말할 수 있다. 따라서 「평론계 SOS」는 카프비평에 대한 SOS
이며 '구인회'를 비롯한 예술파가 그 공백을 메우게 만든 계기로 작용하
는 것이었다고 할 수 있다. 이후 대부분의 비평은 사상성이 제거되거나
저하된 구체적 창작평 및 창작해설의 형태를 띠게 되는데, 이 과정에서
기존의 비평과는 다른 전문직 비평예술가 즉 프로문학 비평과 정면에서
대립하면서 그들의 정론성을 비판하고 작가들의 권위를 세워줄 수 있는

---

6 《조선일보》, 1934.1.31-2.16.

전문직 비평가의 등장이 요청되었기 때문이다. 창작의 가치와 작가들의 입장을 옹호하고 비평의 정론성, 지도성과 객관적인 가치체계를 부정하는 대신 작품의 내적 법칙을 중시한 김환태의 등장은 바로 이런 문단상황을 배경으로 삼고 있었다.[7]

3) 비평 태도의 문제와 이론적 근거

김환태 비평이론의 핵심은 다음의 두 글에서 고스란히 드러난다.

A) "문예비평이란 문예작품의 예술적 의의와 심리적 효과를 획득하기 위하여 대상을 실제로 있는 그대로 보려는 인간정신의 노력입니다. 따라서 문예비평가는 작품의 예술적 의의와 딴 성질과의 혼동에서 기인하는 모든 편견을 버리고 순수히 작품 그것에서 얻은 인상과 감동을 충실히 표출하여야 합니다. 즉 비평가는 언제나 실용적 정치적 관심을 버리고 작품 그것에로 돌아가서 작자가 작품을 사상한 것과 꼭 같은 견지에서 사상하고 음미하여야 하며, 한 작품의 이해나 평가란 그 작품의 본질적 내용에 관련하여야만 진정한 이해나 평가가 된다는 것을 언제나 잊어서는 안 됩니다.

예술은 예술가의 감정을 여과하여 온 외계의 표현입니다. 그리하여 그것은 언제나 감정에 호소합니다. 그곳에는 이론도 정치적, 실용적 관심도 있을 수 없습니다. 예술의 세계는 관조의 세계요, 창조의 세계입니다. 이념의 실현의 세계가 아니요, 실현된 이념을 반성하는 세계입니다. 따라서 문예작품을 이해하고 평가하려면, 評家는 매슈 아놀드가 말한 '몰이해적 관심'으로 작품에 대하여야 하며 그리하여 그 작품에서 얻은 인상

---

7 강경화, 「김환태 비평론 연구」, 성균관대 석사학위논문, 1993, 82쪽.

과 감동을 가장 충실히 표현하여야 합니다."[8]

B) "나는 비평에 있어서 인상주의자다. 즉 비평은 작품에 의하여 부여된 정서와 인상을 암시된 방향에 따라 가장 유효하게 통일하고 종합하는 '재구성적 체험'이요, 따라서 비평가는 그가 비평하는 작품에서 얻은 효과 즉 지적, 정적 전 인상을 표현하고 전달하기 위하여 어느 정도까지 창조적 예술가가 되지 않으면 안 된다."[9]

졸업논문의 요약본인 A)의 핵심은 '대상을 있는 그대로 보'아야 한다는 것이다. 이는 직접적으로는 매슈 아놀드의 문학사상을 그대로 빌려온 것이며 근원적으로는 칸트의 '무목적의 합목적성'에 연결되어 있다.[10] 예술은 그 자체가 목적으로 추구되는 것으로 그 자체 이외의 특정한 목적을 갖지 않지만 본래 이성적 사고의 산물이기 때문에 궁극적이며 결정적인 합목적성을 그 자체속에 갖고 있기도 하다는 이러한 인식이 궁극적으로 예술의 자율성을 강조하기 위한 것임은 말할 필요도 없다. 이에 따라 그는 작품의 구조, 문체 및 생명은 영감에 의한 유기체이므로 분석하거나 해부해서는 안 된다는 것을 강조한다.[11] 말하자면 문학작품은 그 자체의 고유법칙에 의한 '자기 목적적인 존재'이므로 그 어떤 수단이나 도구가 될 수 없다는 것을 강조하기 위함이다.

B)에서 김환태는 작품의 의미를 파악하고 해석하는 기본방법을 드러낸다. 대상을 있는 그대로 본 다음 그 속에서 파악된 정서와 인상을

8 김환태, 「문예비평가의 태도에 대하여」, 『김환태전집』, 문학사상 자료조사연구실 편, 문학사상사, 17쪽. (이후 『김환태전집』에 수록된 김환태의 글은 『전집』으로만 표기).
9 「나의 비평의 태도」, 『전집』, 27쪽.
10 김윤식, 앞의 글, 396~367쪽.
11 「문예비평가의 태도에 대하여」, 『전집』, 18쪽.

암시된 방향에 따라 통일, 종합함으로써 얻을 수 있는 '재구성적 체험'
이 바로 그것이다. 이러한 재구성적 체험은 生의 체험이나 그 해석보다
는 작품을 이루고 있는 작가의 의도와 사유의 바탕을 재구성하는 것에
목적을 두는 것으로, 이는 작품을 무엇을 위한 수단이 아니라 그 자체
가 곧 목적이 되는 것으로 이해하고 있기 때문이다. 즉 비평이란 작품
에서 파악한 작가의 의도와 사유방식을 전달함에 목적이 있다고 보았
던 것이다. 이를 위해 전제되는 것이 '몰이해적 관심과 가장 유연성 있
고 가능성이 있는 심적 포즈로 그 작품에 몰입'[12]하는 평자의 자세이다.
그의 진정한 비평방법의 요건은 이처럼 평자의 태도에 관한 것으로 요
약되는데, 실제 비평에서 이러한 방법은 비평가의 자기 배제와 겸손으
로 나타난다. 김환태가 이러한 겸손의 자세를 내세우는 것은 아놀드의
'비평적 능력은 창조적 능력의 하위에 속한다'는 명제를 바탕으로 한
것이지만 엄밀한 의미에서 말한다면 비평의 방법이 아닌 태도를 제시
한 것에 불과하다. 기존의 비평 즉 프로문학의 과학주의적 방법론에
대한 비판이 새로운 비평 방법의 제시를 통해 이루어지는 것이 아니라
다만 겸손한 비평의 태도의 제시로 이루어지고 있는 사실[13]이 이를 증
명한다. 따라서 김환태가 재구성적 체험을 자신의 비평방법으로 내세
운 것은 그가 비평의 방법론으로 내세웠던 과학적, 정론적 비평을 멀리
하는 인상주의의 속성 때문이기도 하지만, 보다 직접적인 이유는 작품
의 창조적 해석을 가로막는 프로 비평의 정론성과 지도성을 비판하기
위함이었다고 할 수 있다. 결국 김환태가 작가의 생명현상으로서의 작

---

12 「작가, 평가, 독자」, 『전집』, 50쪽.
13 김윤식, 앞의 글, 416쪽.

품 혹은 불가침의 영역으로서 작품의 독자성을 강조하는 자율적 문학
론을 개진하고 그 이론적 근거로서 '유기체적 문학론'을 내세웠던 것은
문학을 수단이나 도구로서 외적 목적에 복무하게 하고 사회의 기계론
적, 물질론적 해석을 내세우는 프로문학측의 문학론을 강력하게 비판
하고 부정하기 위한 것이었다고 할 수 있다.

　이처럼 출발부터 인상주의를 공언했던 김환태가 입장표명을 시작하
면서 공격한 대상이 프로문학이었다는 사실은 그의 인상주의가 프로문
학의 대타의식의 소산이라는 점을 말해 주며, 또한 프로문학의 존재가
김환태비평에 있어서의 구체적 현실이자 의미의 원천이라는 사실을 역
설적으로 말해 주는 것이기도 한데, 이는 곧 그의 비평이 당대의 문단
상황과 긴밀히 연관되었음을 의미한다.

　이러한 사실은 그의 영문학 선택 동기와 인상주의 수용의 과정을 보
면 더욱 분명해진다. 그가 영문학을 전공하게 된 것은, 중학 2년 때
신소설 『능라도』를 읽고 문학을 할 것을 결심한 이후 아는 외국어가
영어뿐이었다든지, 셰익스피어에 일생을 바칠 각오가 되어 있다는 이
유 외에, 우리 문단의 경우 프로문학처럼 극단적 이론으로만 치우쳐
상식적인 문학을 찾아볼 수 없는 바 상식문학으로서의 영문학이 곧 '중
정(中正)을 얻은 문학'이며, 외국문학 연구의 사명과 목적이 "외국문학
연구를 자기나라에 소개하고 그 연구를 통해 자기나라 문학을 반성,
비판"하는 것이라 할 때 그 건실한 영향은 이 '중정의 문학'에서 오는
것이라 할 수 있으며, 따라서 영문학이 앞으로 우리 문학이 상도(常道)
를 지시해 줄 것이기 때문이라고 말한다.[14] 즉 그의 영문학 선택은 당대

---

14 「외국문학 전공의 변」, 『전집』, 192~194쪽.

의 문단이 문학의 상도를 걷고 있지 못하다는 인식에서 이루어진 것이
라 할 수 있다. 그러나 이러한 문학적 상황에 대한 인식이 곧 당대의
상황을 타개할만한 외국이론의 선택과 수용으로 이어졌다고 말하기는
어렵다. 그것은 그의 영문학 선택과 아놀드 이론의 수용이 당대 사회의
문학적, 사회적 상황에 대한 인식과 분석에 따른 것이라기보다는 일종
의 분위기에 포함되어 있었던 까닭이라고 말할 수 있다.[15] 동경으로 가
는 도중 경도에서 만난 정지용의 영향으로 중간에 눌러 앉게 된 김환태
는 곧 영문학을 전공했던 이들 경도파의 분위기에 휩쓸리게 되는데,
그 분위기란 감각의 세련성, 순수한 미학 추구를 지향점으로 삼는 모더
니즘, 이미지즘의 영향 하에 있는 것이었다.[16] " '이 작가요' 하고 내세
울 수 있을 만큼 어떤 작가를 골똘히 연구해 오지는 못했다. 지금까지
나의 연구는 말하자면 이 작가 저 작가, 이 작품, 저 작품으로 뛰어 다
니는 낭만적 연구였다."[17]는 말에서 드러나듯 그가 깊이 있는 연구를
할 수 없었던 것도 이처럼 그의 연구 자체가 현실적 토대의 분석위에서
가 아니라 일종의 분위기에서 비롯되었기 때문이다.

그가 아놀드의 이론을 수용한 이유도 아놀드의 이론이 유행하던 당시
의 전반적 분위기에 힘입은 것이며 또한 졸업논문 제출 시간에 임박하여
쫓기듯이 선택[18]했다는 그의 말에서 어느 정도 짐작할 수 있듯이 치밀한
연구 끝에 선택한 것이 아님을 알 수 있다. 그가 졸업논문인 「문예비평가
로서 매슈 아놀드와 월터 페이터」에서 아놀드의 'disinterestedness'를

---

15 이은애, 「김환태 '인상주의 비평' 연구」, 서울대학교 석사학위논문, 1985, 23~17쪽.
16 김윤식, 앞의 글, 412~413쪽.
17 「외국문학 전공의 변」, 『전집』, 193쪽.
18 「외국 문인의 諸像-내가 영향받은 외국작가」, 『전집』, 181쪽.

'몰이해적 관심'으로 표현하고 적극 수용해야 한다고 말하고 있지만, 이들의 이론을 정밀하게 소화하고 있지 못한 것도 그런 맥락에서 이해할 수 있다. 아놀드의 'disinterestedness'는 대상을 있는 그대로 보려는 것으로 정치적 사회적 인문학적 분야에 있어서의 즉각적인 실천의 영역에서 벗어나 대상 그 자체의 본성의 법칙을 단호하게 따를 것을 의미한다.[19] 그런데 아놀드의 이러한 비평관은 예술에 국한된 것이라기보다는 시대적인 삶의 문제와 관련되어 있다. 즉 실천의 편향으로 인해 현실을 왜곡하는 문학을 바로잡기 위해서는 그러한 문학의 창조 이전에 창작의 기반이 되는 정신적 배경과 이론적 체계를 형성하는 것으로서의 비평정신을 강조하는 것이었다. 아놀드에게 있어 문학은 시대적인 문제를 해결하고 사회를 개선하는 역할을 담당해야 할 것이었는바, 그러한 문제해결과 사회개선을 도덕적 차원이 아닌 지적 차원에서 가장 효과적으로 기여할 수 있는 것으로 채택된 것이 문학이었던 셈이다. 이러한 문학의 창조력을 발휘하기 위해 요구된 것이 바로 대상을 있는 그대로 보려는 비평의 기능인 것이다. 비평의 '몰이해적 관심'을 강조한 것은 이처럼 문학이 그 창조력을 충분히 발휘할 수 있는 지적 상황을 조성하기 위한 비평적 자세의 차원에서 나온 것이었다. 바로 이 지점에서 아놀드는 비평이 창작력보다 열등하다는 사실을 인정하고 있다. 아놀드에게 있어 비평이란 단지 문학이나 예술에 국한된 것이 아니라 인생을 진지하게 성찰하고 해석하는 정신으로서 시대적 사회문제를 해결하기 위한 노력의 일환이었는 바, 그의 비평론이 궁극적으로 사회, 문화적 의미로서의 교양을 지향하게 된 것은 바로 이러한 이유에서였다. 이처럼 아놀드가

19　강경화, 앞의 글, 18쪽.

미와 지성의 조화로서 교양을 강조한 반면 김환태는 아놀드와 달리 문학의 사회적 역할을 제거하고자 하였으며, 지성의 특성을 배제한 채 미의 특성만을 받아들여 '심미적 효과'를 역설하였다.[20] 그가 "예술은 사람에게 사랑과 동경을 가르치며 이상적 정열과 인생에 대한 새로운 희망을 고취하고 실생활의 감정보다 일층 고아한"[21] 것, "예술의 생산에 있어서 가장 근본적이요 중요한 것은 사회적 설명이 불가능한 이 예술가의 천재(天才)와 개성(個性)이다. …… 이성과 의지는 감정을 억제하고 표현을 죽인다."[22]고 말하면서 예술가의 천재나 개성을 절대적인 것으로 바라보면서 문학의 사회와의 연관성을 배제해 버리려 한 것도 이러한 입장의 산물이다.

그럼에도 불구하고 30년대 비평계의 환영을 받고 중심적 논의 속에 낄 수 있었던 까닭은 아놀드와 페이터의 문학에서 빌려온 것이 당시 시대적 흐름에 부합할 수 있었던 사실 때문이다. 즉 프로문학의 정론성과 지도성에 대한 강조를 시대적 한계에 부딪히게 만들었던 30년대적 상황 자체가 현실과 무관한 미적 주장을 성립 가능하게 만들고 의미 있는 것으로 만들었기 때문이며, 나아가 프로문학의 시대적 한계에 대한 비판으로 유의미하게 작용했기 때문이다. 그가 아놀드의 인생비평이 지니는 효용성, 교양의 강조, 바람직한 사회의 설정, 근대적 합리성 회복의 노력을 받아들이지 않은 것도 이러한 시대상황과 밀접한 연관을 맺고 있다.

---

20 같은 글, 22~25쪽.
21 「예술의 순수성」, 『전집』, 25쪽.
22 같은 글, 22쪽.

4) 프로문학에의 대타의식

지도비평을 거부하며 문학이론이나 정신 이전에 비평가의 태도를 문제삼는 입장에 서 있기 때문에 김환태 비평의 구체적 양상은 철저히 프로문학에 대한 대타적이고 비판적인 형태로 이루어지고 있다. 그가 문학 원론에의 탐구나 이론제시를 거부하는 점이나 그의 비평행위가 월평이나 시평 등의 형태로 이루어지고 있는 점 또 작품론, 작가론이 비평의 근본이라는 주장을 내세우는 것도, 이념적 원론의 추구에 힘을 기울인 프로문학에의 대타성에 기반하고 있기 때문이다.

그는 우선 당대의 비평계 전반에 대해, 문단의 동향을 감지할 필연성이나 이론의 심화, 작가적 실천이 없는 공론(空論)만이 무성한 상태[23]라 비판하고, 이는 외국의 이론을 모방, 이식한 '가공적 동향'만 있을 뿐 내면적 욕구에서 출산된 작품만이 낳을 수 있는 새로운 문단의 진정한 동향이 없기 때문이라고 말한다. 이러한 비판은 곧 프로문학 비판으로 이어지는데, 비평의 존재가치가 위협받는 상황은 프로문학 진영의 비문학적인 문학 행위에서 비롯된 것이라는 주장이 그것이다. 이에 따라 프로문학측이 평단의 주도권 장악과 비평의 권위를 세우기 위해 내세웠던 비평의 정치성과 정론성을 비판하고, 이들 요인들을 제거하고자 하는 작업에 초점을 맞추고 있다.

그러한 비판의 대상은 구체적으로 "한 작품이 얼마만한 선전과 계몽의 힘을 가졌다거나 어떠한 사상과 현실과 의도를 가졌"는가를 지시하는 문예비평가와 또 그러한 문예비평가를 낳는 이론 즉 "정치이론에서 연역한 유물변증법적 창작방법이니 사회주의적 창작방법이니 하는

---

23 「동향없는 문단」, 『전집』, 289쪽.

것"[24]으로 표현된다. 이는 선전과 계몽의 힘, 사상과 의도를 적출하려는 창작방법을 무기로 작가의 천재와 개성을 재단하는 비평가의 비문학적이고 정치적인 태도가 비평가의 존재의의를 부정하는 비평무용론의 근원으로 작용하고 있음을 말하는 것이며, 또한 외국이론 특히 동경문단의 이론들을 베끼거나 직수입하여 남발함으로써, 프로문예창작에서 여실히 드러나듯이 문단을 황폐하게 만들었다는 인식을 바탕으로한 것이다. 따라서 이 경향파 작가, 비평가들의 관념성과 정치성을 청산할 때에만 창작의 질적 향상은 이루어질 수 있으며, 비평이 그 대상인 문학의 영역권을 벗어나 외적 목적을 지향하거나 작품에 어떤 규준을 강요하는 비문학적인 비평행위로 나아가 문학의 황폐화를 초래하는것을 막을 수 있을 것이라고 주장하고 있다.

임화는 이처럼 문학의 독자성만을 강조하고 문학의 이론화를 거부하는 김환태의 인상주의와 같은 풍조가 발생하게 된 과정을 첫째, 객관적 비평에 대한 혐오 둘째, 프로문학의 창작방법에 대한 격렬한 반발에서 구하고 이를 '예술지상주의자들의 주요한 일 특성'[25]이라 규정한 바있는데, 이러한 프로문예측의 비판에 대해 김환태는 스스로 예술지상주의자가 아님을 역설한다. "인류의 각 문화영역은 각각 그 특유한 법칙과 가치를 지니고 있어서 어떠한 딴 영역의 침범도 허락하지 않는다는 것과 그러함으로써 그 독자의 가치를 가장 잘 발휘할 수 있다는 것을 역설하는 것 뿐이다. … 정치나 사회나 사상이나 종교는 그것이 문학속에 나타날 때에는 그 본래의 목적이나 사명을 버리고 문학 그것에

---

24 「비평문학의 확립을 위하여」, 『전집』, 80~81쪽.
25 임화, 「문학의 비규정성의 문제」, 《동아일보》, 1936.1.28-2.4.

봉사하지 않으면 안 된다. 다시 말하면 선전이나 교화의 역할을 버리고 사람을 감동시키고 기쁘게 하지 않으면 안된다."[26] 여기서 김환태는 문학의 독자성과 자율성을 인정하는 것과 문학을 다른 모든 문화영역의 우위에 두려는 예술지상주의는 다르고, 문학 외 다른 영역의 개입을 용인하되 문학은 그 자율적인 체계를 지닌 만큼 문학의 법칙에 따라야 한다는 문학의 독자성에 대한 나름대로의 주장을 펼치고 있다. 하지만 이러한 그의 논리는 단순히 문학의 정치성뿐만 아니라 문학 속에 내포될 수 있는 사회, 정치, 사상을 원천적으로 부정하는 결과를 낳음으로써, 프로문학의 도식성을 극복하고자 한 원래의 의도와는 달리 예술로의 침잠이라는 또 다른 극단적 입장의 천명으로 그칠 수밖에 없었다.

이처럼 비평이 과학적인 체계를 갖추어야 한다거나 객관적인 가치 척도를 필요로 한다는 비평의식을 원천적으로 부정하는 김환태의 비평은 따라서 작품이 지니는 사회적, 역사적 의미에 대해 아무런 판단을 내릴 수 없게 되며 오직 주관적 감상에 의존할 수밖에 없는 것이었다. 그 결과 작품의 가치평가는 논외의 사항으로 유보되고 비평의 존재의의 자체까지 상실할 위기를 맞게 된다. 즉 비평의 객관성을 확보하는 길은 근원적으로 불가능하게 되는 것이다. 이러한 한계를 염두에 두고 김환태는 '주관에 철저'할 것을 강조한다. 자신의 인상에 철저할 때 인상의 보편성에 도달할 수 있으리라[27]는 믿음이 그것이다. 그런데 주관에 철저하면 그것으로 객관에 철저하게 된다는 이러한 주장은 사실상 엄밀한 전제를 지니고 있는 것인데, 그것은 '순수한' 주관이 '순수한'

---

26 「비평문학의 확립을 위하여」, 『전집』, 79쪽.
27 「평단전망」, 『전집』, 294쪽.

객관이라는 명제이다.[28] 여기서 순수의 세계는, '진정한 예술가는 아직 사상에 의하여 통제되고 지배되지 않은 세계, 즉 모든 방면으로의 발달 과 생산의 가능성이 창일(漲溢)한 소박한 상태로 돌아가 새로운 방법으로 인간이나 자연을 이해하기 위하여 사상의 고대(高臺)에서 내려 다시 한 번 무지의 세계로 돌아가야 한다'[29]는 말에서 드러나듯 사상을 배제 한 것 그리고 아무런 주관적 분식(扮飾)도 이론적 편견도 가지지 않고 다만 경이와 동경으로 가득 찬[30] 어린아이의 정신과도 같은 것이다. 이 태준의 동정심과 선량함, 언제나 경이와 동경 속에 사는 정지용의 어린 아이 같은 인간적 품성, '외로운, 슬픈, 서글픈 그리고 안타까운'이라는 형용사로 수식되고 있는 김상용의 관조의 아름다움과 '내 생의 가장 진 실한 느껴움'이 주는 순수성을 상찬하고 있는 것은 이러한 인식에 기반 하고 있다. 그가 '진정한/저급한' 예술가의 대비를 통해 강조하고자 하 는 것도 바로 이러한 의미에서의 '순수'인 것이다.

5) '순수'의 의미

일반적으로 순수의 본질을 문학의 공리성을 배격하고 미적 자율성을 옹호하는 것이라 할 때, 1930년대에 등장한 '순수문학' 역시 크게는 그러 한 범주를 벗어나지 않고 있다. 그러나 우리 근대문학사에서의 순수문 학은 근본적으로 일제의 군국주의화와 그에 따른 식민지 탄압의 강화라 는 시대적 상황에 의해 우선적으로 조건 지워진 것이고, 내적으로는

---

28 「문예비평가의 태도에 대하여」, 『전집』, 19쪽.
29 「예술의 순수성」, 『전집』, 23쪽.
30 같은 곳.

20년대 식민지 문학을 좌우했던 목적문학(프로문학의 정론성과 민족주의문학의 계몽성)의 대타개념으로서의 '편협한 의미의 순수문학'으로, 문학과 현실의 그 어떤 관련도 배제하고 거부하는 특성을 보인다. 이는 '순수문학'의 개념 자체가 어떤 실체에 대한 규정이라기보다는 항상 '목적문학'에 대한 대타적 존재로만 성립해 온 우리 문학사의 특성과 연관이 있기 때문이다. 그러나 목적문학과 순수문학이란 각 시대의 사회적 조건에 대한 문학적 두 양상이라고 할 수 있다. 30년대의 순수문학의 의미 역시 이러한 조건하에서만 설명 가능하다. 비록 왜곡된 형태였지만 1930년대는 자본주의적 근대성이 관철되는 과정이었으며, 이에 따른 합리성의 제고와 가치영역들의 분화가 이루어지고 있었던 시기였다. 프로문학과 모더니즘이 공히 근대적 삶과 그에 기반한 합리적 이성을 자신의 문학적 기반으로 삼고 있는 것이었다면 순수문학은 현실로부터의 절연과 합리적 이성의 거부를 바탕으로 하는 것이었다. 실제 삶에 있어서는 전주고보시절의 스트라이크 사건관계로 인한 퇴학, 도산 안창호와의 친분관계 및 그로 인한 검거 등 강력한 민족의식을 엿볼 수 있게 하는 김환태가 문학상에서는 오히려 현실을 철저히 분리하고 문학으로 세계를 대치하고자 했던 것은 이러한 인식을 바탕으로 하기에 가능했다. 그에게 있어 문학적 현실은 문학을 계급적 이데올로기를 고취하는 수단으로 삼았던 프로문학이었던 것이다.

순수문학의 본격적 등장은 1938년 임화에 의해 제기된 세대론에서 시작하여 '세대-순수논쟁'을 통해 이루어진다. 임화에 의해 제기된 세대론은 표면적으로는 30년대에 등장한 20대 신인들과 20년대부터 활동을 해 왔던 30대 기성작가들 간의 언어불통에 의한 논전이었지만, 본질적으로는 예술파 일반에 대한 비판의 성격을 지닌 것이었다. 즉 신인들

의 역사의식 미비에 대한 비판인 임화의 〈신인론(新人論)〉은 대부분의
신인들이 지용과 상허의 아류라는 사실에 대한 공격이자, '구인회'중심
의 순문학파에 대한 프로문학의 비판인 것이다.[31] 이러한 세대론은 유진
오에 의해 순수와 비순수의 문제로 발전되어 논의되기 시작하여 유진오
와 김동리, 이원조와 김환태 등의 논쟁으로 이어진다. 김환태가 이 과정
에서 신인측의 입장을 대변하는 평론가로 나설 수 있었던 것은 기성
비평가들의 신인에 대한 비판이 사실상 예술파 전체에 대한 비판의 의미
를 지니는 것이었고 구인회중의 유일한 비평가였기 때문이다.

최명익, 김동리, 허준 등의 작품을 두고 순수하지 못하다는 유진오
를 비롯한 기성작가들의 비판에 대해, 김환태는 '순수'란 말에 대한 해
석과 '30대 작가의 불행과 신인의 행복'설에 대해 의문을 제기한다. '비
문학적인 야심과 정치와 책모'는 신진작가보다는 오히려 기성작가의
병폐이며 '오로지 빛나는 문학정신만을 옹호하려는 의열한 태도'에 있
어서도 기성작가들은 신진작가들을 도저히 따르지 못하므로 오히려 그
런 비판은 기성작가들에게로 돌려져야 한다고 주장한다. 또 신문학 30
년 동안 실로 많은 '주의'가 있었지만 문학정신보다는 그 주의들을 우선
받아들인 기성의 작가들에게서 결코 좋은 작품을 볼 수 없다고 비판한
다. 그와 반대로 별다른 주의를 주장하지 않은 이태준, 박태원, 정지용
등에게서 더 많은 좋은 작품을 얻을 수 있는 바 이는 이들 작가들이
순수한 문학정신의 토대가 되는 강렬한 표현의 노력을 가지기 때문이
라는 것이다.[32] 이처럼 그는 창작과 관련 없는 비평의 지배에서 벗어나

---

31 김윤식, 「순수문학의 의미-눌인 김환태 연구」, 『근대한국문학연구』, 일지사, 1983,
    428~429쪽.
32 「순수시비」, 『전집』, 138~139쪽.

야만 순수한 문학정신의 확보가 가능하다는 주장을 펼치는데, 이는 문학정신의 옹호라는 순수의 개념 자체에 관련된 것이라기보다는 현실적인 이념과 사상에 관여하거나 동조하지 않는 태도로서의 순수를 주장하는 태도라 할 수 있다. 즉 순수와 비순수의 구분은 작가가 현실에 대해 자신의 태도를 표명하고 개입하고자 하는 그 순간 이루어지는 것인데, 프로문학과의 차별화를 꾀하는 '진정한'과 '저급한'이라는 대립적 구도 속에서 그 구분은 더욱 선명해진다. 기성 작가들이 비문학적이고 순수하지 못한 것은 20년대 이후 문학의 정론성에 치우쳐 온 프로문학을 겪은 당연한 결과이며 이러한 경험을 거치지 않고 순문학에서 출발한 신인이 오히려 순수하다는 주장이 그것이다. 그러나 이러한 주장은 기성의 작가들이 겪은 프로문학의 정론성만을 떠 올리고 그러한 정론성을 가능하게 했던 시대적 상황과 그로 인한 작가들의 고투에 대해서는 무시하는 피상적 인식을 기반으로 삼을 때 가능한 것이다. 기성작가들의 문학에서 드러나는 정론성 역시 김환태 자신이 "문예비평가가 사회와 정치를 논하는 것을 나는 조금도 비난하지 않는다. 그러나 그가 사회비평과 정치론을 하는 것이 아니요, 문학을 하고 있다면 그는 무엇보다도 먼저 문학과의 연관 하에서 논하지 않으면 안 된다."[33]고 언명했던 바에서 조금도 벗어나지 않는 것이 사실이다. 인간정신에 대한 심각한 탐구도 적고 심각한 사상적 동요도 볼 수 없는 작가나 시인이 어떻게 순수한 작가가 될 수 있으며, 표현의 형상화에만 성공한다고 해서 인간성의 탐구라는 내용까지 완전한 예술적 작품이라 할 수 있는가, 이러한 잘못은 사상이나 주의에서 공리적인 것 밖에 인식하지 못하고 그것이

---

33 「비평문학의 확립을 위하여」, 『전집』, 78~79쪽.

세계관형성에 작용하는 양질적 부분을 사상(捨象)하기 때문[34]이라는 이
원조의 비판이 곧 바로 이어지는 것도 정론성을 불가피하게 만들었던
상황을 파악하려는 노력없이 소박한 문학 일반론만을 반복하는 김환태
의 논리적 허약성 때문이다.

하지만 김환태의 의도와는 상관없이 그의 순수 주장이 근대주의에
입각한 기존 문학(운동)의 시대적 한계를 드러내고 있는 것은 사실이다.
기성세대의 문학이야말로 외래관념의 수입으로 일관되어 왔으며 프로
문학 역시 그러한 역사적 한계에서 벗어나지 못하고 있다는 지적이 그
것이다. 온전한 근대를 성취하지도 못한 마당에서 그 근대를 곧바로
뛰어넘고자 하는 프로문예의 역사적 한계, 즉 근대 자체가 미숙한 마당
에 추상적으로 고도화된 이론을 도입하여 적용시키고자 했던 프로문학
의 이론은 필연적으로 식민지적 현실정합성의 문제를 드러낼 수밖에
없었다. 이론 자체는 옳은 것이라 할지라도 그 이론의 적용을 받아야
할 대상이 아직 충분히 성숙하지 못한 상태에서는 그 이론은 아무런
실질적 힘을 발휘할 수 없게 되며 자칫하면 현실을 왜곡하고 족쇄를
채우는 이데올로기로 변해버리기 마련이다. 이처럼 개념화된 공식적
법칙으로 문학을 설명하고자 했던 프로문예의 약점을 건드릴 수 있었
던 것이 바로 '순수'였으며 김환태의 비판이 비평사적 의의를 가질 수
있는 것도 그런 차원에서이다. 그러나 이러한 비판이 곧 외래적인 속성
의 모방과 이식으로 이루어진 근대문학사의 주체적 전환을 이루어낼
수 있는 것은 아니었다. 한국 근대문학사가 외래적인 속성의 이식과
모방으로 일관한 것은, 내재적 발전이 이루어지기도 전에 식민지로 떨

---

34 이원조, 「순수는 무엇인가」, 『문장』 1권 11호, 1939.12.

어져 버리고 그 속에서 왜곡된 근대에의 발전을 겪어야 했던 한국 근대사의 특수성에 의한 것이다. 따라서 그 극복은 온전한 근대 발전을 위한 주체회복으로서의 민족적 주체의 회복과 정립에 의해서만 해결 가능한 문제라고 할 수 있다. 그러나 김환태를 비롯한 순수문학파가 대안으로 내세우는 작가로서의 개인적 주체성의 확립이라는 주장이나, 문학을 정치와 그 도구성으로부터 절연시키려 하는 김환태의 비평의식 역시 프로문학의 정론성을 불가능하게 만들었던 시대적 상황이 낳은 또 다른 현실의 문학적 왜곡이 아닐 수 없었다. 프로문학을 문학 곧 정치라는 인식을 바탕으로 한 이데올로기의 표현이라고 한다면 김환태의 순수론 역시 문학의 정론성과 지도성을 배제할 것을 강요하는 프로문학만큼이나 이데올로기적인 것이었다. 이는 그의 문학 자체가 철저하게 프로문학에 대한 대타의식에서 비롯되었다는 사실과 깊은 연관을 지닌다. 경직된 대타의식은 자신의 비판적 입장은 상대적으로 부각시킬 수 있었지만 결국 그의 비평론에서 현실과의 연결고리를 끊어버림으로써 또 다른 극단으로 치닫게 만든 것이다.

3. 맺음말

식민지 자본주의는 당대의 지식인들에게 근대적 삶의 방식과 합리성의 인식에 도달할 기회와 능력을 부여했지만 그 수준은 극히 제한적이었으며, 또한 식민지 지식인과 민중들의 주체성을 빼앗고 권력과 생산수단으로부터 체계적으로 배제시킴으로써 '소외된 의식'을 체질화하도록 만드는 끝없는 회의와 부정의 대상이기도 했다. 이처럼 왜곡된 것이었

음에도 식민지에서의 자본주의적 축적과 발전은 한편으로는 근대적 발
전에 대한 동경을 갖게 하고 다른 한편으로는 식민지의 농민, 노동자들
을 더욱 빈곤하게 만들었다. 이러한 근대 자체의 극복을 통해 현실의
부정성을 극복하고자 하는 것이 프로문학이었으며 근대문명의 발전과
그로부터의 개인의 소외를 느끼고 방황한 것이 모더니즘이었다고 할
수 있다. 그러나 그 근대의 극복은 어디까지나 일정한 근대의 성숙을
기반으로 하는 것이었기에 이들의 운동은 일종의 이념으로서만 존재할
수 밖에 없는 것이었다. 따라서 1930년대 식민지 현실의 변화와 문학의
위기를 제국주의 즉 야만의 승리의 필연적인 결과로 인식하게 되는 그
순간부터, 절망적 인식만이 깊어갈 뿐 그 어떤 문제해결의 단서도 찾을
수 없었다. 그것은 그들이 보편적인 것으로 상정하고 매달렸던 근대성
자체가 20세기 초 출발부터 왜곡되었던 미완의 근대성이었던 까닭이다.
그것은 넘어서야 할 근대성이기 이전에 온전히 실현되어야 할 것이었으
며, 또 빛나는 문명으로 인식하기 전에 그것이 지닌 파행적이고 왜곡된
성격을 보아야 했던 것이다. 30년대 초중반까지 이념적 문학이 압도적
으로 지배할 수 있었던 것은 이러한 상황에 기인한다. 이처럼 왜곡된
근대성의 발현은 현실의 미적 인식에 있어서도 굴절을 겪게 했다. 사소
한 일상이나 개인적 내면풍경의 토로를 억압에 의해 이루어진 시대적
환경이 허용하지 않았던 것도 그러한 이유에서였다. 그 결과 개인의
참된 다양성과 개별성은 가려졌고, 현실을 이념과 도식으로 획일화시켜
파악하게 만들었던 것이다. 이처럼 역사가 강제하는 한계가 30년대 문
학적 '위기'의 깊은 원인이 된 것이라 할 수 있다. 30년대의 순수문학이
나 모더니즘이 프로문학의 이념적 문학을 비판하는 자리에서 출발하면
서 사회적 근대성의 추구와는 무관한 모습을 보이며 현실의 미학적 초월

이나 개인적 주체에 일면적으로 치우친 문학으로 나아가는 것도 그런 까닭에서 연유하는 것이다.

식민지라는 부정적 현실세계를 극복하는 대안으로 어떤 미래의 상을 설정하고, 사회주의 이념이라는 강력한 무기로 현실을 비판하고 부정하는 방식을 채택한 것이 프로문학이었다면, 김환태를 비롯한 예술파의 순수문학이란 그러한 현실부정의 대안과 그 대안추구방식이 지니는 이념, 그리고 그 이념이 식민지적 조건 속에서 필연적으로 지닐 수밖에 없었던 지도성과 일종의 정치성을 부정하는 것을 자신의 문학적 방식으로 채택한 것이라 말할 수 있다. 김환태에게 있어 부정의 대상은 현실 그 자체의 부정성이 아니라 '순수'라는 이름하에 비판하고 있는 프로문학의 정론성이었고 이는 프로문학에 대한 대타적 인식에서 비롯된 것이었다. 이러한 대타성이 그의 문학의 중추요 그의 비평을 이루는 근간요소인 셈이다. 그리하여 진정 부정해야 할 대상이었던 실제 현실을 자신의 문학 밖으로 밀쳐 버린 형국이었다. 그의 문학이 시대성을 지니지 못하는 것은 이러한 점에서 어쩌면 당연한 것이기도 하다. 김환태가 같은 구인회 회원이면서도 이상이나 박태원 등과는 엄밀하게 구분되는 까닭이 여기에 있다. 이상이나 박태원 역시, 부정적 현실을 대신할 어떤 미래를 설정하고 이를 추구한 것은 아니지만, 이들의 문학에는 어떤 방식으로든지 항상 부정적 현실의 삶 자체가 창작의 토대를 이루고 있었다. 그러나 김환태의 경우에는 그러한 삶의 부정성을 배제함으로써 현실세계를 떠난 허공의 자리로 나아갈 수밖에 없게 된다. 프로문학에 대한 대타성을 그 근본으로 삼는 한 어떤 실체도 가지지 못하며 다만 끊임없는 부정성으로 자신의 주장을 지속할 수 밖에 없었던 것이다. 그의 비평이론이 절필에 이르기까지 아무런 변화나 발전이 없는 것도 바로 이 점에서 설명 가능하다. 이성과 의지에 바탕을 둔 문학상의 목적의식은 필연적으로 예술의 존재가치를 부정하게 된다는 논리와 문학의 사회적 효용성에 대한 그 어떤 가능성도 찾으려 하지 않는 인식을 바탕으로 하고서는, 깊이 있는 현실인식이나 이론적 치밀함을 통한 객관성이나 보편성의 획득이 불가능하기 때문이다. 결국 김환태비평이 전혀 변화, 발전의 모습을 보이지 못하는 것은 현실에 대한 고민이 가장 요청되던 30년대 중반의 전환기에, 의식적으로 시대적 현실의 고민을 외면했기 때문이다. 따라서 문학적 상도가 보이지 않는 식민지 문단을 비판하고자 내세웠던 '순수'나 아놀드의 사상과 이론도 현실적 상황과는 무관한 당위적 차원에서의 원론적인 반복에 지나지 않는 것이었다.

그럼에도 구인회와 신세대의 대변자로서 프로문학에 대한 김환태의 비판이 의미를 지니는 것은 30년대 중반이라는 시대적 여건에 의해 가능했다. 그러나 이 점이 곧 그의 이론과 그에 따른 실제비평을 진정한 문학이론으로서의 성과를 보장해 줄 수 있는 것은 아니었다. 박영희의 지적처럼 '처녀적 순진성'과 '친화력'[35]을 바탕으로 한 특유의 겸허한 자세로 이론의 제시보다는 그 자신이 비평의 본질이라 했던 작가론이나 작품론을 쓰는 데 주력하고자 했지만, 본격적인 작품론은 한 편도 남기지 못하고 다만 이태준, 정지용, 김상용에 대한 세 편의 짧은 작가론만이 있을 뿐이다. 작품이 없는 곳에 진정한 비평이란 있을 수 없으므로 작가들이 좋은 작품을 쓰기만 하면 좋은 비평을 쓸 것[36]이라는 일종의 변명을 하고 있듯이, 예술을 위한 예술이라는 주장이 힘을 지니기

---

35 박영희, 「현역평론가群像」, 『조광』 3권 3호, 257쪽.
36 「작가, 평가, 독자」, 『전집』, 58쪽.

위해서는 이론적 바탕은 물론이려니와 그에 걸맞는 예술적 수준을 지닌 작품이 존재여부가 관건이다. 그렇지 못할 경우 비평가는 작품에 대한 주관적 인상에 대한 해설가로 전락하게 되는 것이지만, 김환태의 비평이, 자신이 말했던 창조적 해석의 수준에 미치지 못하고 감상문의 수준을 크게 넘어서지 못한 근본적인 이유는 그의 순수론이 단지 비평가의 태도에 관한 것에 불과했기 때문이다. 그의 이론을 뒷받침해 줄만한 작품의 존재여부와 상관없이 자신의 주장을 지속적으로 말할 수 있었던 것도 이러한 사정에 연유한다.

결국 김환태의 '순수'의 의미를 유지시켜 주는 것은 문예 곧 정치로 인식했던 프로문예이고 근본적으로는 그러한 프로문학의 인식을 가능하게 했던 식민지 근대사회 자체였다고 할 수 있다. 즉 문학의 지도성과 정론성은 바로 거부와 부정의 대상이면서 동시에 바로 그 만큼의 무게로 그의 비평에서의 '순수'의 의미를 유지시켜 주는 근원이 되었던 것이다.

전후 문학 연구의 시각 검토

- 근대성과 민족주의를 중심으로 -

1. 전후문학 연구의 성과와 한계

'전후문학'에 대한 본격적인 연구는 1990년대 이후 시작되었다. 그것은 대상에 대한 객관적 거리의 확보가 이루어졌다는 점 외에도 연구 동향에 큰 영향을 미치는 이념적, 시대적 상황에 기인한 바 크다고 말할 수 있다. 1960-70년대는 독재정권의 경제개발논리의 근간을 이루었던 반공주의가 강력히 지배하던 시기로, 이론적으로나 정서적으로나 여전히 이른바 '전후'의 연장선상에 있었기에 전쟁 직후인 50년대의 문학에 대한 객관적 시기를 확보하기 어려웠기 때문이다. 이와는 달리 80년대는 사회상황 자체가 이념적인 문제에 깊이 연관되어 있었던 까닭에 대부분의 연구자들이 카프문학을 중심으로 한 식민지시대 문학 및 그 연장선상에서 해방공간의 문학에 관심을 기울이면서 상대적으로 전후문학에 대한 연구는 우선적 대상이 되기 힘든 상황이었다. 이후 90년대에 접어들어 발생한 세계사적 지각의 변동으로 이념 자체에 대한 관심이 급격히 퇴조하게 되고, 우리 문학의 나아갈 길을 모색하기

위해 현대문학의 발전 과정을 되돌아보지 않을 수 없게 된 시점에서
본격적인 관심의 대상이 된 것이다. 특히 '전후문학'은 분단으로 인해
식민지 시기 문학의 전통이 단절된 이후의 본격적인 현대문학의 출발
점이라는 문학사적 의미를 지니고 있다. 따라서 이 시기의 문학을 어떤
시각으로 바라보는가에 따라 현대문학사 전체를 조망하는 시각의 확립
이 이루어질 수 있다는 점에서 매우 중요한 연구 대상이 아닐 수 없다.

　1950년대 문학에 대한 가장 기본적인 연구는 전쟁을 중심으로 소설
비평 등의 작품을 주제별로 혹은 세대의 분류를 통해 설명하는 방식이
다.[1] 1950년대의 시대상황에 대한 개괄 이후 전후 현실 인식의 문제와
새로운 기법의 도입을 중심적으로 서술하는 이러한 방식의 연구는 전
후문학에 대한 연구 시작부터 최근에 이르기까지 지속되고 있다. 좀
더 구체적으로는 실존주의와 휴머니즘 등 주제의식의 심화, 새로운 기
법(주지적 경향, 풍자, 독백체, 의식의 흐름 등)과 언어의 문제 등에 대한 논
의로 이어진다. 그리고 이러한 문학적 성과는 전쟁이 한국문학을 세계
성과 직결하게 만들었다는 논리에 의해 뒷받침된다. 즉 전후세대는 소
위 무중력상태에서 출발하여 서구문학에 직결되고 있다는 것이다.[2] 하
지만 바로 이 점으로 인해 전후문학의 논리는 한국전쟁이라는 특정한
(구체적) 역사적 사실과는 무관한 추상적인 것이 될 수밖에 없었던 한계
도 지적되고 있다. 전후문학에 대한 이러한 평가는 전후문학에 대한

1　본 연구의 대상으로 삼고 있는 '전후문학' 연구는 전후소설과 비평을 대상으로 한 연구
　들이다. 전후 시문학에 대한 연구 경향과 방법론 등에 대한 검토는 차후의 과제로 남길
　수밖에 없는 한계가 있음을 미리 말해두고자 한다.
2　김윤식, 「한국의 전후문학」, 『바깥에서 본 한국문학의 현장』, 집문당, 1998, 207~
　210쪽.

본격적 연구가 시작된 이래 비교적 최근까지 지속적으로 이루어지고 있다.[3]

이러한 서술방식은 비평문학에 대한 평가에서도 예외는 아니다.[4] 가

---

3 백 철, 「전쟁문학의 개념과 그 양상」, 『세대』, 1964.6.
　김윤식, 『한국현대문학사』, 일지사, 1976.
　김병익, 「6·25와 한국소설의 관점」, 『상황과 상상력』, 문학과 지성사, 1976.
　박동규, 『현대한국소설의 성격 연구』, 문학세계사, 1981.
　김우종, 『한국현대소설사』, 성문각, 1982.
　신경득, 「한국전후소설 연구」, 건국대학교 박사학위논문, 1982.
　유학영, 「1950년대 한국소설 연구」, 성균관대학교 박사학위논문, 1987.
　김양호, 「전후실존주의 연구」, 단국대학교 박사학위논문, 1992.
　엄해영, 「한국전후세대소설 연구」, 부산대학교 박사학위논문, 1993.
　권영민, 『한국 현대문학사』, 민음사, 1993.
　이상원, 「1950년대 한국전후소설 연구」, 부산대학교 박사학위논문, 1993.
　이대영, 『한국전후실존주의소설 연구』, 국학자료원, 1998.
　유철상, 「한국 전후소설의 관념지향성 연구」, 서울대학교 박사학위논문, 1999.
　박철희 · 김시태 편, 『한국현대문학사』, 시문학사, 2000.
　이봉일, 『1950년대 분단소설 연구』, 월인, 2001.
　조현일, 『전후소설과 허무주의적 미의식』, 월인, 2005.
　류재엽, 「1950년대 전후소설」, 『이성의 문학, 감성의 문학』, 푸른 사상, 2009.
　김윤식·정호웅(『한국소설사』, 문학동네, 2000)의 경우 신구 세대의 구별을 통해 전후문학의 특성을 서술하고 있으며 지만 전쟁의 영향력이라는 시각에 서 있는 것은 동일하다. 한편 윤병로(「전후 한국문학의 특징」, 『비평의 쟁점과 문학의 안팎』, 국학자료원, 1996)의 경우 50년대 문학은 문학의 기술적 역량이 현저히 향상되었고 특히 신진비평가들의 활동으로 한국문학사에 비평문 가장 비판적 인식은 신경림(「문학과 민중-현대한 국문학에 나타난 민중의식」, 『창작과 비평』 1973년 봄)에게서 볼 수 있다. 그에 의하면 전후문학은 민중배제의 전통을 이어받은 것으로서, 민중으로의 복귀가 아니었다는 점에서 관념의 유희, 언어의 희롱에 시종하는 길로 치달았다고 평가한다.

4 전기철, 「한국 전후문예비평의 전개양상에 대한 고찰」, 서울대학교 박사학위논문, 1992.
　한수영, 「1950년대 한국 문예비평론 연구」, 연세대학교 박사학위논문, 1995.
　김영민, 『한국현대문학비평사』, 소명출판, 2000.
　전승주, 「1950년대 한국 문학비평 연구」, 서울대학교 박사학위논문, 2002.
　전기철의 경우 전후비평에 대한 본격적인 주제론적 연구를 시도한 점, 김영민의 경우 중요 비평들에 대한 상세한 분석을 통해 비평문학의 구체적 양상을 잘 드러내고 있는

장 최근의 한 논의를 보자. 한국전쟁과 2차 대전의 원인 및 성격의 차이에 대한 간단한 개괄 뒤, 독일의 전쟁문학은 맹렬한 고발과 비판정신으로 충만하여 지성과 함께 휴머니즘이 발전한 반면, 한국 초기의 전쟁문학은 흥분과 감정이 앞서는 전쟁 폭로의 르포르타주에 그쳤고, 50년대 중반 이후에야 어느 정도 문학적 깊이를 획득한 것으로 평가된다. 그런 다음 인간성의 황폐화, 이데올로기적 방황, 관념과 사변의 서술, 알레고리 등의 주제별로 50년대 비평문학을 서술하는 방식이다.[5] 이 외에도 1950-60년대의 비평은 논쟁의 역사를 통해 70년대의 주류문학으로 나아가는 과도기의 문학이라는 평가도 볼 수 있다. 이 당시의 비평이 과도기적일 수밖에 없는 것은 세계적 수준에 부합하는 현대 한국 소설이 없기 때문인데, 이러한 과도기적 성격을 벗어나고자 했던 것은 근대문학 부정의 방법론을 통해서였다는 것이다.[6] 이러한 시각의 문제점은 세계적인 문학의 기준은 서구적 이론의 수준에 맞는 문학이라는 당대 비평가들의 기준을 현재의 연구자 역시 동일하게 적용하고 있는 점이다. 이러한 시각에서 50년대의 문학을 바라보고 있기에 과도기적이라는 평가 이외에는 어떤 평가도 나올 수 없다.

이러한 의미에서 다음과 같은 비판은 주목할 필요가 있다. 조현일의 경우 근대적 시민문학의 관점으로만 우리 문학을 볼 경우 50년대 전후

점, 한수영과 전승주의 경우 전후비평의 범주화와 발전 양상을 보여주는 점 특히 한수영의 경우에는 최일수와 정태용의 비평을 통해 민족문학론의 발전 근거를 찾고 있는 점 등을 평가할 수 있지만, 1950년대 문학을 전쟁이라는 특수한 역사적 경험에 대한 문학적 대응의 산물로 보는 점에서는 대동소이하다.

5 김정자, 「전후세대와 새로운 창작방법의 시도」, 문학과 문학교육연구소, 『한국현대소설사』, 삼지원, 1999, 322~345쪽.

6 최성윤, 「전후비평의 과도기적 성격과 창작방법론의 모색」, 우리어문학회 편, 『한국문학과 낭만성』, 국학자료원, 2002, 304~305쪽.

소설을 온전히 평가될 수 없다는 문제의식 아래 50년대 소설의 허무주의와 그로부터 비롯된 미의식을 고찰하고 있지만 기존 연구의 틀을 완전히 벗어나지는 못하고 있다.[7] 유임하는 50년대-전후문학, 60년대-모국어 세대 등장, 70년대-산업화 시대의 문학이라는 정형화된 발상은 역사적 상황이나 사회적 배경을 문학의 전개와 일치시키려는 사고로 선입견 혹은 편의적 발상이라고 비판하고 이러한 발상은 세대론적 관점과 정치적 해석 논리에 근거하고 있는 것이라 비판한다. 더 나아가 기존 연구들은 근대성의 보편적 원리라는 서구적 논리에 따라 분단문제의 소설적 모색이 가진 의미를 폄하하고 있다고 비판한다.[8] 그런데 기존의 논의 틀인 서구적 합리성의 논리로는 분단 문학에 대한 설명이 불가능하다고 비판하면서도, 특수한 문화적 현실 속에서 보편성을 획득해야 한다는 주장으로 돌아가고 있다는 점에서 여전히 근대와 보편성의 틀을 벗어났다고는 하기 어렵다.

이들의 공통점은 무엇보다도 50년대 문학을 전쟁의 영향권 내에서 설명하려는 의도에서 출발하고 있다는 점이다. 즉 50년대를 극단적인 '이성의 자기파괴'인 전쟁으로 인한 폐허로 규정하는 것으로부터 시작하여, 이후의 모든 문학행위를 전쟁의 영향권 아래에서 서술한다. 전쟁으로 인한 폐허는 이성적 인식에서 출발하는 근대 세계의 파산을 의미하고 따라서 50년대는 이성적 사고가 더 이상 진행될 수 없는 시대라는 것이다.[9] 이처럼 1950년대 문학을 전쟁이라는 특수한 역사적 경험에 대한 문학적 대응의 산물로만 파악할 경우, 50년대 문학은 당대

---

7 조현일, 『전후소설과 허무주의적 미의식』, 월인, 2005.

8 유임하, 『분단현실과 서사적 상상력』, 태학사, 1998, 26~27쪽과 289~290쪽.

9 대표적으로 남원진, 『1950년대 비평의 이해』, 역락, 2000.

인의 이념적 한계와 그로 인한 문학정신의 황폐화 및 서구 사조에의 일방적인 추종이라는 예정된 결론을 이끌어낼 수밖에 없다. 즉 실존주의나 휴머니즘론 혹은 모더니즘론은 전쟁 이후라는 특이한 시대의 산물로 식민지 근대문학이나 60년대 이후의 문학과 단절된 일회성의 문학이며, 서구문예사조의 수용 역시 당대 문학인들의 이념적 한계와 몰시대성에 따른 필연적인 결과라는 평가에 이르게 된다. 전후 신세대가 맞서 싸워야 한다고 강조했던 대상은 막연한 기성세대이었을 뿐이고, 따라서 관념적 세계 인식과 감성 위주의 수사적 언술에 기대어 심정적이고 윤리적 차원의 당위론에 불과했다[10]는 평가나, 이들이 기존의 문학을 대체하여 내세울 수 있었던 것은 새로운 서구사조의 수입일 뿐이었다는 평가는 이러한 대표적 인식이다.[11] 전후문학 연구에 있어 이러한 인식이 지속되어 온 까닭은 무엇 때문인가? 이를 알기 위해서는 전쟁 자체의 의미뿐만 아니라 전쟁 직후부터 본격적인 근대화 정책이 추진되어 온 과정을 살펴보아야 한다.

2. 전쟁과 '근대' 인식

커밍스의 말처럼 진정한 비극은 한국전쟁 그 자체가 아니었다. 식민주의, 민족분단, 외국간섭 등 그 어떤 문제도 해결되지 못한 채 전쟁 이전의 상태로 환원되어 오늘날까지 긴장과 과제가 그대로 남아 있기 때문이다.[12] 염상섭과 같은 구세대의 경우 전쟁을 한때의 소나기로 바라

---

10 임영봉, 『상징 투쟁으로서의 한국 현대문학비평사』, 보고사, 2005, 134~136쪽.
11 서종택, 『한국현대소설사론』, 고려대학교 출판부, 1999, 203쪽.

보면서 삶의 일상성을 강조하기도 했지만[13], 전후 신세대의 작가들에게
있어 전쟁은 삶을 뿌리 채 뒤흔드는 상실과 비인간적이고 야만적인 폭력
의 현장으로 인식되었다. 이 때문에 50년대 문학은 전통과 단절된 문화
적 비극과 냉전 체제에 따른 반공주의의 도식에 의해 출발했다. 하지만
이들은 전쟁을 주체적으로 체험할만한 의식 수준에 도달하지 못했기에
서울을 2차 대전 이후의 파리로 과장하기에 몰두했다. 피난지 부산을,
폐허가 된 서울을 파리라고 착각함으로써 자신들의 문학은 기반을 가진
것으로 착각했다.[14] 근대문학과 현대문학의 차별성을 강조함으로써 근
대문학적 전통에 대한 철저한 부정의 모습을 띠는가 하면, 서구사조의
수용을 통한 세계적 동시성의 강조로 나타나기도 하고 휴머니즘 논의를
통한 인간성의 강조와 현실저항의 논리로도 표현되며, 전통계승의 주장
을 통한 문학적 주체성의 회복이라는 주장으로도 전개된다.

근대화 과정에 대한 인식은 어떠한가? 19세기 중후반부터 전해진 서
구 기술문명은 조선에는 충격 그 자체였다. 식민지가 된 이후에는 더욱
그러했다. 서구적 근대화를 지상 과제로 설정하고 그 길만을 달려왔다
고 해도 과언이 아니다. 근대적 '민족국가 건설'의 과제가 제기된 것은
식민지로부터의 독립이라는 민족적 과제의 실현과 동시에 정치·사회·
문화생활에서 근대세계의 보편적 생활양식을 획득하자는 근대화 요구
의 일환이었다. 식민지시대의 두 개의 주요한 정치적 전통으로서의 민

---

12 브루스 커밍스, 김동노 외 역, 『브루스 커밍스의 한국현대사』, 창비, 2001, 417~418쪽.
13 『취우』가 바로 그것인데 여기서 염상섭은 전쟁 속에서의 삶의 일상성을 보여준다.
14 고은, 『1950년대』, 청하, 1980, 16~27쪽, 301~302쪽. 이와 함께 "전후문학은 화려한
   캐치워드에도 불구하고 구미 문화의 쓰레기거나 그것을 흉내내는 일에 그쳤다. 그리하
   여 50년대의 문학은 50년대가 지나자마자 50년대를 완전히 탈퇴한 사실을 부인할 수
   없다."고 말하며 50년대 문학의 특성을 지적하고 있다.

족주의와 사회주의 모두 근대화와 독립이라는 시대적 요구의 상이한
정치적 표현이라 할 수 있다. 해방 이후 우리문학사를 바라보는 시각이
자본주의와 근대 문화의 전개 과정 즉 근대성의 발현 과정이라는 관점
위에 서 있는 것은 그 까닭이다. 1945년 해방 이후 남과 북에 상이한
정치·사회 체제가 이식되고 제도화됨으로써 두 개의 주체에 의한 두
길의 근대화가 시작되었지만 근대화의 완성이라는 동일한 목표를 추구
하는 것이라는 점에서는 차이가 없었다.[15]

일반적으로 근대로의 이행과정은 지배적 정치세력으로서의 자본가
계급이 자본축적의 기반을 확보하기 위해 국민국가를 통해 정책과 사회
운용의 헤게모니를 장악하는 과정, 사회·문화적으로 전근대의 비과학
적·비이성적·비합리적 인식체계 대신에 과학과 이성, 합리성이 지배적
가치체계로 자리 잡아가는 과정을 일컫는다. 서구의 근대를 선도한 자
본주의는 그 속성상 국민국가의 영역을 넘어서면서 필연적으로 침략과
수탈을 수반했다. 따라서 세계적 차원에서 볼 때 근대의 개념 자체는
침략과 수탈을 포함한다. 따라서 근대가 세계적 차원으로 전개되면서
드러난 근대의 양면성 자체를 근대의 보편성으로 이해해야 한다.[16] 이처
럼 근대는 서구의 식민지 개척의 역사이면서 동시에 반식민지 투쟁의
역사이기도 하다. 이를 근대의 양면성으로 불러 왔다.

그런데 근대의 양면성이라는 이러한 인식조차도 어떤 의미에서 근
대의 '보편성' 논리를 수용할 경우에만 가능한 것은 아닌가? 서구 근대

15 이종오, 「해방 50년의 근대화 그리고 통일에 대하여」, 『창작과비평』, 95년 가을호,
    28~29쪽.
16 정태헌, 「한국의 식민지적 근대화 모순과 그 실체」, 역사문제연구소 편, 『한국의 '근
    대'와 '근대성' 비판』, 1998, 249~250쪽.

계몽사상가들은 자본가들의 지원 아래 중세 서구의 농업공동체를 개인의 자유와 행복을 억압하는 낡은 족쇄와 감옥, 억압과 착취의 질곡이었다고 강조했다. 만인의 만인에 대한 투쟁이라는 이데올로기, 시장경제라는 이데올로기는 계몽사상가들의 왕성한 활동 덕에 사람들로 하여금 중세는 암흑시대였고 근대 자본주의는 인간 사회의 가장 발전된 형태라는 믿음을 진실로 만들었다. 근대를 예찬하기 위해 중세 보편주의는 부당하게 폄하된다.[17] 중세는 암흑시대였다는 논리가 바로 그러하다. 자본주의는 '토지에 묶여 있던' 농민들을 해방시켰고 노동자들에게 거주 이전의 자유와 노동을 선택할 수 있는 자유를 주었다고 주장한다. 하지만 농민들이 노동자가 되는 과정은 자유를 찾아 떠나는 해방의 과정이 아니라 폭력과 강제 추방, 노동착취와 강제노동의 역사였다고 말할 수 있다. 토지로부터 해방된(쫓겨난) 농민들이 갈 수 있었던 곳은 공장이 있는 도시밖에 없었다. 이들 농민들에게 자유란 도시로 가서 노동자가 되든지 아니면 굶어죽든지 두 가지 가운데 하나를 선택할 수 있는 자유를 뜻할 뿐이었다. 이러한 모습은 우리의 작품에서도 쉽게 볼 수 있다. 한설야의 「과도기」가 처음으로 농민의 노동자로의 전화과정을 보여준 이래 본격적인 자본주의 발전이 시작된 1960년대 이후의 작품들, 예컨대 박태순, 황석영, 이문구 등의 작품들이 모두 이 주제를 다루고 있다는 사실은 이를 명백히 말해주는 것이다. 1980년대의 노동문학 역시 또 다른 근대 실현의 길을 지향한 것이었음은 물론이다. 여기서 주목해야 할 사실은 이러한 인식들의 근거에는 공통적으로 '국민국

---

17 조동일, 「근대 극복의 과제와 한·일 학문」, 『한국의 문학사와 철학사』, 지식산업사, 1996, 479쪽.

가의 건설'이라는 인식적 바탕이 깔려 있는 점이다. 자본주의는 지역 공동체를 대체해서 파편화된 노동자과 일반 민중들을 묶을 수 있는 강력한 도구로 민족주의와 국가주의라는 이념을 기반으로 '국민국가'라는 새로운 형태의 국가와 '국민'이라는 새로운 인간을 만들어냈다. 특히 이 과정에서 '전쟁'은 가장 유력한 국가와 국민의 정체성 확립 수단이었다. 서구 근대 자본주의 국가들은 이런 국민국가를 폭력적으로 비서구 지역에 그대로 이식했다. 아시아, 아프리카, 아메리카 원주민들의 자치 부족공동체들을 철저히 무시한 채 자신들의 원료공급지—상품시장으로서의 필요성과 제국주의 국가 간 전쟁 때문에 국경선을 직선으로 그어놓고 국민국가를 강제로 만들었던 것이다. 우리의 경우도 미국과 소련의 이해관계에 따라 38선이라는 국경선 아닌 국경선을 만들었던 점을 생각해보면 쉽게 이해할 수 있는 점이다.[18]

조금 거슬러 올라가 살펴보면, 식민지 시대 민족해방운동에 나선 근대주의자들 즉 민족주의와 사회주의 운동가들 역시 공통적으로 조선시대는 개인의 자유가 족쇄에 갇힌 암흑시대로 인식했다. 즉 농민은 양반들의 억압과 착취에 시달리며 일생을 불행하게 살아가야만 하는 피지배계급으로만 인식된다. 하지만 농민은 농업공동체의 일원으로서 일정한 세금을 납부하고 나면 지역 안에서는 자유로운 생활을 이어나갈 수 있는 자유인이 아니었을까? 조선 시대 마을마다 존재했던 두레는 농민들의 강력한 결속력을 바탕으로 양반도 함부로 할 수 없는 노동공동체를 이루고 있었다. 소작권 역시 구체적인 예라고 할 것이다. 일본 제국주의가 조선을 식민지로 지배하면서 제일 먼저 착수한 것이 이

---

18 박승옥, 『상식: 대한민국 망한다』, 해밀, 2010, 235~236쪽.

른바 토지조사사업을 통해 토지의 근대적 소유권 개념을 확립한 것도 이러한 농업공동체적 사회의 파괴로 이어진 것이라 볼 수 있다.

그렇다면 이러한 서구의 근대적 세계관의 바탕을 이루는 직선적 발전사관 이른바 '진보'의 논리는 어떠한가? 역사는 일직선이건 나선형이건 어쨌든 퇴행과 정체와 도약을 거듭하면서 발전하는 것이 사실인가? 진보의 개념이 탄생한 것은 18세기 볼테르 등 유럽 계몽주의에서 시작된, 아주 최근의 서구 근대 자본주의 사회임을 우선 주목해야 한다. 사회 상황을 개선하는 인간 행위의 적극성과 역동성을 표현하여 이 진보라는 단어는 19세기 생물진화론과 결합하면서 드디어는 근대 유럽의 확고부동한 이념으로 자리 잡게 되었다. 특히 이러한 진보 개념은 초기부터 인간 그 가운데서도 백인종을 진화의 맨 꼭대기에 올려놓는 인종편견과 인종차별의 개념을 근거로 삼고 있다는 점을 간과해서는 안 될 것이다. 19세기 유럽은 산업혁명을 통한 유럽의 물질문명 발전과 자본주의 발전이 바로 진보이자 역사의 필연이라고 확신한 시대였다. 야만사회에서 유럽 문명사회로 이어지는 진화와 진보의 이데올로기가 탄생한 것이고 그 정점에 마르크스주의의 진화 진보 이데올로기가 있다. 마르크스가 아시아의 정체성을 언급하면서 유럽이 비유럽 지역을 침략하는 것에 대해 착취와 폭력으로 얼룩진 제국주의의 지배를 언급하면서도 또한 동시에 자본주의 사회로 변하는 신호가 된다는 점에서 역사의 진보, 필연의 역사로 받아들였다는 사실은 이 진보 개념에 대해 다시 한 번 의문을 가지게 만든다.

막스 베버는 하필 서구의 터전에서 그리고 유독 서구에서만 '보편적 의의와 타당성'을 지니는 방향으로 발전한 문화 현상들이 출현한 것은 어떠한 상황들이 어떠한 방식으로 연결되어 작용한 결과인가라는 질문

을 던진 바 있다. 그는 자본주의를 단순한 경제체제로 보지 않고 다양한
'문화 현상' 중의 하나로 보고 있다. 즉 자본주의는 사람들의 생활양식이
나 가치관, 신념 등과 밀접하게 연관되어 있다는 것이다. 그리고 이러한
자본주의를 비롯하여 보편적으로 자리 잡은 문화 현상이 오직 서양에서
만 발생했다고 단호하게 주장하는데 그 근거는 과학의 발전이다. 동양
이나 서양 모두 과학이라고 불리는 문화 현상이 있었지만 서양에서만
독특한 형식의 과학이 발전했고 이 과학이 오늘날 보편적인 위치를 차지
하고 있다는 것이다. 그렇다면 서양의 과학만이 보편적이라는 것은 어
떻게 증명되는가? 오늘날 보편적이기 때문이라고 말한다.[19] 또 다른 근
거로 들고 있는 역사 연구와 정치사상, 법률도 마찬가지다. 중국에도
발달된 역사 연구가 있었고, 인도에도 나름대로 정치사상이 있었지만
서양처럼 합리적인 개념을 만들어내진 못했다는 것이다. 예술도 마찬가
지다. 서양의 음악만이 합리적인 음계, 연주법, 작곡법으로 발전했으며,
건축기술도 동양에서 서양으로 전해졌지만 과학적인 건축 방식은 서양
에서만 발달했다는 것이다. 이처럼 서양의 역사, 정치사상, 예술, 건축
만이 보편적이고 합리적인 이유는 이것들이 '보편적인' 문화현상으로
즉 지배적인 것이 되었기 때문이라는 것이다. 그리고 그러한 증거는
오늘날 우리 모두가 서구화된 사회에 살고 있는 것이라고 말한다. 자본
주의 역시 18-9세기에 서양에서만 '합리적인 자본주의'가 등장했으며
이것이 결국 세계의 보편적인 문화현상으로 자리를 잡았다고 주장한다.
서양의 그토록 '합리적인' 자본주의가 발전과정에서 만들어냈던 식민지

---

19 김성은 저(막스 베버 원저), 『근대인의 탄생 - 프로테스탄티즘의 윤리와 자본주의 정
   신』, 아이세움, 2011, 34~40쪽.

개척과 식민지 원주민의 학살에 대해서는 어떤 설명도 없다. 또 서구 근대자본주의의 가장 중요한 특징으로 '형식적으로 자유로운 노동의 합리적 조직화'를 든다. 노동자가 농노나 노예처럼 강제로 일한 것이 아니라 자유로운 신분 상태에서 스스로 노동을 자본가에게 팔았다는 것이다. 노동 외에는 먹고 살 길이 없게 된 노동자들이 어쨌든 '형식적으로는 자유로운 상황'에서 자신의 노동력을 팔 수밖에 없게 되는 과정을 자본주의의 '합리적 발전'이라고 부를 수 있을 것인가?

3. 문학 연구의 중심 시각 검토

지금까지 대부분의 문학사 서술은 근대화 과정에 대한 문학적 표현이라고 해도 과언이 아니다. 현대문학의 출발점이라 할 전후문학 연구에서도 이러한 근대(성)의 문제는 논의의 중심을 차지하고 있다. 그 가운데 대표적인 논의의 한 축은 '진정한 근대성'의 획득이라는 주장이다. 강진호[20]는 전후소설들을 검토하는 자리에서 주체와 타자를 중심으로 한 근대성의 문제에 대한 진지한 고민을 보여준다. 50년대 이후 최근까지의 우리 문학사에 대한 고찰을 통해, 보편적 가치와 보편적 삶 그리고 보편적 이성이라는 서구적 주체관이 효율과 합리성을 중시하는 도구적 이성의 구현과정이면서 동시에 독단적 이념과 배제의 논리가 고착되는 과정이었다는 점을 먼저 지적하고 있다. 이러한 문제제기를 통해, 기계론적 세계관과 진화론, 계산적 이성의 지배라는 근대

---

20 강진호, 『현대소설사와 근대성의 아포리아』, 소명출판, 2004.

사회의 핵심적 특성이 흔들리고 그에 바탕을 둔 근대적 주체 역시 전면적 반성을 하지 않을 수 없게 되었음을 비판한다. 그리고 이처럼 자신의 입장을 절대화함으로써 가지게 된 독선의 논리가 지니는 한계를 극복하기 위한 방안으로, 주체에 내재하는 이질적 국면 즉 타자적 측면들을 인식하고 그것들을 통해 기존 주체의 이성적 능력과 힘을 강화해야 함을 강조한다. 하지만 이러한 논리는 사실상 이성에 대한 신뢰를 바탕으로 한 근대의 보편성 회복이라는 기존의 입장을 반복하는 것과 마찬가지다. 여전히 보편적 이성을 통한 '진정한 근대성'의 획득을 강조하는 것이다.[21] 결국 더 우월한 이성적 주체의 건설만이 답이 될 수밖에 없다. 이러한 인식은 한국의 근현대사를 서구적 근대성의 타율적 정착 과정으로 파악하는 데서 비롯된다. 따라서 현대문학의 역사도 근대성을 미적으로 구현하는 과정으로 보게 된다.

근대를 이성이 삶의 지배적인 원리가 되는 세계로 파악할 때, 우리는 조선 왕조의 부패와 몰락, 식민지, 전쟁, 분단으로 이어지는 과정 속에서 근대화의 '주체'로 나섰던 적은 한 번도 없었다. 이렇게 본다면 우리의 경우 근대의 기틀을 마련한 시기는 50년대라 할 수 있는데, 전후의 황폐한 현실에서 새롭게 유입된 서구 합리주의와 재래적 가치의 갈등은 이러한 근대화 과정의 단면을 보여주는 것이 된다. 또 사회 전반에 확산되기 시작한 물신주의와 천민자본주의적 파토스는 정신적인 천민성과 이기심 곧 근대성의 부정적 측면으로 인식된다. 그리고 바로 이러한 근대의 부정적 측면으로 인해, 전쟁은 작가의 상상력을 근원적으로 제약하고 문학적 근대성의 성취를 방해하는 요인으로 작용하도록 만든다.

---

21 위의 책, 7~8쪽.

전근대적 세계에서 근대적 세계로 이행하는 과정에서 나타나는 전통적 가치와 개인적 욕망(개인주의, 합리주의)의 대립구도를 전후 소설에서 곧 잘 볼 수 있는 이유도 이 때문으로 파악한다.[22] 이런 논리의 근원에 '타율적 근대성'론이 있다. 이 논리는 일본이 서구담론 즉 오리엔탈리즘을 자신들 나름대로 수용하여 식민화하면서 적용한 이론이라 할 수 있다. 문제는 '타율적' '정체적'이라는 발상 자체가 서구 근대 역사학의 산물이라는 사실이다. 서구적 진보관, 서구적 국민국가관이 없으면 타율적이라든지 정체적이라든지 하는 발상 자체가 불가능하다. 60년대의 내재적 발전론은 이를 뒤집어놓은 것에 불과하다. 결국 서구 중심주의의 반복이자 오리엔탈리즘의 내면화이다.[23]

또 다른 견해를 보기로 하자. 한수영의 경우 50년대 문학을 개관하는 자리에서 문학에 영향을 미친 조건들로 첫째, 남북한 문단의 재편. 둘째, 전쟁과 분단 및 반공이데올로기. 셋째, 창작 환경의 열악함. 넷째, 전쟁 체험의 직접성으로 인한 객관적 거리 확보의 어려움 등을 거론 한 뒤, 50년대 문학을 몇 가지 경향으로 나누어 살피고 있다. 구체적으로는

---

22 위의 책, 56~57쪽.
23 윤해동, 『식민지의 회색지대』, 역사비평사, 2003, 277~285쪽. 이와 관련하여 다음의 내용도 참고할 만하다. "식민지 지배의 하나의 기제는 인종주의이다. 예컨대 피식민지인들은 게으르고, 교활하며, 잔인하고, 경솔하고, 순진하며, 도덕성이 없고, 말을 바꾸며, 충동적이라는 등의 진술이 일반화이다. 이러한 인식의 학문적 표현이 오리엔탈리즘이다. 동서양의 대조적 사고방식에 근거를 두고 있는 이러한 인식에 의하면, 동양이 정체되어 있고, 자기 성찰의 능력도 없고, 역사의 주체로 적합하지 않다고 보고 있다. 이 때문에 식민주의자들은 식민지 지배를 해방자로서 세계사적인 사명을 수행한다고 생각한다. 이러한 식민주의적 사고는 피식민지 지식인들에게 그대로 투영된다. 유럽인들이 만들어놓은 생각은 교육을 통해 그리고 대안 부재와 침략자와의 동일시를 통해 피식민자들의 정신적인 태도에 침윤된다." 위르겐 오스터함멜, 박은영·이유재 역, 『식민주의』, 역사비평사, 2006, 169~173쪽.

반공이데올로기를 직접적으로 표출한 전시 기간의 문학, 전쟁의 폭력적 경험을 추상적 휴머니즘의 시각에서만 그리는 경향, 즉 실존주의의 영향으로 전쟁 일반의 폭력성과 비인간성에 초점을 두어, 인간의 '실존'과 '본질'에 대한 길항, 삶과 죽음에 관한 형이상학적 질문 등을 묘사한 경향, 50년대 중반 이후 현실적 인식을 통한 리얼리즘 소설의 회복 노력, 그리고 기성 세대문인들의 보수적 민족문학 등으로 나누고 있다.[24] 이러한 구분은 기존 대부분의 연구와 크게 다르지 않지만, 주목할 점은 이러한 서술 뒤에 50년대 문학의 깊은 이해를 위한 논점으로 제시하고 있는 사항들이다. 여기서 그는 한국전쟁의 체험을 이전의 태평양전쟁, 중일전쟁의 체험과 연결하여 이해하는 인식의 전환이 필요하며 이와 함께 50년대 문학주체들의 역사적 경험과 기억들을 식민지 체험과의 연속선상에서 이해하는 일과 전후세대를 둘러싼 문화사적 배경에 대한 이해가 필요하다는 점을 강조하고 있다.[25] 특히 50년대 작가들의 경우 이중 언어 사용자들이었다는 점을 지적한 사항은 앞으로 깊이 연구되어야 할 과제라 할 수 있다.

그런데 여기서 중요한 것은 이런 감각의 영역이 아니라 서구적 근대 발전론에 대한 이들의 인식 정착 과정에 대한 분석이다. 진화론과 직선적 발전론의 서구적 근대화를 내재화한 일본의 제도교육을 통해 식민지 지식인으로 성장한 작가들의 근대화 수용 과정 및 근대성의 내재화가 어떤 식으로 이루어지는가를 살펴야 할 것이다. 그럴 경우에만 50년대의 작가들이 견지했던 다양한 이데올로기적 기제들을 역사적으로 의미

---

24 한수영, 「식민지, 전쟁 그리고 혁명의 도상에 선 문학」, 『새 민족문학사강좌』, 창비, 2009, 294~298쪽.

25 위의 글, 298~303쪽.

화할 수 있을 것이다. 특히 주목해야 할 부분은 한국전쟁과 관련된 또 하나의 관점으로 전쟁을 '국민국가의 형성' 과정과 연결지어야 한다는 주장이다. 한수영은 그 글에서 참전 경험은 수난이나 폭력의 경험이 아니라 동원된 국민의 경험으로 의미화된다는 점을 강조하며, 하근찬의 「수난 이대」에 대한 새로운 해석의 필요성을 제기하고 있다. 불행한 민족의 수난사로 해석되는 이 텍스트가 사실은 '국가와 전쟁'을 문제 삼고 있으며, 그 와중에 '국민 만들기 혹은 국민되기란 무엇인가'를 되묻고 있다고 주장한다. 여기서 문제는 국민국가의 건설이 곧 민족의 과제이고 발전이라는 인식이다. 이러한 인식 역시 서구의 발전사관을 그대로 따르는 것은 아닌가 하는 근원적인 지점에 대한 고민이 이루어지지 않는 한 국민되기란 무엇인가 하는 질문에 대한 답은 정해져 있다. 여기서 한수영은 외적 계기에 의해 '근대적' 민족의식을 형성한 우리의 경우, 민족의식 형성의 논리적 근거였던 자기보존의 열망이 자기 확장의 열망으로서의 제국주의적 논리와 명확한 경계가 그어지지 않는 문제, 즉 자기보존이 자기 확장의 논리로 변화할 가능성이 있음을 지적하고 있다.[26] 그렇지만 문제는 민족주의는 여전히 유효한가 하는 질문이며 이 질문은 곧장 민족국가의 유효성에 대한 질문으로 이어진다고 말한다. 여기서 한 걸음 나아가 월러스틴, 베네딕트 앤더슨 등의 민족주의 이론에는 서구중심주의적인 편향이 작용하고 있음을 부인하기 어려우며, 이러한 문제틀에 종속되어버릴 경우 부르주아 민족주의의 부정적 측면을 극복하려던 시도가 오히려 민족문제 전체를 유기하는 방향으로 나아

---

26 한수영, 「민족주의와 문화」, 한국문학연구회 편, 『한국문학과 민족주의』, 국학자료원, 2000, 27쪽.

가기 십상임을 지적하고 있다.[27] 이러한 논리는 민족주의의 부정적 측면
을 극복하고 민족 담론의 전면적인 해체의 위기에 맞서 민족문제에 대한
환기와 민족 담론의 새로운 형성의 필요성을 이야기하고 있는 것이라
할 수 있다. 그리고 '국제적 연대'가 대안적으로 제시되고 있다. 마르크
스주의의 고전적 강령이나 사회주의를 부활시키자는 것이 아니라고 주
장하지만, 사회주의의 자리를 민족이 대체하고 있다는 느낌을 지우기
어렵다.

　민족국가 단위의 인식 문제는 냉전체제의 고착화와 밀접하게 관련
되어 있다. 전쟁 종결은 이념과 비전의 폭력적 재정렬을 초래했다는
점에서 긍정적인 면보다는 부정적 영향이 훨씬 크지 않을 수 없다. 그
결과 우리와 타자, 선과 악, 공산주의와 반공주의라는 양자택일의 세
계관이 강요되었고, 어떤 다른 세계관도 허용되지 않았다.[28] 이러한 냉
전체제의 고착화는 그 자체로 식민지에서의 해방 이후 당면 과제였던
일제 잔재의 청산과 민주적 사회체제의 수립을 불가능하게 만든 계기
라 할 수 있다. 민족과 국가가 미분리된 상태에서, 우익의 단독정부 수
립은 말할 것도 없고, 민족국가 수립에만 매달렸던 좌익의 노선 역시
냉전 체제에 대한 비판의식은 갖추지 못했다고 말하지 않을 수 없다.
이런 사고 속에서 개인은 사상되고 민족과 국가 그리고 국민의 단일성
만이 절대적 과제로 추구되는 것이다. 이런 의식이 50년대의 절대적
경향의 문학을 낳은 근원이 아닌가 반문하지 않을 수 없다. 민족국가
혹은 국민국가 건설에의 강박관념은 일제 잔재의 청산 문제에 있어서

27　위의 글, 30~34쪽.
28　박명림, 「종전과 '1953년 체제'」, 『1950년대 한국사의 재조명』, 선인, 2004, 259~260쪽.

도 일정한 왜곡을 일으키고 있는데, 체제의 민주화 문제가 아니라 민족 또는 국가 단위의 문제이자 '반민족' 또는 '부역'의 문제로만 인식하는 경향이 바로 그것이다.[29]

서구 근대 국가는 사실 근대 이전의 국가와는 전혀 성격이 다른 새로운 차원의 '국민국가'였다. 근대 자본주의 국가는 출생 당시부터 공동체를 철저히 해체시키면서 탄생한, 파괴와 전쟁 속에서 탄생한 국가라 할 수 있다. 동서양을 막론하고 전통 농업사회의 국가는 정도의 차이는 있을지언정 지역공동체의 자치와 자율을 인정하고 보장해준 국가였다. 농업 생산은 공동체 없이는 불가능했기 때문이다. 자본주의는 이러한 농업공동체를 붕괴시켜야만 성립 가능한 경제 체제였다.[30]

국민국가 건설의 과제는 식민지에서의 해방 바로 그 순간부터 시작되었다고 이야기된다. 그런데 정확히 말하면 해방 자체가 우리의 힘으로서가 아니라 미국과 소련이라는 초강대국의 영향력으로 이루어졌던 순간 국가 건설의 방향은 이미 정해진 것이었다고 해도 과언이 아니다. 또 이승만과 김일성 모두 자신들이 원하는 국가체제의 완성을 이루는 방법을 '전쟁'을 통해 모색하고 있었다.[31] 전쟁 역시 국가 건설의 과정이다. 그런데 3년에 걸친 전쟁이 끝났을 때, 그들의 의도는 수포로 돌아갔고 다시 원점에서 국가 건설을 시작하게 되었다. 전쟁의 상처는 너무나 큰 것이어서 새로운 사회 건설 이전에 전쟁으로 인한 상처의 치유가 우선적인 과제가 될 수밖에 없었다. '전후문학'이란 이 과정에서 산출된 상처 치유의 문학이다. 상처를 곱씹기만 할 뿐 치유 방법을 찾지 못하고

---

29 윤해동, 앞의 책, 73쪽.
30 박승옥, 앞의 책, 231~234쪽.
31 이에 대해서는 브루스 커밍스, 앞의 책, 346~395쪽 참고.

다만 허무적 의식만을 드러내거나 심지어는 상처를 외면하기도 했을 뿐 아니라, 상처의 원인을 다른 곳에 전사함으로써 새로운 출발의 동력을 얻고자 하기도 했다. 제국주의 세력, 북한 등을 원인으로 보고 반공과 반미의 구호를 외치는 모습들이 그러하다. 물론 전쟁의 상처 가운데서도 새로운 희망을 발견하기 위해 애쓰는 경향도 있었다. 서구의 문학작품과 사조가 수용된 후 문학에 대한 시야가 확대된 것은 분명하다. 하지만, 흔히 세계문학이라고 일컫는 문학은 영미문학 독문학 불문학 등의 문학이었을 뿐이다. 세계와 유럽을 동일시한 것이다. 중요한 것은 서구문학 자체의 영향보다는 그러한 서구문학의 수용이 우리 문학에 대한 이해를 어떻게 변화시켰는가 하는 점이다. 민족문학이란 민족의 삶과 현실에서 존재하는 것이며, 우리의 삶을 어떤 방향으로 영위해갈 것인가 하는 물음에 대한 대답이어야 하기 때문이다.[32] 전후작가들의 작품에서 서구적 근대 인식의 수용 이후 우리의 미래를 어떻게 그리고 있는가, 그리고 다른 한편으로는 그들이 절망했던 문명의 폐해를 극복할 대체물로 무엇을 그리고 있는가를 검토하는 것이 중요한 이유이다.

4. 전후 작가의식 형성의 배경 – 근대성과 민족주의

이광수 이후 식민지 계몽주의 사상의 핵심은 민족주의와 교육이라 할 수 있다. 먼저 식민지에서의 교육의 성격을 보자. 간단히 말해 식민지인들의 교육에 대한 욕구는 근대교육에 대한 욕구였다. 이러한 욕구

---

32 조동일·임철규(대담), 「민족문학에 대하여」, 임철규, 『우리 시대의 리얼리즘』, 한길사, 2009, 268~273쪽.

는 곧 전통적 사회관계의 해체과정으로 이어진다. 이것이 곧 중요한
근대화의 척도를 이루었다. 그런데 교육기회가 확대되면서 식민지 시
기의 근대 학교를 통한 교육은 바로 식민지 권력 혹은 규율로 제도화된
다. 이후 식민지배자들의 근대교육은 곧 동화정책, 황민화정책과 연결
되기에 이른다. 전시체제기 황민화정책은 조선 민족의 전통적인 생활
방식과 정체성 즉 문화를 체계적으로 파괴함으로써 조선인을 제국의
신민으로 만드는 것을 목적으로 했다. 근대국가가 지방적 문화와 언어
를 체계적으로 말살함으로써 민족을 통합하는 과정의 일환이 아닐 수
없다. 전후 작가들의 근대성에 대한 인식의 내재화는 이런 교육을 통해
이루어진 것이라 할 것이다.

　민족주의 역시 근대성 형성의 가장 중요한 계기라 할 수 있다. 특히
근대 민족국가 형성을 가장 중요한 목표로 설정함으로써 근대국가 형
성의 주체는 항상 민족으로 설정되어 왔다. 그리고 이 민족의 정체성
형성을 위한 주요한 요소로 종족적인 요소가 강조되었다. 따라서 근대
성의 주요 측면인 nation은 곧 민족이라는 등질성을 정초함으로써 그
집단적 정체성을 왜곡하는 경우가 많았다. 즉 국민적 주체 형성의 틀을
가지지 못함으로써 근대성 형성 과정에서 취약성을 내포하게 된 것이
다. 이에 따라 민족주의의 성격 변화에 따라 민족의 구성과 성격이 좌
우되어 왔다. 국가가 민족을 창출한다는 지적[33]은 이를 가리키는 것이
다. 이에 따라 한국의 민족주의는 신성하고 무오류라는 몰역사적인 경
향을 드러내기도 한다. 이런 인식은 민족주의라는 이데올로기 유형 자
체를 폐쇄적인 상황에서 발생하는 것으로 상정하는 데서 유래한 것이

33 홉스봄, 강명세 옮김, 『1780년 이후의 민족과 민족주의』, 창작과 비평사, 1994.

라 할 수 있다.[34] 이는 '관주도의 민족주의'뿐만 아니라 이른바 '저항적
민족주의'의 속성을 강조하는 경우도 크게 다르지 않다. 물론 저항적
민족주의의 경우 관주도 민족주의의 배타성과 국가주의적 성격에 대한
비판적 성찰을 통해, 제 3세계적 저항의 특성을 보여주었지만, 민족주
의가 지배와 피지배의 연쇄고리 위에서 성립한다는 점에 대한 근원적
통찰을 보여주지는 못한 것이 사실이다. 이에 따라 점차 민족의 특권성
과 국수성이 강조되지 않을 수 없었다. 이러한 모습은 50년대 후반 이
후 특히 60-70년대의 민족주의 운동 및 '민족문학' 운동에서 쉽게 발
견된다. 특히 2000년대 이후 민족주의에 대한 반성과 비판의 목소리가
높아진 것은 바로 이 점 때문이라고 할 수 있다.

한편 식민지 시대의 민족주의 문학이나 50년대 초기 우익 문학에서
쉽게 찾아볼 수 있는 다른 경향을 볼 수 있다. 그 근원은 1920년대의
혈연적 동포관(민족관)에서 찾을 수 있다. 1920년대 이광수의 논리는 이
러한 논리의 대표적인 경우라고 할 수 있다. 이광수에게 혈통은 민족의
본질적 요소로서 가장 중심적인 것으로 이해되고 있다. 조선족은 특수
한 혈통을 이어받은 민족으로서, 그에게 민족은 아무도 그 범위에서
초탈할 능력을 가지지 못하는 '운명'[35]으로 생각되었다. 그리고 이러한
종종주의적 민족주의 논리는 인종주의와 일맥상통한다. "조선인은 이제
결코 식민지인이 아니다. 약소민족도 아니다. 패전국민도 아니다. 위세
가 융륭(隆隆)한 대일본제국의 신민이다. …(중략)… 늦어도 30년 후의
조선인의 자손은 조선인이라는 비애를 맛보지 아니할 것이오. 내지인의

---

34 윤해동, 앞의 책, 113~114쪽.
35 이광수, 「조선민족론」 1, 『동광총서』, 1933.6.

자손인 일본인과 똑같이 완전히 평등되고 완전히 융합한 그야말로 누가
누구인지 모르는 '동포'가 되어서 영광을 향수할 것이다."[36] 하지만 이러
한 논리는 근대적 주체의 형성이 아니라 천황 또는 '신성한 국체(國體)'의
객체인 신민이 됨으로써 '국민'이 될 수 있다고 보는 것으로, 이는 자기
기만적 근대 국민국가 수립의 기도에 지나지 않는 것이라 할 수 있다.[37]

그런데 우리가 주의 깊게 살펴보아야 할 경향은 일본제국주의 지배
에 대한 역사적 콤플렉스를 바로 민족주의로 규정하는 경향이다. 일종
의 식민주의가 아닐 수 없다. 저항과 동화의 식민지 역사를 거쳐 반제
의식과 서구에 대한 선망 및 숭배가 공존하는 의식 상태를 드러내는
이 경향은 제국주의 본국에 대한 선망과 자기 비하 나아가 저항이 무의
식 속에서 공존하는 것으로 이는 곧 무의식의 식민화라고 할 수 있다.[38]
식민의 상처와 전쟁의 상처를 치유하는 방법을 당대의 문학 작품 속에
서 찾기 위해서는 이 이중적 시선을 염두에 두지 않으면 안 된다. 이러
한 이중적 의식을 극복하는 것이 곧 식민지배의 콤플렉스로부터 벗어
나는 방법이 될 수 있을 것이다. 해방 직후 혹은 전쟁 직후 자신의 모습
을 정직하게 대하고자 하는 작품을 거의 찾을 수 없는 것도 바로 이러
한 이중적 시선을 벗어나지 못한 결과일 터이다. 이처럼 식민지배자에
대한 저항과 동화 모두를 경험한 문인들이 식민주의를 극복하기 전에
미국과 유럽이라는 더 큰 근대문명의 세례를 받게 되어 나타난 것이
전후의 실존주의와 신비평이라 할 수 있다. 특히 이들 전후 신세대들이
실존주의나 신비평의 특성을 존재론으로 규정하고, 이를 통해 문학의

---

36 이광수, 「황민화와 조선문학」, 《매일신보》, 1940.7.6.
37 이경훈, 『이광수의 친일문학 연구』, 태학사, 1998, 29~40쪽.
38 최정무, 「미국, 무의식의 식민화 그리고 자기분열」, 『당대비평』, 2001년 봄호 참고.

보편성을 추구하는 것에 의미를 부여하며 의식과 언어 모든 측면에서 추상의 세계로 갈 수밖에 없었던 것도 이런 까닭에서이다. 그런데 문제는 전쟁 이후 직접적으로 유입되는 서구문학을 보면서 그들의 문학이 지니는 '보편성'에 매료되었던 의식의 근원이다. 실존주의가 현대문명에 대한 심각한 위기의식에서 발단된 것이라는 주장을 그대로 수용하게 된 까닭은 무엇인가 하는 점이다. 여기에 '상대적으로 열등하다'고 판단되는 한국문학에 대한 담당자로서의 '위기의식'까지 작용한 결과 문학에 대한 존재론적 탐구로 나아가게 된 것이다.[39] 이러한 판단은 실상 당대의 문인들부터 최근의 연구자들에게까지 공통적으로 드러나는 인식이다. 하지만 현대문명에 대한 심각한 위기의식이란 식민지배의 과정을 통해서만 근대적 발전을 이루어 온 서구의 위기일 뿐이다. 그들이 말하는 직선적 발전사관을 추진하는 길에 장애가 발생한 것이다. 이를 두고 많은 전후 작가들이 인류 보편의 문제로 받아들인 것은 식민주의를 벗어나지 못한 까닭이 아닐 수 없다. 이런 의미에서 운명론적인 세계인식과 체념을 그린 초기의 작품에서 타인과의 대립을 거쳐, 지식인 속물의 식민지인으로서 타인에 대한 열등감이라는 왜곡된 인간 심리의 열등감을 친일파 친미파의 모습으로 희화화시켜 민족적·역사적 차원의 운명과 결합시킨 전광용의 「꺼삐딴 리」[40]나, 아직 근대의 문명, 문화가 침범하지 않은 일종의 공동체적 사회가 붕괴되는 모습을 고발한 하근찬의 「왕릉과 주둔군」 등은 식민주의의 극복을 볼 수 있는 단초를 보여준다는 점에서 다시 검토될 필요가 있다.

---

39 김동환, 「1950년대 문학의 방법적 대상으로서의 외국문학이론」, 『한국전후문학의 형성과 전개』, 태학사, 1993, 62쪽.

40 김종욱, 「전광용 소설에 나타난 삶의 윤리」, 『개신어문연구』 27, 개신어문학회, 2008.

또 근대문학 연구에 있어 민족주의의 발현이 중요한 것은 모든 민족주의적 경향이 모두 기본적으로 냉전구조를 기반으로 하는 운동이라는 점 때문이다. 식민지 초기에 형성되었다가 해방 이후 반공주의에 의해 대체되는 국가적 민족주의는 민족주의가 가진 본래 성격으로서 동원과 통합의 기능을 외부적 대상을 통해 적절히 발휘하면서 반공주의를 통해 민족주의의 국가성이 가진 결손요소를 보완해 왔다. 이러한 관주도적 국가민족주의는 반공주의와 표리관계를 가지면서 냉전 상황 속에서 정착해 왔다. 한편 본격적인 반체제운동으로서의 민족주의 역시 반일 민족주의에 기초하여 식민지배 청산과 한국경제의 대일 종속을 경계했으나 냉전체제 자체의 해체를 중시한 적은 거의 없었다. 이 운동 역시 냉전구조에 기반을 두고 있고 원초론적 민족주의를 유지하고 있다는 점에서 국가민족주의와 공통성을 지니고 있는 것이다.

5. 전후세대 문인들의 특성

대부분의 전후소설은 전쟁이라는 외상에 집착하고 전쟁의 직접성에 매몰되거나 피해를 과장하는 모습을 보인다. 이는 한국전쟁을 이해하는 자세와 방법의 문제이기도 하다. 그토록 큰 피해와 경험의 깊이가 진정으로 현실 인식의 깊이로 연결되었다고 보기 어려운 것이 사실이다. 이런 모습은 전쟁 상처에 대한 파편적인 자기인식으로 드러난다. 실존주의의 영향 아래 만들어진 대부분의 작품이 이런 모습을 보여준다. 실존주의가 50년대의 유행에 그치고 만 것은 바로 그 때문이다. 현대문명의 위기에 대한 진단과 문제의식이라는 구호만 수용하고 진정한 현대

문명의 위기가 무엇인가에 대한 천착을 하지 못한 것이다. 그렇다면 실존주의는 무엇에 대한 의문인가? 근대성 자체에 대한 질문이다. 유럽 인들이 발전, 진보, 보편이라고 믿었던 신념이 부숴질 위기로 몰고 간 것은 두 차례에 걸친 세계 대전으로 대표된다. 이에 대한 처방은 두 가지 방식으로 표출된다. 그 첫째는 인간 존재에 대한 근원적 질문을 던지는 것이다. 하지만 이 질문의 방식은 각자가 처한 상황과 지배 정도 에 따라 다른 방식으로 나타날 수밖에 없다. 따라서 이 질문은 매우 다양한 방식으로 나타나기 마련인데, 실존주의 철학자 수만큼이나 실존 주의 철학에 대한 정의가 많다는 것은 바로 이를 말해주는 것이다. 그럼 에도 그들의 공통적 특성은 인간의 근원적 존재양식에 대해 질문하고 있다는 점이다. 이는 그들이 생각하는 인간의 존재 양식과 인류, 정확하 게는 유럽인의 발전이 일직선상의 발전이라고 믿어왔기에 가능한 것이 다. 두 번째 방법이 휴머니즘의 제시라고 볼 수 있다. 연합군의 이념도 자유의 수호라는 보편성의 추구로 표명된다. 하지만 이 역시 근원적 해답이 될 수는 없다. 그 휴머니즘의 회복 과정에 기존의 피식민지는 끼어들 자리가 마련되어 있지 않았으며, 제국주의 국가와 피침략국과의 관계를 재설정하는 시도나 인식이 전혀 없다는 점이 이를 말해 준다. 결과적으로 전쟁이 끝난 후 여전히 전쟁 이전과 마찬가지로 새로운 지배 −피지배의 관계가 설정됨으로써, 그들 스스로 근원적인 반성과 극복의 계기를 마련할 길을 놓친 것이라 할 수 있다. 결국 그들이 느낀 위기감이 란 이성의 발전과 진보 자체에 대한 위기의식이 아니라 제국주의로서의 지위를 더 이상 지속하지 못하고 그에 따라 더 이상 직선적인 발전을 할 수 없다는 위기감의 발로로 그치고 만 셈이다. 실존주의가 일시적 유행으로 그치고 만 것은 바로 이러한 이유 때문이 아니었을까?

그렇다면 우리 작가들의 경우에는 어떻게 나타나는가? 손창섭, 장용학 등의 실존주의는 인간의 본질, 근원에 집착한다. 오상원의 「유예」역시 마찬가지다. 죽음을 앞두고 떠올리는 의식의 단면은 철저히 인간이라는 존재의 존엄성이라든가 본질에 대한 질문이다. 하지만 그 근원적인 질문이란 사실 소설적 상황에 그리 어울리지 않는다. 자기 삶에 대한 회한이나 본능적인 삶에 대한 집착, 다시는 볼 수 없는 것과 그리운 것에 대한 애틋함이 아니라 인간 존재에 대한 질문을 한다는 것은 적군에게 사로잡혀 처형을 기다리는 소대장이 떠올릴 만한 질문이라고는 생각하기 힘들다. 작가의 의식이 그대로 투영된 것에 불과하다. 그럼에도 이러한 질문을 그럴듯하게 만들어주고 있는 것은 소위 말하는 '의식의 흐름'이라는 기법에 힘입은 바 크다. 김성한의 「오분간」은 이성으로 이성을 비판하는 풍자의 형식을 취하고 있다. 하지만 이 경우에도 여전히 근본적인 근대의 틀을 깨지는 못한다. 여전히 이성의 틀 안에서 작용하는 것이기에 새로운 이성의 갈망이 그려져 있을 뿐이다. 결국 실존주의의 근원적 물음에 대한 '보편적' 모습의 문학적 형상화라할 수 있다. 따라서 이 소대장은 곧 한국군이 아니어도 무방하다. 몰역사성의 특성이 그대로 드러난다. 이들이 60년대가 되어 구체적인 한국의 현실이 문제가 되는 자리에서는 더 이상 작가의 눈을 가질 수 없게되는 것은 바로 이 점을 말해주는 것이 아니겠는가? 이들의 작품이 가지는 공통적 특성 가운데 하나가 구체적 역사성이 없다는 점도 이를 뒷받침하는 구체적인 표상이라 할 수 있다. 이범선의 「학마을 사람들」이나 오영수의 「갯마을」은 근대와의 대립 갈등 자체가 배제되어버린 경우다. 4월 혁명 이후 추상적 보편성이 아니라 구체적 한국의 현실이 문제가 되었을 때 상당수의 문인들이 문단을 떠나 언론계와 학계 등으

로 간 것은 새로운 이성의 장, 보편성 추구의 길을 찾아 나선 것이라고
하면 지나친 과장일까? 전후문학 연구는 이 질문으로부터 새롭게 출발
해도 좋으리라 생각한다.

1960~70년대 문학비평 담론 속의
'민족(주의)' 이념의 두 양상

1. 민족·민족주의의 양면성
– 역사적 허구로서의 '민족(주의)'

국민적 합의에 따른 정권의 창출이란 면에서 한계를 안고 있던 박정희 정권은 정부 주도의 개발 이른바 '조국근대화'를 위한 국민 동원의 필요성에 따라 강력한 국가주의 이데올로기를 견지해 왔다. 그러한 지배 이데올로기의 중심에 '민족' 이념이 존재한다. 박정희 정권이 4·19를 통해 확인된 저항과 해방의 이념으로서의 민족주의를 부정하지 못하고 4·19정신을 계승한다는 표현을 거듭 강조한 이유도 여기에 있다. 국가주의적 민족주의의 대표적 표현이라 할 수 있는 국민교육헌장의 제정(1968), 민족주의와 국가주의를 학교교육제도로 뒷받침하기 위한 국사 과목의 독립 교과로의 편성(1974), 국민의식의 통제 이데올로기로서 민족주의와 국가주의를 사회적 차원에서 강력하게 뒷받침하기 위한 제도로서의 주민등록제도의 실시 등이 주요한 제도적 장치라 할 수 있다.

하지만 제국주의적 간섭의 온존과 민족의 분단은 식민지 시대의 뒤를

이어 저항과 해방의 이념으로서의 민족주의를 반체제운동의 이념으로
존속시켜 왔다. 그 결과 아래로부터의 저항적 민족주의와 위로부터의
동원된 국가주의가 절묘하게 공존, 민족 이념과 국가주의를 함께 강화하
는 사태를 빚어왔다. 이러한 상황 속에서 1960-70년대 문학비평 영역에
서는 민족과 국가의 이념을 둘러싼 본격적 논쟁이 '민족문학론'을 통해
본격적으로 전개된다. 문학비평 담론들은 그 각각의 진보성이나 보수성
에 관계없이 모두 '민족(문학)'이라는 거대담론의 틀 내에서 존재해 왔다.

본 고에서는 먼저 '민족' 개념을 둘러싼 이 시기의 문학 속에 권력
담론으로서의 민족주의와 국가주의 이데올로기가 보수파 문단 진영의
문학 담론 속에서 어떻게 변형, 반영되고 있는지 살펴보고자 한다. 이
는 특히 최근의 민족주의 비판 담론조차 당대 권력 담론의 핵심 내용에
대한 정공법적 천착으로 나아가지 못하고 있는 반면, 여전히 그 위력을
발휘하고 있는 박정희식 근대화론으로의 회귀 경향을 볼 때 더욱 더
그 필요성을 절감하게 되는 대목이다.[1] 또 이러한 권력 담론에 대한 대
항 담론으로서의 당대 민족문학(론)에 대한 재분석과 재평가가 필요하
다. 특히 이 시기 근대화론의 핵심에 대해 어떤 문학적 대응이 이루어

---

1 박정희의 경제개발을 '이념적으로 볼 때 5·16 산업화 체제는 당시 최고통치 엘리트의
통치이념이던 일종의 경제민족주의의 표현'으로 바라보거나, 안보·자주·통일·민주화
같은 민족적 과제를 달성하기 위한 기존전제로서 경제발전, 산업화를 최우선적 과제로
설정했다는 측면에서 그가 추구했던 민족주의는 일종의 '산업화 민족주의'로 바라보는
입장이 그 대표적인 것들이다. 결국 박정희식의 강압통치는 경제발전을 위해 어쩔 수
없는 것이었고 정당한 것이었다는 결론을 내리는데, 그 근거로 후발산업국가인 독일과
일본의 예를 들고 이들의 경제민족주의를 5·16군사정권에도 적용시키고 있다. 하지만
이는 당대의 현실을 구체적으로 분석하기보다는 다른 환경 속에서 이루어진 경우를
갖다 맞춰 놓은 것일 뿐이다. 대표적으로, 김세중(「5·16 - 산업화 민족주의 혁명」, 정
성화 편, 『박정희시대 연구의 쟁점과 과제』, 선인, 2005, 90~96쪽); 김일영(『건국과
부국』, 생각하는 나무, 2004).

지고 있으며 과연 그러한 대항이념은 민족주의 및 국가주의에 내재하는 획일적 한계를 극복하고 있는지에 대한 연구는 실로 중요한 사항이 아닐 수 없다.

기존 연구들의 대부분은 궁극적으로 민족 이념 자체가 어떠한 민족사적 저항의 논리로 표면화되고 있느냐를 해명하는 데 맞추어졌다. 그 결과 근대성-민족 해방-민주주의적 변혁-민중 연대성-리얼리즘이라는 도식화된 발전사관을 문학의 내적 발전으로 수렴하고 있는데, 이런 식의 논의는 문학 특유의 내재적인 문제들을 근대성의 진보 논리로 치환한 데서 오는 폐쇄적인 도식주의에 입각한 것이라는 혐의를 떨칠 수 없다. 민족 이념 자체는 근대성을 실현하는 중요한 인식론적 혹은 실천적 기반을 내재하고 있음에도 불구하고, 다른 한편 근대성이 갖는 양면성만큼이나 다양하고 모순적인 측면들을 함의하고 있는 것이기 때문이다.

이제까지의 민족 이념을 둘러싼 논의들은 저항 민족주의에 대한 찬양이거나 국가주의에 대한 비판 일변도의 연구 시각을 보여 온 것이 사실이다. 특히 1960년대에 제출된 내재적 발전론은 문화 부문의 연구에 있어서도 우리 민족 독자의 문화적 성취와 그 전통을 발견하는 데 중점을 두게 만들었다. 그 결과 은연중 민족적 동일성의 신화에 기대거나 알게 모르게 국수적 민족주의를 강조하고 그럼으로써 궁극적으로는 국가주의 이데올로기를 강화하는 데 기여하는 결과를 자아내기도 했다. 특히 주목해 볼 것은 저항적 민족문학이 기반하고 있었던 해방적 인간학은 과연 지배 이데올로기로서의 민족주의적 동원 논리의 근원적 한계로부터 얼마나 자유로운가 하는 점이다.

민족 이념은 추상적으로 존재하지 않고 구체적 역사적 국면과 결합하여 존재하는, 즉 역사적으로 끊임없이 생성·변이하는 이념이다. 60-70

년대의 민족 혹은 민족주의 이데올로기의 생성과 변모에 대한 고찰도 이러한 인식을 바탕으로 이루어져야 한다. 이러한 고찰은 이념 그 자체로서 얼마나 옳고 타당한 것이냐, 얼마나 정당한 것인가 혹은 부당한 것인가를 묻는 것이 아니라, 어떤 역사 시기에 어떤 방식으로 구성원들에게 내면화되어 어떠한 역사 추진력으로 작용했는가를 묻고자 하는 것이다. 민족 이념 및 국가주의 이데올로기가 대다수 민족 구성원에게 영향력 있게 호소될 수 있었던 것은 보수적인 민족주의적 사유가 주장하는 혈연(의식)때문이거나, 좌파의 인민통일전선적 민족해방론이 주장하듯 인민의 계급적 처지에 대한 자각 때문이 아니라, 이데올로기적 국가기구와 제도적 장치 그리고 살아있는 문화의 양식을 빌어 민족 구성원들에게 감수되고 내면화될 수 있었기 때문일 것이다. 따라서 민족 이념과 국가주의의 관계, 민족 이념이 갖는 양가적 성격을 고려해야만 그것의 역사적 변이태들을 제대로 이해할 수 있다. 민족주의의 양면성은 한편으로는 파시즘이나 국수주의의 이데올로기로 다른 한편으로는 제국주의와 식민지 사이의 모순을 극복하기 위한 제3세계 민족해방운동의 이념으로 표현되기 때문이다. 이러한 민족주의의 양면성이란 서로 다른 민족주의의 표현이라기보다는 민족주의 이념에 공존하는 특징이다.

'민족'이념은 허구적인 것이지만 동시에 '역사적으로 필연적인 이념'이다. 즉 민족 이념은 근대적인 지각변동을 반영하고 있는 정신적 산물임과 동시에 근대적 삶의 구조 위에서 만들어진 '역사적 산물'인 것이다. 민족을 '문화적 인공물'이나 '상상된 허구의 공동체'로 규정하는 것은 다양한 욕망과 삶의 지향점을 갖고 있는 개인들을 단일한 집단적 의지를 갖는 '민족'/'국민'으로 추상화함으로써 지배 헤게모니를 정당화시키는 '관념'으로 치환하고 있음을 지적하고 있다. 하지만 우리 사회의 경우, 민족 이념은 식민지 경험과 분단, 전쟁과 군사독재의 경험 그리고 그 가운데 변화하는 문화적 지형 속에서 이루어진 필연적인 산물이다. 근대적 개념으로서의 '민족'이념을 바라보는 단층적인 시각을 극복하고 민족 이념이 갖는 저항적 문맥뿐만 아니라 모순되고 착종된 부분까지 근본적으로 재검토할 필요성이 여기서 제기된다.

이러한 연구가 절실한 것은, 근대화 담론의 연장·확장태로서의 1990년대 이래의 세계화 담론 – 그리고 그 한 갈래로서의 동아시아 담론 – 이 민족주의와 국가주의를 전면에 내세웠던 1970년대의 '근대화 담론'에 대한 아무런 반성적 추찰 없이 제기되고 있는 현실 속에서, 이에 대한 민족문학 담론의 적극적 대응은 나타나고 있지 않기 때문이다.

최근 몇 가지 연구 경향은 이러한 지점에 대한 반성적 성찰의 계기를 제공하는 것으로 보인다. 하나는 최근 관심과 논쟁의 대상이 되고 있는 포스트 콜로니얼리즘 이론을 수용한 연구로서, 이 경향은 식민성의 문제를 새롭게 제기함으로써 민족 이념 문제를 다시 부활시키고 있다. 하지만 그것은 단순히 민족 이념을 주장하는 것은 시대착오적이라고 주장한다거나 혹은 민족적 모순이 여전히 존재하고 있으므로 민족 이념을 새롭게 갱신하고 재건해야 한다는 이분법적인 논의를 벗어나 있다. 포스트 콜로니얼리즘의 시각에서 민족 이념의 문제는 어떤 민족이 갖고 있는 고유한 정체성이란 무엇인가를 묻는 질문으로부터 시작된다. 거기에 대한 해답은 민족 이념이 중심적 지위를 차지한 시대적, 시기적인 상황에 따른 구체적인 현실에서 찾아야 하며, 이를 위해서는 민족 이념 자체가 고정되어 있고 분명한 실체가 있는 어떤 것으로 반드시 한 민족의 역사 속에서 구현되어야 할 불변의 이념적 틀이라고 인식하는 태도를 버리고, 대신 민족 이념 혹은 그 대항의 논리는 시기에 따라 가변적이며 얼마든지 상황에 따라 역으로 재구성될 수 있는 '움직이는 준거틀'임을 인정해야 한다는 것이다. 이러한 입장에 기반한 연구는 비록 식민성-탈식민성의 준거틀로 다양한 모순들을 환원하는 경향이 있음에도 불구하고, 민족 이념의 생성, 변이의 양상과 기능을 한층 역사적, 구체적으로 이해할 수 있는 발판을 제공해준다.

또 하나는 과거의 민족 이념이 불가피하게 내포할 수밖에 없었던 부정적 측면, 특히 국가주의로 나아가 현실 정치적 이데올로기로 전화하는 경향에 대한 급진적 비판에 입각한 논의들이다.[2] 이들 논의는 민족 이념이 식민지적 상황에서의 민족적 저항의 기제로서 작용하였다는 역사적 의의와 더불어 현실정치의 가장 민감한 촉수로 작용하여 제도적이고 획일적인 역사 인식의 매개물로 언제든지 변형되고 왜곡될 수 있다는 혐의 또한 내재되어 있음을 강조하며, 그러한 변형과 왜곡이 국가에 의한 지배 이데올로기로 기능하여 결국 파시즘으로도 연결될 수 있음을 경계한다. 이러한 민족 이념과 국가주의의 관련에 대한 급진적 비판은 한편으로는 현 세계에서 현실정치의 기본 단위인 국민국가가 지니는 실천적 의의에 대한 아나키즘적 부정이라는 혐의에서 자유로울 수 없음에도 불구하고, 다른 한편으로는 민족 이념을 둘러싼 기존의 사유를 넘어서는 새로운 사유로의 접근을 위한 문제의식을 제공해준다.

본 연구는 이러한 최근의 연구 경향이 제공해주는 새로운 계기들을

---

2 '대중독재'라는 틀로 당대를 바라보는 이 시각은 대중들이 '개발주의적 욕망'을 실현한 것이 박정희 시기의 진실임을 주장한다. 그간 사회운동과 대중들의 일상 속에 침잠되었던 국가주의, 개발주의적 측면을 지적함은 타당하지만, 과연 당시 체제와 대중들의 일상을 둘러싼 모순에 대한 인식이 부재한 합의독재의시기로 일반화하는 것은 탈역사적인 문제 인식에 그쳐 사회의 변화 가능성이 봉쇄된 역사 해석으로 귀착될 가능성이 크다. 대표적으로 임지현, 『민족주의는 반역이다』, 소나무, 1999.

수용하되, 포스트 콜로니얼리즘적 경향에서 나타나는 환원주의라든가 국가주의 비판 경향에서 나타나는 아나키즘적 부정의 경향을 경계하면서, 1960~70년대 문학비평 담론에 나타난 '민족' 이념과 국가주의의 변모양상에 대해 살펴보고자 한다.

2. 민족적 '주체'의 확립을 둘러싼 헤게모니 투쟁

1) 민족(주의) 이념 분화 이전의 논쟁 – 전통론과 순수 참여론

1950년대는 민족주의에 대한 논의 자체가 불가능한 시기였다. 미국의 원조경제와 친일파의 득세, 이승만의 '북진통일정책'이 유일한 민족문제 해결책으로 공언화되는 상황에서는 민족주의를 언급하는 것 자체가 곧 용공으로 인식되는 상황이었기 때문이다. 가장 정론적인 종합지였던 『사상계』에도 50년대에는 겨우 1년에 한 편 정도의 민족주의에 관한 글이 실렸을 뿐이며 그나마도 반 이상의 논의가 아시아, 아프리카 등의 민족주의를 논하는 글이었다. 민족주의에 대한 논의는 4·19를 겪고서야 어느 정도 가능했는데, 해방 이후 1960년대까지 민족주의는 주로 지배 담론으로서의 위치에 서 있었다. 1970년대 유신체제의 성립 이후 민족주의는 더욱 노골적으로 독재권력의 통치를 합리화하는 도구로 사용된다. '한국적 민족주의'라는 구호에서 나타나듯 민주주의의 보편적 요구를 민족의 특수성이라는 이름으로 저항세력을 억누르는 도구로 노골적으로 사용한 것이다.

1960~70년대 권력 담론으로서의 민족주의와 국가주의의 실질적인 핵심 내용은 근대화 담론이었다. 박정희가 제시한 '조국근대화'는 사실

상 경제적 자립, 공업화를 의미한 것으로 자유주의 경제질서와 반(反)공
산주의, 대기업 주도의 경제발전, 서구적인 자본주의 발전을 그 내용으
로 하고 있다. 이 발전주의의 논리는 제3세계 후발자본주의 국가의 지도
자들이 일반적으로 견지한 민족주의의 담화를 사용했지만, 분단 상황과
쿠데타 세력의 역사적 기반을 감안한다면, 그것은 정치적 동원을 위한
수사에 불과했다. 왜냐하면 발전이념으로서 민족주의는 식민지 경제질
서의 청산과 경제적 자립을 일차적으로 내걸어야 할 것이나 박정희 정권
이 표방한 '조국근대화'의 구호는 한·일국교정상화 과정에서 드러났듯
이 민족주의와는 거리가 있는 것이었기 때문이다.[3]

'민족중흥의 역사적 사명'이라는 기치가 상징하듯이 박정희 정권은
민족이념을 적극적으로 정권의 논리로 변형·왜곡함으로써 국가주의
의 지배 이데올로기로 전화시켰다. 즉 개발이'민족중흥의 역사적 사명'
임을 강조하는 성장 이데올로기에 부응하여, 개인이 성공을 추구하는
것을 욕망의 차원을 넘어선 '도덕'으로 만들었다. 경제적 근대화를 이
루는 것은 민족적, 국가적 과제이므로, 개인적 성공의 논리는 단지 경
제적 의미만 지니는 것이 아니라 국가주의 이데올로기의 성공과도 맞

---

3 김동춘, 「1960, 70년대 민주화운동세력의 대항이데올로기」, 역사문제연구소 편, 『한
  국정치의 지배이데올로기와 대항이데올로기』, 역사비평사, 1994, 229~230쪽.
   후발 산업화 국가의 경우 선진 산업화 국가를 따라가기 위해 빠른 경제개발을 추진하면
  서 강력한 민족주의를 동원하는 것은 일반적인 현상(톰 네언·백낙청 편, 「민족주의의
  양면성」, 『민족주의란 무엇인가』, 창작과 비평사, 1981, 227~233쪽)이라고 할 수 있는
  데, 박정희 정권의 민족주의 역시 그의 집권 구호였던 '조국근대화' 정책과 처음부터
  긴밀히 연결되어 있었다. 그러나 민족 주체의식, 자립의식 등 정서적이고 정신적인
  차원에서의 민족주의 강조 이외의, 식민지를 경험한 3세계 민족주의가 보편적으로 지니
  고 있던 외세 침략 혹은 예속 강요 등을 경계하거나 저항하는 논리는 거의 찾아보기
  어렵다.

닿아 있는 것이다.[4] 개인이 경제적으로 잘 살려고 노력하는 것은 민족을 중흥시키기 위한 최우선의 과제이므로 출세에 실패한다는 것, 즉 '전락'은 개인의 경제적 몰락을 의미할 뿐 아니라 민족적 과제를 성실히 수행하지 않는 행위 즉 국민 된 도리를 다하지 않는 태도를 의미하게 된다. 그러므로 '성공'을 규범으로 삼음으로써 이 시스템에 진입한다는 것은 근대화와 동시에 극단적 국가주의 체제에 편입하는 것을 의미하는 것이고 '전락'은 시스템에서의 일탈, 즉 올바른 '국민'의 일원이라는 위치에서의 누락을 의미하게 된다.

이상과 같은 권력 담론의 영향력에 대한 이해가 전제될 때에만, 민족문학이란 무엇인가를 놓고 문학비평 담론 내에서 1960-70년대에 제기된 민족과 국가의 이념을 둘러싼 논쟁, 그리고 그 전사이자 문학의 사회적 역할 문제에 대한 논쟁으로서의 1950년대 말에서 60년대 중반까지 펼쳐진 전통론 및 1960년대 문단의 순수·참여 논쟁의 본질을 제대로 이해할 수 있으며, 그 각각의 진보성이나 보수성에 관계없이 모두 '민족(문학)'이라는 거대담론의 틀 내에서 '민족'이념을 둘러싸고 전개된 치열한 이데올로기적 헤게모니의 대립양상을 펼쳐 보인 1970년대의 '민족문학론'을 제대로 읽어낼 수 있다.

1960년대에는 '민족문학론' 자체가 논쟁의 뚜렷한 초점을 형성하였다

---

4 예컨대 이 시기 인구 구성의 대다수를 차지하고 있던 농민들의 현실수용 방식은 기존 질서에 대한 적극적인 동의 혹은 실용적 적응의 차원과는 거리가 먼, 체념적 순종에 바탕을 두거나 농촌으로부터의 탈출을 염두에 두는 것이었는데, 이들의 분산성과 고립성 및 국가와의 수직적인 통제-피통제 관계는 농민들의 자생적 조직화를 차단하고, 이들을 탈동원화시키는 역할을 하였다. 이렇게 농촌으로부터 벗어나 노동자가 된 대부분의 농촌 출신 저학력 여성노동자들은 출발부터 공장제도에 대해 거부감과 두려움을 갖기보다는 농촌의 빈곤을 탈출할 수 있는 기대와 희망의 대상으로 생각했다. 김동춘, 위의 논문, 220~224쪽.

기보다는 전통론과 순수참여론의 양상으로 논쟁이 이루어진다. 먼저 1950년대 문학의 경우 민족주의는 곧 애국심으로 치환되고 반공이데올로기의 필연성으로 환원되는 모습을 보여준다. 50년대 문학에서 개인의 죽음을 장엄하게 그리고 민족의 정통성을 강조하면서 애국을 설파하는 이면에는 바로 이러한 논리가 깔려 있는 것이다. 이 때 민족은 구체적인 삶을 살아가는 민중의 논리를 담지 못한 추상적이고 애매한 이념에 불과한 것이다. 이처럼 50년대 문학에서 민족 이념은 쉽게 반공 이데올로기로 전환되고 나아가 전쟁 파시즘의 논리로 극단화되기도 한 것이다.

1950년대에서 60년대에 걸쳐 진행된 '전통론'은 한편으로는 근대적 담론의 대타적인 의미로 사용되는 동시에 근대적인 계몽의 프로젝트 안에서 움직이는 동적인 이데올로기로서의 역할을 담당했다. 즉 이 시기 전통을 둘러싼 논의는 '세계적 동시성'의 추구라는 근대화 논리에 대한 저항담론으로서 또 한편으로는 이 전통의 내면화를 통해 새로운 사회와 국가의 건설이라는 과제를 달성하고자 했던 지배담론으로서의 양가적인 모습을 보여준다.

1950년대 중반 이후 우리 평단의 주요 주제였던 전통 논의에서 전통 부정론을 펼쳤던 이어령 등 평론가들에 맞서 전통 옹호론을 펼쳤던 기성 문인들과는 또 다른 차원에서, 당시의 국문학 연구자들이 참여한 사실 자체가 국문학 연구라는 학문 분과가 문화에서의 민족적 전통의 발굴, 고안 및 그 확산을 통해 '국민'들에게 문화적 일체감을 부여하려는 국가주의적 노력의 일환으로 작용하기도 했다. 1960년대 들어 국학계를 풍미했던 '내재적 발전론'은 그 실증적 정당성 여부를 떠나 강렬한 '민족주의적' 의도와 결합되어 있음은 부정하기 어렵다. 요컨대 민족적 위기에 대응하는 문학적 실천을 강조하는 이러한 연구 경향은 간접적으로 우리 문학에 나타난 민족 이념의 탐색과 무관하지 않은 것이다. 이는 1970년대의 진보적 문학운동의 이념으로 정식화된 '민족문학론' 곧 아래로부터의 저항적 민족주의와도 통하면서, 다른 한편으로는 국가 상실의 시대의 정통성을 국권 회복의 노력으로 복원하려는 위로부터의 국가 차원의 의지와도 모순되지 않는 성질의 것이었다. 따라서 이 무렵의 성과들은 민족 이념이나 국가주의 이데올로기에 내포될 수 있는, 저항이나 해방적 열정과는 또 다른 부정적인 측면에 대해서는 거의 간과하였다고 할 수 있다.

　문학의 순수성과 자율성을 옹호하는 주장과 문학의 사회적 책임과 역사의식을 강조하는 주장의 대립은 순수·참여논쟁에서 뚜렷이 드러난다. 서정주·김동리·선우휘·이형기·김양수·김붕구·이어령 등이 문학의 자율성과 순수주의를 옹호하는 입장에서, 그리고 김수영·김병걸·김우종·임중빈·최일수·구중서 등이 문학의 사회적 책임과 역사의식을 강조하는 입장에서 치열한 논전이 전개되었다. 이 논쟁은 현실의 비참함에 대해 작가가 과연 외면할 수 있는가 하는 작가의 양심 문제를 제기하는 차원에서 시작되었지만, '창조적 자아와 사회적 자아'의 문제 및 참여문학론의 좌경화에 대한 논쟁으로 발전한 60년대 후반의 논쟁은 참여 문학의 당위성을 인정하는 위에서 문학의 현실 참여가 어떤 방법으로 이루어져야 하는가에 대한 방법적 측면에 대한 논의로 진전된다. 이처럼 참여의 방법을 둘러싼 논쟁의 성격을 띠게 됨에 따라 필연적으로 한국적 상황의 특수성을 의식하지 않을 수 없게 된다.[5]

---

5 논쟁의 자세한 전개과정은 졸고, 「1960년대 순수참여논쟁의 전개과정과 그 문학사적 의의」, 김윤식 외, 『한국 현대비평가연구』, 강, 1996 참고.

순수문학론은 특히 문학과 현실의 관계 및 문학과 이데올로기의 관
계에 대해 부정적인 인식을 드러내는데, 이러한 부정적 인식은 분단상
황과 민족통일에도 연관된 것으로서 참여론을 공격하는 중요한 도구로
사용되었다. 이들의 논리적 근거는 실상 매우 간단하다. 문학의 순수
성을 강조하고 현실참여적 문학론을 사회주의 문학론으로 비판하는 것
이다. 즉 분단과 민족의 통일에 대한 논의를 핵심으로 삼고 있는 참여
문학을 프롤레타리아 문학과 등치시킴으로써 참여론을 좌경이론으로
몰아가는 모습을 보여주었는데, 이들의 논의에 내재하는 레드 콤플렉
스는 당시 정권이 유포하는 국가안보논리와 직접 맞닿아 있는 것이라
할 수 있다. 즉 6·25를 경험한 사람들의 내면에 공포로 자리잡고 있는
레드 콤플렉스를 자극함으로써 갈등과 위기의 순간마다 다른 비판적
담론을 봉쇄하고 국민을 통합하는 수단으로 삼는 국가주의적 논리에
충실히 따르고 있는 것이다. 이러한 논리는 해방직후 좌우익논쟁 때의
논리와 거의 달라진 바가 없는 것인데, 이는 순수문학 진영에서 그동안
자체 내 이론의 심화나 시대적 변화에 따른 자기 갱신의 과정이 없었음
을 말해준다. 이러한 사실은 분단과 전쟁을 겪으면서 남한에서 좌익이
거의 소멸되어버린 상황에서 오는 자기갱신노력의 부족에서 기인하는
것이기도 하지만 보다 근원적으로는 구체적 현실을 외면한 순수문학
이론 자체의 허약함을 말해주는 것이기도 하다.[6]

참여문학론의 경우 초기에는 구체적 현실에 근거한 문학적 자세를
취할 것을 주장하고 있으면서도 실제로 그 구체적 현실에 대해서는 '빈

---

6 김영민, 『한국현대문학비평사』, 소명, 2000, 297쪽; 김윤식 외, 『한국 현대비평가연
   구』, 강, 1996.

궁' 혹은 한국적 특성 정도의 추상적 설명에 그치고 있다. 더욱이 이들이 서구의 현실 참여론을 근거로 하여 전개했던 원론적, 추상적 수준의 순수·참여 논의는 원론 이상의 의미를 지닐 수 없는 것이었다. 그들은 사르트르의 '앙가주망'을 수용하여 작가의 양심과 문학의 사회적 책임을 강조한다. 하지만 이러한 논리 역시 김붕구에 의해 사회주의 문학으로 귀결될 뿐이라는 비판을 받게 된다. 주어진 틀 속에서의 논의만이 가능했던 60년대적 상황 자체에 갇혀 논리적 틀을 깨지 못했던 점 및 서구 이론의 수입으로 한국현실의 모순을 진단하고자 한 점 등 그 한계가 나타날 수밖에 없었던 것이다. 이들 역시 구체적인 한국의 현실을 논하지 못한 채 원론적인 의미에서의 참여, 작가의 태도 등 논리에 앞선 의지의 강조로 맞설 수밖에 없었기 때문이다. 다만 문학의 사회적 효용성에 대한 문제제기를 통해 참여 문학의 의미와 특성을 분명히 제시하고, 서구의 참여론을 통해 '문학론'의 확립을 위해 노력함으로써, 문학 및 예술 활동은 사회적 활동의 일부분이며 따라서 그것은 현실에 대한 구체적 인식을 바탕으로 해야 한다는 참여론의 논리적 정당성은 확보할 수 있었다. 그리하여 논쟁은 참여문학의 당위성 자체에 대한 논의에서 참여의 방법을 둘러싼 논쟁의 성격으로 변화하고 필연적으로 한국적 상황의 특수성 즉 분단현실에 눈을 돌리는 계기를 마련하게 된다.

무엇보다 이 논쟁의 가장 큰 의미는 이전의 모든 전통이 단절된 상태에서 전후비평의 탈이데올로기적 상태를 깨뜨리고 이념적 논의의 장을 마련하는 계기를 이루었다는 점이다. 논쟁은 백낙청과 조동일의 순수문학론에 대한 비판으로 마무리된다. 이들은 순수문학은 김동리의 제3휴머니즘처럼 자신의 현실을 외면하고 넘어선 저편에서 무한한 상상력을 발휘해 현실을 마음대로 요리하고자 하는 문학[7]이며, 건실한 중산계급의 발전을 본 일도 없는 한국사회에서 유럽 부르주아지 시대의 예술지상주의를 금과옥조처럼 내세우는 것은 정리 안 된 전근대적 자세를 제대로 소화하지 못한 근대서구 예술이론을 빌려 옹호하려는 노력으로서, 이는 정치 경제면에서 유럽 중산층의 정치 경제 이념을 핑계로 한국의 후진적 사회구조를 견지하려는 것과 정확히 대응되는 현상이라고 비판한다.[8] 그리고 그러한 순수주의의 근원은 권위주의와 비생산성을 지닌 특권층의 생활태도에서 비롯된 것으로 따라서 역설적으로 비순수의 속성을 지닌 집단의 태도에서 비롯되는 것임을 지적한다. 이러한 비판과 함께 백낙청은 민족의 분단현실과 민족공동체에 대한 관심을 환기시키는데 이러한 관심이 바로 1970년대 민족문학론의 중추를 이루게 된다.

2) 우월적 민족주체 인식과 삶의 주체로서의 민족 – '민족문학' 개념을 둘러싼 논쟁

'민족문학'이란 용어가 문단의 새로운 관심을 모은 것은 '한국문인협회'의 기관지인 『월간문학』 1970년 10월호에 민족문학 특집을 마련한 것이 계기가 되었다. 장구한 역사에도 아직 이루지 못한 민족문학의 완성을 목표로 내건 특집에는 문덕수, 이형기, 김상일, 김현 등이 참여했는데, 김현을 제외하면 모두 이른바 보수 진영의 문인들로 이들의 논의는 몇 가지 점에서 공통적 특성을 보여주고 있다.

민족문학의 개념에 대해 문덕수는 "민족의식에 입각하여 민족의식

---

7 조동일, 「순수문학의 한계와 참여」, 『사상계』, 1965년 10월호.
8 백낙청, 「새로운 창작과 비평의 자세」, 『창작과 비평』 창간호, 1966년 겨울.

이 반영된 문학"[9]으로 규정한다. 여기서 그는 민족의식을 인종의식과 문화적 동류의식 둘로 나누고, 이 둘이 결부됨으로써 운명공동체 의식으로 발전하게 되는데 민족문학이란 바로 이러한 민족의식을 반영하고 있는 문학이라고 주장한다. 그리고 그러한 인종의식의 반영으로서 설화를 들고, 문화적 요소의 대표적인 것으로 샤머니즘을 예로 들며, 이것이 민족의 자연관 세계관으로 발전될 기반을 가진 것으로서 민족문학의 중요한 전통임을 강조한다. 이는 김동리의 『무녀도』가 없다면 나오기 어려운 발언일 것이다. 이형기 역시 한국인이 단일혈통, 단일민족이라는 점을 근거로 "민족 특유의 역사와 전통이 한국 언어에 담긴 작품"[10]으로 규정하고, 우리의 역사와 전통을 살리려면 이론이나 개념이 아닌 정신적 생리가 먼저 중시되어야 하는 까닭에 오직 김동리의 '민족문학론'만이 그러한 개념 규정에 맞는 민족문학론이며 그 구체적 작품의 예를 설화 신화 가사 등 고전작품에서 찾고 있다. 김상일도 신화가 민족문학의 원형이라는 것을 장황한 신화의 소개로 입증하고자 애쓰고 있다. 즉 민족문학의 기원은 바로 신화라는 주장을 펼친다.[11] 이처럼 이들의 논의는 첫째, 민족문학의 예를 모두 고전작품에서 찾고 있으며, 둘째, 혈연을 바탕으로 한 민족 개념을 근거로 하고 있다는 점. 셋째, 민족 및 민족주의란 근대사회의 출발과는 무관한 것이라는 인식에 따라 구체적 현실에 대한 언급이 전혀 없다는 점을 들 수 있다.

이러한 복고적 성향은 당대의 정치질서 및 역사학의 논의를 근거로 삼고 있는 것이다. 학문적인 영역을 떠난 고대사의 과찬과 확대 해석이

9 문덕수, 「고전문학과 민족의식」, 『월간문학』 1970년 10월.
10 이형기, 「민족문학이냐 좋은 문학이냐」, 『월간문학』 1970년 10월.
11 김상일, 「민족문학의 기원론」, 『월간문학』 1970년 10월.

민족 주체성과 자주성의 이름으로 이루어졌을 뿐만 아니라 고대 사회와 봉건 시대의 윤리를 주체적 한국사상으로 오늘에 실천할 것을 강조하기 조차 했다.[12] 이처럼 오늘날 이미 전시대의 신화처럼 퇴색해버린 문화의 고유성과 문화의 숭배성에 대한 숭상이 새로운 활기를 얻어 팽배하고, 외래문화를 국적 없는 문화로 무조건 배척하는 국수주의적 경향이 급격히 대두한 것이 1960-70년대의 현실이었고 문학상에 나타난 무조건적인 우월적 주체성의 강조는 이러한 논리를 근거로 삼고 있었다.

『월간문학』의 특집에 게재된 글들은 본격적인 논문이나 민족문학의 범주, 역사 등에 대해 꼼꼼히 살피거나 논리적 체계를 보여고 있는 글은 없다고 할 수 있다. 그럼에도 당대의 문단권력을 쥐고 있던 한국문인협회가 기관지 격으로 창간한 잡지에서 이를 창간호의 특집으로 내세운 것은 무엇 때문인가? 이는 해방 시기 좌익과의 민족문학론 논쟁 과정에서 제출된 김동리의 민족문학론을 다시 한 번 자신들의 민족문학론으로 내세워 그 입지를 다지고자 한 것으로 볼 수 있다.[13] 이는 월간문학의 편집인 겸 발행인을 맡은 이들이 바로 김동리, 조연현이었다는 점을 생각하면 쉽게 이해할 수 있다.

『월간문학』은 1972년 10월 다시 '민족문학재론'이라는 특집을 마련하여 김동리, 김현승의 설문과 윤병로, 김상일의 글을 싣고 있다. 여기서 김동리는 민족문학에 대하여 다음과 같이 말하고 있다.

---

12 박종홍, 「한국사상의 원류」, 『박종홍전집』 6권, 형설출판사, 1982, 65~66쪽.

13 김영민, 『한국 현대문학비평사』, 2000, 381쪽. 특히 이 잡지는 창간사(1968년 11월)에서 민족문학의 완성이 "본지의 구경적인 목적이요 또한 사명"이라고 밝힌 바 있으며, 민족문학 특집을 게재한 호의 편집후기에서도 해방 이후 "우리의 민족문학은 과연 어느 정도의 목표에 도달하고 있을까. 도대체 민족문학이란 무엇인가부터 다시 한 번 근본적으로 재검토해 볼 것"이라고 하여 민족문학에 대해 강조하고 있다.

그는 우선, '민족문학의 정의'라는 질문에 민족문학을 세 가지로 나누고 있다. 첫째, 그 민족이 가진 모든 문학 가운데서 대표적인 문학작품, 시대와 사회를 초월하여 그 민족이 자랑으로 생각하며 애독하는 문학, 둘째, 그 민족의 특성, 즉 민족성을 가장 잘 나타낸 문학 셋째, 민족이란 개념이 형성된 것은 근대하고 볼 수 있으며, 따라서 근대문학이 곧 민족문학인데 이 가운데 첫째와 둘째 견해는 시간적 기준밖에 없으나 셋째 견해는 공간적 기준까지 곁들인 것이기 때문에 자신은 세 번째 견해 즉 '근대문학이 곧 민족문학'이라는 견해를 취한다고 말한다. 그것은 민족문학이란 그 민족에게만 자랑스럽고 영구적인 문학일 뿐만 아니라 세계의 문학으로 보편성을 띠어야 하기 때문이라는 것이다.[14]

민족문학에 대한 이러한 개념 정의가 얼마나 추상적인 것인가는 말할 것도 없다. 기존의 자신의 견해보다 오히려 더욱 막연하다. 하지만 2년 뒤인 1974년의 '문예중흥과 민족문학'이란 심포지엄에서 김동리는 다시 예전의 자신의 휴머니즘론을 강조한다. 그는 민족문학과 근대문학 그리고 예의 휴머니즘 문학을 연관짓고 있다. 민족문학의 기조는 인간주의라는 자신의 본래의 주장을 전제하고 있는 것으로 민족문학은 인간주의 문학인 것이며 따라서 근대문학의 범주에 속하는 것임을 가장 먼저 강조한다. 이후 인간주의 문학은 주제 면에서 인간의 존엄성이라든가 자유의 존엄성 등을 지키는 인간성의 옹호와, 작중인물의 성격 창조 및 그로부터 발전한 전형의 창조로서 구현되는 인간성의 탐구 두 가지로 대변되는 것이며, 따라서 한국의 민족문학은 한국인의 전형 곧 한국인상을 그리는 문학이어야 한다고 주장하고 있다.[15] 이는 스스로 언급하고 있듯

---

14 김동리, 「민족문학에 대하여」, 『월간문학』 1972년 10월.

이 해방시기 좌익과의 논쟁에서 주장했던 휴머니즘 문학을 그대로 반복
하고 있는 것이다. 한 때 민족문학을 민족주의 문학이나 계급주의 문학
으로 끌고 가려는 부류들이 있었지만 이는 오류라는 주장을 덧붙이고
있는 것도 예전 주장과 조금도 변함이 없다. 이처럼 현실의 변화를 조금
도 염두에 두지 않는, 30년 전의 민족문학론을 반복하여 주장할 수 있는
것은 당연히 이들의 민족문학론이 근거를 두고 있는 민족 개념이나 민족
주의 개념의 불변성이라는 특성 때문이다. 마지막으로 덧붙이고 있는
것은 그려내야 할 현재의 한국인상이란 어떤 것인가 하는 점이다. 한국
인의 전형을 그릴 때는 인물의 개인성과 보편성 위에 다시 한국민족의
특성을 고려해야 하며 이렇게 했을 때 살아있는 한국인상을 그릴 수
있는 바, 이런 생각을 바탕으로 '한국적인 고유한 정신의 흐름'과 한국인
의 특성을 찾는 과정에서 눈을 돌린 것이 샤머니즘의 세계라는 것이다.
그 결과 그가 그려낸 전형적인 한국인상이 『무녀도』의 '모화'이다. 그러
므로 『무녀도』는 민족문학이 지향해야 할 훌륭한 모범이며 '모화'는 전
형적인 한국인상이 된다. 그가 주장하는 가장 개인적이며 가장 민족적
인 동시에 가장 보편적인 성격의 창조가 바로 '모화'인 것이다. 이러한
인식은 이미 전시대의 신화처럼 퇴색해버린 문화의 고유성과 문화의
숭배성에 대한 숭상을 드러내고 있던 역사학계의 민족주의 성향을 문학
상에 그대로 옮겨놓은 것이라 할 수 있다. 60년대에는 미약했던 민족주
의 논의가 70년대 박정희 정권의 '한국적 민족주의' 제창 및 문화적,
정서적 차원에서의 민족주의 강조 그리고 현실적 저항적 측면의 민족주

---

15 김동리, 「민족문학과 한국인상」, 문학사연구회 편, 『민족문학론』, 백문사, 1988, 13~
    17쪽(『월간문학』 1974년 5월 게재).

의에 대한 배척, 역사학계의 복고 숭상이 힘을 얻는 가운데, 문단에서도 다시 기존의 논리가 내세워지고 있는 것이다.

김동리와 함께 심포지엄에서 전형적인 민족우월주의의 문학관을 보여주는 이는 시인 구상과 소설가 박영준이다. 먼저 구상은 기존의 민족문학으로 1920년대 카프에 대립한 국민문학파의 '조선주의', 해방 후 문맹계의 정치주의에 대한 청년문협계의 인간주의와 순수문학(김동리), 전통 계승 주장 등이 있었으나 이들은 시사적이고 관념적인 논의만 시종일관할 뿐, 민족문학의 실체나 가치체계에 대한 명백한 제시가 없었고 민족문화사관의 정립에 의한 새로운 창작방향에 대한 추구가 없었기 때문에 '정서적 차원의 애국주의' '프로문학에 대한 우파적 보수주의' '시조 등을 앞세운 복고주의'라는 비판을 받게 되었다고 말한다. 게다가 민족문학이라는 용어는 국수주의적이므로 한국문학이라는 용어를 사용하자고 하는 김현의 비판까지 많은 오해를 불렀다고 주장한다. 그리고 세계적으로 국민문학이라는 용어를 사용하지만 자신들이 민족문학이라는 용어를 사용하는 것은, 민족문학이라는 용어가 사용되는 현실적 상황 배후에 깔려 있는 그 시대의 사조 즉 해방 전 카프계나 해방 후 문맹계가 계급투쟁으로 反민족적 세계주의를 표방하고 나설 때, 이에 대립한 자신들은 정치적 민족주의의 일환으로써 민족문학을 들고 나섰으며 그 민족주의가 지니는 생물적 자기 보존욕구에 뿌리박은 집단적 구심력으로 민족의 전통계승을 주장했던 것이라고 설명한다. 그리고 우리의 민족문학은 3·1운동을 치른 대중적 민족주의와 민주주의를 근거로 하기 때문에 국수주의적이고, 복고적이고, 교조적이고 권력지향적 특성을 지니지 않는다고 천명한다.[16] 여기에는 어떤 논리적 근거나 객관적 자료도 제시되지 않는다. 다만 민족을 영구불변의 실체로 지고의 가치를 지닌 우월한 주체로 천명할 뿐이다. 단 하나의 근거는 그가 인용하고 있는 "한민족에게서 문화란 민족의 독창성, 우월성을 확신시켜 주는 창조적 개념이며, 따라서 그것은 한민족에게 역사적으로 사해진 모든 민족적 모순을 극복하여 줄 수 있었던 자주적 역사 에너지의 하나였다."는 역사학자의 말일 뿐이다.

구상과 함께 70년대의 근대화 논리에 충실한 문학관을 피력한 이는 박영준이다. 박영준 역시 민족문학은 식민지시대나 해방 후 모두 공산주의 문학에 대해 항거 투쟁함으로써 시작했다고 말한다. 그러나 이제는 계급주의적 문학이 아닌 민족주의문학을 해야 한다고 말할 필요도 없으며, 정치문학이 아니라 순수문학을 해야 한다는 말도 할 필요가 없으며 다만 세계문학의 일환으로서의 민족문학만 생각하면 된다고 말한다. 스스로 자신들의 민족문학이 어떤 일정한 내적 가치나 체계를 지닌 것이 아니라 사회주의 문학에 대한 반대에서 비롯된 것임을 말해주고 있다. 그러나 세계문학으로서의 일환이 되어야 한다는 이러한 주장이 얼마나 공허한가는 그 다음 문장에서 바로 드러난다. 그는 민족문학이란 첫째, 민족의 의식, 사상, 감정을 나타내야 하며 둘째, 민족 전통의 일부분이 될 수 있는 내용의 것이어야 한다고 말한다. 민족의 의식, 사상, 감정이란 어디까지나 우리 민족의 발전, 향상을 기조로 한 것으로 역사의식 위에서 미화시킬 수 있는 것이라면 토속적이든 향토적이든 무엇이나 우리의 빛깔이 드러나고 우리의 맛이 나며 우리를 느끼게 하면 된다고 말한다. 한마디로 우리의 멋과 우리의 성격이 드러나

---

16 구상, 「민족문학의 의의와 그 방향」, 문학사연구회 편, 『민족문학론』, 백문사, 1988, 32~34쪽(『월간문학』 1974년 5월 게재).

면 된다는 것이다. 정서적 차원의 애국주의, 복고주의가 완연히 제 모습을 드러내고 있는 것이다. 여기서 다시 단서를 붙여 지나친 서구화로 한국을 비하하고 멸시하는 그런 것은 민족의식이 결여된 까닭에 민족문학이라고 말할 수 없다고 주장한다. 한국과 한국 사람을 사랑하며 아름답게 보려하지 않는 정신 속에서는 민족문학이 나올 수 없다는 것이다.[17] 한국적인 빛깔, 냄새, 맛 이것만으로는 부족했는지 여기에 문학다운 문학이라는 표현을 덧붙이고 있다. '문학다운 문학에다가 한국적인 빛깔, 맛, 냄새를 풍기면 민족문학'이며 세계문학도 된다는 이러한 개념규정에는 아무 논리도 없으며 다만 '한국적'인 것에 대한 무한한 우월감만이 드러날 뿐이다. 박영준이 이러한 '우월적 주체의식'을 바탕으로 근대화론에 기울어 있다는 것은 새마을 운동이 농민들에게 새로운 농민의식을 불어넣어 농촌을 진흥시키리라고 생각하며, 그러한 새로운 농민의식을 주제로 한 농민소설을 쓸 것이라는 발언에서도 충분히 엿볼 수 있다. 백철 역시 '민족문학의 개념은 한마디로 주체성의 문학'임을 강조하고, 이 주체성이란 문학 분야에서는 전통성의 문학 곧 전통 위주의 문학이라고 설명하고 있다. 즉 민족문학작품에 있어서

---

17 박영준, 「내가 쓰고 싶은 민족문학」, 문학사연구회 편, 『민족문학론』, 백문사, 1988, 46~50쪽(『월간문학』 1974년 5월 게재). 박영준의 논리에 의하면 미니스커트를 입는 것은 지나치게 서구화된 정신에 젖어 우리의 문화를 멸시하는 것이다. 박영준은 70년대 근대화론을 아무 여과 없이 그대로 문학에 적용하고 있다. 박정희가 서구의 자유민주주의를 비판하고 우리의 특성에 맞는 '한국적 민주주의' '민족적 민주주의'라는 구호를 제창하면서 민족적 특성을 강조하여 비판논리를 배제한 방식을 그대로 문학론으로 옮겨놓은 것이다. 개인적 자유나 개성은 한국적 특수성으로 인해 제한되어야 하며 그런 것을 주장하는 것은 반체제, 공산주의적 논리라는 논법 역시 민족문학의 논리에서는 사회주의 문학에 대한 비판으로 나타난다. 이는 서구민주주의를 국력소모의 원인으로 간주하고 민주주의에 대한 자신의 거부를 서구중심주의에 대한 거부와 동일시하면서 민족주의를 방패막이로 내세웠던 박정희의 논법과 너무나 흡사하다.

는 전통성이 주격적인 세력의 요소이어서 이 골격을 확실하게 세워놓지 못하면 민족문학 구축은 단지 모방에 그치고 만다는 것이다.[18]

조연현 역시 민족문학은 그 민족이 만든 문학이 아니라 그 민족의 문학적 특성을 말하는 것으로서, 옛날부터 지금까지 이어온 역사적 전통적 특성 말하자면 민족의 문학적 개성을 지녀야 한다고 설명한다. 그러므로 민족문학이라 할 때에는 형식적 조건보다는 내용적 조건이 중요한 것으로, 따라서 민족문학의 개념을 이처럼 규정하는 것은 민족을 어떻게 해석하느냐에 의해 좌우되는 것임을 주장한다. 그는 사전적 정의를 빌려, 민족을 인종이나 국적에 따른 분류와는 달리 후천적으로 배워 획득하는 문화적 유산에 따른 분류 개념으로 규정한다. 그러므로 이런 개념 위에 문학을 붙인 민족문학은 '그 민족의 문화적 유산으로서의 문학'으로 정의된다. 사회주의 문학이 민족문학으로 받아들여지지 못하고 거부되는 것은 결과적으로 역사적 전통과 특색에 위배되는 것이기 때문이라는 것이다. 해방 이후 좌우익 모두 민족문학의 건설을 과제로 제시하면서 민족문학의 개념에 혼란이 왔지만, 이는 어디까지나 사

---

18 백철, 「민족문학과 세계성」, 문학사연구회 편, 『민족문학론』, 백문사, 1988, 13~17쪽 (『월간문학』 1974년 5월 게재). 이 외에도 이 심포지엄에는 정창범, 김윤성, 모윤숙 등이 참가했다. 정창범은 「민족문학의 개념과 그 방향」에서 민족문학의 새삼스러운 개념 규정보다는 어떻게 하면 '가장 인간적인 작품' '가장 일반적 흥미를 가지고 있는 작품'을 쓸 것인가에 주력하는 것이 바로 훌륭한 민족문학을 쓰고자 노력하는 것이라고 말하고 있고, 김윤성은 「문학인의 현실참여와 국가관」이라는 글을 통해 문학적 성격의 차이는 현실생활에 대한 반성의 차이에서 비롯되므로, 하나의 선량한 시민으로서 하나의 충성된 국민으로서 당연히 지녀야 할 시대가 요청하는 사상을 끝까지 지니면서 동시에 현실에만 사로잡히지 말고 대상의 밑바닥까지 꿰뚫어 보는 자유로운 눈을 견지해야만 할 것이라고 주장한다. 모윤숙은 「내가 쓰고 싶은 민족문학」이란 제목 하에 일제시대의 친일행위와 이후 반공주의에 투철한 자신의 사상을 내면의 민족혼과 민족주의에 투철한 자세로 인한 것이라는 자기변명에 급급하고 있을 뿐이다.

회주의문학을 민족문학이라고 내세운 전술적 복선 때문이었다고 비판한다. 한편 우익의 민족문학은 1920년대의 민족주의문학과 마찬가지로 반(反)계급주의에 친(親)예술주의를 더한 문학이지만 다른 것은 20년대 민족주의문학이 지니고 있는 목적의식을 완전히 불식한 것으로, 민족 고유의 문학적 특성을 문학외적인 목적에서가 아니라 문학내적인 순수문학의 입장에서 달성하고자 하는 문학이라는 결론을 맺는다.[19] 여기서 보듯 조연현 역시 반계급주의, 친예술주의라는 예의 주장에서 조금도 변함이 없다. 그런데 조연현은 '민족문학'이란 용어 자체에 대해 별 신뢰를 보내지 않는 모습을 보인다. 즉 민족문학이란 용어는 옛날부터 사용되어 왔지만 우리 문단에서는 사용되지 않았으며 사용되는 경우에도 대단히 불확실한 개념으로 사용되었다는 것이다.[20] 이미 민족문학에 대하여 70년대 내내 명확한 개념 정립을 위한 논쟁과 많은 노력이 있었음에도 불구하고 심지어는 보수진영에서조차 우리 문학의 영원한 과제라고 천명했음에도 불구하고 민족문학에 대하여 별 신뢰를 보내지 않는 것은 진보진영의 민족문학론이 리얼리즘론, 분단문학론, 제3세계문학론 등 다양한 이론적 체계를 갖추고 있는 점에 대해 애써 무시하고자 하는 의도로도 읽을 수 있을 것이다. 그리고 이제 민족문학이란 화두는 더 이상 보수문학 진영의 보도가 아님을 말해주는 것이기도 하다. 70년대 말의 시점에서 그동안 보수문학 진영의 핵심적 비평가로 활동했던 조연현의 입에서 민족문학이란 개념이 불확실한 개념이라고 표명되는 것은 민족문학을 둘러싼 논쟁의 주도권이 이제 완전히 진보문학 진영으

19 조연현, 「민족문학과 민중문학」, 『정경문화』(1979년 8월), 382~386쪽.
20 조연현, 같은 글, 380쪽.

로 옮아왔음을 의미한다는 점에서 상징적인 일이 아닐 수 없다.

이들과 반공주의는 공유하면서도 전통에 대한 우월적 시각과는 일정한 거리를 둔 이철범의 민족문학론은 보수와 진보 양 진영의 중간 지점에 서 있다. 이철범은 민족주의가 팽창 및 확장의 욕망을 내포하고 있다는 점을 지적하여 근대적 의미의 민족주의 개념을 원용하면서도, 민족 개념의 규정에 있어서는 지역, 혈족 등의 자연적 기초 위에 역사, 풍습, 전설, 언어 등의 문화의 공통을 계기로 하는 운명공동체로 파악하고 있다.[21] 또 그는 해방 이후의 역사는 일체의 어용문인들이 민족문학을 내세움으로써 민족문학의 이념을 그르쳤다고 비판하는데, 그 하나가 민족적 주체성을 외면하고 이데올로기를 앞세운 좌익문학이고 다른 하나는 일제시대엔 반민족적인 세력이 되었다가 해방이 되자 '토속문학과 샤머니즘'을 민족문학론으로 내세우고 시대의식이나 역사의식에는 관심을 두지 않았던 '순수'문학이라는 것이다. 그러므로 현실의 과제는 빈곤에 파고드는 공산주의의 위협과 빈부의 차를 벌리는 재벌주의를 한국의 민주주의가 어떻게 극복하는가 하는 것이라면서 한국의 민족문학 역시 이러한 현실인식을 토대로 사회주의적 문학과 샤머니즘의 악몽을 부정하고 한국의 역사와 한국인의 가치를 의식하는 역사의식을 바탕으로 삼아야 할 것임을 주장한다. 따라서 "민족문학은 비역사적인 토속의 세계에 안주하는 문학이 아니라, 역사적인 문학이어야 하며 한문자를 썼던 양반들의 문학이 아니라 한글을 썼던 대중의 문학이어야 하며, 비정치적인 문학이 아니라 정치적인 문학"으로서 "민족

---

21 이철범, 「언어·민족·이데올로기 새로운 민족문학의 문제제기」, 문학사연구회 편, 『민족문학론』, 백문사, 1988, 87~88쪽. (『현대문학』 188-189호; 1970년 2월-3월호)

문학이야말로 미적 세계만을 추구하는 순수문학이 아니라 한민족의 특수조건을 형성하는 정치적 사회적인 문학"[22]이라는 민족문학에 대한 개념 규정은, 구체적 현실인식의 문제를 지적하고 있는 타당성에도 불구하고, 지배 담론으로서의 반공주의에서는 조금도 벗어나지 못하고 있는 모습을 보여주는데, 이는 그가 파악하고 있는 민족 개념과 한민족의 특수조건이라는 구체적 현실 인식이 지배 이데올로기의 자장 속에 있음을 말해주는 것이다.

이에 비해 김현은 민족문학론의 특색을 우파적 보수주의, 복고조, 계몽주의 세 축으로 파악한다. 그는 우선 국민문학과 민족문학을 구분하고 있는데, 국민문학은 식민지 시기 프로문학에 대한 반발로 형성된 것이며, 이러한 국민문학과 프로문학의 절충·통합을 내세웠던 양주동, 염상섭의 문학론을 민족문학으로 지칭하고 있다. 그리고 해방 후 김동리, 서정주, 조연현 등의 민족문학론도 역시 이 틀에서 벗어나는 것이 아니며, 그들의 권력지향적 특성 역시 이들이 주장하는 민족문학의 특성임을 날카롭게 지적한다. 하지만 정작 그가 우파적 보수주의, 복고조, 계몽주의 등을 거론하며 비판하고 있는 민족문학의 특성은 1920년대 식민지 시기 프로문학에 맞서 시조부흥운동 등을 펼쳤던 '민족주의문학'의 특성이다. 그가 이처럼 국민문학, 민족주의문학, 민족문학 등 개념상의 혼란을 드러내고 있는 것은 우리 문학의 전통과 역사에 대한 무관심 때문이기도 하지만, 계몽주의 혹은 이념형에 대한 비판의식 때문이며 더 근원적으로는 한국의 특수성보다는 서구의 보편성에 기울어져 있는 그의 이론적 토대에 기인한다.[23] 그가 보기에 국민문학이든 민족주의문

---

22 이철범, 위의 책, 100쪽. (『현대문학』 188–189호; 1970년 2월–3월호)

학이든 민족문학이든 혹은 프로문학이든 모두 계몽주의를 핵심으로 삼
고 있는 한 제대로 현실을 볼 수 없는 것이었다. 이 때문에 민족문학을
두고 '한국 우위주의라는 가면을 쓴 패배주의의 문학'으로 규정하고,
민족문학의 개념 규정에 있어 내용보다는 어떻게 표현할 것인가 하는
쪽에 더욱 무게를 두어야 한다는 주장을 강조하고, 그런 의미에서 민족
문학이라는 용어 대신에 '한국문학'이라는 용어를 쓸 것을 제안하고 있
는 것이다.[24] 여기서 주목할 점은 김현이 보수파 문인들이 위장해 왔던
자유주의의 입장을 분명히 드러내고 있다는 점이다. 이러한 사실은 매
우 중요한 사건이 아닐 수 없는데, 그것은 전통계승과 전통부정, 순수와
참여 등 이분법적으로 대립해 왔던 문학 전선의 중간지점에 새로운 입지
점이 생겨남으로써, 문단은 비로소 세 가지 입장의 문학 구도를 정립하
게 되었기 때문이다. 즉 60년대에는 보수 진영이 자유주의의 외피를
쓰고 진보진영과 맞서 있었다면,[25] 70년대에는 이들 보수진영이 그러한

23 이상갑, 『한국근대문학비평사론』, 소명, 2003, 42~43쪽.
24 김현, 「민족문학 그 문자와 언어」, 『월간문학』, 1970년 10월.
25 일반적으로 파시즘 국가 혹은 전제주의적 국가에서 그러하듯 한국의 경우 분단과 전쟁
    그리고 반공극우체제의 형성 과정, 군사정권의 수립과 유신 체제의 확립 속에서 개인
    주의, 자유주의 성향의 중간층과 지식인은 군사독재에 비판적이기보다는 오히려 순응
    적이고 복종적 태도를 취했다. 그래서 언론과 사상의 자유, 국가 통제와 간섭 배제,
    학원의 자율성 등 부르주아 자유주의 가치를 옹호한 세력은 중간층 일반이 아니라 민주
    화 운동 관련 학생과 재야 지식인 계층이었다. 일본 극우파들이 자신의 입장을 '자유주
    의'사관이라고 지칭하고, 한국의 뉴 라이트 세력이 자신들의 조직 명칭을 '자유시민연
    대'라고 부르고 있듯이, '자유'의 레토릭은 대체로 파시즘, 국가주의, 권위주의 체제를
    옹호하는 세력들이 표방하였으며 반공주의 혹은 극우이데올로기와 결합하는 모습을
    보여준다. 그래서 박정희 정권 시절에는 자유민주주의와 민중민주주의가 충돌한 것이
    아니라 거꾸로 이러한 두 흐름이 저항담론으로서 국가주의, 안보 성장 담론과 충돌했
    다고 볼 수 있다. 김동춘, 「박정희시대의 민주화운동」, 정성화 편, 『박정희시대와 한국
    현대사』, 선인, 2006, 342~345쪽.

외피를 벗고 보수진영의 색깔을 확실히 드러내지 않을 수 없게 되었고, 이른바 중간층이 거의 형성되지 못했던 60년대에는 제대로 자신의 입장을 피력하지 못했던 자유주의적 입장의 논자들이 70년대에 접어들어 어느 정도의 경제적 성장을 바탕으로 서구적 자유주의를 자신의 정치적 철학적 기반으로 제 목소리를 내게 되었으며, 60년대부터 박정희 정권의 조국근대화론에 비판적이었던 까닭에 체제의 밖으로 배제되었던 저항적 지식인 그룹이 민족문학론, 분단문학론, 리얼리즘론 등 현실을 바탕으로 한 지속적인 문학론의 모색을 통해 본격적인 저항세력으로 성장하게 된 것이다. 이러한 김현의 주장에 대한 비판이 정작 민족문학 진영으로 비판당한 보수 진영의 문인들이 아니라, 대신 김현이 전혀 언급하지 않았던 동시대의 임헌영, 염무웅, 백낙청 등 진보 진영의 문인들에 의해 이루어졌던 사실도 이런 문단 구도의 변화를 말해준다.

보수진영이나 자유주의적 입장의 민족문학 개념과는 비판적인 거리를 둔 진보진영의 민족문학론은 임헌영, 염무웅, 백낙청 등의 논의를 통해 이론적 정립과정을 거치게 된다.

김현의 민족문학 비판 및 한국문학 제안에 가장 먼저 임헌영이 비판의 목소리를 낸다. 그는 먼저 근대 민족주의 사상을 토대로 삼고 있는 민족문학과 식민지 시기의 민족주의문학 및 식민지 말 일제에 의해 강제된 국민문학을 구분하고 있는데, 그러한 구분의 근거로 새로운 민족문학의 주체로서의 민족은 동시에 민중이어야 함을 주장한다. 또 그는 분단의 현실상황을 고정화하는 '국민' 개념을 비판하고 '민족'이라는 용어를 주장하는 것은 그 속에 통일의 당위성을 내포할 수 있기 때문임을 강조한다. 특히 그의 인식 가운데 두드러지는 점은 우리의 문학이 식민지적 예술의식에서 벗어나지 못했을 뿐만 아니라 여전히 신식민지

적 예술관으로까지 이어지고 있다는 생각이다. 따라서 이러한 식민지
적 예술의식에서 벗어나는 최상의 길이 민족문학의 정립이라는 것이
다.[26] 따라서 김 현이 주장하는 '한국문학'이란 용어는 이런 관점에서
볼 때 식민지적 예술의식과 현실을 전혀 인식하지 못한 데서 나온 것일
수밖에 없다. 특히 그는 민족문학의 과제가 이미 선배 문인들이 꾸준히
추구해 오던 것이라면서 근대 민족문학의 역사적 맥락 즉 식민지 시기
프로문학과 해방공간에서의 좌익문학의 전통을 긍정적으로 이어받아
야 함을 주장함으로써 김병걸, 백낙청, 구중서, 염무웅 등 진보 진영의
민족문학론자들과의 차별성을 드러내 보이기도 했다.[27]

　염무웅은 서구에서의 민족문학 개념 발생 과정의 검토를 통해 한국
에서의 민족문학 개념 및 민족문학의 주체가 누가 되어야 하는가 하는
문제를 논의한다. 그의 인식은 일찍이 시민계급에 의한 근대민족국가
를 형성한 서구의 보편적 근대 경험과, 아직 근대적 민족국가를 형성하
지 못한 우리와의 차별성을 기준으로 삼고 있다. 이러한 차별성에 따라
서구의 보편성으로는 해결할 수 없는 반제반봉건의 과제가 우리에게
제기되는 것이며, 바로 이러한 과제의 해결을 위한 민족문학이 되기
위해서는 근대적 의미의 민족 개념이 민중 개념과 결합해야 할 필요성
이 있음을 제기한다.[28] 기존의 보수적 민족문학 개념에서의 민족, 민족
주의 개념규정에서 보이는 서구와의 배타적 차별성이나 무조건적인 우
리 민족의 우월성을 주장하는 것이 아니라, 근대로의 역사적 발전 과정
에서의 차별성을 근거로 한 이러한 규정은 바로 한국적 현실에 대한

26　임헌영, 「민족문학에의 길」, 『예술계』, 1970년 12월.

27　임헌영, 「민족문학의 사적 전망」, 『세계의 문학』, 1978년 12월.

28　염무웅, 「민족문학, 이 어둠 속의 행진」, 『월간중앙』, 1972년 3월.

인식의 차이와 민족을 통합의 대상으로 바라보는가 아니면 삶의 주체
로서 바라보는가 하는 시각의 차이에서 비롯된 것이라 할 수 있다.

　백낙청은 "민족의 주체적 생존과 그 대다수 구성원의 복지가 심각한
위협에 직면해 있다는 위기의식의 소산"이라는 맥락에서 '민족문학'이
라는 용어의 사용이 필연적임을 강조한다. 김동리로 대표되는 보수적
민족문학론이 외면한 구체적 '민족적 현실'을 강조하며 기존 문단의 민
족문학론이 복고주의와 국수주의의 색채를 띠고 있음을 비판한 백낙청
의 글의 발표되면서 민족문학론의 새로운 방향을 제시하면서 민족문학
에 관한 논의의 방향은 상당히 달라지는 모습을 보인다. 백낙청은 '민
족문학'이라는 개념은 '민족적 현실' 즉 민족문학의 주체가 되는 민족
과, 이 민족의 주체적 생존과 발전을 위해 필요한 문학으로서의 '민족
문학'을 구별할 필요성이 현실적으로 존재해야 함을 지적하고 그럴 때
민족문학 논의는 관념적 유희에 흐르지 않게 된다고 말한다. 즉 민족문
학은 민족의 주체적 생존과 그 대다수 구성원의 복지가 심각한 위협에
직면해 있다는 위기의식의 소산이며, 이러한 위기에 임하는 올바른 자
세가 민족문학 자체의 건강한 발전을 좌우하는 요인이 된다는 판단에
서 나오는 문학이라는 것이다. 따라서 민족문학은 철저히 역사적인 성
격을 띨 수밖에 없으며, 그 개념에 내실을 부여하는 역사적 상황이 존
재하는 한에서 의의 있는 개념이고, 상황이 변하는 경우 그것은 부정되
거나 보다 높은 차원의 개념 속에 흡수될 운명에 놓여있는 것이라고
말함으로써, 민족을 어떤 영구불변의 실체나 지고의 가치로 규정해놓
고 출발하는 국수주의적 문학론과의 차별성을 분명히 드러내고 있다.[29]

29　백낙청, 「민족문학이념의 신전개」, 『월간중앙』, 1974년 7월. 이 글은 나중에 「민족문학

특히 그는 민족문학의 역사성에 대해 강조하고 있는 것을 볼 수 있는
데, 이는 그만큼 기존의 민족문학에 관한 논의들이 몰역사적 차원에서
이루어져 왔다는 사실에 대한 비판이라 할 수 있다. 또 민족문학론을
현실적 상황에 따라 새로운 차원의 문학 개념으로 변화할 수 있는 고정
적 개념이 아니라는 점을 분명히 규정한 것 역시 기존의 논의들이 현실
변화에 상관없이 고정된 개념으로 일관해온 점에 대한 비판이 아닐 수
없다. 이후 백낙청은 「현대문학을 보는 시각」「민족문학의 현단계」 등
의 글을 통해 '민족적 위기의식의 소산으로서의 민족문학'을 더욱 강조
하고 구체적 민족문학의 구체적 과제로서 민주회복과 분단극복을 제시
한다. 민주회복은 당면한 단기적 과제이며 분단극복은 궁극적으로 이
루어야 민족적 사명이라는 것이다.[30]

　이러한 일련의 논의는 1970년대 중반까지 정치권력의 강력한 옹호
와 지원을 받는 보수 문단 진영에 의해 이루어졌던 민족문학 논의의
주도권을 순수한 문단 차원의 논의로 전환하고 민족문학 논의를 문학
인 스스로의 과제로 인식하게 만드는 계기를 만들었다. 70년대 초반
민족문학 논의의 대부분이 이른바 '어용' 차원의 논의로 불리는 것과는
달리 70년대 중반 이후의 민족문학론은 反체제론으로까지 인식되기에
이른 것이다. 그것은 진보 진영의 민족문학론이 민주회복이라는 과제
를 제기했을 뿐 아니라, 정권이 독점하고 있는 분단과 통일의 문제를
과제제로 제기했기 때문이다.

　반공과 개발독재를 지배이데올로기로 삼은 국가주의 이념과 그에

개념의 정립을 위해」라는 제목으로 수정, 평론집 『민족문학과 세계문학』(창작과 비평
사, 1978)에 수록되었다.

30　김영민, 『한국현대문학비평사』, 소명, 2000, 297쪽, 385~391쪽.

대한 대립 및 저항의 양상이 보다 뚜렷이 드러난 것은 '분단문학론'에
서였다. 분단문학론에서는 분단현실의 인식과정에서 국민들의 레드
콤플렉스를 자극함으로써 갈등과 위기의 순간마다 다른 비판적 담론을
봉쇄하고 민족의 이름으로 국민을 통합하는 수단으로 삼는 국가주의적
논리와, 작가의 양심과 문학의 사회적 효용성을 근거로 민족 내부의
갈등과 모순, 외세에 대한 민족 자주성의 강화 등 현실에 대한 구체적
인식을 강조하는 저항 이념의 대립이 표출된다. 즉 분단문학론에서는
분단의 고착화를 유지함으로써 반공주의를 강화하고 민족의 대동단결
이라는 관념론적 민족주의를 내세웠던 국가주의 논리와, 분단이라는
역사적 상황 및 그로 인해 발생한 민족 내부의 갈등과 모순, 외세에
의한 민족 자주성의 침해, 실향과 이산 등으로 인한 민중적 삶의 다양
한 수난상, 통일에의 염원과 의지 등을 총체적으로 표명하고자 한 저항
이념의 대립이 나타난다.

　이처럼 진보 진영의 민족문학론은, 1920년대 및 해방공간에서의 민
족(주의)문학론들이 문학의 보편성과 본질문제를 추상적 민족의식과 연
결시켜 논하는 표현론적 개념을 내포함으로써 민족적 정서의 문제를
강조했던 것과는 달리, 민족의 주체적 생존과 그 역사의식의 문학적
형상성을 강조함으로써 민족 전체의 삶에 대한 총체적 인식을 추구하는
일종의 가치론적 개념을 제기하고 있다. 게다가 이러한 노력이 이후
리얼리즘론, 농민문학론, 상업주의론, 민중문학론 등으로 이어지게 되
었을 뿐 아니라 구체적 창작으로의 연결 및 각종 문예지 및 종합지를
통한 안정적인 논의의 장 확보가 가능해짐으로써 일시적인 이론에 멈추
지 않을 수 있었다. 이런 과정을 거치며 민족문학론은 민족, 민중을 주체
로 하는 문학 '운동'의 차원에서 실천운동의 모습으로 전화하는 모습을

띠게 되는데, 그것은 민족문학을 단순한 논의의 대상이 아닌, 당대의 구체적 정치·사회 문제에 대한 실천적 개입의 주요 매개항으로 삼고, 그것을 역으로 자신들의 창작의 구체적·실천적 화두로 삼게 된 것이라 할 수 있다.[31]

민족문학이 이처럼 온전한 미학적 가치를 지닌 논리로서 모습을 갖추어 나갈 수 있었던 것은 이런 당위론적 주장, 가치론적인 개념의 강조에 그치지 않고 지속적인 갱신의 노력이 있었기 때문이다. 이러한 의미에서 특히 70년대 후반 박태순, 백낙청, 김종철, 구중서 등에 의해 본격적으로 제기되기 시작했던 제3세계 문학론은 가치론의 범주에 묶여있던 민족문학론의 시각을 온전히 넓히는 중요한 계기를 만들었다. 민족문학을 제3세계적 관점에서 파악하고자 한다는 것은 강대국의 독점자본과 그 경제적 질서에의 종속화 현상을 비판하고 경제, 사회, 문화적인 영향권에서 벗어나고자 하는 태도를 견지하는 것이다. 그리고 제3세계의 다른 국가들과의 연대의식을 확보함으로써, 민족문학론이 민족적 현실과 역사적 조건이라는 특수성에 매몰되지 않고 보편성을 얻을 수 있다. 제3세계 문학론은 무엇보다 식민지 또는 신식민지 시대의 약소민족의 자기해방의 의지를 반영하고 있다. 그리고 바로 이 점이 그들의 문학이 오히려 세계성을 선도할 수 있다는 자부심의 근거가 된다. 따라서 제3세계문학론은 근본적으로 서구의 근대와 과학사상에 대한 비판을 겨냥하고 있으며 그 연장선상에서 서구의 리얼리즘에 대해서도 문제 제기하고 있다. 자본주의 발달이 선진 자본주의 국가들에 의해 식민지주의와 제국주의 그리고 신식민지주의로 변질되었다는 것

---

31 이에 대해서는 박태순, 『문예운동 30년사』 1.2.3, 작가회의 출판부, 2004 참고.

이 제3세계문학론의 기본적인 문제의식인 것이다. 서구의 과학과 기술
의 한계를 문제삼는 제3세계문학론의 관점에서는 당연히 서구의 리얼
리즘을 주체적으로 해석할 여지가 생기는 것이다. 결국 제3세계문학론
은 서구 시민사회의 진보적 전통과 결부된 리얼리즘의 긍정적 가치는
받아들이되 그것을 제3세계 나름의 역사적 상황에서 창조적으로 해석
하고자 하는 것이다. 그리고 이를 통해 민족주의의 현실정치적 이데올
로기로의 전화를 막고자 한 것이다.

　사실 백낙청의 시민문학론에서부터 진보 진영의 민족문학론은 제3세
계의 문제의식을 내포하고 있었다. 특히 1960년대 후반부터 논의되기
시작한 농민문학론은 제3세계 문학의 이론화의 바탕을 마련해주었다.
처음부터 민족의 배타적 성격을 강조하지 않았다는 점에서 제3세계 문
학론의 정립을 예비한 것이라 할 수 있다. 바로 이 지점에서 제3세계
문학론은 민족문학론이 안고 있었던 민족주의적 속성을 적절히 견제하
면서 민족문학론의 이론화를 이끌었다고 할 수 있다.[32] 이 제3세계문학
론의 수용은 따라서 1960-1970년대에 걸친 문학 담론에 드러나는 지배
이념으로서의 민족주의 및 대항이념으로서의 '저항적 민족주의' 이념

---

32 이후 백낙청은 민족문학 논의를 더 발전시켜, 제3세계의 민족주의가 선진국의 민족주
　의 및 그 산물로서의 제국주의에 대한 단순한 반작용이 아니라 진정한 주체성을 추구하
　는 인간해방운동으로서의 민족문화운동, 제3세계와의 연대성 곧 민중의 입장에 선 문학
　운동 및 민중문학운동으로서의 민족문학을 강조하기에 이른다. 이는 자연스럽게 70년
　대의 리얼리즘론과도 결합하는 모습을 보여주는데, 이러한 일련의 과정을 거쳐 80년대
　민중문학론의 초석을 마련하게 된다. 특히 그는 80년대의 민족 이념의 급진화 물결에
　발맞추어 계급론적 패러다임을 일정 정도 수용하면서도 사회주의적 세계관으로부터
　거리를 취하며 독자적인 민족문학 이념을 견지한 채, 90년대의 새로운 현실과 조응하면
　서 월러스틴(Wallerstein, I.)류의 세계체제론을 도입, 분단체제론이라는 독특한 입론
　을 세워 나갔다.

그리고 그에 수반되는 국가주의를 재해석할 수 있는 이론적 거점을 만들어 내고 있다는 점에서 매우 중요한 의미를 지닌다. 결국 제3세계문학론의 수용은 '민족적 주체'의 구성과 확립이라는 측면에서, 위로부터의 민족주의와 이를 비판하고 새로운 민족적 주체를 형성하고 그 역할을 자임하고자 했던 저항적 민족주의의 구체적 지형도를 그리기 위한 필수적 과정이었다고 할 수 있다.

이후 '민족문학론'을 중심으로 한 다양한 문학론들에 대한 이해는 첫째, 저항적 민족주의의 이념을 구현하고 있는 문학작품들과 문학론을 중심으로 '민족문학' 범주를 설정하고 그 안과 밖의 성격과 특징을 구별하고 있는 논의, 둘째, 노동문학과의 연계를 통해 '민족적 전통'을 사회적인, 계급적인 전통에 이르기까지 확장하여 일련의 문예운동의 중심으로 삼고 있는 입장, 셋째, 60-70년대의 민족주의 이념을 80년대의 계급주의적 시각과 연결시켜 일직선적인 발전의 길로 파악하고자 하는 입장 등으로 나누어지는 것을 볼 수 있다.

이처럼 1960-70년대의 민족문학 논쟁은, 그 논의의 내용에서 나타나는바 무엇보다 사용하는 용어와 그 함의에 대한 해석의 상이함에서 이미 각 논자에 따라 민족·국가의 개념 또는 이념에 대한 입장 차가 크다는 것을 확인할 수 있다. 문단의 보수진영과 진보진영 모두 자신들의 문학적 사명을 '민족문학의 구현'으로 내걸었지만, 그 실질적 내용은 전혀 다른 것이었다. 보수진영에서 말하는 민족문학은 과거와 전통성을 강조하는 것이었다면, 진보진영의 경우 현실과 미래성을 강조하는 것이었다. 우선, 김상일·김동리·조연현·곽종원 등 '보수파' 문단 진영의 인물들은 문화적 언어적 동질성을 강조함으로써 민족 내의 대립과 분열보다는 민족의 통합성, 일체성을 강조하고 이념 지향성을 배제한다는 맥락에서 민족문학이라는 용어를 취하는 공통점을 지니고 있다. 하지만 이들의 민족문학론은 이 담론이 가질 수 있는 체제 변혁 이론적 가능성을 원천적으로 봉쇄하고자 한다는 점에서 역설적으로 이데올로기적이다. 이상 1960-70년대 순수·참여론, 민족문학론, 분단문학론 등 '민족' 개념과 당대 현실을 둘러싼 논쟁들은 미학적 차원에서의 논쟁인 동시에 민족적 주체의 확립을 둘러싸고 전개된 헤게모니 투쟁의 장으로 기능한 것이라 할 수 있다.

3) 전통 전유의 한 방식 – 한국적인 것에 대한 우월적 인식

1950년대 말부터 계속된 전통에 관한 논의는 전통의 내면화를 통한 새로운 사회와 국가의 건설이라는 과제를 달성하고자 했던 지배담론으로서 또 한편으로는 '세계적 동시성'의 추구라는 근대화 논리에 대한 저항담론으로서의 양가적인 성격을 띠고 있다. 즉 '전통' 개념은 한편으로는 근대적인 계몽의 프로젝트 안에서 움직이는 동적인 이데올로기로서의 역할을 담당한 동시에 근대적 담론의 대타적인 의미로 사용된 것이다. 이처럼 '민족'이라는 개념을 둘러싼 지배 이념과 저항 이념의 대립은 '전통'이라는 이름을 빌어 벌인 문학 담론에서 선명히 드러난다. 즉 전통의 계승과 복원이라는 이름 하에 전통 문제를 민속 차원으로 격하시킨 지배 담론과 민중적 형식으로서의 전통을 재발견하고 창조하고자 했던 저항 담론간의 헤게모니 쟁탈전이 이데올로기적 차원에서 전개되었다고 할 수 있다. 문학, 문화에서의 민족적 전통의 발굴·고안 및 확산을 통해 '국민'들에게 문화적 일체감을 부여하려는 국가주의적 노력과, 전통탐구를 통해 민족적 가치를 복원하고 민족적 주체성에 대한 질문을 던짐으로써 현실적 삶에 대한 성찰을 일깨우고자 했던 대립적 양상은 여성 '국극'과 마당극의 재현이라는 모습으로 나타나기도 했다.

박정희 정권은 쿠테타 직후부터 '민족주의' '민족의식' '자립의식' 특히 운명공동체로서의 민족적 자의식을 강조했다. 그는 민족주의를 "사대주의적 근성, 식민주의적 근성, 전근대적인 봉건적인 잔재를 완전히 일소해 버리는, 자주 국민으로서 우리의 자주성 민족의 주체의식을 똑바로 가진 …… 외국에서 들어오는 주의 사상, 정치제도를 우리 체질과 체격에 맞추어서, 우리에게 알맞은 사회를 만들자는 것"[33]이라고 밝히면서 사대주의 근성 타파와 민족 '주체의식'의 확립 등 정신적 측면을 강조하고 한국사회의 문화와 체질의 특수성을 강조한다. 그러한 의식의 집약적 표현은 1963년 대통령 선거의 대립구도를 "민족의 이념을 망각한 가식의 자유민주주의 사상과 강력한 민족적 이념을 바탕으로 한 자유민주주의 사상과의 대결"[34]로 규정하고 이른바 '민족적 민주주의'를 주장한 데서 드러난다. 여기서 말하는'민족적 민주주의'라는 한국적 특수성의 강조는 과연 어떤 의미를 지니는 것인가? 민족주의가 정서적이고 문화적인 요소를 강조하는 것은 결코 특이한 것이 아니다. 식민지시대에 활동했던 신채호, 박은식, 정인보 등의 민족주의자들도 국수(國粹), 국혼(國魂), 조선의 얼 등 정신적 측면을 강조했다. 이들이 강조한 정신적 민족주의의 강조는 반제국주의 및 식민지 저항과 관련이 깊은 것이다.

---

33 박정희, 「서울 중, 고교 교정에서 행한 대통령 선거연설(1963.9.28)」, 『박정희 대통령 연설문집』 2, 대통령 비서실, 1973, 529쪽; 전재호, 「박정희 체제의 민족주의 연구 – 담론과 정책을 중심으로」, 서강대학교 박사학위논문, 1997, 77쪽에서 재인용.

34 박정희, 「중앙방송을 통한 정견발표(1963.9.23)」, 『박정희 대통령 연설문집』 2, 대통령 비서실, 1973, 520쪽.

반면 박정희 정권의 민족주의는 정신적 차원에서 민족주의를 강조하기
는 하지만 이와 같은 반제국주의, 반예속을 추구하는 논리가 결여되어
있다.[35]

　이처럼 스스로 민족주의자임을 강조하는 것은 애국적 감정이나 감
상 때문이 아니라 그가 내세운 '조국 근대화' 정책에의 국민 동원이라
는 객관적이고 현실적인 필요에 의한 것이었다.[36] 여기서 민족주의 이
데올로기와 그 현실의 거꾸로 된 관계를 볼 수 있다. 일반적으로 민족
주의 이데올로기에서는 겨레, 민속, 민중문화 등을 강조한다. 그러나
실제로는 바로 이러한 것들이 인위적으로 만들어지는 시기에 민족주의
가 중요해지는 것이다. 즉 이처럼 전통에 대한 강조가 이루어지는 시기
가 바로 민족주의 이데올로기를 창출하는 과정이자 그 이데올로기를
통한 민족주의의 교육이 이루어지는 순간인 것이다. 그리고 이를 통해
'민족'의 일원으로 '국민'의 이름으로 근대화정책의 동력으로 참여시키
게 되는 것이다. 대개 민족주의가 문화적 단위로 나누어지고 그것을
중심으로 형성되는 것은 바로 이 때문이라 할 수 있을 것이다.[37]

---

35 홍석률, 「1960년대 한국 민족주의의 분화」, 『1960년대 한국의 근대화와 지식인』, 선
　인, 2004, 191~193쪽.
36 박정희는 1960년대 들어 다양한 문화전통정책을 추진하게 되며 1968년 문화공보부의
　발족과 함께 전통문화시설의 복원 등 본격적인 정책을 실시한다. 여기서 눈여겨 볼
　것은 특히 70년대 들어 유달리 '호국문화유적의 복원과 정화'를 강조하는 특성을 보인
　다는 점이다. 이는 박정희 체제의 전통문화정책이 어떤 일정한 정치적 목적을 가지고
　있다는 사실을 짐작케 해주는 점인데, 이는 곧 조국근대화에 필요한 민족주체의식의
　확립 및 자주국방의 의지를 과시함으로써 박정희 체제가 민족의 수호자임을 보여주고
　자 함이었다. 전재호, 「민족주의와 역사의 이용: 박정희 체제와 전통문화정책」, 『사회
　과학연구』 7, 서강대학교, 1998, 90~92쪽.
37 어네스트 겔너, 「근대화와 민족주의」, 백낙청 편, 『민족주의란 무엇인가』, 창작과 비
　평사, 1981, 146~148쪽.

이처럼 전통을 지배 이데올로기로서의 민족주의의 핵심 요소로 간주하고 있는 것은 민족문학 담론에서도 마찬가지다. 백철은 민족문학의 개념을 한마디로 '주체성의 문학'이며, 이 주체성이란 문학 분야에서는 전통성의 문학 곧 전통 위주의 문학인 까닭에 민족문학작품에 있어서는 전통성이 주격적인 세력의 요소라면서, 이 전통성의 골격을 확실하게 세워놓지 못하면 민족문학 구축은 단지 모방에 그치고 말 것이라고 주장한다.[38] 특히 그는 이러한 전통성 위주의 민족문학이 세계문학과 연결되어야 한다고 강조하는데, 그가 말하는 세계문학과의 연결 방법은 "기성작품을 들고 세계문학으로 나가보는 일"이며 "한국문학의 전통적인 특질로서 해학문제를 갖는 세계문학에의 루트"를 개척하는 것으로 표현되고 있다. 민족문학 작품을 하나의 특산물로서 세계로의 수출을 강조하는 산업적 논리의 모방이 아닐 수 없다.

한 논자가 지적하고 있듯이[39] 근대화, 경제개발 논리를 극단적 형태로 반영한 이런 문학 작품의 특산품화 논리는 1968년 일본의 가와바타 야스나리가 노벨 문학상을 수상하자 여기에 자극을 받아 "우리 신문학 50년사에서 특산품을 추려낸다면 단편 소설에서 30편 내외, 시에서 1백편 내외를 뽑아내어 각각 동양적인 확실한 장정(裝幀)으로 포장을 하여 구미 시장에 내보낼만하다."[40]는 대목에 이르면 더욱 노골적이다. 전통적인 것을 외국의 것과 구별되는 특수한 '특산물'의 차원에서 보는 이런 논리

---

38 백철, 「민족문학과 세계성」, 문학사연구회 편, 『민족문학론』, 백문사, 1988, 13~17쪽 (『월간문학』 1974년 5월 게재).

39 홍석률, 「1960년대 한국 민족주의의 분화」, 『1960년대 한국의 근대화와 지식인』, 선인, 2004, 211~212쪽.

40 백철, 「세계문학과 한국문학」, 『사상계』 1968년 문예임시증간호.

는 당시 박정희 정권의 근대화론이 지식인의 민족적 전통과 특수성에 대한 담론에 어떠한 영향을 미치고 있는지를 보여주는 것이 아닐 수 없다. "농담이 아니라 시리어스한 의미에서 5개년 문학생산 계획"을 세우자고 제안하는 데서는 그야말로 근대화 논리의 문학적 복사판을 보는 듯하다. 다른 논자들 역시 별반 다르지 않다. 우리 민족의 독창성, 우월성을 확신시켜 주는 창조적 개념이자 한민족에게 역사적으로 가해진 모든 민족적 모순을 극복하여 줄 수 있었던 자주적 역사 에너지의 하나로서 우리 민족의 전통과 문화 그리고 그 중심으로서의 문학을 강조하는 구상이나, 민족문학이란 최소한 첫째, 민족의 의식, 사상, 감정을 나타내야 하며 둘째, 민족 전통의 일부분이 될 수 있는 내용의 것이어야 하는 바, 민족의 의식, 사상, 감정이란 어디까지나 우리 민족의 발전, 향상을 기조로 한 것으로 역사의식 위에서 미화시킬 수 있는 것이라면 하지만 토속적이든 향토적이든 무엇이나 우리의 빛깔이 드러나고 우리의 맛이 나며 우리를 느끼게 하면 된다고 주장하는 박영준의 논리는 더 말할 여지가 없다. 한국적인 고유한 정신의 흐름'과 한국인의 특성을 샤머니즘의 세계에서 찾고 있는 김동리 역시 예외가 아니다.

여기서 발견할 수 있는 하나의 공통점이 있다. 그것은 모두 민족문학을 언급하면서 세계문학으로서의 연계, 혹은 발전을 주장하는 점이다. 70년 『월간문학』의 특집에 등장했던 논자들의 글에서는 볼 수 없었던 내용인데, 이는 진보 진영의 민족문학론에 대한 대타의식의 표현이자 근대화 논리의 문학적 표현이라 할 수 있다.

그러나 이처럼 민족적 전통의 특수성과 우수성을 곧바로 민족의 우월성으로 연결시키고 무조건적으로 강조하는 태도에 대한 비판이 곧바로 이루어진다.

"요즘 저널리즘이나 아카데미즘 사회에서 한국적인 것이 많은 관심을 끌고 있다. 그러나 대체적인 경향이 한국적인 것을 과시하고 그것을 서양사상이나 중국사상과도 다른 특수한 것으로 숭상하는 경향이 있다. …… 한국사상의 이른바 한국적 특성을 사상 일반의 보편성으로부터 떼어버린다면 특성이란 이미 특성이라고 할 수 없게 된다. 사상은 어느 시대 어느 사회를 막론하고 그 특성을 논할 때에는 보편성을 전제로 한다. 그러므로 한국사상이 가지는 몇몇 특성을 과장하여 한국사상의 우월성이니 숭고성을 운운하는 것은 사상하는 지식인의 가질 바 태도가 아니다."[41]

즉 보편성과 분리되어 일방적으로 강조되는 한국적 특성과 한국인의 우월성은 철학적 기본 바탕에서 볼 때 말 그대로 일방적 선언일 뿐이다. 이에 대해 유종호 역시 문학상 한국적인 것, 한국적인 정서를 강조하는 좋으나 한국적인 것이 세계적인 보편성과 분리되어 제기된다면 이는 특수성이라기보다는 단순히 로컬리즘에 빠질 우려가 있는 것이라고 비판한 바 있다.[42]

한편 모든 개별성과 차이를 허용하지 않으려는 국가주의 기획은 언어적 측면에서도 작동하여 민족언어의 단일성에 대한 강조 및 표준어의 우월성 강조 등의 모습으로 나타나기도 했다.[43] 이러한 기획은 학교

---

41 송건호, 「한국근대화론」, 『세대』 1966년 4월호.

42 유종호, 「한국적이라는 것」, 『사상계』 1968년 문예임시증간호.

43 그 대표적인 정책이 강제적인 한글전용정책의 실시라 할 수 있다. 1967년부터 '조국 근대화의 정신적 밑거름'을 다지기 위한 방법의 일환으로, 근대화를 위한 전진에 전 국민의 자발적인 참여를 독려하기 위해서 무엇보다 정신적 구심이 필요했고, 그 과정에서 왜란을 물리친 이순신과 한글을 창제한 세종대왕의 정신을 부각시키기 위한 정책의 하나가 한글전용정책이었다. 하지만 한글 전용 문제는 해방 이후부터 지속적으로 추진되어 온 문제로 일시에 해결될 문제가 아니었다. 심지어 1968년 초반 문교부는 각급

를 비롯한 모든 공공기관 등과 같은 소위 국가의 이데올로기적 제도
장치를 통해 이루어지는 생산과 소비의 전 과정을 통해 관철되었다.
이 과정을 관철하는 본질적인 국가 원리는 국민통합이라 할 수 있는데,
보다 구체적으로는 '언어와 사고의 국민화'이다.[44] 특히 학교를 비롯한
국가 이데올로기 장치는 문학작품의 생산과 재생산의 과정에서 중요한
장임과 동시에 거대한 소비의 장이기도 하다. 이러한 문학작품의 생산
과 소비의 구조 속에 민족문학의 내용과 위상이 규정된다. 이처럼 민족
문학은 '언어와 사고의 국민화'라는 국가 측의 통합이데올로기 속에서
교과서에 등장하는 작품들과 공인된 문학사에서 기술된 작품을 통해
그 논리를 전파하게 되는 것이다.

　이러한 담론의 획일화에 대한 저항은 구체적 생활세계 속에서 살아있
는 민중적 언어의 재발견을 통해 이루어진다. 생생한 삶의 언어로 살아
나지 못한 채 박물적 가치를 지닌 유물로서만 간주되던 지방어나 토속어
를 살려냄으로써 다양한 민중의 삶과 구체적 현실을 그려내는 작업은
특히 이문구, 황석영, 방영웅 등의 소설을 통해 형상화되었다. 이들의
작품은 기층 민중의 일상어를 통해 문학 언어의 혁신을 꾀함으로써 민중
들의 구체적 삶의 양상 및 세계에 대한 인식을 드러내고 있다.

학교에서 한자교육을 양성화하고 한자 약자(略字)를 제정하였는데, 갑자기 한글전용
10개년 계획을 내세우고, 1970년부터는 초·중·고등학교에서 원칙적으로 한문을 가르
치지 않기로 결정한 동시에, 각급 학교의 교과서 및 공문서에서 한자를 쓰지 못하게
했다. 전재호, 「민족주의와 역사의 이용 : 박정희 체제와 전통문화정책」, 『사회과학연구』
7, 서강대학교, 1998, 97쪽.

44 니시카와 나가오(윤대석 역), 『국민이라는 괴물』, 소명출판사, 2002, 83~84쪽.

4) 피해와 억압 기제로서의 민족 인식의 한계

지배 이데올로기로서의 민족·민족주의 이념은 민족 내의 대립과 분열보다는 민족의 통합성, 일체성을 강조하며 계급·계층 간 대립에서 헤게모니를 장악하기 위한 이데올로기로 작용해 왔다. 70년대의 민족문학론에서 80년대를 거쳐 90년대 초반까지 이어지는 '진보적' 저항담론에 입각한 민족문학 진영은 계급론적 패러다임을 수용하면서 민족 이념의 보수화로부터 거리를 유지한 가운데 더욱 진보적인 민족 이념을 추구해 나갔다. 이러한 관점은 1980년대에 정점에 달하게 되는데, 이는 사회주의문학운동의 전통에 대한 연구열과 상승작용을 일으켜 상당히 폭넓은 확산을 이루게 된다. 하지만 이러한 진보성 추구와 확산이 반제국주의 투쟁을 통해 '민족해방' 및 자주적인 민족국가를 이룩해야 한다는 목적론적당위적 역사관 및 그 주체로서의 인민통일전선(민중연대성), 그리고 그것을 가능케 하는 것으로서의 노동계급성(및 당파성)에 대한 선규정적인 강조로 편향되지는 않았는지, '민족주의' 내지 '국가주의'가 지닐 수 있는 양면성에 대해서 명확히 인식하지 못한 채 진보적 민족 이념에 대해 지나치게 낙관적인 태도를 드러낸 것은 아닌가 하는 점에 대한 자기점검 및 반성의 모습은 별로 없었던 것이 사실이다.

이른바 민족문학 진영 내에서는 '민족'은 의문의 여지가 없는 것으로 전제되어 있고, 어디까지나 문제가 되는 것은 '민족문학'을 어떻게 확대하고 그 중심을 어디에다 세울 것인가 하는 것 등이었다. 이러한 사실은 민족을 영구불변의 실체나 지고의 가치로 규정하고 출발하는 '국수주의적 민족문학론'과의 차별성을 보기 어렵게 만드는 지점이다. 반봉건-반식민 의식을 내용으로 하는 근대문학으로서의 민족문학이라

는 규정을 통해 일단의 차별성을 보여주고 있지만, 일반적인 민족주의
의 역사적 전개가 보여주듯 또 초기 보수진영의 문학론이 그러했듯,
진보진영의 민족문학론 역시 보수진영에 대한 억압과 배제를 통한 자
기동일성에의 강한 집착을 보여주고 있는 것은 아닌지 근본적인 질문
이 필요한 것이다.

　이러한 한계는 80년대 이후의 민족문학론에서 두드러지는데, 그 근
원에는 우리 역사에서 기인하는 민족주의에 대한 인식의 왜곡이 작용하
고 있다는 점은 간과할 수 없는 사실이다. 그것은 피해와 억압의 기억을
자신의 정체성 확립의 주요한 심리적 기제로 삼아왔다는 것, 즉 우리
민족은 단 한 차례도 타 민족에 대한 침입을 강행한 바가 없는 한없이
순결하고 무구한 민족으로서 언제나 외적의 침입을 받았지만, 항상 이
를 물리치고 민족의식을 다져왔다는, 피해자로서의 역사적 경험과 기억
을 바탕으로 근대 민족 구성의 핵심적 정서를 이루었기 때문이다.[45] 이러
한 인식은 특히 우리 민족의 우월성을 강조하는 국수주의적 민족문학론
에서 두드러지지만, 해방 이후 지속적으로 이루어져 온 국수적 민족주
의 교육은 서구 민족주의가 지니는 제국주의적 성격을 경계해 온 진보적
민족문학론 속에도 제국주의 국가의 민족주의와는 다른 형태로 피억압
자의 억눌린 욕구를 자극하는 형태로 자리 잡게 만든 것이다. 국수주의
적 민족문학론이 우리 사회 내부의 갈등과 모순을 민족의 구호 아래
강제적으로 통합하는 일익을 담당해 왔다면, 진보적 민족문학론은 그러
한 보수적 민족문학론과 맞서는 과정에서 받아온 억압의 기억을 바탕으
로 자신들의 민족주의 이념을 신성불가침의 것으로 인식하는데서 정당

45　김철, 『국민이라는 노예 – 한국문학의 망각과 기억』, 삼인, 2005, 221~222쪽.

성을 부여해 온 경향을 드러낸 것이다.

물론 1960-70년대의 현실 즉 진보적 이념이나 실천이 원천적으로 봉쇄되어 있던 현실을 생각하면, 진보진영의 민족문학론이 지니는 이런 약점은 허용된 틀 내에서 비판의 시각을 예각화하기 위한 데서 나온 약점이라 할 수 있다. 실상 그러한 문제가 두드러지는 것은 80년대라는 급격한 실천의 시대로 넘어온 이후 민족문학이 근원적 질문을 던지지 못한 채, 동구권의 몰락이 상징하는 이념의 상실시대라는 90년대를 맞이했기 때문이다.

이와 함께 진보 진영의 민족문학론을 포함한 진보 진영 전체의 약점으로, 산업화 시기의 노동자 농민 이른바 민중에 대한 이중적 시각의 고착으로 인한 배타적 성격을 지적할 수 있다. 즉 국가주도형 산업화 전략에서 국가와 기업의 통제의 효율성을 강조하기 위해 '동원대상으로서 민중'으로 바라보는 시각에 맞서, 인간다운 권리를 찾기 위해 투쟁하는 민중으로 바라보는 이러한 시각은 특히 80년대 이후의 노동운동론적 관점의 수용으로 인해 더욱 고착되었다고 볼 수 있는데, 민주-반민주 혹은 '억압-해방'의 대립적 구도 속에서 저항적 주체의 '발전적 양상'만을 보아내는 한계를 낳게 된다. 예컨대 1980년대 초중반 노동소설 속에 그려진 민주노조운동의 전형적인 승리담은 많은 새로움에도 불구하고 한계를 노출하게 되는 것이다. 집단적 주체로서의 민중이 아닌 일상적 개인의 삶의 차원에서는 근본적으로 저항적인 노동자도, 근본적으로 비정치적인 노동자도 산업화와 파시즘의 '시대경험'으로부터 자유로울 수 없는 것이 사실이다. 이러한 관점에서 볼 때 국가기구와 지배권력의 강압에 대한 저항적 주체의 구성만을 강조하는 것은 지나치게 일차원적일 수밖에 없다.[46] 따라서 실제 저항적 주체를 구성했던 모순은 무엇이

며, 민중을 둘러싼 가족, 국가, 젠더 등의 중층적 모순의 내용에 대해서
는 진전된 인식을 보여주지 못할 공산이 큰 것이다. 중요한 것은 민중의
일상적 경험 속에서 지배이데올로기로서의 민족·민족주의 이념이 어떻
게 기억되고 재해석되는가 하는 점이다. 즉 노동자, 소시민 계층의 하나
하나가 1960-70년대 권위주의 체제와 산업화라는 체제와 그 지배 이데
올로기를 일상에서 어떻게 경험하고 받아들였는가 하는 점이다. 그들에
게 중요한 기억으로 존재하는 '체제'는 독점자본의 반동적이고 폭력적인
상부구조로서의 권위주의로만 존재하지는 않는다. 당대의 노동자들이
경험했던 체제는 산업화와 효율성 그리고 가족주의와 같은 구호 아래
이루어졌던 권위주의적인 질서의 정당화가 한편에 존재한다면, 다른
한편에는 가난의 원천과도 같은 농촌과 가족으로부터 탈출하여 자립하
고자 하는 욕망, 새로운 신분상승의 경로로 여겨졌던 작업장과 학교,
그리고 그 속에 존재했던 젠더 이데올로기와 조국 근대화를 위한 산업전
사라는 호명을 통해 자기정체성을 부여한 새마음·새마을 운동을 둘러
싼 선택과 일상적인 자기절제 그리고 이와 거리를 둔 균열과 탈출 등
다양한 층위의 기억들이 존재한다.

　저항적 민족주의 이념이 인본주의로서 박정희 정권의 개발독재와
국가주의 이념으로서의 민족주의에 맞서 대항했던 진보성과 건강성을
지니고 있었던 점은 분명한 사실이지만 집단적 실천이라는 사회적 지
평을 지나치게 강조할 경우, 이 저항적 민족주의는 지배체제의 위로부
터의 민족주의와 동일한 메카니즘적 성격을 지니게 될 수도 있다는 경

46　김원, 「한국산업화 시기 여성 노동자의 '일상'」, 『일상사로 보는 한국근대사』(유종필
　　편), 책과 함께, 2006, 309~310쪽.

계심을 늦추지 말아야 하는 이유가 여기에 있다.

3. 결론 및 남는 문제

1960~70년대 한국 사회의 내적 갈등과 동력은 민족 이념을 둘러싼 헤게모니 쟁탈전의 양상을 보여준다. 개발독재를 통한 산업화를 추구했던 권위주의적 국가주의 리더십과 시민적 자유의 요구에 입각해 대항했던 대안적 시민 영역 사이의 대립과 갈등, 반제·반외세의 해방적 요구에 입각한 민족통합을 요구한 주체적 민중 진영과 성찰적 시민으로서의 국민 개념을 앞세운 자유주의 진영 사이의 대립·갈등, 당대 한국사회의 저류를 형성한 주된 대립과 갈등은 모두 그 근저에 민족 이념과 국민국가에 관한 분화되고 차별화된 이해를 반영하고 있었다.

하지만 국민 동원적 국가주의와 해방적 민족주의 양자가 공히 자유로운 개인들로 구성된 성찰적 시민사회의 발전에 장애이자, 그 한계로서 기능하고 있다는 사실은 한국 근대사의 굴곡을 그대로 드러내 보여주는 것이다. 이는 정당한 민족 이념과 주권 국가에 대한 열망이 빠질 수 있는 함정이 얼마나 위험한 것인가를 잘 보여주는 사례라 할 것이다.

민족 이념이 갖는 긍정적 기능과 지향성을 간과하지 않으면서도 그것이 국민국가 창출의 열망과 결부될 때 갖게 되는 독선적인 반작용의 측면들을 현재의 시대적 과제와 결부하여 어떻게 해결할 수 있을 것인가? 만일 국민국가에 대한 열망이 시민을 국민으로 호명해내는 과정에서 자유로운 개체성과 혁신 가능성을 억압하고 유린하는 닫힌 체계로서 기능한다면 이는 문제가 아닐 수 없다.

민족 개념은 첫째, 근대적 상상력의 한 결과물이다. 그것은 국민국가 창출의 열망이 현실적인 실천에로 전화되면서 나타난 담론적 구성의 결과물이지, 현대 특유의 자명한 산물이 아니다. 둘째, 그렇지만 민족 개념 자체는 역사적·상대적 규정이 가능한 탄력 있는 개념이라는 점을 확인할 수 있다. 국민국가를 넘어 세계 시민 사회로 나아가려는 경향을 보이는 현금의 세계사적 상황과 결부시켜 볼 때, 민족 개념을 혈통의 순수성이나 지역적 연고, 언어적 통합에만 묶어두는 일은 불가능한 일이다. 민족 개념은 그 문화적 정체성의 차원에서 재인식되어야 하며 특정한 민족의 통합을 가능하게 했던 문화적 자신이 인류 보편의 자산으로 화할 수 있는 가능성의 차원에서 다시 결산되고 재평가되어야 하는 것이다. 민족 통합 또는 민족 구성원의 창출이라는 기획 하에 진행된 일련의 담론적 실천의 과정들이 보편적 개인의 자유와 가능성을 억압하고 배제하는 구체적 맥락들에 대한 탐구 역시 이루어져야 한다.

이상 1960년대 이후 순수-참여논쟁으로 드러나는 문학의 현실 인식 강조가 과연 어떻게 민족문학론으로 수렴되고 있으며 그 과정에서 민족 이념과 국가주의적 의식은 어떤 양상으로 드러나는가, 또, 1960-70년대 민족문학론에서는 '민족' 이념과 '국가주의'라는 개념이 문학의 장 내부에서 어떻게 형성되고 어떻게 내면화되었는지를 살펴보았다. 이 과정에서 '민족'과 '국가주의'는 긍정적 면에서든 부정적 면에서든 우리 문학을 형성해온 가장 중요한 이념적 요소임을 확인할 수 있고, 또한 그것이 지배세력에 의해 일률적인 모습으로 이루어진 것이 아니라 다양한 하위 갈래들에 의해 다양한 방식으로 수용되고 있음을 알 수 있다.

기존의 민족문학적 시각도 지나치게 이념 편향으로 기울어지고 자기 이념의 타당성을 검증할 수 있는 전형적인 작품들 중심으로 연구가 진행되었기 때문에 이념의 논리를 검증하기 어려운 다양한 담론과 작품들을 배제하는 역기능을 낳았다. 이제 '민족적 주체'를 호명하는 모든 문학적 담론 전체를 대상으로 하여 그 다양함이 어떠한 역사 국면에서 어떻게 전개되는지를 더욱 폭넓게 연구해야 한다. 본 고는 그 시작일 뿐이며 이러한 연구는 문학적 측면에서 뿐만 아니라 영화, 연극, 드라마, 풍속 등 문화 일반의 차원으로 더욱 넓혀가야 할 것이다.

1980년대 문학(운동)론에 대한 반성적 고찰

1. '87년 체제'와 변혁론으로서의 문학운동론

한동안 잊혀졌던 1980년대의 변혁론과 그를 바탕으로 한 문학운동론에 대한 고찰과 반성의 목소리가 다시 울려 나오기 시작했다. 현실사회주의의 체제의 붕괴 직후 1980년대 문학과 문학운동론에 대한 비판과 반성이 이루어지기 시작했고, 이후에도 그러한 비판의 목소리는 간헐적이지만 지속적으로 존재해왔다.[1] 하지만 아직은 1980년대 문학

---

1 우선 직접적으로 80년대 문학론을 중심적으로 살펴본 글만 보아도 다음과 같은 글들을 볼 수 있다. 한국문인협회의 '민족문학' 심포지엄(1987.12.5~6); 이재선, 『현대 한국소설사』, 민음사, 1991; 최원식, 「80년대 문학운동론의 비판적 점검」, 해방 50주년 특별기획 심포지엄, 1995; 염무웅, 「혼돈의 시대에 구상하는 문학의 논리」, 『창작과비평』 1995; 윤지관, 「80년대 민족민중문학의 평가와 반성」, 『리얼리즘의 옹호』, 실천문학사, 1996; 백낙청, 「6월 항쟁 10년 후의 한국현실과 개혁문화」(좌담), 『창작과비평』 96, 1997년 봄호; 서영채, 「한국민족문학론의 개념과 역사에 관한 소묘」, 『문학의 윤리』, 문학동네, 2003; 김성수 외, 「문학」, 한국예술종합학교 한국예술연구소 편, 『한국현대예술사대계 제5권-1980년대』, 시공아트, 2005; 박수빈, 「문학의 정치성, 운동성-1980년대 노동문학(연구)에 대하여」, 『상허학보』 37, 2013.2; 『민족문학사연구』 50호 특집, 『1980년대 문학의 재검토』, 소명출판, 2012.12 등. 이 가운데서도 본격적으로 80년대 문학의 공과에 대해 논의하고 있는 글은 김성수, 최원식의 글 및 『민족문학사연구』의 특집을 들 수 있다. 이 외에도 다른 주제를 논의하는 가운데 80년대 문학에 대한 간단한 언급을

의 성과와 한계를 분명히 하여 이후 문학(운동)의 미래를 그려주는 논의
가 일정하게 마무리되었다고 보기 어렵다. 오히려 이제 본격적인 논의
의 출발점에 서 있다고 보는 편이 타당할 것이다. 이후 논의가 진행될
수록 특히 80년대 문학의 한계나 문제점에 대한 문제제기는 다양한 방
식으로 이루어질 것으로 생각된다. 왜냐하면 이른바 '87년 체제'가 현
재 우리 삶의 직접적 뿌리이며 현재의 문학 역시 1987년 이후 전개되었
던 문학(운동)론과 직간접적으로 연계되어 있기 때문이다. 따라서 오늘
날 한국 사회의 성격을 어떻게 규정하고 그에 걸맞은 문학의 양태를
어떻게 생각하느냐에 따라 반성의 시각도 달라질 수밖에 없을 것이다.
당시와 동일한 이념적 형태는 아니겠지만 현재의 문학 담론 속 어딘가
에 내화되어 있는 문학의 운동성을 찾고자 할 수도 있을 것이며, 새로
운 시대의 새로운 문학을 제창할 수도 있을 것이다. 특히 문학의 위기
로 상징되는 1990년대와 전 지구적 자본주의화라는 21세기의 상황 속
에서 문화 분야와의 관계를 고려할 때 더욱 복잡해진다. 이 글 역시
1980년대 문학 특히 1980년대의 문학운동론들에 대해 어떤 시각에서
비판하고 반성해야 할 것인지 고민하는 하나의 의견에 불과하다.

먼저 '87년 체제'에 대한 이야기로 시작해보자. 1987년 1월 박종철
고문치사 사건의 발생, 5월 가톨릭 정의구현사제단의 고문 은폐 폭로,
4·13 호헌조치 발표, 5월 민주헌법쟁취 국민운동본부의 발족을 거치면
서 이른바 '87년 6월 항쟁'이 본격화되었다. 6월 10일의 시위에는 일명
'넥타이부대'의 전격적인 참가가 이루어지면서 본격적인 6월 항쟁이 시
작되었다. 이후 전국적으로 180만 명이 시위에 참가한 것으로 발표된

한 경우는 더욱 많을 것이다.

6월 26일의 국민평화대행진까지 17일 동안 2,145회의 시위가 이루어졌으며 35만 발의 최루탄이 사용되었다고 한다.[2] 이러한 6월 항쟁의 결과는 곧 집권세력의 직선제 개헌을 골자로 한 6·29 선언을 이끌어냈고, 이를 바탕으로 7~9월 석 달 동안 3천여 건의 노동쟁의가 발생하기에 이른다. 이 노동자대투쟁은 사회주의적 변혁이념과 노동운동(특히 노동계급 대중운동)의 결합이라는 결과를 낳았다. 이러한 현실은 곧장 한국사회의 변혁 가능성에 대한 논쟁을 불러 일으켰고 그에 따른 다양한 혁명론이 제출되었다. 결국 시민들의 자발적인 연대와 저항을 통해 민주화를 쟁취한 6월 항쟁이 노태우 정권의 등장으로 후퇴했고, 야당의 총선 승리로 진전되는 듯했으나 1992년 3당 합당으로 다시 후퇴했던 일련의 과정이 1987년 체제의 성립 과정이라 할 수 있다.[3] 그렇지만 1987년 체제는 단발적인 사건이 아니라 오늘날의 우리 삶에 닿아 있으며, 따라서 1987년 체제론은 현재진행형인 담론이다. 1987년은 우리 사회에서 전환점인 동시에 그 전환의 형태가 이후 오늘날까지의 사회상황에 대해 구조형성적인 측면을 가지고 있는 것이다.[4]

이처럼 1987년 체제는 1961년 이래 지속되었던 군사통치체제의 변화를 가져온 일종의 전환점으로서, 정치적으로는 이른바 형식적 민주주의의 정착 및 시민사회 형성의 계기가 되었고, 경제적으로는 고도성장 발전의 길을 열고 억압적 발전체제의 종식을 가져왔으며, 사회문화적으로는 대중소비사회로의 진입과 그에 따른 급속한 생활양식의 변화

---

2 조선일보사, 『조선일보 칠십년사』 3권, 1990, 1853쪽.

3 최장집, 『민주주의의 민주화 – 한국민주주의의 변형과 헤게모니』, 후마니타스, 2006, 31~32쪽.

4 김종엽, 「분단체제와 87년 체제」, 김종엽 편, 『87년 체제론』, 창비, 2009, 33~38쪽.

및 문화담론의 폭증을 견인했다.[5] 이 과정에서 1980년대 문학운동론은 사회적 전환기에서 문학을 통한 변혁운동의 일종으로 자신의 모습을 드러내었다. 그만큼 이 시기에 제출된 문학론들은 한국 사회의 성격과 현실적 모순에 대한 입장을 정리하고 새로운 사회에 대한 이상을 제시하는 것을 자신들의 역할로 삼고 있었다. 때문에 당시 문학론들의 주요 내용의 한가운데에는 사회 현실을 정확히 읽기 위한 정세 분석, 현실적 모순을 타개하기 위한 혁명론 등이 자리하고 있었다. 한마디로 1980년대는 문학 내지 문학에 관한 담론이 현실 모순과 이상 지향에 대한 정치적 논의로 대체되었던 시기였다.[6] 그렇다면 뜨거운 이념의 시대였던 1980년대와 문학의 위기시대로 다가왔던 1990년대를 모두 겪고 난 지금, 87년 체제를 둘러싼 다양한 현실 변혁론과 그 변혁론의 문학적 변용이라 할 문학운동론을 오늘날 어떻게 해석해야 할 것인가? 이제는 그 효용가치를 다한 지나간 시절의 담론에 불과한 것인가, 아니면 여전히 우리 사회의 지향점으로 삼아야 할 핵심적 가치를 지닌 실천적 담론인가? 1980년대 문학론들의 공과는 무엇이고, 어떻게 반성할 것인가?

2. 1980년대 문학운동론의 양상

1) 현실 대응으로서의 문학론

먼저 1980년대 문학운동론의 전개 양상을 살펴보기로 하자.

---

5 위의 글, 34~38쪽.

6 김성수 외, 「문학」, 한국예술종합학교 한국예술연구소 편, 『한국현대예술사대계 제5권-1980년대』, 시공아트, 2005, 4쪽.

1980년대 문학론이 운동론으로서의 문학론으로만 존재한 것은 아니다. 모든 교과서를 제도적으로 장악한 채, 배타적 민족주의에 입각하여 복고적 냄새만을 풍기는 순수문학론에서부터 감동과 재미를 내세우면서도 그 감동과 재미는 오직 돈으로만 살 수 있었던 상품으로서의 문학 등 여러 층위의 문학이 존재하고 있었다.

하지만 여기서 살피고자 하는 것은 문학을 개인의 것으로 생각하지 않고 민족, 민중, 노동자계급 등의 이상 실현을 위한 실천운동의 일환으로 인식하고 있는 문학론들이다. 이들 문학론은 특히 1987년 '6월 항쟁'과 그 직후 전개된 노동자대투쟁의 산물이라 할 수 있는 노동소설을 자신들의 근거로 삼았다. 주지하다시피 이 시기의 노동자대투쟁은 사회주의적 변혁이념과 노동운동(특히 노동계급 대중운동)의 결합 속에서 산출된 성과물들이다. 안재성, 이인휘, 정화진, 방현석, 김한수 등 이른바 현장출신 작가들이 탄생되었던 것이다. 초기 노동소설의 경우 대부분은 '87년 노동자대투쟁' 이후 각 단위 사업장 및 지역에서 벌어진 진보적 노동운동, 주로 전투적 민주노조운동의 모습을 그려내고 있다. 민주노조 건설, 노조민주화투쟁, 지역 연대투쟁, 해고자 및 선진노동자의 투쟁과 일부 작품의 경우 노동자들의 일상적 삶을 통해 표출되는 갈등까지 그려내고 있다.

이러한 작품들을 근거로 각 문학(운동)론들은 식민지, 분단, 전쟁 등의 역사적 경험과 함께 압축적 자본주의화의 길을 걸어온 우리 역사의 특성을 자신들의 변혁론에 맞춰 문학운동론으로 풀어내고 있다. 따라서 1980년대 민족민중문학의 성장은 기본적으로 사회적 모순의 심화와 그에 대한 변혁운동의 고양에 의한 것이라 할 수 있다. 이는 1980년대 현실 속에 내재된 변혁의 동력을 일정하게 반영하는 한편 이에 따라

심화되어 온 변혁논리를 문학이 수용해 왔다는 것을 말해준다. 그럼에
도 이들 문학론들은 공통적 속성을 지니고 있는데, 그것은 곧 현실에
대한 대응 지침의 문학적 표현이라는 사실이다. 즉 모두 문학의 사회적
기능과 효용을 그 중심에 놓고 있는 것이다. 따라서 1980년대 문학론
에서는 그 어느 때보다도 사회 전반의 정세 파악과 변혁운동에의 기여
방식에 대한 구체적인 논의가 필요했고, 그러한 논의의 결과물이 1980
년대 후반에 전개된 민족문학논쟁이었다. 이 논쟁은 무엇보다 1980년
대에 급성장한 민중문학의 실체를 설명하고자 하는 비평의 책무를 논
쟁의 형태로 수행했다는 점에서 의의를 가진다. 그러므로 1987년을 전
후하여 문학(운동)론들이 분화한 것은 6월 항쟁의 원인과 지향목표의
설정에 따른 현실 대응 지침의 차별적 모습이다. 결국 이 논쟁은 운동
권의 다양한 변혁논쟁 즉 초기의 시민·민족·민중민주주의 논쟁부터
민족해방론과 민중민주주의 논쟁으로 이어지는 변혁논리의 구도 속에
문학운동의 자리를 위치 지우고자 하는 것이었다.[7]

　본격적인 논쟁이 시작되기 전까지 민족문학론의 중심에 놓여 있던
것은 백낙청의 민족문학론이다. 백낙청의 민족문학론은 민족의 주체
적 생존과 인간적 발전에의 위협에 따른 위기의 극복을 위한 실천적
대응 전략의 지침이라는 성격을 가장 뚜렷이 드러낸다. 1970년대에 백
낙청에게 있어 민중은 전체 민족의 역사적 사명을 떠맡기에는 부족한,
민족의 한 부분을 이루는 집단 정도의 개념으로 사용되었다. 민중은
시민의식이 일깨워져야 하는 존재에 불과했던 것이다. 하지만 1980년

7　윤지관, 「80년대 민족민중문학의 평가와 반성」, 『리얼리즘의 옹호』, 실천문학사, 1996,
　　123~124쪽.

대에 접어들어 그는 민족문학론과 민중문학론은 상호 보완 관계라는
인식 하에서 민족문학과 민중문학 개념의 합일을 주장하는 것으로 나
아간다. 따라서 그에게 있어 1980년대의 민중문학 논의는 1970년대 민
족문학론의 심화 과정으로 인식된다. 이러한 인식 변화는 크게 다음과
같은 두 가지 점에 그 기반을 두고 있다. 첫째, 우리 근대는 서구의 침
략에 의해 시작됨에 따라 근대문학 자체가 민족문학의 성립과 궤를 같
이하고 있다는 점 둘째, 근대민족문학의 과제가 이미 반외세·반봉건
의 성격을 가지고 있었던 것으로서 그것은 순수한 민족의 과제라기보
다 민중들의 열망에 기반을 둔 민중문학적인 것이었다는 점이다. 1980
년대 들어 격변한 정세는 민족문학론의 이론체계를 재구성할 것을 요
구했고 이에 따라 백낙청은 1970년대의 민족문학론에서 제기했던 민
족위기의식을 '분단극복의식'이라는 형태로 제출한다. 민족문학 최대
의 과제로 설정되고 있는 분단극복의식은 민족의 발전과 생존에 장애
가 되고 있는 분단체제의 극복을 지향함과 동시에 분단을 고착화하려
는 내·외적 세력에 대항한 투쟁의 일환으로 반제의식을 내용으로 하는
제3세계 문학론으로 연결된다.[8] 그의 문학론에서 핵심적인 면을 차지
하고 있는 주체의식 역시 민족적 양심에서 제3세계 민중의식으로 다시
분단극복의식으로 발전하고 이것이 각성된 노동자의 눈이라는 미적 주
체로 발전한 뒤 1990년대에는 '지혜'라는 개념을 도입하여 과학적 세계
관까지도 아우르고 있다.

　백낙청의 문학론이 이처럼 1970년대 이후 민족문학 진영의 중심적
위치에 놓여있는 이유는 그의 민족문학론이 철저히 억압적 정치현실에

8　백낙청 회화록 간행위원회 편, 『백낙청 회화록』 1~3, 창비, 2007 참고.

따른 위기의식의 소산이자 실천적 대응의 성격을 띠고 있기 때문이다. 실천으로서의 문학이라는 보편적 규정을 통해 민족 담론 고유의 특수성(폐쇄성)으로부터 민족문학을 견인하고자 했다. 철저히 역사적 개념으로 사용되고 있는 것이다. 민족문학은 부정되거나 한층 높은 개념 속에 흡수될 운명에 놓여 있다는 인식도 이로부터 나온다. 그의 민족문학론이 이처럼 역사적 개념으로 작동할 수 있도록 만드는 것은 분단체제론이다. 그가 1987년 이후의 시기도 새로운 단계는 아니며 동일한 단계내의 소국면의 변화로 인식하고 변혁운동의 성격 역시 광범위한 민주화운동, 통일운동이어야 함을 강조하는 것도 모두 이 분단체제론의 소산이라 할 수 있을 것이다.

백낙청의 민족문학론으로 대표되던 기존의 민족문학운동의 성격을 소시민적 민족문학운동으로 비판하는 데서 출발한 김명인의 문학론은 '민중적 민족문학론'으로 정리된 바 있다. 그는 1987년 민중의 대투쟁이 전까지를 민중운동이 꾸준히 성장하면서도 그 주체를 명확히 하지 못함으로써 조직상으로나 이념상으로나 진보적 지식인 집단이 주도하였으며, 이에 따라 당대의 혁명적인 계급이 곧 문학의 담당주체였지만 그들 계급의 본질적인 한계와 당대 과학 및 운동론의 수준의 과학적 준거를 확보 미비라는 역사적 조건으로 인해 소시민적 지식인이 주도했던 시기로 파악한다. 이처럼 그는 1970년대의 민족문학론을 소시민계급의 변혁 주체로서의 자기인식과 밀접한 관련 아래 정립되었다고 말한다.[9]

이러한 논리는 변혁론의 측면에서 한국근현대사의 기본과제를 반제

---

9 김명인, 「지식인 문학의 위기와 새로운 민족문학의 구상」, 『전환기의 민족문학』, 풀빛, 1987 참고.

반봉건(반외세반독재)투쟁론으로 파악하는 데서 비롯된다. 민족부르주아
(시민)계급에 의한 민족민주주의혁명을 바탕으로 한 민족문학론은,
1980년대 들어 스스로 역사의 주체임을 선언하고 나온 생산대중으로부
터 제기되는 문학 및 예술전반에 걸친 요구를 수용할 수 없게 되었다는
비판도 이러한 인식에 근거한 것이다. 존재론적 결단을 통한 소시민적
준거의 포기 및 새로운 주체의 모색을 해결책으로 제시하는 것도 이에서
연유한다. 이러한 인식하에 그는 리얼리즘을 한편으로는 창작방법이면
서 동시에 문예운동의 정세판단과 조직구성의 기본원리, 구체적으로는
보편적, 객관적 사회현실이 인간의 구체적 삶의 특수한 형태들 속에
관철되어 운동하는 양상을 그려내는 예술적 현실인식의 수단으로 정의
한다.[10] 이는 곧 구체적 현장성과 심천적 운동성을 어떻게 획득할 수
있는가의 문제로 이어지는데 체험의 직접성이 지닌 유물론적 측면의
인식을 통해 가능하다고 주장한다. 이를 근거로 우리 시대의 대표적
전형은 우리 변혁운동의 미숙성에서 오는 역사적인 한계로 인해 정치적
계급의식으로 무장된 선진노동자들에게서 구하는 것은 무리이며 노동
자대중에게서 구해져야 할 것임을 천명하고 있다.

　백낙청과 김명인의 문학론이 노동자계급의 지도성을 담아낼 수 없
다는 비판을 바탕으로 조정환은 민족문학론과 노동해방문학론을 자신
의 이념 및 방법론으로 내세웠다. 이 문학론의 바탕에는 1987년 이후
급격히 고양된 노동자계급의 정치적 진출을 통해, 노동자계급이 더 이
상 지식인의 지도 대상이 아니라 오히려 전체 민중운동의 지도적 계급
으로서의 각인을 뚜렷이 하게 되었다는 인식이 깔려 있다. 그는 노동자

---

10 김명인, 「리얼리즘 문제의 재인식(1)」, 『문학예술운동』 3, 1989, 84쪽.

계급의 주도성을 특정운동의 타 운동에 대한 우위가 아닌 전체운동의 궁극적 방향결정에 있어서의 주도성, 각 부문운동 내에서의 노동자계급의 주도성으로 파악하여, 민중문학 내에서의 노동자계급의 주도라는 명제를 문학운동에 있어서의 노동자계급 이념의 지도성이라는 명제로 받아들일 것을 요구하고 있다. 기존의 민족문학론에서는 이러한 노동자계급 당파성이 단지 문학운동의 이론, 조직, 창작에 있어서의 노동자계급의 주도성의 문제로만 환원되고 있고 민중문학론에서는 노동자적 성격과 동일시되고 있다고 비판한다. 문학운동의 전망 역시 노동자계급의 전망에 기초해야 한다고 주장한다. 이로부터 기존의 민족문학론은 계급문학에 대한 고려를 하지 않은 채 전선문학을 주장하여 결과적으로 소시민계급의 이익을 위해 민중을 동원했던 것이며, 민중문학론은 신원주의적 주체관에 빠짐으로써 계급문학의 독자성과 전선의식 둘 다 놓치고 있다는 비판이 제출된다. 그의 대안은 계급문학의 독자성에 대한 강조이다. 계급문학으로서의 독자적 질은 의식적 추구의 산물일 뿐 노동자계급의 존재 그 자체가 보장해주는 것이 아니며, 정치적·이념적 내용에 있어서의 독자성을 획득함으로서만 독자적 질을 완성하게 된다고 말한다.

이후 조정환은 '사노맹(사회주의노동자동맹)'의 기관지인 『노동해방문학』의 창간과 함께 자신의 민주주의민족문학론을 비판하고 노동해방문학론을 제창한다. 이 새로운 문학론의 제창은 우리 사회가 1987년 6월 이후 노동자의 성장과 함께 노동자계급 당파성이 대중운동 속에서 나타나는 새로운 시대로 접어들었다는 인식을 바탕으로 한다. 그는 민주주의민족문학이 노동자계급 당파성을 선취했으면서도 실천에서는 노동자계급운동과의 괴리 속에 진행되는 문예실천의 소시민성을 주장

하는 자기모순이 있었다고 말하고 그러한 절충적 성격으로 인해 노동
자계급의 지도란 다분히 목소리주의적인 것이었다고 비판한다. 이를
극복하는 방안으로 그가 제시한 것은 문학운동에 있어 '당파성'이다.
여기서 당파성이란 문학가가 노동자계급의 정치적 당과 조직적으로 결
부되어 있어야 한다는 것 그리고 노동자계급의 정치적 당과의 이데올
로기적 결부 및 수미일관한 계급의식의 체현을 의미한다. 현실적으로
당이 존재하지 않는 상황에서는 당 형성의 사상적·조직적 추동력으로
서의 당파성의 모습을 띠어야 한다고 말한다.[11]

백진기, 김형수 등에 의해 제출된 '민족해방문학론'은 북한의 민족
해방론과 주체사상을 논리적 핵심으로 삼고 있다. 하지만 이들의 논리
는 주체사상의 핵심인 민족해방론을 일방적으로 문학운동에 적용시킨
것으로써 사회변혁이론의 기계적 적용을 가장 잘 보여주는 대표적인
사례로 꼽힌다.[12]

한편 홍정선, 정과리, 성민엽 등 '문학과 사회'로 대표되는 '자유주
의문학론자'들은 사회변혁논리를 근거로 제출된 문학운동론들을 근원
적인 점에서 비판한다. 백낙청 중심의 기존 민족문학론과 김명인의 민
중적 민족문학론 그리고 조정환의 민주주의민족문학론에 대해서 모두
이념적 담론에 불과하며 궁극적으로는 지식인 운동가들의 '패권주의적
음모'의 문학적 표현이라고 비판한다.[13]

---

11 조정환, 「민주주의 민족문학론에 대한 자기비판과 노동해방문학론의 제창」, 『노동해방
   문학』, 노동문학사, 1989 참고.
12 이 입장은 백진기(「현 단계 민족, 민중문학의 논리」, 『분단시대』 3, 1987; 「현단계 문학
   논쟁의 성격과 문예통일전선의 모색」, 『실천문학』 1998년 가을, 실천문학사; 「문예통일
   전선과 80년대 후반기 민족문학의 대오」, 『녹두꽃』 1, 녹두출판사, 1988.8)로 대표된다.
13 대표적으로 홍정선, 「노동문학과 생산주체」, 『노동문학 1988』, 실천문학사, 1988; 정

2) 1980년대 문학(론)의 '정치성'

'87년 체제'는 정치적 변혁으로 시작하여 형식적 민주주의의 성장을 이루고 문화대중화 현상의 확산으로까지 이끌었다고 할 수 있다. 이러한 변화는 특히 1990년대 초 국제적 변화(현실 사회주의 몰락 및 전 지구의 자본주의화)와 조응하며 가속화되었다. 이러한 변화의 과정 속에서 1980년대 문학에 대한 비판과 반성의 목소리가 나오는 것은 일면 매우 자연스러운 현상이 아닐 수 없다. 1980년대 초반 무크지를 중심으로 문학운동의 대중적 확산이 이루어진 이후 변혁운동의 논리를 바탕으로, 1980년대의 문학론은 민중적 민족문학론의 등장을 시작으로 민족해방문학론, 민주주의민족문학론, 노동해방문학론 등으로 나누어 열띤 이론투쟁의 국면을 맞게 된다.

그렇다면 이러한 다양한 1980년대 문학(운동)론의 전개를 통해 얻게 된 성과는 무엇인가? 그 성과는 변혁논리에 입각한 문학의 주체, 조직, 방향에 대한 구체적 논의와 실천이라는 측면에서 첫째, 소시민적 운동에서 민중적 문학이론이 주류로 확립되었고 둘째, 노동자 계급의 주도성 확인을 통한 노동자계급적 세계관의 문학관 확립 셋째, 한반도 전체적 시각 속에서의 통일지향 논리를 문학 속에 구체화시킨 점[14]을 꼽고 있다. 물론 이러한 성과 자체가 한계로 작용하고 있다는 단서를 다는 경우도 있지만, 이른바 순수 진영의 문학가들을 제외하면 이러한 평가에 대부분 동의하고 있다. 하지만 본 글에서 중점적으로 살펴보고자

과리, 「민중문학론의 인식구조」, 『문학과 사회』 창간호, 1988년 봄 등을 들 수 있다. 이들의 논의는 김성수의 글(앞의 글, 18~19쪽)에 잘 요약되어 있다.

14 윤지관, 앞의 글, 125쪽.

하는 것은 그 성과가 아니라 반성 대상으로서의 1980년대 문학론이다.

우선 1980년대의 문학론이 문학 전반의 발전을 해쳤다는 부정적 시각을 보자. 1980년대 후반의 문학상황은 일정하게 문학의 자율성이 보장되는 토대가 마련되기 시작한 시기이지만 동시에 정제되지 않은 논리의 과장적 분출을 보여주는, 혼란과 상호갈등의 전환기적 양상으로 바라보는 시각이 있다. 다양한 민중문학론의 대두는 한국문학 전반의 발전을 저해하는 양상이라는 것이다.[15] 이러한 비판은 문학과 사회의 관계에 대한 시각의 차이에서 비롯된 것으로, 그 관계의 중심을 문학의 자율성에 두고 있기 때문임은 쉽게 짐작할 수 있다. 그럼 이 혼란을 어떻게 극복할 것인가? 민족문학의 나아갈 길은 전통성과 현실성의 조화에 달려 있으며 중요한 것은 이 조화를 위한 구체적 접근 방법의 모색임을 강조한다. 운동론으로서의 문학론과는 전혀 다른 지점에 서 있다.

이와는 정반대의 입장도 있다. 90년대 문학의 특성을 설명하는 자리에서, 1990년대 한국 사회가 이념 중심에서 벗어나 탈정치성의 특징과 양상을 내포하고 있고, 문학 역시 그런 상황을 반영한 것이라는 평가가 바로 그것이다. 이 입장에 의하면 포스트모더니즘의 유행도 단순히 사회주의권의 몰락과 전지구적 차원에서의 자본주의의 승리에 따른 결과물로만 볼 것이 아니며, 오히려 1980년대 민주화 운동의 확산에 따른 문화적 다양성의 결과로 파악해야 한다고 말한다. 미시담론의 영역이 중심의 자리에 서게 되었으며, 개인과 내면의 탐구가 더욱 깊어지게

---

15 윤병로, 『비평의 쟁점과 문학의 안팎』, 국학자료원, 1996, 100~104쪽. 이러한 입장은 특히 한국문인협회의 '민족문학' 심포지엄(홍석영, 「전환기의 민족문학」, 1987.12.5~6)에서 명확히 드러난다. 이 심포지엄에서 당대의 민중문학은 민족의 자유와 행복과 번영을 지향하기보다는 민중정신 즉 대립을 전제로 한 투쟁으로서 민중중심주의를 내세웠기 때문에 민족의 보편적 지향으로부터 벗어났다고 비판한다.

된 것처럼 이념 문제보다 생활세계를 중시하는 1990년대 지형의 고유한 특질은 결국 1980년대 문학운동의 연장선상에서 이루어진 결과물이라는 것이다.[16] 하지만 1990년대의 문학적 특성과의 관련 하에서 이루어지는 1980년대 문학에 대한 평가는 정반대의 시각에서도 이루어진다. 1980년대는 '나'의 문제를 말하는 시대가 아니라 '우리'의 문제를 말하는 시대 즉 공동체적 성격을 강하게 띤 시기였고 1990년대 문학의 특성은 바로 이 공동체적 성격의 붕괴에서 찾을 수도 있기 때문이다. 즉 1990년대 이후 1980년대적 연대는 욕망과 개성을 추구하는 개인으로 분화 해체되었으며 주체들을 상호 소통이 차단된 내면의 밀폐된 방 속에 가둔 시기로 평가되기도 한다.[17] 하지만 이러한 평가들은 모두 1990년대의 문학적 상황을 1980년대 문학과의 관계 속에서 설명하기 위한 일면적 해석이라고 할 수밖에 없다. 1980년대의 눈으로 1990년대를 평가하고, 1980년대는 또 1990년대의 눈으로 평가하고 있다.

1980년대 문학과 문학운동론에 대한 비판과 반성의 초점은 우선 과도한 정치성에 맞추어져 있다. 특히 이 정치성에 대한 비판은 1980년대 문학의 성과임과 동시에 한계로 지적된다는 점에서 역설적이다. 변혁논리의 문학론 적용에만 몰두했을 뿐, 변혁운동에 기여할 문학적 역할에 무관심했을 뿐 아니라 그러한 시도를 부정적으로 보기까지 했다는 것이다. 이 때문에 작품에 기초하지 못한 이론투쟁에 치중함으로써 문학론들 자체가 관념화되었다고 한다. 과학적 시각의 도입을 강조했

---

16 김경복, 「90년대 한국 현대시의 탈정치성과 신서정성」, 『혁명 이후의 문학』, 박이정, 2009, 58~60쪽.

17 박은태, 「문학사의 관점에서 바라본 1990년대 후일담소설」, 『혁명 이후의 문학』, 박이정, 2009, 148~149쪽.

지만 실상은 사회과학적 논리의 기계적 적용에 머물렀고, 이로 인해 '자연주의적 창작기풍'이 만연하는 결과를 빚어내었다고 비판한다. 그리하여 궁극적으로는 문학론의 전개와 문학작품의 생산 및 소비 사이의 괴리가 심화되고, 관점상의 차이에 따른 분화를 넘어 분열의 조짐을 보임으로써, 문학론의 대중에 대한 직접적인 영향력이나 호소력은 오히려 떨어지는 양상을 보였다는 것이다.[18] 1980년대 정치, 사회적 상황이 실제 문학적 위축으로 이어졌고 따라서 작품 생산이 우리문학사의 다른 시기에 비해 미미한 수준에 그쳤을 뿐 아니라, 실제 노동문학은 문학의 미학적 목적보다 정치적 목적을 우위에 두는 문학[19]이라는 단정이라는 극단적인 비판까지 제기된다.

이러한 시각들은 주로 문학의 위기론이 대두된 1990년대 이후 집중적으로 제기되었다. 이는 결국 '문학성'과 '정치성'의 길항이 주 논제로 되었던 1990년대적 상황 인식에 근거를 두고 있다. 따라서 이 시기 반성은 문학의 정치성을 어떻게 이해하고 실현할 것인가의 문제로 압축된다. 이 점에서 1980년대 문학론들의 정치성 혹은 혁명성에 대한 다음의 설명은 주목할 만하다. 즉 1980년대 문학운동 특히 문학운동론의 목소리가 급격히 높아진 까닭은 사실 1980년 광주항쟁의 좌절에 따른 일종의 부채의식이라는 지적이다. 말하자면 이 시기 문학의 혁명성이란 이론이 현실을 보지 않고 가속이 붙은 채 자기운동을 계속하여 도달

---

18 윤지관, 앞의 글, 125~128쪽. 이 외에도 이론투쟁의 전개과정에서 상호배타적 양상을 띠게 되면서 자본주의적 경쟁논리에 빠지는 모습을 노출한 점, 기계적 민중 개념의 설정, 노동자 계급의 주도성을 배타성으로 파악한 점, 주체문예이론의 기계적 적용 등을 들고 있다.

19 박수빈, 「문학의 정치성, 운동성─1980년대 노동문학(연구)에 대하여」, 『지금 여기, 문학연구(자)의 벡터』, 상허학회 학술대회 자료집, 2012.12, 84쪽.

한 추상적 선취였다는 것이다. 그것은 이 시기 변혁논리가 남한 자본주의에 대한 '과잉결정'된 이론에 기인한 것이며 게다가 식민지/반식민지 등의 규정에 도사린 '제국주의/ 반제국주의'라는 이항대립적 담론 때문이라고 진단하고 있다. 뿐만 아니라 외국이론 곧 마르크스주의 수용 과정에서 이론적인 문제는 해결되었고 현실 적용만이 남았다는 이론의 현실성 검증의식이 미약했던 점에 원인이 있다는 비판을 통해 1980년대 문학론들의 정치성 과잉을 해명하고 있다.[20]

변혁론들이 곧바로 당대의 문학론으로 변용되었던 1980년대적 상황을 떠올리면 이러한 비판은 매우 적절한 것으로 보인다. 특히 6월 항쟁이 현실의 변화를 이끌어 낼 수 있다는 자신감과 승리감을 안겨주면서 소설이나 비평에 있어 낙관적 전망의 과장을 이끌어냈다는 점을 생각하면 더욱 그러하다.

그럼 1980년대 문학론들의 이러한 이론과 현실의 괴리는 어디에서 말미암는 것인가? 더욱이 1980년대의 문학론들이 지니는 현실성 혹은 정치성이 1980년대 문학의 성과를 이끌어 낸 요소임과 동시에 그 한계로 지적되는 것은 무슨 까닭인가?

---

20 최원식, 「80년대 문학운동론의 비판적 점검」, 해방 50주년 특별기획 심포지엄, 1995, 70~75쪽.

3. 1980년대 문학론, 무엇을 반성할 것인가

1) '민족' 담론과 보편주의

문학생산의 주체 설정에 따른 분화 양상을 이른바 '민족문학주체논쟁'이라고 부르고 있다.[21] 각 문학운동론들은 문학 생산의 주체로서 민족과 민중 혹은 노동자계급을 상정하여 저마다의 차별성을 드러내고 있다. 따라서 이들의 문학론은 그 문학론 속에 어떤 유토피아를 행한 열정을 품고 있는가에 따라 방향을 달리하게 된다. 이 유토피아의 구체적인 상은 국면이나 시기마다 달라지기도 하지만 그 유토피아의 상이 통일되어 있는 경우에는 어떤 문제도 없이 일사불란한 실천양상으로 이루어지게 된다. 1970년대의 리얼리즘론은 이런 양상을 잘 보여준다. 이러한 바탕 위에서 성립된 1980년대의 문학론 모두 '민족문학론'이라는 큰 틀 속에서 문학이념과 정책을 제시하고 상호 비판하고 있는 점에서는 공통성을 띠고 있다. 노동해방문학론을 잠시 예외로 둔다면 모두 민족문학론의 큰 범주 속에서 민족문학 건설이라는 테제를 내세우고 있는 것으로 파악할 수 있다. 즉 문학의 사회적 기능과 효용에 대해 적극적이고 전향적으로 사고하고 있다는 점에서 동일한 전제 하에, 민족을 위한 문학을 어떻게 누가 만들어내어야 하는가를 두고 논쟁한 것이라 볼 수 있다. 노동해방문학론의 경우에도 마찬가지다. 민주주의민족문학론을 자기 비판하는 과정에서 노동자의 자생성과 의식성을 대립적으로 구분하는 모습을 비추고 있으며 또한 전선문학의 내용에 있어서도 노동자계급문학 민중문학과 비노동자계급 민중문학의 대립적인 구분의 모습을 보여

---

21 논쟁의 구체적 전개 양상에 대해서는 김성수, 앞의 글, 13~24쪽 참고.

주고 있다. 이처럼 노동자계급과 당파성 개념을 내세우며 기존 민족문학과의 차별성을 꾀한 바 있지만, 그 이념적 차별성과 관계없이 계몽도구로서의 문학이라는 틀과 도식에서는 벗어나지 않고 있다.

어떤 수식어를 앞에 붙이든 민족문학의 건설이라는 과제를 상정하는 것은 근대 민족국가의 건설 이념을 문학적으로 표현하는 것으로 볼 수 있다. 1970년대까지의 민족문학론이 근대-민주화-'민족문학'이라는 통일된 구호 아래 문학적 실천 양상을 드러냈다면, 1980년대의 다양한 문학운동론은 각 정파에 따라 다르게 펼쳐진 변혁론에 따른 문학론의 분화 양상을 보여주는 것이라 할 수 있다.[22] 그런데 어떤 문학(운동)론이든 그것이 민족 담론인 한 민족 담론 자체가 지니는 본래적 한계를 드러낸다. 민족이 사고와 가치의 주체로 등장하는 순간 민족은 자민족중심주의로 전화할 배타적 성격으로 인한 이중성을 지니기 때문이다. 민족이라는 용어 자체가 민족 외부에 대한 일종의 대타의식 속에서 만들어진 말이기 때문이다. 이에 따라 민족문학 및 민족문학론에 대한 강조는 그 자체로 보편자에 대한 강한 지향성을 지니게 마련이다. 그 보편 지향성은 특히 민족문학론이 국민국가 형성이라는 담론을 기반으로 하는 데에서 비롯된다. 이러한 성격은 해방 이후 지속적으로 이어져 온 것으로 볼 수 있는데, 민족국가 단위의 인식 문제는 냉전체제의 고착화와 밀접하게 관련되어 있다. 냉전체제의 고착화는 그 자체로 식민지에서의 해방 이후 당면 과제였던 일제 잔재의 청산과 민주적 사회체제의 수립을 불가능하게 만든 계기라 할 수 있다. 민족과 국가가 미분리된 상태에서,

---

22 서영채, 「한국민족문학론의 개념과 역사에 관한 소묘」, 『문학의 윤리』, 문학동네, 2003, 65~66쪽 참고.

우익의 단독정부 수립은 말할 것도 없고, 민족국가 수립에만 매달렸던 좌익의 노선 역시 냉전 체제에 대한 비판의식은 갖추지 못했다고 말하지 않을 수 없다. 이런 사고 속에서 개인은 사상되고 민족과 국가 그리고 국민의 단일성만이 절대적 과제로 추구되는 것이다. 근대 서구의 민족국가는 사실 근대 이전의 국가와는 전혀 성격이 다른 새로운 차원의 '국민국가'였다. 이 국가들은 출생 당시부터 공동체를 철저히 해체시키면서 탄생한, 파괴와 전쟁 속에서 탄생한 국가라 할 수 있다. 동서양을 막론하고 전통 농업사회의 국가는 정도의 차이는 있을지언정 지역공동체의 자치와 자율을 인정하고 보장해준 국가였다. 농업 생산은 공동체 없이는 불가능했기 때문이다. 근대 민족국가는 이러한 농업공동체를 붕괴시켜야만 성립 가능한 경제 체제였다. '국민되기란 무엇인가'라는 질문 자체가 이미 서구식 발상이라고 할 수 있을 것이다. 오히려 이 과정을 공동체적 삶의 추구, 공동체적 삶의 건강함을 추구하기 위한 대안을 모색하는 방향으로 사고를 전환할 필요성을 강조하고 싶다. 이러한 인식은 인간적 존엄성과 인간적 총체성의 이상을 구하기 위해서는 민족문학운동이 일국사회주의와 자본주의를 넘어서는 대안적 운동이라는 원칙을 풍부히 천착하여 정치성과 문학성의 통일[23]이 요구된다는 인식과 상통한다. 하지만 여기서 잊지 말아야 할 것은 이러한 인식 자체가 서구적 보편성의 논리에 빠져서는 안 된다는 점이다.

이처럼 1980년대의 문학운동론들은 모두 '보편성'을 지향하고 있다는 점에서 동일하다. 여기서 보편성의 실현 과정이나 보편성에의 도달 수준을 문제 삼고자 하는 것이 아니다. 보편성으로 전화해야 한다는 인식

---

23 최원식, 앞의 글, 78~79쪽.

자체가 문제가 아닐까 하는 더 근원적인 질문을 해야 할 필요가 있다. 서구의 근대가 혁명적 의미를 지니는 것은 부정할 수 없는 사실이다. 보편적 인권에 대한 존중과 인간을 억압하는 구조로부터의 해방, 이성의 원리와 합리성에 대한 존중 등은 마땅히 인간의 진보라 할 수 있을 것이다. 그러나 다른 한편 그것은 제국주의적이고 폭력적이며, 타자의 존재 근거를 부정하는 층위에서 이루어져 온 것이 사실이다.[24] 유럽적 보편주의는 주체 중심, 이성중심주의를 세계적 보편의 준거로 제시하려 했던 근대의 기획이었다. 그러나 이와 함께 배제와 차별의 보편성으로 귀결되었다. 자신들이 추구하고자 한 문학론을 개별자에서 스스로 보편의 위치에 올려놓는 순간 절대적인 것으로 변화하고 자신과 다른 논리에 입각한 문학론들에 대한 배타성을 드러내게 된다. 1980년대 문학론들의 정치성에의 경도나 배타성은 바로 이러한 보편주의로부터 비롯된 결과라 할 수 있지 않을까.

2) 진보 논리의 덫

1980년대 문학운동론을 어떤 시각에서 바라볼 것인가 하는 문제의 핵심은 1987년 6월 항쟁 이후 오늘날까지의 역사를, '진보'의 과정으로 볼 것인가 하는 보다 근원적인 인식과 관계 깊다. 역사는 일직선이건 나선형이건 어쨌든 퇴행과 정체와 도약을 거듭하면서 발전 진보하는 것이 사실인가? 지금껏 우리는 봉건사회에서 근대사회로의 전환을 두고 '진보'의 개념으로 불러왔다. '근대'는 지배적 정치세력으로서의 자

---

24 신승환, 『지금, 여기의 인문학』, 후마니타스, 2010, 171쪽.

본가 계급이 자본축적의 기반을 확보하기 위해 국민국가를 통해 정책
과 사회운용의 헤게모니를 장악하는 과정, 사회·문화적으로 전근대의
비과학적·비이성적·비합리적 인식체계 대신에 과학과 이성, 합리성
이 지배적 가치체계로 자리 잡아 가는 과정으로 인식되어 온 것이다.[25]

진보의 개념이 탄생한 것은 18세기 볼테르 등 유럽 계몽주의에서 시
작된, 아주 최근의 서구 근대 자본주의 사회임을 우선 주목해야 한다.
사회 상황을 개선하는 인간 행위의 적극성과 역동성을 표현하여 이 진
보라는 단어는 19세기 생물진화론과 결합하면서 드디어는 근대 유럽의
확고부동한 이념으로 자리 잡게 되었다. 19세기 유럽은 산업혁명을 통
한 유럽의 물질문명 발전과 자본주의 발전이 바로 진보이자 역사의 필
연이라고 확신한 시대였다. 야만사회에서 유럽 문명사회로 이어지는
진화와 진보의 이데올로기가 탄생한 것이고 그 정점에 마르크스주의의
진화 진보 이데올로기가 있다. 마르크스가 아시아의 정체성을 언급하
면서 유럽이 비유럽 지역을 침략하는 것에 대해 착취와 폭력으로 얼룩
진 제국주의의 지배를 언급하면서도 또한 동시에 자본주의 사회로 변
하는 신호가 된다는 점에서 역사의 진보, 필연의 역사로 받아들였다는
사실은 이 진보 개념에 대해 의문을 가지게 만든다.

서구 근대 계몽사상가들은 자본가들의 지원 아래 중세 서구의 농업공
동체를 개인의 자유와 행복을 억압하는 낡은 족쇄와 감옥, 억압과 착취
의 질곡이었다고 강조했다. 만인의 만인에 대한 투쟁이라는 이데올로
기, 시장경제라는 이데올로기는 계몽사상가들의 왕성한 활동 덕에, 사

---

25 정태헌, 「한국의 식민지적 근대화 모순과 그 실체」, 역사문제연구소 편, 『한국의 '근
   대'와 '근대성' 비판』, 역사비평사, 1998, 249~250쪽.

람들로 하여금 중세는 암흑시대였고 근대 자본주의는 인간 사회의 가장 발전된 형태라는 믿음을 진실로 만들었다. 하지만 농민들이 노동자가 되는 과정은 자유를 찾아 떠나는 해방의 과정이 아니라 폭력과 강제 추방, 노동착취와 강제노동의 역사였다고 말할 수 있다. 토지로부터 해방된(쫓겨난) 농민들이 갈 수 있었던 곳은 공장이 있는 도시밖에 없었다. 이들 농민들에게 자유란 도시로 가서 노동자가 되든지 아니면 굶어죽든지 두 가지 가운데 하나를 선택할 수 있는 자유를 뜻할 뿐이었다. 이러한 모습은 우리의 작품에서도 쉽게 볼 수 있다. 한설야의 「과도기」가 처음으로 농민의 노동자로의 전화과정을 보여준 이래 본격적인 자본주의 발전이 시작된 1960년대의 작품들이 모두 이 주제를 다루고 있다는 사실은 이를 명백히 말해주는 것이다. 1980년대의 운동으로서의 문학(론) 역시, 멀게는 식민지 시기의 카프문학부터 가까이는 1960~70년대의 노동문학 등과 마찬가지로 한국적 자본주의 발전의 표현으로 볼 수 있는 것이다. 이들 소설 속에 나타나는 인물들은, 지역 공동체를 대체한 '민족주의' 혹은 '국가주의'라는 이념을 기반으로 형성된 '국민국가'라는 새로운 형태의 국가에 귀속되는 '국민'이라는 새로운 인간 유형으로 불리지만, 사실상 파편화된 노동자와 일반 민중일 뿐이다.

이런 관점에서 볼 때, 민족국가 건설이라는 전망에 갇혀 자본주의를 대체할 대안을 찾지 못하는 민족주의 이념 자체의 역사적 한계를 벗어나, 민중연대성을 원리로 삼고 자본주의의 극복이라는 변혁적 관점을 가지는 '민족문학'[26] 혹은 민족문학운동론을 설정하는 것은 어떠한가.

---

26 하정일, 「탈식민주의 시대의 민족문제와 20세기 한국문학」, 『20세기 한국문학과 근대성의 변증법』, 소명출판, 2000 참고.

계급성이나 당파성이 아닌 민중연대성, 민족국가의 필요성 여부가 아니라 '어떤' 민족국가인지 하는 문제제기를 통해 자본주의의 극복을 내세우고 있다는 점에서 1980년대 문학운동론의 경직성으로부터 벗어나고 있는 것으로 보인다. 하지만 여기에도 자본주의에서 사회주의로의 '변혁'이 결국 진보이자 발전이라는 논리는 여전히 작동하고 있는 것으로 파악된다. 즉 인간이 스스로의 주체성을 자각하고 실천하기 시작한 시대로서의 '근대'라는 인식이 뒷받침되어 있다. 인간의 주체성에 대한 자각이 근대 세계사의 비약적 발전을 가능하게 해 주었는바, 특히 3세계의 경우에는 저항적 민족주의가 민중과 결합해 자본주의에 비판적인 입장을 취한다고 생각하는 것이다. 이러한 논리는 봉건사회에서 근대사회로의 전환 대신 자본주의에서 사회주의로의 전환이라는 또 하나의 발전사관을 근거로 삼고 있다는 점에서 구체적 전망을 획득하고 있다고 말하기는 어려울 것 같다.

진보의 관점에서 본다면 인간의 역사는 자신을 억압하고 소외시키는 모든 것에서 벗어나기 위한 투쟁의 과정이다. 이 과정의 중심에 있는 것이 '과학기술주의'이다. 하지만 오늘날 1980년대의 문학론이 과학적 세계관을 표 나게 내세우고 있는 것도 이러한 역사적 인식을 근거로 삼고 있기 때문이다. 그 결과 모든 문학론 스스로 '과학'이 되고자 했던 것이다. 1980년대 문학운동의 진정한 과제는 1980년대의 깊어진 현실적 모순 극복을 위한 문학 작품의 생산과 문학론의 확립이었다고 할 수 있다. 그것은 구체적으로 해방 이후 문단 권력과 대중을 장악해 왔던 보수적 순수주의에 맞서 대중성을 획득하는 일이었고, 조직적으로는 논쟁을 통해 각 문학론 사이의 차이보다는 공통성에 입각하여 통일적 관계를 회복하고 예술론을 수립하는 일이었다. 하지만, 논쟁의 결과는 오히려 운동 전반의 역량을 약화시키고 말았다. 정치사회적으로는 개량적 조치에 따른 노동계급과 중간계층의 결별이었고, 보수야당과 집권세력의 연합으로 나타났으며, 문화예술적으로는 각종 포스트주의가 득세하는 양상으로 변해버렸다. 허무주의 혹은 냉소적 경향의 문학이 대거 유포되면서 사회 변혁의 분위기는 매우 흐려졌다. 이데올로기 싸움의 국면에서 민족민중문학 진영의 대부분의 논자들은 이론의 선진성, 정합성 여부만을 문제 삼는 논쟁에 빠진 나머지, 자유주의적이고 허무주의적인 문학이 시장에서 대중을 장악하는 상황을 바라만 보고 있었던 것이다. 어떤 의미에서 1980년대 문학론들의 한계는 그들 문학론이 기초했던 변혁론이나 논쟁 자체에서 기인한다기보다는 현실적 모순에 대한 효과적 대응의 결여에 있다고도 할 수 있다. 백낙청의 민족문학론이 그토록 거센 비판을 받으면서도 지속적인 영향력을 가질 수 있었던 것은 그 논리의 정합성보다는 논리 자체의 유연함과 통합성에 기인한다고 할 수 있다. 1960년대의 시민문학론 이후 끊임없는 논리적 갱신과 타 논리의 특성을 포괄하는 논리적 유연성을 보여주었던 것이 이를 증명하고 있다.

근대적 주체에 의한 보편적 이성의 구현과정은 동시에 독단적 이념과 배제의 논리가 고착되는 과정이기도 하다. 주체에 내재하는 타자적 측면에 대한 인식을 통해 주체의 이성적 능력과 힘을 강화함으로써 독선적 논리의 한계를 극복하고자 하는 순간, 근대의 보편적 논리와 이성에 대한 신뢰라는 기존의 입장은 반복된다. '진정한 근대성'의 획득을 강조하는 이러한 입장은 결국 더 우월한 이성적 주체의 건설만이 답이 될 수밖에 없다. 1980년대의 문학(운동)론들 역시 이러한 논리적 순환에 빠져 있었던 것은 아닐까?

제3부

개작 연구를 통한 원본비평

천변풍경의 개작 과정 연구

- 판본대조를 중심으로 -

1. 서론

박태원에 대한 연구는 식민지 시기의 모더니즘 문학에 대한 연구의 일환으로 이루어졌다. 그를 모더니즘 작가로 평가한 것은 1930년대에 이미 백철이나 안회남 등 당대의 평자들로부터였다.[1] 이후 분단과 전쟁 그리고 작가의 월북 등으로 오랫동안 박태원에 대한 연구는 침체되었지만, 문학사에서 1930년대의 모더니즘을 평가하는 항목 속에서 박태원을 이상과 함께 1930년대의 대표적인 모더니즘 소설가로 규정하는 것으로 본격적인 연구가 이루어지기 시작했다.[2] 1980년대 후반 들어 월북 작가와 그들의 작품에 대한 개별적인 연구가 본격적으로 이루어진 이후에도 박태원에 대한 연구는 여전히 모더니즘적 관점에서의 연구가 대세를 이루었다. 이 과정에서 박태원의 문학세계를 창작기법

---

1 안회남, 「작가 박태원론」, 『문장』, 1939.2.
2 김우종, 『한국현대소설사』, 선명문화사, 1974; 김현·김윤식, 『한국문학사』, 민음사, 1974; 이재선, 『한국현대소설사』, 홍성사, 1979 등 초기의 문학사 대부분이 비슷한 평가를 내리고 있다.

으로서의 고현학, 주관성의 원리로서의 관찰이라는 독특한 모더니즘 적 방법론으로 체계화하는 성과를 이루기도 했다.[3]

이후 1990년대에 접어들면서 박태원에 대한 연구는 그의 대표작으로 거론되는 「소설가 구보씨의 일일」이나 『천변풍경』의 모더니즘적 특성을 지적하는 차원에서, 박태원의 소설 전반에 걸친 연구로 나아가는 모습을 보여준다. 즉 1930년대 모더니즘적 경향의 소설을 중심으로 삼았던 기존의 연구 경향에서 세태소설이라 명명되었던 리얼리즘적 경향의 소설들 그리고 역사소설로까지 연구 범위를 확대함으로써 박태원 문학의 변화과정에 대한 연구로 나아가게 된 것이다. 김윤식, 정현숙, 장수익 등 다양한 논자들의 핵심은 모더니즘 소설에서 비록 이질적이긴 하지만 리얼리즘 소설로의 변화를 보여주는 박태원 소설의 내적 변화의 성격을 어떻게 규정할 것인가 하는 점이었다.[4] 이 외에도 박태원 소설의 서술 기법이나 문체, 월북 이후의 문학 활동 특히 역사소설 『갑오농민전쟁』을 중심으로 한 많은 연구가 진행되었다.[5]

이러한 연구들에 힘입어 1930년대 박태원의 모더니즘 소설의 미학적 특성 및 이후 리얼리즘적 경향을 띤 소설로의 변모에 대한 내적 필

---

3 김윤식, 「고현학의 방법론-박태원을 중심으로」, 『한국문학의 리얼리즘과 모더니즘』, 민음사, 1989.

4 김윤식, 「박태원론」, 『한국현대 현실주의소설 연구』, 문학과 지성사, 1990.
   장수익, 「박태원 소설의 발전과정과 그 의미」, 『외국문학』 30호, 열음사, 1992.
   정현숙, 「박태원 연구의 현황과 과제」, 『박태원 소설 연구』, 깊은샘, 1995.

5 우한용, 「박태원 소설의 담론구조와 기법」, 『표현』 18호, 1990; 김상태, 『박태원 – 기교와 이데올로기』, 건국대학교 출판부, 1996; 김겸향, 「박태원 소설에 나타난 이중적 목소리」, 『박태원과 모더니즘』(구보학회 편), 깊은샘, 2007; 김종욱, 「일상성과 역사성의 만남」, 『박태원 소설 연구』, 깊은샘, 1995; 안숙원, 「『천변풍경』의 비교문학적 연구」, 『박태원과 모더니즘』(구보학회 편), 깊은샘, 2007.
   정현숙, 「갑오농민전쟁 연구」, 『어문학보』 14집, 1992 등.

연성의 문제 그리고 박태원 소설 전반의 소설 기법에 이르기까지 많은 연구 성과가 제출될 수 있었다. 하지만 이러한 성과들에도 불구하고 박태원 소설의 미학적 특성을 밝히기 위해서는 박태원의 모더니즘 소설들이 어떤 미학적 인식의 틀에서 출발하고 있는지 하는 점 즉 박태원의 문학관이나 세계관에 대한 분석이 요구된다. 특히 이 점은 박태원소설의 변모 과정에 대한 연구와도 밀접한 관련을 맺고 있다. 박태원소설의 변화에 대한 기존의 논의들은 크게 세 가지 입장으로 나누어살펴볼 수 있는데, 먼저 박태원의 소설적 전개과정이 모더니즘적 성격에서 리얼리즘적 특성을 드러내는 식으로 변화하고 있는 것으로 평가하는 입장이 가장 두드러지며, 둘째, 그러한 변화를 인정하면서도 그것을 모더니즘에서 리얼리즘으로의 변화라기보다는 모더니즘의 한국적 변용으로 바라보고 그 내적 필연성을 규명하고자 하는 입장, 셋째, 박태원의 소설이 모더니즘에서 리얼리즘으로의 변화를 보여주는 것이아니라 처음부터 박태원의 소설 내에는 모더니즘과 리얼리즘의 특성들이 내적 모순의 상태로 존재하는 것으로 파악하는 입장으로 나누어 볼수 있다. 이처럼 박태원의 문학에서 상반되는 특성이 드러나는 모습을두고 어떤 식으로 평가하든 중요한 것은 이러한 두 요소의 본질과 원인을 규명하는 일이라 할 수 있을 것인데[6], 그러한 작업의 출발은 바로박태원의 문학관이나 세계관에 대한 분석으로 출발해야 할 것이다. 본연구는 이러한 분석의 출발점을 판본대조와 개작과정에 대한 연구를바탕으로 한 구체적 작품분석에 두고자 한다.

박태원의 작품에서 드러나는 서술 기법과 문체에 대한 연구는 상당

---

6 정현숙, 앞의 글, 20~21쪽.

부분 이루어진 바 있다. 그런데 이들 연구의 경우 박태원의 소설 텍스트를 이미 완결된 판본으로 보고[7] 그 서술 기법을 분석하는데 주력하고 있다. 하지만『천변풍경』의 경우 연재본과 단행본 사이에 상당한 개작이 이루어진 점에 대해서는 주목하지 않고 있다. 따라서 표층적인 서술 기법의 분석만으로는 박태원 작품의 언어적 형상화가 작가가 드러내고자 하는 작품의 주제 형성에 어떻게 영향을 미치고 있으며 또한 작품의 예술성과는 어떤 상관관계에 놓여 있는지를 인식할 수 있는 심층적인 연구로 나아간 것으로 보기는 어렵다. 본 연구에서는 이러한 점에 초점을 두고『천변풍경』에 대한 판본대조 및 개작과정에 대한 연구를 통해 작품의 변화 과정을 실증적으로 분석하고자 한다. 하지만 이러한 개작과정에 대한 실증적 연구가 곧『천변풍경』의 새로운 의미를 찾을 수 있게 하는 것은 아닐 터이다. 본 논문의 일차적인 목표는 기존의 근대문학에 대한 연구에서 볼 수 있는 특성 즉 우리 근대 문학 작품에 대해 서구의 온갖 '최신' 문학이론을 적용하여 분석하는 일종의 이론주의적 경향이 낳을 수 있는 편향성을 완화하는 역할을 하고 모든 연구는 정확한 작품 분석으로부터 출발해야 함을 다시 한 번 새가는 것이다. 문학 '이론'에 대한 과도한 추종은 연구 대상으로서의 문학 작품 자체의 진상(眞相)에 대한 정확한 접근과 분석을 소홀히 한 채, 작품 '외적인' 관심을 작품 속에 투영하는 일종의 이데올로기적 작업으로 기울어지기 쉽다. 새로운 이론 적용을 통한 연구 성과의 산출에 앞서『천변풍경』연구의 출발을 판본대조 작업의 방법을 통한 텍스트 자체의 분석에 두고자 하는 것은 바로 이 때문이다.

---

7 주 5)에서 제시한 기존 연구 대부분이 판본의 문제에 대해서는 언급이 없다.

2. 연구의 방법론

　모든 비평 특히 역사주의적 비평에서는 비평의 출발을 믿을 만한 텍스트의 확정으로부터 시작된다. 즉 원전 확인을 통해 비평의 대상을 분명히 하는 실증적 태도가 필요하다. 이로써 작품에 대한 역사적 객관성이 확보될 수 있다. 그런데 원본 확정의 문제로 문학 작품을 분석·해석하는 작업에 착수하기 전에 선행되어야 할 작업이 표기상, 기교상 잘못된 곳이나 편집자와 교정자 인쇄자의 오류 및 착오뿐만 아니라 작가 자신의 수정 사항 등을 명확히 함으로써 원본의 순수성을 회복하고자 하는 작업이다. 즉 한 작가의 텍스트의 순수성을 회복하는 한편, 판을 거듭함에 따라 생기는 와전으로부터 그 순수성을 보장하는 것이다.[8]

　이러한 원본 확정을 위한 판본 대조의 과정은 다음과 같은 몇 가지 기준에 따라 이루어진다. 첫째, 한 원본을 현존하는 그대로 재생한 영인본과 명백한 오식의 교정, 수정 등을 거친 교열본 가운데서 교열본주의를 우선적으로 받아들인다는 것, 둘째, 하나의 텍스트를 옛 맞춤법 그대로 따른 구 철자본과 현대 맞춤법으로 고친 현대어본 가운데 순학술적 의도가 아니라면 현대어 본을 따르는 것이 일반적이다. 그렇지만 순수한 학술적 의도 예컨대 언어 표기의 변화 양상, 어휘 문제 등에 관한 것이라면 구 철자본을 따라야 할 경우가 없는 것도 아니다. 셋째, 이러한 점을 기준으로 현존하는 원고, 초간본, 수정본, 이본 등의 판본 대조를 통해 가장 순수하고 정확한 형태를 확정한다. 원고가 부재하는

8　F. Bowers, Textual Criticism, The Aims and Methods of Scholarship, ed. J. Thorpe(New York: 1970), p.20. (홍문표, 『현대문학비평이론』, 창조문학사, 2003, 102쪽에서 재인용·)

경우에는 가능한 한 원고상태에 접근하도록 추정본을 작성하기 위해 교정, 수정, 보완, 종합의 작업을 통해 텍스트에서 오류를 제거한다. 오식이나 철자 오류 등 확실한 잘못과 의미상 애매한 부분 또는 탈락된 부분 등에 대한 수정이 이루어질 경우에는 타당한 설명이 있어야 할 것이다. 이처럼 많은 이본 또는 사본들 중에서 결정본의 근거가 될 기본텍스트를 선정하고, 일정한 기간에 출간된 작품의 여러 판본들에 대한 대조 및 조사를 해 나가는 과정이 곧 판본대조인 것이다.[9] 하지만 어떠한 판본대조도 완전한 것일 수는 없다. 왜냐하면 원본비평은 부수적인 부분에 있어서 뿐만 아니라, 본질적인 부분 곧 실제 언어상의 독해에서 미학적인 판단을 해야 하고 이 과정에서 '비판적 수정'을 해야 하는데 그 기준이 절대적인 것이 못되기 때문이다.[10]

특히 본 연구의 핵심이라 할 수 있는 실증적 판본 대조 및 분석 과정에서도 바로 이 언어상의 변화 즉 표현형식의 변화에 주목하고자 했다. 이 표현형식의 분석은 곧 내용형식의 변화와 직접적으로 연결되어 있기 때문이다.[11] 본고에서는 이러한 문제의식을 응용하여 박태원의『천

---

9 이상섭,『문학연구의 방법』, 탐구당, 1972, 20~22쪽.
10 문학작품의 언어를 다룰 때 역사적 비평가는 이중의 책임을 느끼게 된다. 즉 오늘의 독자들을 발표된 당대의 독자들이 그 시대의 언어에 대해 가졌던 이해나 인식의 상태로 되돌려 놓아야 한다. 그리고 그 시대의 언어를 현재에도 적용할 수 있는 표현매체로 다루어야 한다. 언어의 이러한 이중성은 한 작품이 존립하는데 기본이 되며, 독창적이며 지속적인 호소력의 요소가 된다. 이를 위해 첫째, 될 수 있는 한 작품이 쓰인 때와 장소에서 사용되던 음운체계를 구성해야 한다. 둘째, 시대를 따라 일상 어휘의 변동이 생기는 점 또한 생각하지 않을 수 없다. 셋째, 문장구성의 습관에 대한 이해로 한 시대 또는 한 작가의 작품의 구문이 문학적 효과를 위하여 어떻게 짜여 있는가를 살펴야 한다. 이 때 중요한 점은 그러한 차이가 어떤 비평적 의의를 가지는가를 발견하는 점이다. 홍문표,『현대문학비평이론』, 창조문학사, 2003, 103~105쪽.
11 소설이라는 서사물을 분석할 때, 무엇이 표현되어 있는가를 살피기 위해서는 '이야기

변풍경』 개작을 크게 서사적 내용과 표현형식으로 나눈 후, 특히 박태원 자신이 강조한 바 있는 문장 표현의 변화를 중심으로 문장 부호, 문체의 변화 및 화법의 변화 등을 포함한 표현 형식의 변화를 구체적으로 분석하고자 했다.

본 연구에서는 최초 발표본인『조광』연재본[12]을 비롯하여 지금까지 간행된 많은 판본들 가운데에서『천변풍경』의 '변화 과정'을 가장 잘 보여주는 네 개의 판본을 검토 대상으로 삼았다.[13] 이 가운데 식민지 시기 박태원이 직접 고쳐 단행본으로 간행한 1938년의 단행본과 1947년 의 단행본은 시기만 달리하여 활자 하나 바꾸지 않고 재간행한 것이다. 1980년대 말과 2000년대에 간행된 두 판본은 이태준, 박태원 등의 식민 지 모더니즘 문학을 전공한 연구자들에 의해 검토된 결과물로서 판본

구성요소'를 분석대상으로, 그것이 작품 속에서 어떻게 표현되어 있는가를 살피기 위해 서는 '서사적 표현형식'을 분석의 대상으로 삼아야 하는 것이다. 하지만 이야기 구성요 소들도 결국에는 서사적 형식의 의장을 한 채로 나타나기 때문에 표현형식과 대응되는 내용형식이라는 용어로 설명될 수 있다. 따라서 소설의 개작에 대한 연구는 '서사적 내용형식'과 '표현형식'이라는 개념을 사용하여 개작 양상을 살펴보는 것이 유용한 방법 이 될 수 있다. 박용규, 「황순원 소설의 개작 과정 연구」, 서울대학교 박사학위논문, 2005, 10쪽.

12 여기서『조광』연재본이라 함은 1936년 8-10월에 연재한 중편 형태의『천변풍경』과 이후 1937년 1-9월에 걸쳐 장편소설의 모습으로 확대 연재한『속 천변풍경』을 합쳐서 가리키는 것이다. 이하『조광』연재본.

13 그것은 구체적으로 ① 1937년 〈朝光〉 연재본 ② 1938년 박문서관 단행본 ③ 1947년 단행본 ④ 1989년 깊은샘 간행본 ⑤ 2005년 문학과 지성사 간행본이다. 이 판본들은 각각 연재본, 최초의 단행본, 해방 후의 판본, 80년대 월북작가들의 작품에 대한 해금조 치 단행 이후의 판본, 가장 최근의 판본이라는 의미를 지닌 것이라는 판단 하에 선택된 판본들이다. 하지만 검토 결과 1947년 해방 시기에 출판된 단행본은 첫 단행본을 다시 찍어낸 것이어서 검토 대상에서 제외되었다. 이로써 애초 다섯 개의 판본 가운데 네 개의 판본만으로 판본대조 작업을 수행하는 것으로 귀결되었다. 이 가운데서 연재본 (1936-1937)과 첫 단행본(1938) 사이에 개작에 따른 상당한 변화가 있음을 볼 수 있다.

대조의 대상으로서 충분한 의미를 지니고 있다. 본 연구는 연재 이후 작가에 의해 직접 수정이 이루어진 최초의 단행본인 1938년 판본을 기준 판본으로 삼아 최초 연재본과의 변화 과정 및 이후 현대 판본들과의 차이를 검토하였다.[14] 이를 통해 『천변풍경』의 경우 단순한 어휘의 변화는 물론이고 문장부호의 수정, 많은 부분의 생략과 첨가 그리고 소제목 및 장·절의 구성 변화 등 내용적 측면에서도 상당한 변화를 보여주고 있음을 확인할 수 있었다.

---

14 1990년 이래 여러 출판사에서 『천변풍경』을 간행한 바 있으나 출판사와 편자의 전공, 판매량 등을 고려하여, 연재본 및 첫 단행본과 비교할 판본으로 삼은 것은 1989년 깊은 샘 출판본과 2005년 문학과 지성사 출판본이다. 1989년 『천변풍경』 단행본을 출판한 깊은샘 출판사는 상허 이태준을 중심으로 한 구인회 문학의 여러 전공자들이 책을 주로 출판한 곳으로 식민지 모더니즘 문학연구에 중요한 기여를 한 곳으로 평가할 수 있나. 더욱이 1989년에 나온 『천변풍경』만 해도 1989년 초판을 발행한 이래 1994년 개정판, 2003년에 벌써 11쇄를 발행할 정도로 많은 연구자들이 연구의 대상으로 봐왔던 출판본 이다. 연재본과 단행본 가운데 어떤 판본을 저본으로 삼고 있는지는 밝히지 않고 있다. 1938년의 첫 단행본을 저본으로 삼고 있음을 밝히고 있는 2005년 문학과 지성사에서 출판한 판본은 식민지 모더니즘문학과 박태원 문학의 연구자인 장수익이 편집한 판본 으로 2010년 현재 17쇄를 찍을 정도로 역시 많은 연구자의 연구 대상으로 삼고 있는 출판본이라 할 수 있다. 이 두 판본 뿐 아니라 현대에 출판된 단행본의 대부분은 저본을 밝히지 않고 있거나 밝힌 경우라도 대부분 기존 판본 모두를 참고하였다고만 했을 뿐 그 정확한 저본을 밝히지 않고 있다. 심지어는 1938년과 1947년에 간행된 두 판본이 동일하다는 사실에 대해 어떤 판본도 밝히고 있지 않다. 본 연구에는 포함하지 않았지 만 각 판본을 비교해 본 결과 대체로 1938년의 단행본을 저본으로 삼고 있으면서도 명확한 기준 없이 때에 따라서는 연재본을 따르는 경우도 있었다.

애초에 위 다섯 개의 판본을 연구 대상으로 설정한 것은 연재본으로부터 2005년의 최신 판본에 이르기까지 변화과정을 시기적으로 가장 잘 보여준다고 판단한 것이었다. 하지만 위에서 말했듯 ②와 ③이 동일한 판본으로 밝혀짐에 따라 결국에는 연재본과 단행본 그리고 두 개의 현대판본 등 네 가지만을 비교 대조하는 작업으로 그친 결과가 되었다. 더 많은 판본을 대조하는 작업은 차후 이루어져야 할 과제로 생각된다. 이와 함께 북한이나 혹은 중국 지역에서 간행된 자료의 존재 여부에 대해서도 알아 볼 필요 가 있다. 어떤 판본이든 새롭게 발견되는 것이 있다면 더욱 치밀한 재검토 작업이 이루 어질 수 있을 것이다.

이러한 변화는 크게 두 가지로 나누어 살펴볼 필요가 있다. 첫째는 연재본과 단행본 사이에 이루어진 개작으로 작가 박태원에 의해 직접 개작이 이루어진 경우이다. 문장부호의 수정부터 인물의 성격에 따라 달리 사용하고 있는 어휘의 변화 그리고 후반부에 주로 이루어지고 있는 내용의 변화에 이르기까지 『천변풍경』의 미학적 완성을 위한 박태원의 노력을 볼 수 있다. 둘째는 출판 과정에서의 오식이나 오류 및 식민지 시대의 연재본과 단행본 그리고 현대의 출판본 사이에 나타난 변화 양상이다. 이 경우에는 특히 현대 맞춤법에 따른 수정을 비롯하여 편집 과정에서의 다양한 오류를 볼 수 있다. 가장 최근의 판본인 2005년에 출간된 『천변풍경』을 살펴보면 이러한 사실을 잘 알 수 있다.[15] 이 가운데 의미 있는 개작은 당연히 연재본에서 단행본으로의 과정에서 나타난 개작일 것이다. 이를 중심으로 『천변풍경』 전체의 개작 혹은 변모양상이 어떠한지 구체적으로 살펴보고 그 의미를 알아보기로 하겠다.

---

15 이 판본의 경우 2절에서 한 문장을 빠트리고 있는 것을 볼 수 있다. 34쪽 9행의 경우 '어느 한 포목전 주인에게 갖는 기대라는 것을 아주 이 기회에 말하면…'으로 되어 있으나 이는 '어느 한 개의 기대를 갖는다. 이 소년이 아무에게도 설파하지 않고, 혼자 마음속으로만, 이 점잖은 포목전 주인에게 갖는 기대라는 것을 아주 이 기회에 말하면…'의 원문에서 한 행을 빠트린 것이다.

또 다른 모든 판본에서는 '갖다 준다던'(② 25쪽 8행), '물을 다 긷고'(② 42쪽 12행)로 되어 있는 것을 각각 '갔다 준다는'(27쪽 9행), '물을 다 싣고'(41쪽 20행)로 바꾸어 놓았으며(이 외에도 '아아니'→'아 그럼', '원수의 세상에'→'원수인 세상에', '굿나잇'→'꿈나이', '담뱃값'→'담뱃값이나', '받고'→'받치고', '그리고'→'그러고', '그리고는'→'그러고는', '새시나'→'새우시나' 등 근거를 알 수 없는 수정을 찾을 수 있다), '뜻밖에도, 참말 뜻밖에도'(② 367쪽 8행)를 '참말 뜻밖에도'(315쪽 10행)와 같이 한 단어를 임의로 빼버린 경우('내가 -, 내가 -'→'내가', '구실'될 수 없는 '구실'로서라고-'→'구실'로서라고')도 여러 곳에서 볼 수 있다. 이 외에 36절 제목의 경우에도 '구락부의 소년소녀'를 '구락부 소년 소녀'로 고쳐놓은 오류 등 모두 40여 군데 이상의 오류를 볼 수 있다. (이하 출처 표시는 판본, 쪽, 행의 순서로 숫자로만 표시하기로 한다.)

3. 『천변풍경』의 판본대조를 통해 나타난 변화 양상

1) 연재본·최초 단행본과 현대 판본의 대조

(1) 한글 ↔ 한자어의 전환

한글, 한자어의 전환을 보여주는 어휘가 사용된 경우는 모두 100여
곳에 가깝다. 이 가운데 37군데의 경우는 소제목의 한자어를 한글로
전환한 경우인데, 대부분 한자어로 씌어져 있던 제목을 한글로 전환한
경우다. 하지만 연재본과 첫 단행본은 모두 한자어 제목을 사용하고
있는 점에서 차이가 없으며 소제목에서 나타난 한자어에서 한글로의
전환은 모두 80년대 이후의 현대 판본에서이다. 제목에서의 변화 가운
데 살펴볼 사항은 연재본에서 단행본 사이에 나타난 수정의 경우다.
이에 대해서는 내용 변화를 다루는 부분에서 서술할 예정이다.[16]

(2) 한글맞춤법 표준어에 따른 변화

본 연구에서 1938년의 단행본을 판본대조의 기준 판본으로 삼은 것
은 최초 단행본이 작가가 보여주고자 한 작품의 의도를 가장 잘 알 수
있기 때문이다. 그리고 단행본의 표현을 최대한 수정하지 않고 그대로
살리는 것이 또한 작가의 진정한 작품 의도를 보존하는 것이기 때문이
다. 그런데 정본 확정 원칙 자체가 작가가 지금 작품을 쓴다면 어떻게
표현할 것인가 하는 것이므로 현대적 표기법에 따른 작품의 수정 역시
이루어지지 않을 수 없는 것 또한 사실이다. 하지만 이러한 수정은 매

---

16 13, 28, 32, 33, 35, 41, 45, 49절의 경우 연재본과 단행본의 제목이 다르며, 3절의
제목이 연재본에서는 '시골서 온 少年'이었다가 1938년의 단행본에서 '시골서 온 아이'
로 바뀐 경우를 제외하고는 변함이 없다.

우 신중히 이루어져야 한다.

작가의 의도를 최대한으로 존중하고 작품 원래의 느낌을 살리기 위해 기준판본의 표현을 살리고자 할 때 가장 문제가 되는 부분은 대화 부분 그 가운데서도 특히 사투리와 비표준어 속어 등을 어떻게 표현할 것인가 하는 문제라고 할 수 있다. 예컨대 '목구멍'이라는 표준어 대신에 '목구녕' 혹은 '목구녁' 등과 같이, 현재 인정하지 않는 표기이지만 현재도 방언과 오표기로 자주 사용되거나 문체상의 특징으로 판단해야 하는 표기의 경우 판단에 신중을 기하지 않을 수 없다. 그리고 현재 인정되지 않는 표기이지만, 방언과 오표기로 많이 사용되거나 문체상의 특징으로 판단되는 표기 문제 역시 매우 중요하다. 예를 들어, '으떻게'와 '어떻게'가 혼용되는 경우, 당연히 '어떻게'를 사용해야 하지만 작품을 꼼꼼히 읽을 경우 명백하게 작가가 의도적으로 혼용하고 있다는 사실을 알 수 있다. 박태원 스스로 작품의 현실감을 살리기 위해 당대의 인물들이 쓰던 표현을 일부러 사용하고 있음을 강조한 바 있듯이[17] 작가는 대화를 나누는 인물의 특성과 분위기를 살리기 위해 의도적으로 표준어와 사투리를 동시에 사용하고 있는 것이다. 이러한 경우에는 작가의 의도를 존중하여 원문 그대로 표기하는 것이 마땅하다. 예를 들면 등장인물 가운데 지식층이거나 사회적 지위가 있는 인물의 경우에는 '어떻게'를 사용하고 그렇지 않은 하층민들의 일상 대화에는 예외 없이 '으떻게'가 사용되고 있는 것을 볼 수 있다. 이는 작가가 등장인물들의 생활을 보다 면밀히 구분하고자 했던 의도에서 비롯된 것이라 할

---

17 박태원은 '아이스크림'은 양과집이나 제과점에서나 사용할만한 표현이며 길거리에서 파는 아이스크림 장수의 경우 '아이스쿠리'라는 표현을 실제로 사용하고 있어 현실성을 살리기 위해 일부러 '아이스쿠리'로 표현하고 있음을 말한 바 있다.

것이다. 그리고 화자 즉 작가의 시각이 반영된 지문의 경우에는 최대한 표준어를 사용하고 있음을 볼 수 있다. 이러한 작가의 의도를 최대한 반영하고 있는 언어의 구분을 명확히 읽어낼 수 있을 때 작가의 의도를 더욱 명확히 알 수 있게 된다. 따라서 무조건적인 현대어 표기로의 수정은 오히려 작품의 질을 떨어트리는 역효과를 낳게 된다.

연재본부터 단행본을 거쳐 가장 최근에 발행된 작품에 이르기까지 표기법상의 띄어쓰기나 맞춤법에 따른 표현의 변화는 모두 168곳에서 볼 수 있다. 장편임을 감안할 때 이러한 변화는 그리 많지 않은 편이라 할 수 있지만, 그것은 작품의 원래 느낌이나 작가의 의도를 변화시키지 않는 한에서 대화 부분의 경우 최대한 기준본의 표현을 살리고 있기 때문이다. 이러한 변화, 수정은 당연히 연재본·첫 단행본과 현대 판본 사이의 변화가 훨씬 많다. 하지만 정작 관심을 기울여야 할 부분은 연재본과 첫 단행본 사이의 변화라 할 수 있다.

ㄱ. 지문 속의 맞춤법 수정

최근의 판본에서 볼 수 있듯이 '위선' '인제는' 등의 표현처럼 작가의 특별한 의도가 담겨있다고 보기 힘든 단순한 어휘표현의 경우에는 '우선' '이제는' 등 현대 표기법으로 고치는 것이 옳다. 이 외에도 '겪음내기'(② 378, 11) → '겨끔내기'(⑤ 324, 9), '홋몸'(② 386, 2-3) → '홑몸'(⑤ 330, 4-5), '골아떨어진'(② 208, 4) → '곯아떨어진'(⑤ 184, 11) 등에서 보듯 현대 맞춤법에 따른 어휘의 수정으로 원래의 의미나 작가의 의도를 훼손시키지 않는 범위 내에서의 수정 역시 시대의 변화에 따른 자연스러운 수정이라 할 수 있다. 이러한 수정은 거의 대부분 지문 속의 맞춤법 수정으로 식민지 시대 출간본과 현대 출간본 사이의 변화인데, 모두

130여 곳에서 볼 수 있다.

ㄴ. 대화 속의 표현 수정

앞에서도 말한 바 있듯 작품에서 느낄 수 있는 당대의 분위기를 그대로 유지하기 위해 작가의 의도를 최대한으로 존중해야 하는 부분은 바로 대화 부분이다. 작품 속의 대화를 통해 당대 인물들의 목소리를 그대로 들을 수 있기 때문이다. 물론 모든 대화 부분을 무조건 옛 표현 그대로 두어야 한다는 것은 아니다. "돈이란…몸에 붙는 법입닌다."(② 22, 5)와 같은 대화의 경우는 "돈이란…몸에 붙는 법입니다."(⑤ 24, 18)로 수정하는 것이 훨씬 자연스럽다. 또 다른 예를 보면 다리 아래 사는 깍정이들의 대화 가운데 "애, 인마, 너 횡허케 가서 새끼 좀 갖고 오너라."(② 248, 9)라는 문장을 볼 수 있는데, 여기서 '횡허케'라는 표현은 원래 연재본에는 없었고 단행본 출간시 보충한 부분인데 '힝엏게'로 표현되어 있다. 이러한 경우에는 당연히 올바른 표현인 '횡허케'로 바로잡아야 할 것이다.

그런데 가장 최근의 출판본의 경우 대화 속의 모든 표현을 거의 대부분 현대어로 고쳐 놓은 것을 볼 수 있다. "허지만, 누가 따구서 일어스게 뒈야지?"(② 23, 1)라고 점룡어머니가 아들 점룡이의 행동을 두둔하는 대화 속의 '일어스게 뒈야지'를 '일어서게 돼야지'로, "시굴선 비가 안 와서 걱정들인데 어데 비라군 올 듯도 싶지 않군요."(② 223, 3)라는 대화 속의 '어데'를 '어디'로 수정해 놓았는데, 이는 대화의 주체인 인물의 성격이나 학력 등 작가가 고려했던 요소를 생각하지 않은 것으로, 작가가 의도한 작품의 맛을 훼손하는 결과를 낳을 수밖에 없다. 이처럼 대화 속 표현의 수정 가운데서 박태원이 연재본 이후 단행본을 출간하면서 직접 고친 곳은 여섯 군데 정도에 불과하고 나머지는 모두

1980년대 이후 출판본들이 대화 부분까지 모두 현대어 표기로 바꿔버린 데서 나온 결과이다.

ㄷ. 명백한 오류의 수정

분명한 오식이나 오류는 거의 찾기 힘든 것이 사실이다. 하지만 각 판본의 대조 과정에서 몇 군데를 발견할 수 있었는데, '현장을 발견된'(②302, 4)(④221, 26)(⑤261, 17), '세 사람의 <u>공동생활의</u> 한 점 검은 구름이 덮인 것이…'(②318, 10)(④233, 3)(⑤274, 23)와 같은 표현은 각각 '현장이 발견된', '세 사람의 <u>공동생활에</u> 한 점 검은 구름이 덮인 것이…'로 수정해야 옳은 부분이다. 하지만 기존의 모든 판본에서는 이를 수정하지 않은 채 그대로 둔 것을 볼 수 있다. 이는 명백한 오식으로 볼 수는 없지만 현대 표기법에 맞게 고쳐야 할 부분이다. 또 39절 민 주사의 첩인 관철동집의 심리 묘사 가운데, '그의 큰마누라가 자기를 결코 <u>용납해 줄 턱없어</u>, 그래 제 신세만 고단해질 것은 참말 <u>뻔한</u> 노릇이었다.'(②387, 6)(④278, 25)(⑤331, 5)라는 부분이 있는데, 밑줄 친 부분인 '용납해 줄 턱없어'의 경우 연재본에는 '용납해 줄 턱없어'로 되어 있지만 첫 단행본에서는 인쇄상태 불량으로 '용납해줄 턱없이'처럼 보인다. 이후의 판본들은 이에 대한 확인 없이 모두 '용납해 줄 턱없이'로 표기하고 있으나, 문맥상 '없어'가 적절한 것으로 생각된다.

2) 연재본과 단행본의 대조

(1) 문장부호의 수정

문장부호의 수정을 통해 표현의 변화를 꾀하고 있는 경우는 모두 26

곳 정도인데, 이는 대부분 연재본에서 단행본으로의 개작 과정에서 나타난다. 박태원의 작품에서 문장부호의 역할이 지니는 중요성은 잘 알려진 사실이다. 예컨대 빨래터에 모인 아낙들의 이야기 가운데, 민주사는 어떠냐는 귀돌어멈의 물음에 "낮엔 늘 댁에서 사무보시구……"(②25, 9)라는 칠성어멈의 답은 말끝을 흐림으로써, 이야기는 하고 싶지만 주인집 나리의 행동이라 주저하는 칠성어멈의 심리를 그대로 표현해주는 것이다.[18] 문장부호의 중요성에 대해서는 박태원 스스로 강조한바 있다.[19] 이 가운데서도 가장 눈에 띄는 것은 적극적인 쉼표의 활용이다. 예를 들면 연재본의 '그리고 큰기침을 한번하고는 아조 그김에 보기좋게 개천물에다 가래침을 배텄다'를 '그리고 그는 큰기침을 한 번 하고, 아주 그 김에, 보기 좋게 개천 물에다 가래침을, 탁, 뱉었다.'(②15, 5)처럼 쉼표를 통해 침을 뱉는 행동을 두드러지도록 하고 있는 것을 볼 수 있다. 이 외에도, '그러나' '사실' 등의 접속어를 추가한 곳의 경우에도 쉼표를 활용하여 호흡을 조절함으로써 문장부호의 활용에 따른 내용의 이해를 돕고자 한 점이 특히 두드러진다.

---

18 그런데 문학과 지성사 간행본(16쪽 20행)의 경우 여기서 말줄임표를 임의로 삭제함으로써 칠성어멈의 대답에서 느낄 수 있는 심리적 특성을 느끼지 못하게 만들고 말았다.

19 박태원 스스로 쉼표를 통해 더욱 정확한 문장과 어조를 살릴 수 있음을 강조한 바 있다. 즉 "온갖 문장 부호의 효과적 사용은 사물의 표현, 묘사를 좀 더 정확하게 좀 더 완전하게 해야 할 것이다. 그리고 이러한 시험은 작품에서도 특히 회화에 있어서 중대한 실효를 갖는다. 문자를 사랑하는 것과 올바른 열의를 가져 문장부호를 아끼자."고 강조한다. 박태원, 「표현, 묘사, 기교」, 《조선중앙일보》, 1934.12.21.

(2) 표현의 변화

ㄱ. 한글 ↔ 한자어의 전환

한글, 한자어의 전환이 나타나는 100여 곳 가운데 소제목의 한자어를 한글로 전환한 37군데의 경우를 제외하면 모두 연재본과 단행본 사이의 개작과정에서 일어난 전환이다.

소설 속 지문에 나타나는 한자에서 한글로의 전환은 모두 61개의 어휘에서 볼 수 있는데, 대부분 한글(한자어)의 병기에서 한글로의 전환이다. 결론적으로 한자어에서 한글로의 전환은 각 절의 제목을 제외하면 모두 '한글(한자어)' 병기에서 한글로의 전환을 보여준다. 이러한 변화는 당대의 시대적 상황과의 관련 속에서 생각해 볼 수 있다. 1937년 시작된 창씨개명, 1938년 1월의 조선어교육폐지 등의 억압과 위협은 조선의 지식인들 특히 문인들에게 '조선어 문장'에 대한 관심을 촉발하는 계기로 작용한 시기였다. 이러한 시대적 상황에 따른 인식이『천변풍경』의 개작 과정에서 한자어의 한글로의 전환이 이루어지도록 한 것으로 볼 수 있다. 이는 특히 이 작품에서 박태원이 의도적으로 사용하고 있는 '카메라적 기법' 및 주요 등장인물들의 사회적 신분 및 성격과도 일맥상통하는 것이어서 한자에서 한글로의 전환은 아주 자연스럽게 이루어진 것이라 생각할 수 있다.

ㄴ. 어휘 표현의 변화

『천변풍경』 전체를 통틀어 가장 많은 변화를 나타낸 것이 바로 이 어휘 표현의 변화다. 약 800여 곳에서 어휘의 수정, 변화를 보이고 있는데 대부분 단행본 간행 시 개작과정에서 이루어지고 있다. 이 가운데 대부분의 어휘 변화는 '장만해 줬던 걸' → '얻어줬던 걸', '예쁘지' → '아름답지', '일전→'고린전', '알 수 없는'→'모르는', '흉측한'→'발칙한' 등 문장이나 문맥에의 영향 없이 글자 그대로 단순한 어휘 변화만 이루어진 곳이라 할 수 있다. 하지만 여기에서도 깊게 들여다보면 박태원의 표현에 대한 철저한 의식을 엿볼 수 있는데 이는 다음과 같은 몇 가지 유형으로 나누어 살펴볼 수 있다.

그것은 첫째, 문장부호의 활용을 통한 표현의 변화를 꾀한 곳이다. 예컨대 '그리고 그는'(연재본)→'그는, 갑자기,'(② 10, 1) '그러나 김서방은'(연재본)→'김서방은, 그러나'(② 347, 11)와 같이, 쉼표의 적극적인 활용을 통해 인물의 생각이나 행동에 시간적 여유를 갖게 함으로써 독자들로 하여금 등장인물의 호흡에 맞추어가도록 유도하고 있는 경우이다. 둘째, 어미의 변화나 시제의 변화를 통해 다른 느낌을 갖게 만들기 위한 노력을 보이고 있는 경우를 들 수 있다. '이꼴이라우→이꼴이구료'와 같은 변화의 경우 표면적으로는 크게 달라진 것이라 하기 어렵지만, '가지고 와'→'가지고 오게'(② 8, 14)의 변화는 두 인물간의 관계를 수직적 명령 관계에서 약간의 존중을 보여주는 관계의 설정으로 변화시키고 있음을 알 수 있다. '법석이었다는군 그래'→'법석이 아니었겠수?'(② 110, 1)나 '울었다는군 그래'→'울지 않았겠수?'(② 110, 10)같은 경우, 연재본에서는 간접적으로 내용을 전달함으로써 소문의 특성을 드러내고 있지만 표현의 수정을 통해 단행본에서는 마치 직접 본 것처럼 얘기하는 방식을 통해 빨래터에서 이루어지는 아낙네들의 담화가 지닌 소문의 과장적 성격을 강화하고 있음을 볼 수 있다. 이러한 표현의 변화는 등장인물과 상황에 따른 표현에 대한 박태원의 의식이 어느 정도 철저했는가를 보여주는 증거라 할 수 있다. 이러한 서술어미의 변화를 보여주는 곳은 모두 130곳에 이른다.

시제의 변화를 보여주고 있는 경우는 8곳에 불과한데, '먹었다→'먹는다'와 같은 과거시제에서 현재시제로의 변화가 이루어진 곳이 여섯 군데이고 '않는다'→'않았다'와 같은 현재 시제의 과거시제로의 변화는 단 두 곳에 지나지 않는다.

ㄷ. 어휘 변화에 따라 의미의 변화가 수반된 경우

문장부호의 수정이나 한글 한자어의 전환 그리고 맞춤법에 따른 수정 등은 작품의 전체적 흐름이나 의미에 큰 영향을 미치는 것이라고는 보기 어려운 것이 사실이다. 하지만 어휘의 변화에 따른 의미의 변화는 단순히 한 어휘의 변화를 넘어 문장 전체의 의미에까지 영향을 미치게 된다. 이러한 어휘 변화를 통한 의미 변화가 이루어진 곳은 87곳에 이르는데 모두 연재본에서 단행본으로의 개작과정에서 나타나고 있다. 물론 이 경우에도 몇 가지 유형으로 나누어 볼 수 있다.

첫째, 어휘의 변화를 가져왔지만 문장 전체의 의미 변화로까지는 나아가지 않은 경우. '상반신을 외로 틀어 보기 좋게 왼손으로 코를 푼다.'에서 '보기 좋게 왼손으로'를 '흐응 하고'로 바꾼 경우. (② 6, 1)

둘째, 전체적인 내용의 변화는 없지만 그 표현의 변화를 통해 의미를 더욱 명확히 하고자 한 경우. 예컨대 등장인물 가운데 귀돌어멈의 경우 연재본에서는 오른쪽 목에 연주창을 앓은 자국이 있다고 했다가 이후 단행본에서는 왼편 목에 앓은 자국이 있는 것으로 바꾸었는데, 이는 귀돌어멈의 고개를 항상 왼편으로 갸우뚱거리는 버릇을 더욱 그럴듯하게 보이기 위한 것이라 할 수 있다. (② 3, 10)

셋째, 단순한 단위 수정의 경우. 갓 상경한 아낙네의 나이를 '스물예닐곱'에서 '스물네댓'(② 14, 1)으로, '사흘에 이틀씩'에서 '하루걸러'(②

27, 10)로, '채 한이레가 못 되는'을 '사흘이 채 못 되는'(②59, 2)으로, '한 달 전의'를 '보름 전의'(②60, 8)로, 민주사가 노름으로 잃은 돈의 액수를 '육칠백 원'에서 '사오백 원'(②79, 3)으로 바꾼 경우 등 20여 곳 이상에서 볼 수 있다.

넷째, 인명, 지명, 구체적 장소 등에서의 변화. '저 골목 귀퉁이 선술집'을 '개천가 선술집'(②31, 10)으로 바꾼 것, 연재본에서 첩을 '관철동집'으로 표현하다가 단행본에서는 '안성집'으로 바꾼 것, '점룡이 어머니'를 '주인마누라'로, '동소문'을 '청량리'로, 카페 여급 '유키꼬'를 '메리'로 바꾼 경우 등이다. 그런데 『천변풍경』의 경우에는 식민지 시대에 연재가 끝나고 곧 단행본이 간행되었기에 연재본과 단행본 사이의 시대적 상황의 변화에 따른 어휘의 변모 등은 거의 나타나지 않는다. 다만 화폐 단위의 경우 '환'에서 '원'으로 바꾼 것 정도를 볼 수 있을 뿐이다.

ㄹ. 어휘 표현의 구체화

『천변풍경』의 개작이 어느 정도 꼼꼼하게 이루어졌는지를 짐작하게 해주는 것 중의 하나가 바로 이 경우라 할 수 있다. 모두 24곳에 불과하지만 몇 가지 특성을 다음과 같이 나누어 볼 수 있다.

첫째, 등장인물에 대한 내용을 부가하여 인물의 성격을 명확히 한 경우로 '귀돌어멈'→'한약국집 귀돌어멈', '처남이'→'짱구대가리 처남이' '오라비의'→'오라비 순둥이의'와 같은 변화를 들 수 있다.

둘째, 추상적이던 어휘를 구체적으로 수정한 경우로 '지난 번'→'그 끄저께'(②17, 10), '온갖 집안일'→'오라비 뒤 거두어주고'(②165, 4), '이때'→'창수 녀석이 발을 까불며 그러한 말을 하였을 때'(②450, 6) 등과 같이 '지난, 온갖, 이' 등의 불분명한 내용을 명확하고 구체적인 내용으로 바꾼 경우를 들 수 있다.

셋째, '샘터주인' → '김 첨지', '소년은' → '창수는', '이발소 소년' → '재봉이'처럼 인물을 구체화하여 문맥의 이해를 더욱 쉽도록 돕고 있는 경우를 들 수 있다.

넷째, '카페' → '평화라는 옥호를 가진 카페'(② 34, 14), '약국 주인은' → '창수를 꾸짖어 들여보낸 다음에도 약국 주인은 천변에 남아있어' (② 158, 1)에서 보듯이 처음에는 없던 내용의 부가를 통해 문맥을 구체화함으로써 인물의 성격이나 상황에 대한 이해를 훨씬 더 분명하게 드러내고자 한 경우를 볼 수 있다.

ㅁ. 문장표현의 변화

문장 표현의 변화를 볼 수 있는 곳은 모두 200여 군데이다. 이 경우야말로 박태원의 표현의 예술적 완성을 위한 노력의 진면목이 드러나는 곳이라 할 수 있다. 이를 몇 가지 특성에 따라 살펴보면 다음과 같다.

첫째, 투박한 표현이나 읽기에 불편한 문장을 간결하게 고침으로써 문장 표현을 다듬어 놓은 경우로 문장 표현의 수정 가운데 가장 큰 비중을 차지하는 부분이다. '낮엔 사무실 일두 있구 해서 댁에 와 계시지만 …'을 '낮엔 늘 댁에서 사무 보시구 …'로 수정한 경우를 들 수 있다.

둘째, 문장 성분의 순서를 바꾸어 더욱 자연스러운 문장 표현을 꾀하고 있는 것을 들 수 있다. 예를 들어 '간사스러웁게 눈을 가늘게 떠 본다'를 '가늘게 간사한 눈을 떠 본다.'(② 12, 8)로 바꾸어 '간사한'이라는 특성을 전체적인 것에서 눈에 초점을 맞추는 것으로 변화시키고 있다.

셋째, 문장부호 특히 쉼표의 사용을 통해 박태원이 표현하고자 한 관조적 서술 기법을 극대화하고 있는 모습을 볼 수 있다. '그리고 큰기침을 한번 하고는 아조 그김에 보기좋게 개천물에다 가래침을 뱉었다.'(연재본)라는 문장을 '그리고 그는 큰기침을 한 번 하고, 아주 그 김에, 보기좋게 개천 물에다 가래침을, 탁, 뱉었다.'처럼 쉼표 사용을 통해 가래침을 뱉는 행동이 두드러지게 변화시키고 있는 것을 볼 수 있다.

넷째, 문장의 원래 의미의 변화는 없지만 그 표현을 대폭 수정한 다음의 예와 같은 경우도 상당 수 볼 수 있다.

'좀 벌어놨던 거 모두 까불려 없앴는데 … 어림두 없이…'→'전엔 괜찮았지만 지금은 뭐…' (② 7, 12) '혹은 말하자면 그러한 것에 개들은 도리어 일종의 변태적인 매력을 느끼는 것일지도 모른다.'→'현대에 있어서는, 혹은 그러한 것도 소홀히 볼 수 없는 매력일지도 모른다.' (② 37, 5)

(3) 어휘·문장의 생략

ㄱ. 어휘 생략의 경우

연재본에서 단행본으로의 개작 과정에서 문장의 전체적인 표현이나 내용에 거의 영향을 미치지 않으면서 한 두 개의 어휘만을 생략하고 있는 경우는 모두 80 여 곳에서 볼 수 있다.

첫째, '하고', '그러나' 등 접속어를 생략함으로써 군더더기를 없애 문장 연결의 매끄러움을 도모한 곳이 모두 18곳이다. 특히 연재본에서 두드러지게 사용되었던 '하고'의 경우 앞 문장 전체를 억지로 연결시키는 경우가 많았는데, 단행본에서는 이를 생략함으로써 문장 연결이 더욱 부드러워진 것을 볼 수 있다.

둘째, '그것 좀 가지구 그러실 것들야…'에서 '그러실 것들야'를 생략하거나 '한바탕을 소리 내어 웃었을 때'에서 '소리 내어'를 없애는 등 한 구절을 생략하여 간결함을 추구하고 있다.

셋째, '시골 여편네'에서의 '시골', '아홉 개의 십전짜리 백통전을'에서의 '십전짜리' '세 번 받아먹고'에서의 '세 번' '오래 전에 알고 있는'에서의 '오래 전에' 등과 같은 수식어의 역할을 하던 부분을 생략함으로써 문장을 더욱 간결하게 만든 경우를 들 수 있다. 어휘 생략의 반이상이 바로 이 경우이다.

넷째, '그는' '그가' '그이가' '그래 그는' 등 불필요한 대명사를 생략하여 문장의 간결함을 추구한 곳을 들 수 있다.

ㄴ. 문장 및 단락 생략

연재본에서 단행본으로의 변화 과정에서 모두 26곳 정도에서 문장혹은 단락을 생략하고 있다. 짧은 한 문장을 생략한 것으로부터 두세문장을 하나의 문장으로 합친 경우, 그리고 한 단락 이상의 내용을 생략하거나 심지어는 한 페이지 정도의 분량을 삭제한 경우까지 매우 다양하게 나타난다. 연재본에서 작가 박태원의 목소리가 그대로 드러나있던 부분도 단행본에서는 삭제한 것을 볼 수 있다. 대부분은 문맥 상불필요하다고 판단되는 부분을 생략한 것으로 전체적인 글의 매끄러움을 위한 것이라 할 수 있다. 이는 박태원이 강조했던 훌륭한 문장의완성을 위한 노력의 산물이라 할 수 있을 것이다. 이를 대략 몇 가지특성에 따라 나누어 살펴보면 다음과 같다.

첫째, 이야기 전개에 불필요하거나 사소한 정보 등 생략하는 편이문맥의 흐름상 더 나은 것으로 보이는 내용들이다. 예컨대 23절 '장마풍경'의 도입 부분에서 더운 날씨를 서술하는 부분에서 동물학대방지회에서 마소를 위해 준비해둔 물통 이야기를 하는 내용은 연재본에만있고 단행본에서는 생략된 부분이다. 또 34절 '그날의 감격'에서 기미코의 결혼준비를 위해 옷감을 끊으러 간 하나코와 기미코의 이야기를 하는 가운데 여인들의 쇼핑행태에 놀란 박태원 자신의 감상을 적어놓은 부분도 연재본에만 존재하고 이후 단행본에서는 생략하고 있다.

둘째, 등장인물들의 심리나 행동 등에 대한 묘사 가운데 장황한 부분이나 불필요한 부분을 생략하고 있는 경우를 볼 수 있다. 여기서 인물의 행동에 관련된 곳은 대개 '하나코가 고개를 휙 돌리고', '고개를 내두르는 것을', '그의 맞은편 의자에 앉아 잠깐 말없이 그의 얼굴을 직혀보다가' 등 짧은 1줄의 문장들이며, 14절 '허실'에서 첩에 대한 민주사의 생각을 드러낸 1페이지 분량, 39절 '관철동집'에서는 민주사를 두고 젊은 학생과 놀아나는 첩의 생각을 보여주던 2단락 정도를 삭제하는 등 상당 분량의 내용을 삭제하고 있음을 볼 수 있다. 이 외에도 김 서방의 생각 부분(35절 '그들의 일요일'), 카페 여급 하나코에 관한 묘사나 생각(44절 '거리') 등 삭제된 부분은 대개 5-6줄 정도임을 볼 수 있다.

셋째, 인물에 대한 묘사가 아닌 서술자의 직접적인 상황 설명 부분 가운데 생략한 부분을 들 수 있다. 9절 '다사한 민주사'에서 선거에 관한 불필요한 설명이나, 13절 '딱한 사람들' 도입부의 카페 영업에 대한 지문('밤도 어느 듯 깊어 이미 열한 점이 넘었다. 그러나 여름의 카페는 이를테면 이제부터가 한창인 것이다'), 14절 '허실'의 마지막 부분인 민주사와 관철동 집에 대한 설명, 15절 '어느 날 아침' 도입부, 21절 '그들의 생활설계' 도입부의 금순에 대한 재봉의 추측 등 삭제되어도 문맥에 전혀 지장이 없는 부분들이다. 이 부분의 경우에는 한 두 문장의 삭제부터 한 페이지에 가까운 분량의 한 문장으로의 축약 등 다양한 모습을 보인다.

넷째, 대화의 경우에는 21절 '그들의 생활설계'에서 기미코가 금순에게 같이 살 것을 제안하는 내용 가운데 '공동생활 중 남자는 금제'

등 금순이 이해하기 어려운 말 등을 삭제했고, 14절 '허실'의 앞부분에서 이발소 소년과 젊은 이발사와의 대화 등 2페이지 정도를 삭제한 것 등을 특기할 수 있다.

이처럼『천변풍경』의 판본 비교에서 알 수 있는 생략의 경우 전적으로 소설미학의 완성도를 높이기 위한 작가 박태원의 산물임을 알 수 있다.『천변풍경』자체의 내용도 그러할 뿐 아니라 연재본이나 최초 단행본 모두 식민지시대에 출간되었기에 사회비판적 내용이나 혹은 시대적 상황과 관련한 내용의 변화는 별로 볼 수 없다는 점도 하나의 특징으로 볼 수 있을 것이다.

(4) 어휘·문장 보충

ㄱ. 어휘·어구 보충

단행본으로의 개작 과정에서 어휘 보충이 이루어진 곳은 모두 200여 곳으로 이를 그 특성에 따라 구분해 보면 다음과 같다.

첫째, 내용을 더욱 분명하게 만들기 위한 구체화가 이루어진 부분으로 예컨대 '웬 전화냐?'→'아니, 병원에서 웬 전화냐?'(② 99, 11) '문득, 거지들도 저렇게 잘 차려 먹는 터에,'→'문득, 오늘이 파일이라서 거지들도 저렇게 잘 차려 먹는 터에,'(② 104, 11)와 같은 경우를 들 수 있다.[20]

둘째, 인물의 성격, 심리 등에 대한 보충을 통해 구체적이고도 명확한 표현이 될 수 있도록 한 경우로 '담배 한 갑 주세요. 피죤이요.'→'담배

---

20 다음과 같은 경우도 이에 속한다.
  '이것은 둘째 밤이었던가 싶은데'→'이것은 자기가 이 집에 들어온 지 바로 둘째 밤이었던가 싶은데'(② 200, 8) '바닥이 고르지 않고'→'개천 바닥이 고르지 않고'(② 247, 3) '오늘두 틀렸구나'→'오늘두 뭐 산다는 건 틀렸구나'(② 252, 9).
  '거 재밌나?'→'활동사진 말이로구나, 거 재밌나?'(② 345, 6).

한 갑 주세요. 마코요 …… 아니—, 저어, 피죤요.'(② 54, 4)의 경우 밑줄
친 부분의 보충을 통해 시골아이의 숫기 없음 혹은 서울에 대한 두려움
을 표현을 명확히 하고 있음을 볼 수 있다.[21]

셋째, 인물 보충을 통해 문장의 의미를 더욱 명확히 하고자 한 경우로
'… 쉽사리 그것에 동의하려 들었고, 까닭에, "자 우리도 그만 일어설까?"
하고'→'… 쉽사리 그것에 동의하려 들었고, 까닭에, 강 서방이, "자 우
리도 그만 일어설까?" 하고'(② 135, 10-12)와 같은 예를 볼 수 있다.[22]

넷째, 박태원의 문장에 대한 지극한 관심을 보여주는 또 하나의 증
거는 접속어나 부사어의 보충을 통해 문장의 의미를 더욱 구체화고 있
는 모습이다. 이를 위해 사용된 용어들은 '그러나' '하여간' '그제서야'
'또' '재빨리' '특히' '벌써' '제법' '잔뜩' '자꾸' '한참' '아주' 등 매우 다양
하게 나타난다.

다섯째, 인물의 말이나 행동에 대한 보충을 하고 있는 경우인데, '구

---

21 이와 같은 경우로 다음의 예를 들 수 있다.
　　'자기 자신 오래간만이니 잠깐 들어가 보고도 싶었으나,'→'지난 번 올라왔을 때 들르
　　지 못한 화신상회에 자기 자신 오래간만이니 잠깐 들어가 보고도 싶었으나,'(② 47,
　　7-8).
　　'자기는 머리를 어엿하게 쪽지고 있었고, 이제 누가 그를 그대로 숫색시로 대접해 줄
　　까닭은 없는 게고,'→'자기는 머리를 어엿하게 쪽지고 있었고, 댕기는 그나마도 흰 댕
　　기, 이제 누가 그를 그대로 '숫색시'로 대접해 줄 까닭은 없는 게고,' (② 183, 8-9)
　　'그는 은근히 기다렸다.'→'그는 일종 연정과도 같은 마음을 가져 은근히도 기다렸다.'
　　(② 183, 12).
22 '두 여성이 각각 자기들의 행복을 꿈꾸고 있었을 때'→'하나코와, 한약국 집 며느리와,
　　이 두 여성이 각각 자기들의 행복을 꿈꾸고 있었을 때'(② 297, 1-2).
　　'마음은 간절하였으나 끝끝내 용기가 나지 않아'→'마음은 간절하였으나, 그는, 끝끝
　　내 용기가 나지 않아'(② 393, 14).
　　'그러나 지금에 와서는 그것에 대하여 생각이 좀 달랐다.'→'그러나 지금에 와서는
　　그것에 대하여 용서방의 생각이 좀 달랐다.'의 경우도 비슷한 예로 볼 수 있다. (②
　　382, 6).

두를 신는 신랑'→'구두를 신고 뜰로 내려서는 신랑'(② 75, 5)과 같은 경우가 이에 해당된다. '마지막 한 장의 빈지를 떼고 난 소년은 다음에 게으른 걸음걸이로 안으로 들어가'→'마지막 한 장의 빈지를 떼고 난 소년은 <u>또 한 번 하품을 하고,</u> 다음에 게으른 걸음걸이로 안으로 들어가'(② 151, 8)와 같은 경우에는 밑줄 친 부분의 보충을 통해 바로 뒤의 '게으른 걸음걸이'를 더욱 강조함으로써 소년의 게으름과 함께 아침일이 매우 힘든 것임을 알려주고 있는 것을 볼 수 있다.

여섯째, 비슷한 어귀의 반복 보충을 통한 강조도 찾아볼 수 있는데, '고생이 되어도 좋다고 그저 서울로만 보내 달라고'→'고생이 되어도 좋다고, <u>어떠한 일이든 하겠다고,</u> 그저 서울로만 보내 달라고'(② 56, 13)와 같은 표현을 볼 수 있다.[23]

ㄴ. 문장 보충

연재본에서 단행본으로의 개작 과정에서 이루어지고 있는 문장 보충의 경우에도 작품 속의 인물이나 상황에 대한 이해도를 높이고 이를 통해 작품의 완성도를 높이고자 한 곳이 대부분이며, 사회적 맥락이나 시대적 상황의 변화에 따른 경우는 거의 찾을 수 없다. 그것은 연재 시기와 첫 단행본 출간의 시기 차이가 거의 없기 때문이라 할 수 있을

---

23 이와 비슷한 경우로 다음의 예를 들 수 있다.
'더구나 아버지는 딸이, 이 같은 서울 장안에 있으리라고는 생각조차 못하고…'→'더구나 아버지는 딸이, <u>딸은 아버지가,</u> 이 같은 서울 장안에 있으리라고는 생각조차 못하고…'(② 322, 5)
'그래 스무사흘이 어쨌단 말이유?'→'그래 <u>스무사흘이면,</u> 스무사흘이 어쨌단 말이유?'(② 396, 7)
'… 몸을 으슬으슬 떨며 재채기를 허는군'→'… 몸을 으슬으슬 떨며 재채기를 허는군, <u>재채기를…</u>'(② 418, 3-4)

것이다.[24] 단행본에서 새로운 문장을 보충한 곳은 모두 50곳이 채 되지 않는데, 크게 세 가지 경우로 나누어 볼 수 있다.

첫째는 등장인물의 심리나 그들이 처해 있는 상황에 대한 구체적 보충을 꾀하고 있는 경우이다. 2절 민 주사와 그의 첩 안성집의 나이 차이를 설명하는 부분, 4절 필원이네를 믿고 상경한 만돌 어미의 불행에 대한 보충, 13절 이쁜이의 남편 강 서방의 난봉에 대해 보충을 하고 있는 부분, 32절에서 집중적으로 이루어지고 있는 하나코의 심리에 대한 보충 부분 등 10여 곳 이상이 바로 그러한 예이다.

둘째, 상황에 대한 이해를 돕거나 구체화시키기 위한 대화나 지문의 보충을 들 수 있다.

예컨대 빨래터에서 점룡이 어머니가 하는 수다 가운데, 연재본에서 "…… 그래 제까짓 게 어디 가서 뭘 해 먹구 살어? 그나마 제 매부가 그저 멕여 주는 것만 해두 고마운 일이지."와 같이 이루어져 있던 내용이 단행본에서는 다음과 같이 그 인물이 변변찮다는 것을 강조하는 구체적인 내용이 보충되어 있음을 볼 수 있다.

> …… 그래 제까짓 게 어디 가서 뭘 해 먹구 살어? 작년 여름에두, 쥔 영감이, 처남, 용돈이나 뜯어먹게 해 주느라, 밑천을 주어 야시장에서 애들 장난감 장수두 시켜 봤건만, 뜯어먹기커녕은 밑천까지 까먹어 버리구…… 그나마 제 매부가 그저 멕여 주는 것만 해두 고마운 일이지." (2)

---

24 일반적으로 식민지 시대의 작품을 해방 이후 단행본으로 출간한 경우 표현과 내용상의 변화를 볼 수 있다. 예컨대 염상섭의 『삼대』만 하더라도 연재본에서 '저 편' '××주의자' '××서장' 등으로 표현한 것을 해방 이후 개작을 통해 각각 '당국' '공산주의자' '종로서장' 등으로 분명히 표현하고 있는 것을 볼 수 있다. 하지만 『천변풍경』의 경우 해방 후 간행된 단행본은 1938년 박문서관 판본을 그대로 재발행한 것이어서 변화가 없다.

7, 1-3)

다른 하나의 예를 더 보면 연재본에는 '…금시에 주먹 같은 눈물이 뚝뚝 떨어지는군그래. 에이, 내, 어찌 가엾던……' 처럼 되어 있던 곳이 단행본에서는

> '…금시에 주먹 같은 눈물이 뚝뚝 떨어지는군그래. <u>더구나, 영감쟁이 가, 멀쩡허니, 문밖에서 장길 두구 있는 터에, 시어머니가, 그따위 수작 을 허니, 제 맘에 좀 야속허구, 분했을 게야?</u> 에이, 내, 어찌 가엾던……' (② 116, 2-4)

처럼 이쁜이의 서러움을 더욱 부각시키기 위한 보충이 이루어졌음을 볼 수 있다.

셋째는 여러 인물들 사이에 이루어지고 있는 대화를 더욱 생생하게 만들기 위해 이루어진 보충 부분을 들 수 있다. 대화 부분에서의 보충 은 앞 사람의 말을 받아 대화를 부드럽게 이끄는 역할을 하는 '그두 그 래' '그거 다 괜은 소리' 등 대화의 맛을 살리는 한에서 매우 짧은 문장 의 보충이 이루어져 있는 것이 그 특징이다.

어휘나 문장 보충을 해 놓은 곳이 생략을 한 곳보다 두 배 이상 많은 점 또한 박태원이 『천변풍경』의 완성도를 높이기 위한 노력을 어느 정 도 기울였는지 말해주는 증거로 볼 수 있을 것이다.

(5) 내용의 변화

ㄱ. 제목 수정

작품 속 소제목과 관련하여 연재본에서 단행본으로의 개작 과정에서 수정한 곳은 모두 아홉 군데이다. 총 50절로 이루어진 소설의 1/5 정도의 소제목을 고친 셈인데 제목의 수정은 작품의 후반에 집중되어 있다. 구체적으로 보면 연재본에서는 13절의 제목이 '情景'이었다가 단행본으로 출간하면서 '딱한 사람들'로 바뀌었고, 23절의 경우도 연재본에서는 '임우비비(霖雨霏霏)'라는 제목으로 되어 있다가 단행본에서는 '장마 풍경'이라는 한글 제목으로 바뀌었다.[25]

ㄴ. 단락 배열의 변화

제목의 수정과 함께 절 구성의 배치를 다르게 해 놓은 경우를 들 수 있다. 예컨대 단행본 13절 '딱한 사람들'의 경우 연재본에서는 '속(續)천변풍경' 2회분으로 제 4절 '정경(情景)'이라는 제목으로 게재되었는데, 단행본으로 출간되면서 13절 '딱한 사람들' 속에 배치되어 있다. 또 단행본 14절 '허실'의 첫 한 페이지 분량의 내용은 연재본 13절에 있던 부분이며, 같은 곳에서 연재본에만 있던 3페이지 정도의 분량은 단행본에서는 삭제하고 있다. 이 외에도 단행본 24, 25, 26, 27절의 경우 연재본에서는 절 구분 없이 게재되어 있던 곳이었는데, 단행본을 발행하면서 여러

---

25 28절의 제목도 연재본의 '五錢白銅貨'라는 한자어 제목에서 '비 갠 날'이라는 제목으로 바뀌었고, 32절은 '罪惡'에서 '오십 원'으로, 33절은 '少婦錦順이'에서 '금순의 생활'로, 35절은 '日曜日'에서 '그들의 일요일'로, 41절은 '發見'에서 '젊은 녀석들'로, 45절은 '두 계집과 아들'에서 '민주사의 감상'으로, 49절은 '父性愛와 友情과'에서 '손 주사와 그의 딸'로 제목이 바뀌었다.

개의 절로 구분해 놓은 것을 볼 수 있다. 31절 '희화'의 경우에는 연재본에서 '희화'와 '일일(一日)의 환락(歡樂)'으로 각각 다른 절로 독립되어 있던 것을 단행본에서 하나로 합쳐 놓은 경우이다.

ㄷ. 구체적 내용의 수정

전체적 줄거리나 구성에 변화를 가져올 정도로 큰 내용상의 변화는 보이지 않는다. 연재본의 '천변 골목 모퉁이 쓰레기통 위에 올라가 앉아서 담배를 태우고 있는'을 단행본에서 '막 나무장 공동변소에라도 다녀 나오는 듯싶은'(⯒ 7, 12-13)으로 바꾸거나, '잔소리 그만허구 어서 이 어른 머리 감아드려'를 '잔소리 그만허구 어서 돈 좀 바꿔 놓아라'(⯒ 32, 4)로 바꾸는 정도의 변화이다. 제목이나 표현의 변화가 매우 많은 것에 비해 내용상의 수정이 작품 전체를 통틀어 10여 곳에 그칠 정도로 내용상의 변화가 미미한 이유는 앞서 말했듯이 연재본과 단행본 출간의 시기상 차이가 거의 없다는 점 이외에『천변풍경』이 지니는 기법의 특성 때문으로 볼 수 있다. 그것은 이른바 '카메라적 기법'이라는 창작 원리에 기반하고 있는『천변풍경』의 경우 카메라의 눈을 통해 보이는 사실들에 대한 객관적 표현이 소설의 핵심을 이루기 때문이라 할 수 있다. 즉 대상에 대한 작가 박태원의 해석보다는 있는 그대로의 모습을 보여주기에 주력하고 있기에 단행본으로의 개작과정에서 내용상의 큰 변화를 시도를 이유가 전혀 없는 것이다. 그리고 중심 화자로 어린 아이들을 설정되어 있다는 점 역시 천변의 풍경과 그곳의 인물들의 삶에 대한 해석을 필요로 하지 않기에 내용상의 수정이 거의 이루어지지 않도록 만든 이유라 할 수 있다. 이 때문에 원래의 내용을 수정하는 것보다는 원래 있던 내용의 생략이나 추가를 통해 작품의 변화를 꾀하고 있는 것이라 생각할 수 있다.

4. 결론

실제 본 연구에서 연재본에서 가장 최근의 판본까지『천변풍경』의 네 개 판본을 대조한 결과 약 2,300여 군데의 차이점을 볼 수 있었다. 이 가운데 1,500곳 정도는 연재본에서 단행본으로의 개작과정에서 변화된 곳이다. 이 모든 것을 제시하지 못하고 대표적인 몇 가지 경우만을 들어 개작과정의 의미를 파악하고자 한 시도 자체가 어려울 수밖에 없었다.[26] 다만 연재본에서 단행본으로의 개작의 특징은 구체적 내용의 변화보다는 생략이나 보충을 통해 작품의 완성을 꾀하고 있는 점, 그리고 내용보다는 표현의 변화에 집중하고 있는 점, 그 가운데서도 문장부호나 인물의 사회적·계층적 위치에 따른 어휘 선택과 그렇게 선택된 표현을 대화 속에서 적극적으로 활용하고 있는 점 등은 확인 할 수 있었다. 하지만 애초에 이 논문의 출발점으로 삼고자 했던 애초의 문제의식 즉 개작 과정에 대한 연구가 '서술자의 목소리'가 더 강조되는 방향으로 가고 있는가? 그래서『천변풍경』에서는 박태원의 초기 모더니즘적 시각이 약화되고 현실에 대한 관심이 강화되는 리얼리즘적 태도로 변하는 과정을 보여주는 것이라 할 수 있는가라는 질문에 대해서는 아직 답하기 어려운 것이 사실이다.

사실상 문학 작품 연구에 있어 기초적이라 할 정확한 판본대조를 정

---

26 연재본에서 단행본으로의 개작과정과 현대 판본들과의 차이를 한 눈에 볼 수 있도록 구체적으로 적시한『천변풍경』을 발간 준비 중이다.

본화 과정을 거친 작품이 거의 존재하지 않는다는 점, 즉 문학 연구의 출발점이라 할 작품의 정본화가 이루어지지 않은 데서 오는 곤란함에 대해서는 거의 언급되지 않는 현실 속에서, 최초 발표본인『조광』연재본과 이후 개작된 단행본, 그리고 현대 판본에 이르기까지 본격적으로 대조·검토함으로써 작가가 단행본 발간하면서 의도했던 작품의 '실상'을 개작 과정의 변화를 살펴봄으로써 어느 정도 파악할 수 있게 되었다는 점을 위안으로 삼는다. 또 많은 연구자 및 대중 독자들이 가장 많이 접해 온 여러 판본들의 차이점과 문제점을 파악할 수 있게 됨으로써 이후 본격적인 연구를 위한 발판을 마련하는 데에 약간의 도움이 될 것이라 믿는다. 그리고 박태원 작품의 특성에 대한 설명 즉『소설가 구보 씨의 일일』에서『천변풍경』에 이르는 과정에서 느껴지는 모더니즘의 약화와 같은 문제가『천변풍경』의 개작을 통해 설명될 수 있을 것인가 하는 점은 앞으로의 과제로 삼고자 한다.

개작을 통한 정치성의 발현

- 한설야의 『청춘기』 -

1. 머리말

　본 연구는 식민지 시대에 사회주의 문학의 중심 작가로 활동하다 해방 이후 월북한 한설야의 세 번째 장편 『청춘기』의 개작 과정 연구를 통해, 식민지-분단-사회주의체제로의 환경 변화에 따른 작가의식의 변화 및 그에 따른 작품의 변화양상을 고찰하고자 했다. 특히 1937년의《조선일보》연재본과 월북 이후 1957년에 이루어진 개작한 작품 사이에 어떤 변화가 있었는지를 살펴볼 것이다. 그리고 그 개작에 정치적 이념의 변화가 어떤 영향을 미치고 있는지 검토해 보고자 한다.

　한설야에 대한 연구는 사실 적지 않게 이루어진 바 있다. 하지만 지금까지 그의 작품이 사회적 조건의 변화에 따라 어떤 개작과정을 거쳤고, 그로 인해 작품의 성격이 어떻게 달라지고 있는가, 그 결과 작품의 미학적 성격의 변화가 어떻게 이루어지고 있는가에 대해서는 거의 연구가 이루어진 바 없다. 연구자에 따라 최초 발표본, 첫 단행본, 마지막 단행본 등 하나의 텍스트만을 연구 대상으로 선택하고 작품을 분석하는 것이 지금까지의 연구방법이었기 때문이라고 할 수 있다. 하지만 본 연구에서는 이전 연구들이 미처 주목하지 않은 개작과정을 원본비평의 방법을 통해 살펴보고자 한다. 이를 통해 개작 양상과 그 변화의 의미 즉 개작이 작품의 미적 특성에 어떤 변화를 가져왔는지 정확히 밝혀냈을 때 기존의 한설야 문학 연구 역시 온전한 연구로서의 의미를 지니지 있을 것이라 생각한다.

원본비평을 통한 개작과정의 연구는 단순히 작품의 해석에 관한 논의를 넘어서서 올바른 텍스트의 확립이라는 중요한 의미를 띤다. 이러한 연구는 문학 작품의 연구에 있어 가장 기초적인 과제임에도 불구하고 아직까지 제대로 시도된 바 없는 것이 사실이다. 이제 연구의 시작 단계라 할 수 있다. 한설야는 식민지 시대에 충실한 사회주의이념의 선도자로서 활동하지만 임화를 비롯한 이른바 '남로당 계열'의 작가와 충돌 양상을 드러낸 뒤 가장 먼저 월북하여 김일성 계에 가담한다. 그리고 북한의 사회주의 이념에 충실한 상황 속에서 식민지시대 자신들의 대표적인 작품을 개작하였는데, 그렇게 재발간된 작품의 경우 최초 발표본과 상당한 변화를 보여주고 있다. 이런 점에서 한설야의 개작과정에 대한 고찰은 필수적인 사항이라 할 수 있다. 이에 따라 본 연구에서는 한설야의 월북 이후 『청춘기』 개작이 어떤 양상으로 이루어지고 있는지를 확인하고 더 나아가 그러한 개작과정에서 드러나는 정치성의 개입 양상을 살피고자 한다.

2. 1930년대 후반과 『청춘기』의 의미

1930년대 후반은 일제 파시즘의 강화로 인해 일체의 사상활동이 부

정되던 시기이며 이에 따라 문단적으로는 20년대 중반 이후 형상되었
던 프로문학과 민족주의문학이라는 골격이 와해되면서 문학전반이 위
협을 받았던 시기였다. 이를 두고 임화는 "19세기적 진실과 20세기적
사실과의 구할 수 없는 모순을 인정할 뿐더러 20세기적 지성이 20세기
적 사실에게 격퇴"[1]당함으로써 말하려는 것과 그리려는 것이 분열된 시
대라고 규정했다. 여기서 '20세기적 사실'이란 곧 파시즘의 대두를 가
리키며 '격퇴당한 20세기적 지성'이란 당대인들의 역사의 진보에 대한
믿음의 상실을 의미한다. 이것은 근대자본주의를 계급모순의 사회로
파악하고 사회주의적 당파성을 내세움으로써 자본주의를 전면 부정하
고자 했던 카프문학뿐만 아니라, 창조적인 개성을 억압하는 자본주의
적 물신성(物神性)을 극복하기 위한 일환으로 미적 자율성을 제시했던
모더니즘문학 역시 파시즘의 창궐 앞에서 자신들의 이념과 방법을 지
켜낼 수 없었음을 의미한다. 특히 사회주의적 이념을 지향하며 자본주
의의 몰락을 믿어 왔던 카프문인들의 절망감이 더욱 심했으리라는 점
은 쉽게 짐작할 수 있다.

　이처럼 작가적, 정치적 실천이 강고한 파시즘의 논리 앞에서 실현불
가능하게 되었을 때, 예술을 정치적 당파성의 종속물로 생각했던 프로
문인들의 앞에는 두 가지 길이 놓여 있었다. 현실을 있는 그대로 그려
냄으로써 현실의 변화를 인정하는 길이 그 하나였다면, 자신이 말하고
자 하는 것을 보장해 줄 현실을 가공해 내는 것이 두 번째 방법이었다.
1920년대 말에서 30년대 초에 걸쳐 이념의 형상화를 강조하는 가운데
이미 한 번 프로문학의 도식화를 경험한 바 있는 '작가'적 입장에서,

1　임화, 「사실의 재인식」, 『문학의 논리』(신두원 편), 소명출판, 2009, 111쪽.

현실가공의 방법은 작품의 도식화, 유형화를 낳는 길이었기에 있는 그대로의 현실을 그리는 길을 택하지 않을 수 없게 된다. 그렇지만 한설야에게 있어 있는 그대로의 '객관세계'를 그리는 이러한 방식은 파시즘적 현실을 수용하는 것을 의미하기에 쉽게 받아들이기 어려운 것이었다. 이처럼 현실을 승인한 자리에서의 작가적 실천이란 불가능했기 때문이다. 오직 가능한 것은 그 원칙론적인 입장을 되풀이 강조하는 일에 불과하게 되자, 한설야는 소시민의 세계로 나아가게 된다. 『황혼』『청춘기』 「귀향」 등 1930년대 후반의 소설들은 이러한 상황 아래에서 나온 작품이다.

이 소시민의 세계를 그리는 방식도 크게 두 가지로 나타난다. 내적으로는 자신의 신념을 포기하지 않으면서도 그러한 이념적 정당성을 발휘할 수 없는 자신의 소시민성을 폭로하는 것 즉 현실에 무력한 지식인 자신의 무력한 모습을 보여주는 것이 첫 번째 방식이다. 이른바 카프 문인들의 일련의 '전향소설'이 바로 여기에 해당하는 것으로 파악할 수 있다. 이 '전향소설'은 현실을 체념적으로 수용하면서 좋았던 과거를 동경하는 회고적 자세를 취하고 있는 것이다. 그렇지만 이제 현실은 어떤 전망도 가질 수 없는 수용의 대상이 되거나 병적인 거부의 대상으로만 존재하게 된다. 현실에 대한 이러한 절망적 인식은 무력감과 좌절로 인한 병적인 자기분열로까지 나아가지 않을 수 없다. 이를 개인의 차원이 아닌 시대적 상황과 관련시킬 때 작가가 취하는 자세는 현실에 대한 거부로 나타날 수밖에 없는 것이다. 이것이 두 번째 방식이다. 『황혼』은 이 두 세계가 공존하는 가운데서 후자로 기울어진 작품이라 할 수 있다. 『황혼』에서는 노동자계급을 대표하는 '준식'과 소시민계급을 대표하는 '경재'의 상호 역관계가 형성되는 중간지대에 '여순'을 배치시키고 여순의 미래 선택을 통해 작가의 이념적 지향을 그려내고 있다. 한설야가『청춘기』를 통해 보여주고자 한 것 역시 이와 유사하다. 자본가 홍명학과 운동가 김태호로 대변되는 두 세계 사이에 '은희'를 두고 은희의 선택을 통해 한설야의 이상적 현실을 드러내는 데 중심을 둔 작품이라 할 수 있다. 하지만 이 작품에서 주인공들을 둘러싼 갈등은 뚜렷한 계급적 대립에서 빚어지는 것이라기보다는, 인간적 삶을 위한 보편적인 의지 등과 같은 추상적인 문제로 표현된다. 이는 한편으로는 1930년대 후반이라는 시대적 상황에 따른 것이기도 하지만 다른 한편으로는『청춘기』에서 그리고 있는 세계가 소시민 지식인의 세계에 대한 주관적 대응을 그려내고 있기 때문이기도 하다. 즉『청춘기』의 '태호'와 '은희'를 통해 한설야가 말하고 있는 것은 세계에 대한 올바른 인식이라기보다는 주관적인 초월의 욕망이라 할 수 있다. 그가 중요하게 생각하는 것은 세계가 어떠한 방식으로 변화해야 할 것인가, 그리고 그것을 위해서 어떤 행동을 해야 하는가가 아니라 이상적 인간상을 형성해 놓고 그것에 끊임없이 자신을 일치시키려고 노력하는 것이다. 결말 부분에서 주인공이 사라졌다가 그가 그리던 철수와 함께 투옥되는 것이 바로 그러한 작가의 주관적인 열망을 정확히 보여준다.[2]

---

2 이러한 소시민지식인의 세계에서 더욱 나아간 것이 1930년대 후반의 가족사, 연대기적 소설로서의『탑』이라 할 수 있다. 이러한 경향은 한설야뿐만 아니라 이기영, 김남천 등 여타 작가의 경우에도 마찬가지인데 작가적 특성에 따라 차별성을 보이면서도 여러 가지 면에서 공통적인 속성을 지니고 있다. 그 공통적인 속성이란 이 작품들이 모두 개화기라는 과거의 세계로 돌아가서 작가 자신의 성장과정을 그린 성장소설 또는 교양소설적인 형태를 갖추고 있다는 점이다. 이러한 사실은 미래를 짐작할 수 없는 상태에서 자신의 현존재를 확증하기 위한 행위로 과거를 돌아보는 행위가 아닐 수 없다. 즉 자신이 딛고 나온 세계에 대한 역사적 인식을 함으로써 현재의 모습을 반추해보는 것이다. 그러나 대부분 자신의 걸어온 길에 대한 인식과 비판에 실패하고 있는데 그것의

대체적으로 이러한 의미를 지니는 『청춘기』의 개작이 어떤 양상으로 이루어지고 있는지 살펴볼 차례다. 특히 어떤 곳에서 개작이 이루어지고 있는지 그리고 그러한 개작이 『청춘기』라는 작품을 통해 한설야가 그려내고자 했던 주제가 어떻게 굴절을 겪는지 살펴볼 것이다.

3. 『청춘기』에 대한 원본비평적 분석

『청춘기』는 1937년 《조선일보》(1937.7.20~11.29)에 연재된 후, 1939년에 단행본(중앙인서관)이 발간되었다. 신문 연재본과 첫 단행본 사이의 변화는 극히 일부에 그치고 있다. 확연한 변화로는 9장 「갈등」과 10장 「삼곡선」 사이에 「은원」이라는 제목의 한 장이 추가되어 있는 점을 들 수 있다. 하지만 새로 추가된 「은원」이라는 장은 9장 「갈등」의 후반부를 새로운 장으로 분리한 것이어서 새로운 내용의 추가로 보기는 어렵다. 본격적인 작품의 변화는 1957년 북한에서의 개작에 의해 이루어진다. 이에 따라 본 연구에서는 최초 발표본과 북한에서 다시 발간된 판본을 대조 검토하고 그러한 판본대조의 결과 드러난 작품의 변화를 검토하고자 했다. 1988년 북한 문학 작품에 대한 해금조치 이후 남한에서 발간된 작품은 북한에서 개작된 작품을 현대어로 고쳐 발간한 것이어서 여기서는 다루지 않기로 한다.

원본비평의 방법은 문학 연구자 및 일반 독자들로 하여금 어떤 작품을 연구 혹은 독서의 정본으로 보아야 할 것인가 하는 텍스트 확정에

특징적인 표현이 주인공이 모두 가출하는 것으로 끝나고 있는 점 즉 작품 속 주인공들의 출발점에서 작품이 멈추어버린 것이 그러한 사실을 증명해준다.

있어 핵심적인 사항이다. 본 연구는 이러한 원본비평의 방법을 통하여
작가의 이념과 정치적 환경의 변화가 작품의 변화에 어떻게 영향을 미
치는지 고찰하고자 하는 것이다. 이 방법은 단순한 텍스트 확정으로
그치는 작업이 아니라, 비평적 안목과 폭넓은 교양이 요구되는 것으로
서 연구내용을 더욱 명확하고도 풍부하게 하는 토대를 이루는 것이다.[3]
여기서 무엇보다 중요한 것은 각 판본의 비교를 통한 실증적인 분석이
다. 채트먼은 서사적 텍스트를 이야기와 담화(표현)로 크게 나눈 후, 이
야기의 구성요소로 이야기 사건들과 이야기 존재물들(인물, 배경)을 들
고 있다. 그가 말하는 담화는 소설에서는 실질적으로 서사적 표현형식
을 가리키는데, 이는 서사적 전달 구조를 의미한다. 따라서 채트먼의
문제의식에 따라 소설이라는 서사물을 분석할 때, 무엇이 표현되어 있
는가를 살피기 위해서는 '이야기 구성 요소'를 분석 대상으로, 그것이
작품 속에서 어떻게 표현되어 있는가를 살피기 위해서는 '서사적 표현
형식'을 분석의 대상으로 삼아야 하는 것이다. 하지만 이야기 구성 요
소들도 결국에는 서사적 형식의 의장을 한 채로 나타나기 때문에, 표현
형식과 대응되는 내용형식이라는 용어로 설명될 수 있다. 본 연구에서
는 이러한 문제의식을 응용하여 연구 대상 작품들의 변화를 크게 서사
적 내용과 표현 형식으로 나눈 후, 전자에서는 주로 인물과 사건의 변
화나 현실 관련 대목의 개작 양상을 유형화하고 후자에서는 그러한 내
용의 변화에 따른 문장 부호, 문체의 변화나 시점, 화자, 화법의 변화
를 포함한 표현 형식의 변화를 살피고자 한다.[4]

---

3 이상섭, 『문학연구의 방법』, 탐구당, 1972, 20~22쪽.
4 본 연구의 구체적 과정과 내용은 다음과 같이 이루어졌다.
　첫째, 본 연구의 대상 작품인 한설야의 『청춘기』의 문헌 증거를 조사하고 수집했다.

1) 표현의 변화

(1) 어휘 변화

작품 내 어휘에서의 표현변화는 특히 어휘의 수정을 통해 심하게 이루어지고 있다.

첫째, 문장부호의 경우 물음표(?)나 말줄임표(……) 등 모두 23곳 정도에서 변화하고 있지만, 실제 소설 속에서 부호 수정에 따른 의미 변

대부분의 연구자들은 작품이 처음 발표된 작품을 대상으로 연구를 진행하고 있다. 그러나 육필 원고의 오류, 발표지 게재 당시 원고의 오식 혹은 후속 판본들에서의 누락, 첨가, 해석상의 부주의 등으로 인해 다양한 양태의 원본 훼손이 나타난다. 연구자들이 대상으로 삼는 작품들이 왜곡된 판본에 기초하지 않도록 하기 위해서는 이러한 오류를 바로잡아야 한다. 이 때문에 본 연구에서는 연구 대상 작품들의 중요 판본을 조사하고자 한 것이다.

둘째는 그렇게 조사 수집한 텍스트 가운데서 기본텍스트를 선정하고 각 판본들 간의 상이점을 대조하는 판본대조를 실시하는 것이다. 이 작업을 통해 출판과정에서의 단순한 오류는 바로잡고 개작이 이루어진 경우 개작과정에 대한 연구를 수행한다. 하나의 작품은 고정된 형태로 존속하지 않고 다양하게 변화한다. 외적 요인(편집상의 오류, 편집자의 주해)에 의한 변이는 물론 육필 원고에서 잡지에 게재할 때 그리고 작품집을 발간할 때 작가의 의도에 따라 개작이 이루어지는 경우가 있다. 따라서 정본을 확정하기 위해서는, 판본 사이의 변이 과정에 개입하는 외적인 요소와 작가의 의도적 개작 여부 및 그 과정을 엄밀하게 따져볼 필요가 있다. 구체적으로는 개작을 통한 내용의 변화 양상을 살펴보는 것이 우선적 작업이다. 개작으로 인해 작품이 부분적으로 달라지는가, 혹은 전면적으로 수정되는가에 대한 검토가 그것이다. 이를 통해 개작에 작용한 여러 가지 동기가 분석, 추출될 수 있다. 특히 식민지 시대 작품의 경우, 사전사후의 검열이 문제시되는 일이 많다는 점을 염두에 두어야 한다. 또 개작에 나타난 작가의 사상 전향 또는 의식의 변화라는 변수를 중요하게 다루지 않으면 안 될 것이다. 그리고 해방 전에 발표된 작품을 해방 이후 혹은 전후(戰後)에 개작한 경우에는 당대의 정치, 사회적 변화 및 이데올로기 지형도의 변화와 개작 동인을 함께 분석하는 작업이 필요하다. 세부 사항들의 미묘한 개작은 작가의 문체 변화 및 문장 다듬기, 오자·탈자의 수정이라는 맥락에서 다루어야 할 것이다. 셋째, 식민지 시대에 주창했던 마르크스주의 사상이 북한 특유의 민족주의적 사회주의사상과 어떻게 접맥되는지를 실제 작품 속에서 확인하고자 했다. 넷째, 마지막으로 이념의 변화가 작품의 예술성을 어떻게 변화시키고 있는지를 검토하고자 했다.

화는 거의 없는 것으로 볼 수 있다.

둘째, 한자어 표기에서 한글표기로의 표기전환은 채 30군데에서 이루어지고 있는데, 다. 연재본의 한글 표기를 북한판에서 한자어로 바꾼 경우다. 그런데 이 경우에도 대부분 날짜와 시간 표시 등에 그치고 있으며 주요 개념어들을 한자어로 표기한 경우는 없다. 북한에서의 1950년대는 이른바 '한자부흥기라 할 수 있을 터인데 소설에서는 거의 한자어를 사용하지 않았음을 보여준다.

셋째, 작가의 의도나 원문의 의미를 훼손하지 않는 범위 내에서 한글 맞춤법에 따라 수정한 곳은 300여 군데 이상이지만, 많은 부분은 남북한의 표기법 차이에 의한 것이 많아 큰 의미를 찾기는 어렵다.(적이 ←저윽이, 이슥히←이슥이 등의 표준어 사용에 따른 수정 이외는 대개 −이었다. ←이였다. 등의 북한식 표현의 수정으로 볼 수 있다.)

넷째, 가장 많은 개작은 한 두 단어 정도의 어휘 변화를 통해 이루어지고 있는데, 모두 1500 여개 이상의 어휘가 수정되었음을 확인할 수 있었다.

이는 다시 단순한 어휘 변화가 이루어진 것과(돌다리→구름다리), 표현의 구체화를 꾀한 경우(태호는 도서관에서 시간을 기다려→태호는 그날 도서관에서 책을 읽으며 시간을 기다려), 사소한 내용상의 변화가 이루어진 경우(여관집 심부름꾼→하숙집 아범, 나이 먹은→옥같이 결곡한, 해가 깊이 들어→그늘이 깊이 들어) 등으로 나누어 볼 수 있다.

다섯째, 연재본과 북한판본의 어휘 변화 가운데 주목할 만한 사항은 3인칭 대명사 '그'의 수정이다. 연재본의 경우 주요 인물들인 태호, 은희, 명순, 박용 등에 대한 묘사나 서술에서 이들의 이름 대신 3인칭 대명사 '그'를 사용하고 있는 경우는 모두 150여 곳에 이른다. 김태호와 박은희가 주인공인 만큼 이들의 경우 각각 80여 군데와 40여 군데 이상에서 이러한 모습을 보이고 있다.

그런데 북한에서 개정된 판본에서는 이 3인칭 대명사 '그'를 모두 이들의 이름으로 바꾸어 놓은 것을 볼 수 있다. 이는 우선, 문맥 속에서 행위나 사고의 주인공이 누구인지를 분명히 함으로써 인물들의 생각이나 행동을 보다 쉽게 이해할 수 있도록 작가가 고친 것으로 이해할 수 있다. 하지만 이러한 해석은 다른 부분에 대한 수정과의 형평성을 고려하면 이런 해석만으로는 설명하기 어려운 것이 사실이다. 좀 더 다른 시각에서 이해할 수도 있는데, 이를 북한의 체제적 특성과 관련하여 해석할 수 있다는 점에서 흥미를 끈다. 즉 이 당시 북한에서는 3인칭 대명사 '그'의 경우 김일성과 김정일 부자에 대해서만 붙일 수 있는 호칭으로 인식되었다는 점이다. 이 때문에 한설야는 3인칭 대명사 '그'가 사용된 자리를 거의 대부분 작중 인물들의 이름으로 바꾸어 놓은 것으로 짐작할 수 있다. 이와 함께 '원수'라는 표현도 북한의 개작을 통해서 '원쑤'라는 용어로 바꾸어 놓은 것을 볼 수 있다.

여섯째, 또 하나 특기할만한 경우는 '나오다'에서 '나가다'로의 수정을 통한 시점의 변화이다.(앞서 걸어 나왔다. →앞서 걸어 나갔다, 뜰아랫방으로 나와→뜰아랫방으로 나가) 이러한 곳은 모두 30곳 정도를 볼 수 있다. '나오다'는 서술자가 일정한 거리를 두고 작중 인물의 행동을 묘사하는 방법이라 할 수 있다. 이에 비해 '나가다'는 작중 인물의 바로 곁에서 서술자가 지켜보고 있음을 의미한다. 인물의 행동 묘사를 훨씬 가까운 곳에서 서술자가 관찰하고 이를 최대한 명확하게 전달하고자 함을 의미한다. 이와 비슷하게 이해할 수 있는 대목이 또 있다. 시제의 변화를 꾀하고 있는 점이 바로 그러한데, 43곳 정도에서 시제 변화를 시도하고 있는 것을 볼 수 있다. 이 시제의 변화는 특히 작품 후반부에 집중되어 있는데, 대부분 현재의 상태를 설명하는 것에서 과거 표현으로 고쳐놓았다.

일곱째, 식민지 잔재의 흔적을 지우려고 애쓴 점을 알 수 있다. 연재본의 '안국정' '명륜정' '서대문정' '효자정' 등을 북한 판본에서는 각각 '안국동' '명륜동' '서대문동' '효자동'으로 고쳐 놓았으며 또 연재본에서 사용되었던 모든 일본어를 한글 표현으로 대체하고 있는 것을 볼 수 있다. (기라의 '후리소데'를 흔들며 → 비다듬어 흘린 비단옷 물결에 향수 냄새를 풍기며)[5]

(2) 문장 혹은 단락의 변화

간단한 어휘의 수정을 통한 개작 이외에 구나 절의 표현 변화를 꾀하고 있는 경우도 무려 160여 곳 정도에 이른다. 뿐만 아니라 문장 전체의 의미는 변화시키지 않으면서 문장 표현 전제를 고쳐 놓은 경우도 70곳 가까이 되는 것을 볼 수 있다. 이는 대부분 문장의 전체적인 의미의 변화 없이 표현의 구체화를 통해 드러내고자 하는 바를 더욱 분명하게 하기 위한 조치로 볼 수 있다.

　　예1) 학위 논문까지 제출하고 있는 사람이어서 <u>퍽 유력하지요.</u>
　　　→ 학위 논문까지 제출하고 있는 사람이어서 <u>병원 내에 신망이 두텁지요.</u>(북한 개작판70면)

5　이 외에도 '것이다' 혹은 '것이었다'는 어미 표현을 거의 대부분 삭제하고 문장의 단순화 혹은 명확화를 꾀하고 있는데, 이러한 곳은 모두 55곳에 이른다. (본 것이었다. → 보았다. 생각했던 것이다. → 생각하였다.)

예2) 이런 말을 대담히 <u>해내리라고는</u>

→ 이런 말을 대담히 <u>은희에게 고백해 내리라고는</u>(북한 개작판 105쪽)

예3) 그러나 그것은 할 수 없는 일이겠지요. 또 지가 왜 그러시냐고 간섭할 문제도 아니겠지요 … 그런데 지가 그이와 아무 상관이 없는 사람인 줄을 아신 것은……?

→ 낙망, 아니 그 사람이 아니어서 크게 슬프셨을지도 모르지요. 문제는 제가 철수 씨의 누이동생이었더면 비극은 없을 것인데 … 저를 만나지 않았던 것만 못하게 되었습니다. 그런데 지가 철수 씨의 누이동생이 아니라는 것은 언제 아셨어요? <u>(북한 개작판 100쪽)</u>

2) 내용과 구성의 변화

(1) 내용 삭제를 통한 개작

내용과 구성의 변화(삭제, 추가 등)는 앞의 경우와 달리 직접적으로 작품의 주제 및 성격 변화와 밀접한 관련을 지니는 부분이다.

먼저, 한 두 단어 정도의 어휘 삭제가 이루어지고 있는 곳은 모두 93곳 정도이다. 이보다 조금 더 큰 구나 절을 삭제한 부분은 7곳 정도이며 연재본의 문장을 삭제한 경우는 모두 10군데이다. 아예 한 단락 정도를 삭제한 경우도 있었다. 하지만 아래의 예에서 보듯이 작품의 내용적 측면에서는 별 의미가 없는 것이 대부분이다.

예1) 양지바른 <u>밝은</u> 곳에 선 것 같이

→ 양지바른 곳에 선 것 같이 <u>(북한 개작판 4쪽)</u>

예2) 아주머니가 말을 잘못 들은 것 같습니다… 실상은 <u>철주가 아니라 철숩니다.</u> 철수란 사람은 저와 가장 친한 친굽니다.

→ 아주머니가 말을 잘못 들은 것 같습니다 … 실상은 철수란 사람은
저와 가장 친한 친굽니다. (북한 개작판 222쪽)

예3) 그리고 혹시 기별이 온댔자 별로 신통한 내용도 아니고 간혹은
사회에 나와서 도리어 환멸을 느끼고 자기의 닦은 학업에 대하여 회의(懷
疑)를 가진다는 제 푸념을 되넘겨 안겨주는 친구도 있었다. <u>아니 그러한
사람이 대부분이었다.</u>

→ 그리고 혹시 기별이 온댔자 별로 신통한 내용도 아니고 간혹은 사회
에 나와서 도리어 환멸을 느끼고 자기의 닦은 학업에 대하여 회의(懷疑)를
가진다는 제 푸념을 되넘겨 안겨주는 친구도 있었다. (북한 개작판 55쪽)

(2) 내용 추가를 통한 개작

개작 판본에서의 삭제가 작품 구성이나 내용상의 변화에 별 영향을
주지 않고 있는 점과는 달리, 어휘, 구나 절, 문장에 이르기까지 북한
에서의 개작에서 추가가 이루어진 곳은 모두 350여 곳에 달할 뿐만 아
니라 한설야가 이 보충 작업을 통해 작품의 구성과 내용에 많은 변화를
꾀하고 있는 것을 볼 수 있다. 이 가운데 한 두 개의 어휘 추가를 통해
문맥의 구체화를 꾀한 곳이 206곳이고, 구나 절의 추가를 통한 구체화
가 55곳, 문장이나 단락의 추가를 통한 문맥의 구체화가 90곳에 이른
다. 이를 각각 세부적으로 살펴보면 다음과 같다.

① 텍스트 서술의 원활함을 위한 추가

예1) "그래 그새 무얼로 소일하시오?"

"아니 천천히 얘기하겠소만 난 그새 잡진가 뭔가를 해가노라고 그야말
로 악전고투를 해오는데 … 좌우간 한 번 천천히 만납시다. 꼭 얘기허구
싶은 것도 있고 하니…"

→

"그래 그새 무얼로 소일하시오?"

<u>태호가 먼저 물었다.</u>

"아니 천천히 얘기하겠소만 난 그새 잡진가 뭔가를 해가노라고 그야말로 악전고투를 해오는데 … 좌우간 한 번 천천히 만납시다. 꼭 얘기허구 싶은 것도 있고 하니…" <u>(북한 개작판 7쪽)</u>

이 외에도 후반부에 일어날 사건이나 갈등의 예비 단계로서 일종의 암시나 복선을 깔아놓기 위한 문장 추가를 볼 수 있다. 소설 구성의 치밀함을 위한 장치이다.

    예2) 또 박용의 말을 깊이 받아 들으려는 성의도 보이지 않았다. / 저 편의 청년 신사는 서양 부인에게 조선 요리점과 기생에 관한 말을 하고 있었다.

    → 또 박용의 말을 깊이 받아 들으려는 성의도 보이지 않았다. <u>사실 태호는 박용이란 위인이 말과 속이 다른 것을 잘 알고 있는 것이다. 그러 기 때문에 지금 그가 하는 말이 비록 옳다 하더라도 그렇다고 곧 맞장구 를 대주고 싶지 않았던 것이다.</u> / 그때 저편의 청년 신사는 서양 부인에 게 조선 요리점과 기생에 관한 말을 하고 있었다. <u>(북한 개작판 20쪽)</u>

② 문맥의 구체화를 꾀한 경우

    그런데 지금 또 황금과 영예로 은희를 낚아다가 제 손에 넣으려는 명학이를 찾아가야 한다는 것은 이 어인 운명의 작희(作戱)이랴. 더군다나 명학은 사랑을 얻는 또 하나의 유력한 조건인 명예의 절정에 선 이중(二重)의 승리자요→그런데 지금 또 황금과 영예로 <u>제가 사랑하는</u> 은희를 낚아다가 제 손에 넣으려는 명학이를 찾아가야 한다는 것은 이 어인 운명의 작희

(作戲)이랴. 더군다나 백만장자 명학은 사랑을 얻는 또 하나의 유력한 조
건인 명예의 절정에 선 이중(二重)의 승리자요 (북한 개작판 366쪽)

위 예의 경우 은희와 명학 앞에 '제가 사랑하는' '백만장자'라는 어휘
의 추가를 통해 은희를 둘러싼 태호와 명학의 갈등을 분명히 드러내주
고 있음을 알 수 있다. 이와 함께 구나 절의 추가를 통해 문맥의 구체화
를 시도한 경우에는, 전체적인 의미의 변화는 없지만 상황을 구체화하
거나 명백히 함으로써 전달하고자 하는 바를 선명히 해주기 위한 것으
로 보인다.

　　박용이가 와서 한참 이야기하다가 돌아갔다.
　　→박용이가 와서 한참 이야기하다가 <u>매우 바쁜 일이 있다고 되뇌이면
서</u> 돌아갔다. (북한 개작판 291쪽)

　　마침 사랑에 명학이가 혼자 있었다.
　　→<u>명순이가 집에 돌아오니</u> 마침 사랑에 명학이가 혼자 있었다. (북한
개작판 353쪽)

　　정경의 죽음이 확실성을 가지게 되면서부터 은희는 자기의 태도를 바
꾸게 되었을지도 모르는 것이다.
　　→정경의 죽음이 확실성을 가지게 되면서부터 은희는 <u>태호에게 보낸
자기의 호의가 너무 빨랐던 것을 후회하면서</u> 그 태도를 바꾸게 되었을지
도 모르는 것이다. (북한 개작판 322쪽)

③ 구나 절의 추가를 통해 특별한 의미를 강조하거나 부각시키려 한 경우

예1) 그때는 때가 때이라 뜻 맞는 벗들을 만나서 무슨 포부를 말하던 남아에 문득 철수를 생각해 내곤 하였다.

→ 그때는 때가 때이라 <u>지축을 울리는 시대의 태동에 발을 맞추는</u> 뜻 맞는 벗들을 만나서 무슨 포부를 말하던 남아에 문득 철수를 생각해 내곤 하였다. <u>(북한 개작판 24쪽)</u>

예2) 벌써 제 김에 상당히 약이 올라 있었던 것이다.

→ 마침, <u>그때 정경이는 은희가 정경의 딸 효순의 손목을 잡고 바로 명학의 방으로 들어가는 꿈을 꾸고 놀라 깨어서</u> 제 김에 상당히 약이 올라 있었던 것이다. <u>(북한 개작판 287~288쪽)</u>

예3) 그의 말과 같이 세상이 한 방으로 줄어들었으면 지금이라도 태호를 만날 수 있을 것이다.

→ 그의 말과 같이 세상이 한 방으로 줄어들었으면 <u>비록 인백정들이 생지옥을 만들어 놓았다 하더라도 줄어든 방 속에서는</u> 지금이라도 태호를 만날 수 있을 것이다. <u>(북한 개작판 484쪽)</u>

예1)에서 추가된 부분은 어떤 구체적인 내용도 지니고 있지 못할 뿐 아니라 실상 이 문장에 그리 잘 어울리는 표현도 아니다. 그럼에도 불구하고 이런 표현을 추가한 것은 소설 속의 상황보다는 오히려 1950년 대의 북한 사회에 대한 당대의 시각과 흡사하다. 새로운 사회를 건설하는 자신들의 사회 진출이 이루어졌던 식민지 시기 역시 그러한 기분으로 출발했음을 말함으로써 자신들과의 동일시를 느끼게 하는 효과를

위한 것으로 볼 수 있다. 예2)는 죽음을 눈앞에 둔 '정경'이 명학과 은희의 관계에 대해 추측하면서 괴로워하는 심경을 부각시키기 위해 은희를 시기하는 꿈을 꾼 내용을 추가하고 있는 곳이다. 예3)은 은희가 주변 인물들의 중상모략에 의해 태호와의 관계가 틀어지게 되자 바로 그러한 인간들에 의해 만들어진 세상이 바로 생지옥이라는 비유로 강조하고 있는 대목이다.

이러한 특성은 문장과 단락의 추가를 통해 훨씬 분명히 이루어지고 있다. 이 부분이 특히 흥미로운 것은 문장이나 단락의 추가를 통해 식민지적 상황 속에서 서술할 수 없었던 부분 즉 주인공의 의식적 혹은 사상적 측면에서의 부각을 시도하고 있기 때문이다. 예컨대 다음과 같은 경우를 보면 개작의 의도가 어디에 있었는지를 쉽게 짐작할 수 있다.

> **예4)** 어느 날 그는 도서관에서 돌아오다가 그 전 중학시대에 하숙하던 주인댁을 길에서 우연히 만났다.
>
> 태호는 멀찌감치서 그를 보자 벌써 누구인지 곧 알아차렸으나 저편에서 자기 얼굴을 기억하고 있을지 어쩔지 몰라서 잠시 서성거리고 있는 동안에 두 사람의 사이는 지척에 접근하여졌다.
>
> → 어느 날 그는 도서관에서 돌아오다가 그 전 중학시대에 하숙하던 주인댁을 길에서 우연히 만났다.
>
> <u>태호는 원산서 중학을 다니다가 광주 학생 사건 때 출학당하고 서울 와서 일 년 간 사립중학을 다닌 일이 있었다.</u>
>
> 태호는 멀찌감치서 옛날 하숙집 주인댁을 보자 벌써 누구인지 인차 알아차렸으나 저편에서 자기 얼굴을 기억하고 있을지 어쩔지 몰라서 잠시 서성거리고 있는 동안에 두 사람의 사이는 지척에 접근하여졌다. <u>(북한 개작판 58쪽)</u>

위의 인용 부분은 태호가 서울에서 예전 중학 시절에 하숙을 하던 주인아주머니를 우연히 길에서 만나는 장면이다. 개작본에서는 이 우연한 만남과는 아무 관련 없는 태호의 학생운동 경력을 추가하고 있는 것을 볼 수 있다. 그런데 실상 이 대목에서 주목해야 할 부분은 옛 하숙집 주인을 '우연히' 만나게 되는 장면이다. 이 하숙집 주인은 태호와 은희의 관계를 이어주는 중요한 역할을 한다. 태호와 은희 두 사람 모두 상대에 대한 호감을 갖고 있으면서도 선뜻 말하지 못하는 상태에서 이들의 관계를 시원히 입 밖에 꺼냄으로써 독자들로 하여금 두 사람의 관계를 쉽게 알 수 있도록 일종의 사랑의 '완충지대' 역할을 해준다. 명순, 명학이 두 사람관의 관계 속에서 갈등을 야기하는 역할이라면 하숙집 주인은 끝까지 이들의 관계가 끊어지지 않도록 하는 연결 고리인 것이다. 많은 사건이나 대화가 태호의 하숙집에서 일어나고 모든 사람이 제 갈 길로 떠난 뒤에도 이들의 삶에 공통적으로 남아있는 공간이 바로 하숙집이다. 이 공간을 마련하기 위한 장치가 바로 옛 하숙집 주인과의 우연한 만남인 것이다. 개작 과정에서 추가된 태호의 중학 시절 학생운동의 경험은 어떤 측면에서 보면 이러한 하숙집 주인과의 재회와는 별 상관없는 내용으로 이후 태호의 '강직함'과 '운동에의 투신'을 그리는 데 밑그림으로 작용하도록 만든 것이라 볼 수 있다.

④ 사상적 측면에서의 강화를 위한 추가
스토리 구성의 보완, 상황의 구체화, 사건 암시를 위한 복선 등 다양한 방법으로 작품 개작과 함께 아예 한 단락 내지는 몇 페이지에 달하는 분량의 내용 추가를 통해 인물들의 성격 및 사상을 더욱 굳건한 것으로 만들고 있다.

예1) "왜 그 여자를 보고 인사를 하지 않았던가··· 인사를 하고 지나간 이야기를 대강 하고 그리고 그 어머니한테로 함께 찾아갔어야 할 거 아닌가."
하고 태호는 또 한 번 자기의 경솔을 뉘우쳤다.

→ "왜 그 여자를 보고 인사를 하지 않았던가··· 인사를 하고 지나간 이야기를 대강 하고 그리고 그 어머니한테로 찾아갔어야 할 것이 아니었던가."
하고 태호는 또 한 번 자기의 경솔을 뉘우쳤다.

태호는 지난 날 어떤 여관집에서 우연히 철수의 어머니를 만났다. 그러나 그 때에도 헙헙히 놓쳐버렸다. 이번에는 꿈속보다 더 기이하게 전람회장에서 철수의 누이를 만났다. ···(중략) 그러나 이 중요한 두 고비 모두 그저 놓쳐버리고 말았다. 이것은 틀림없이 태호의 데면데면한 성격 대문이다.

이 성격을 고쳐야 한다. 그런 성격을 가지고 이 세상에서 자기의 뜻을 성취시키기는 힘든 것이다. 세상을 산다는 것은 하나의 싸움이다. 더욱 오늘과 같이 무서운 세상에서의 삶이란 바로 피나는 싸움이 아닐 수 없다. 그런데 이 싸움터에서 자기와 같이 허약한 성격을 가지고 이겨나갈 수 있을까. 태호는 자기 자신을 아낌없이 쇠모루에 올려놓고 이 약한 고리를 마치로 두드려내야 하리라고 생각하였다. (북한 개작판 38쪽)

태호가 철수 어머니를 우연히 만났지만 자신의 성격 탓으로 사는 곳을 알지 못하고 놓친 뒤 피나는 싸움터인 세상을 살기 위해서는 자신의 허약한 성격을 고쳐야 한다고 다짐하는 장면이다. 세상이 얼마나 피나는 싸움터인지 그리고 그 세상의 속성이 어떤지를 태호의 Y신문사 입사를 주선해주는 친구 우선과의 대화를 보충하는 가운데 보여준다. 은희에 대해서도 애국지사의 후예이며, 소작인들의 삶을 돌보는 아버지와 근면하고 독립성이 강하며 성격이 유순한 어머니를 두었다는 점, 그리고 명학을 바라보는 은희의 태도가 어떻게 변하였으며 이와 동시에 태호를 향한 사랑이 어떻게 생겨나게 되었는가를 추가하고 있다.

예2) 그러나 명학의 속뜻은 실상 다른 곳에 있었다. 그는 결코 은희를 놓치려 하지 않았다. 그리면서도 지금 허심한 태도를 보이는 것은 사실 유(柔)로써 강(剛)을 이기려는 내심에서였다. 은희는 언제든지 자기 것이 되고야 말리라는 굳은 희망을 그는 버리지 않았다.

→ 그러나 명학의 속뜻은 실상 다른 곳에 있었다. 그는 결코 은희를 놓치려 하지 않았다. 그리면서도 지금 허심한 태도를 보이는 것은 사실 유(柔)로써 강(剛)을 이기려는 내심에서였다. 은희는 언제든지 자기 것이 되고야 말리라는 숨은 자신을 그는 버리지 않았다. …(중략)… 은희의 아버지는 비록 극빈한 가정에 태어났으나 임진란 때 평양성을 지켜 군사와 함께 싸우다가 전사한 애국자며 문한가(文翰家)인 박 민천의 후예로 글재주가 비상해서 남의 일컬음을 받았고 …(중략)… 은희의 어머니는 아주 근면하고 독립성이 강하며 말이 적고 유순한 사람이었다. 그러니만치 남편을 받드는 품이 전처와는 비할 바 아니었다. 남편이 글을 좋아한다고 해서 자기가 남편 몫까지 두 사람 일을 할 각오로 친정 부근의 박토를 얻고 집까지 아주 그리로 옮겨 앉아 농사를 지어서 살림을 꾸려 갔다. …(중략)… 명학이는 사려(思慮) 있고 모이 나지 않은 신중한 사람이나 그것이 반드시 다 좋은 것은 아니었다. …(중략)… 은희의 명학을 보는 눈에 약간의 변화가 생겼다. 그러나 이것은 비단 눈 문제가 아니고 사상 문제였다. 그러므로 은희의 이 변천은 결코 작은 것이 아니었다. …(중략)… 그러나 은희가 본 태호는 명학이처럼 검던 것이 희게 보이고 희던 것이 검게 보이는 그런 사람이 아니었다. 태호는 분명히 자기의 보는 관점이 선 사람이었다. …(중략)… 은희는 사람으로 보아서는 태호를 취하는 것이 확실히 자기

의 행복으로 되리라고 믿었다. 명학은 주어진 행복 우에 평안히 앉은 사람이나, 태호는 주어진 불행 속에서 그것과 싸우고 있는 사람이다. 싸우는 사람은 언제든지 승리하는 법이다. 은희는 태호를 도와서 무서운 세상의 갖은 물결을 헤치면서 힘 있게 믿음직하게 살아가는 단란하고 값있는 생활을 머리에 그리고 있었다. (북한 개작판 392쪽)

이처럼 긍정적 주인공들에 대한 사상적 측면에서의 보충이 이루어짐과 동시에 개작 판본에서는 부정적 인물들에 대한 비판도 강화되고 있음을 알 수 있다. 태호와 은희를 돋보이게 하는 것과 동시에 반대편에 선 명학과 명순 그리고 박용에 대한 비판과 폭로를 강화함으로써 사상성의 강화를 꾀하고 있는 것이다.

예3) 박용은 사실 벌써부터 은근히 명학이와 은희의 결혼을 희망하고 있었고 또 예상하고 있었다. 그리며 그 결혼을 계기(契機)로 하여 장차 찾아올 향기로운 열매도 벌써 점치고 있었다. 은희의 커다란 병원을, 그리고 자기의 화려한 문화주택을 박용은 상상하고 있었다. 그리고 또 으리으리한 자기의 잡지사와 신문사도 생각하고 그 사장 자리에 앉은 자기와 허리를 굽실거리는 사원들과 정숙한 애교를 보내는 여사무원들 속에 파묻힌 자기 자신을 또한 생각하였다.

→ 박용은 사실 벌써부터 은근히 명학이와 은희의 결혼을 희망하고 있었고 또 예상하고 있었다. 그리며 그 결혼을 계기(契機)로 하여 장차 자기에게 찾아올 향기로운 열매도 벌써 생각하고 있었다. 은희는 커다란 병원을, 그리고 자기의 화려한 문화주택을 박용은 상상하고 있었다. 그리고 또 으리으리한 자기의 잡지사와 신문사도 생각하고 그 사장 자리에 앉은 자기와 허리를 굽실거리는 사원들과 정숙한 애교를 보내는 여사무원들 속에 파묻힌 자기 자신을 또한 생각하였다. 그리고 그리될 때에 만

일 정녕 젊고 이쁜 여인이 자기 앞에 무릎을 꿇고 애원한다면 하는 수 없이 그의 뜻을 받아주어야 하리라고 생각하였다. 그리고 또 이것은 좀 죄스럽다고 생각되는 일이나 지금의 무지한 아내를 소설도 쓰고 사교도 능하고 게다가 노래에 춤까지 껴 바쳐줄 줄 아는 그런 신식 여성으로 바꾸어 맬 것도 더러 꿈꾸는 일이 있었다. (북한 개작판 385쪽)

3) 개작에 의한 작품의 성격 변화

이상에서 보듯 연재본과 북한에서의 개작 판본 사이에는 큰 차이가 존재한다. 어휘의 변화는 무려 1,800여 곳 이상 이루어지고 있으며, 문장 표현의 경우에도 200 여 곳 정도에서 구와 절 및 문장을 수정하고 있음을 확인할 수 있었다. 수정, 보충, 삭제 등을 통한 내용에서의 변화가 이루어진 곳도 약 500여 군데 이상임을 확인할 수 있었다. 이를 통해 작품 전체의 성격이나 주제가 완전히 변화한 것이라고 말하기는 어려울지 몰라도 작품의 성격과 주제에 상당한 영향을 미치고 있는 사실만은 분명히 확인할 수 있었다.

북한에서의 개작의 특징은 다음의 몇 가지 측면에서 분명히 드러난다.

첫째, 연재본에서의 단순한 표현이나 상황 설정을 북한에서의 개작에서는 사회주의적 사상의 기원을 확립하려는 쪽으로 설정하고자 한 것을 볼 수 있다. '은희'의 가계를 의병과 민족주의적 지식인의 후손으로 새롭게 설정하고 있는 점이나 '태호'의 학생운동 경력을 추가한 점 등이 이를 명확히 보여준다.

둘째, 연재본에서 일본식 지명이나 일본어로 표현된 부분을 완전히 없애고 모두 한글 식으로 바꾸어 놓은 점 및 3인칭 대명사 '그'를 구체적 이름으로 모두 바꾸어 놓은 점도 북한 식의 우리식 사회주의와 관계 깊은 것으로 해석할 수 있다.

셋째, 장과 절의 구분 새로운 장의 추가와 제목 변경을 통해서도 작품의 사상적 측면을 강화하고자 하는 의도를 엿볼 수 있다.

이처럼 『청춘기』의 경우 단순한 어휘의 변화는 물론이고 문장의 수정, 장·절의 구성 변화 등 내용적 측면에서도 상당한 개작을 통해 '사상성의 강화'라는 작가의 의도를 충분히 읽어낼 수 있다. 판본 대조를 통한 이러한 연구는 궁극적으로 작가의 사상적 변화 혹은 사상성의 강조가 작품에 얼마나 영향을 미치는지를 보여주는 직접적 증거라 할 수 있다.

그럼 한설야에게 있어 개작의 기준은 무엇이었을까. 소설이라는 양식을 바라보는 시각의 변화가 있는 것으로 추측할 수 있다. 1930년대 프로 문인들에게 있어 소설이란 그들의 사상성을 표방하는 도구였다. 하지만 카프 해체 이후 소설은 더 이상 정치성 혹은 정론성을 담을 수 없게 되었다. 여기서 정론성이란 그들의 사상을 드러내는 방식이라고 할 수 있을 것이다. 하지만 이러한 정론성의 표출이 막혔을 때 그들은 자신들의 사상성 표현 방식을 바꾸는 것이 아니라 표현 대상을 바꾸는 것을 통해 자신의 신념을 유지하고자 했다. 소시민의 세계로 눈을 돌리게 된 것이다. 그 소시민의 세계는 곧 『황혼』의 '여순'의 세계였고 『청춘기』의 '은희'의 세계였다. '여순'의 삶은 현실의 변화 속에서도 자신의 신념을 믿고 세계를 주관적으로 해석하는 것이었고, '은희'의 삶의 방식은 변화하는 현실 속에서 자신의 신념을 지키는 방식으로 나타난다. 하지만 월북 이후 한설야에게 있어 소설이란 더 이상 지식인의 자기표현 방식이 아니었다. 단편 「모자」 「혈로」 등을 통해 북한에서의 입지를 굳힌 한설야는 『역사』, 『황혼』 개작, 『설봉산』 등 일련의 작품들을 통해 북한 체제에 맞는 소설들을 생산한다. 『청춘기』 개작은 바로 이러한 일련의 과정 속에서 이루어진 것이다. 1930년대 후반 식민지 조선의 지식인으로서 느낀 현실에 대한 절망감의 표현이나 그러한 현실의 주관적 초월에 의미를 부여하기 위해 사상성의 강화를 통한 작품 개작으로 나아가게 된 것이다. 북한에서의 개작이 바로 소시민 지식인 주인공들의 가계의 혁명성 강화라는 방식으로 이루어지고 있는 점은 결코 우연이 아닌 것이다.

삼대 개작 연구

- 판본대조를 중심으로 -

1. 기존 연구사와 문제제기

　지금까지 『삼대』에 대한 연구는 반영론적 방법에 의한 연구, 비교문
학적 연구, 가족소설의 특성에 대한 분석 등 다양한 방법론에 의해 이
루어지면서 『삼대』 자체의 미학적 측면과 사회적 측면은 물론 횡보의
세계관에 대한 연구로까지 확장되는 등 본격적으로 이루어져 왔다. 그
결과 『삼대』는 식민지의 총체적 모습을 보여주는 리얼리즘 소설로 세
세대의 삶을 통해 식민지 근대화의 양상을 잘 보여주고 있다는 평가를
받아 왔다.[1] 그런데 『삼대』에 대한 이러한 연구들은 대부분 1931년 《조
선일보》에 발표된 연재본이 아닌 해방 이후 작가에 이해 개작된 단행
본을 대상으로 이루어졌다.[2] 이는 『삼대』의 극명한 현실 제시가 가장

1　『삼대』에 대한 이러한 시각에서의 기존 연구사에 대해서는 양문규, 「근대성·리얼리
　즘, 민족문학적 연구로의 도정」, 문학과 사상 연구회, 『염상섭 문학의 재인식』, 깊은
　샘, 1998 및 김종욱, 「관념의 예술적 묘사와 다성성의 원리」, 『한국 현대소설의 서사형
　식과 미학』, 역락, 2005, 83~85쪽 참고.
2　김경수, 『염상섭 장편소설 연구』, 삼신문화사, 1999, 96쪽.

중요한 점이며 이를 명확히 하는 것이 연구의 핵심[3]이라는 인식과 맥을
같이 하고 있다. 이 때문에 『삼대』 원본의 확정의 문제 자체에는 큰
관심을 기울이지 않았던 것이 사실이다.[4]

　염상섭 소설에 대한 한 권의 연구서를 보자. 『삼대』를 민족주의 문
학운동의 관점에서 분석한 이주형의 경우 해방 후 개작 단행본(을유문화
사, 1947)을 텍스트로 하여 『삼대』의 통속적 특면에 대한 지적을 하고
있다. 42개의 소제목 중 17개가 조상훈을 중심으로 한 대목으로, 이
부분만이 30년대의 신문소설들이 일반적으로 가졌던 통속적 흥미를
드러내는 부분이며 나머지는 일반적 신문소설의 특징인 통속성과는 거
리가 멀다고 지적한다.[5] 하지만 연재본과 단행본 사이에 상당한 개작
이 이루어지는 과정에서 소제목이 달라지거나 새로운 제목을 붙인 곳
이 17곳에 이르고 있다는 점에 대한 인식은 보이지 않는다. 해방 후
개작한 『삼대』는 신문소설이 아니기 때문에 통속적 측면을 고려할 필
요가 없었겠지만, 염상섭 자신이 학예부장을 맡고 있던 《조선일보》에
연재한 『삼대』는 신문소설로서의 통속성을 생각하지 않을 수 없었을
것이다. 따라서 통속성에 대한 지적은 신문 연재본을 텍스트로 삼았을
경우 더 깊은 논의를 할 수 있었을 것이다. 조상훈에 대한 논의가 『삼
대』의 상당 부분을 차지하고 그 대목들이 통속적인 이유를 잘못된 판

3　유병석, 『염상섭 전반기 소설 연구』, 아세아문화사, 1985, 161~162쪽.

4　『삼대』에 대한 기존 연구 가운데 연재본의 특성을 인식하고 그 특성을 단행본과 비교
　검토한 글로는 김종균의 『염상섭 연구』(고려대학교 출판부, 1974)와 오효진, 「작가의
　식과 정치상황」, 서울대 석사학위논문, 1974 그리고 이보영의 『난세의 문학』(예지각,
　1991), 김진실의 「염상섭의 『삼대』 연구」(서강대학교 대학원, 1996) 정도가 전부라 할
　수 있다.

5　이주형, 「민족주의 문학운동과 『삼대』」, 김종균 편, 『염상섭소설 연구』, 국학자료원,
　1999, 104쪽.

본을 대상으로 밝히고자 한 것이다. 작중인물의 화법, 담론과 사상, 대화와 서술의 문제 등을 통해『삼대』의 담론체계를 분석하는 논문에서는 염상섭 전집(민음사, 1987)을 텍스트로 했다는 언급 뿐 연재본과 단행본 사이의 큰 차이에 대해서는 별 말이 없다.[6] 한편『삼대』의 다성적 특질을 분석하는 논문에서는『삼대』의 후반부로 갈수록 대화적 특성이 강해진다는 점을 지적하고 있지만 연구 대상인 단행본 텍스트(창작과비평사, 1996)에 대한 별다른 인식은 보여주지 않고 있다. 당연히 연재본과 단행본의 차별성 역시 후반부로 갈수록 크다는 사실에 대한 인식 역시 보이지 않는다.[7]『삼대』를 '동정자'의 개념으로 분석하고 있는 논문 역시 연재본과 단행본 사이의 차별성에 대한 인식을 보여주지 못하고 있는 점은 마찬가지다.[8] 조덕기와 김병화를 중심으로『삼대』를 분석해 온 기존의 시각과는 달리 조상훈을 중심으로 다시 읽을 필요가 있음을 제기하는 최근의 연구에서도 마찬가지로 개작 문제나 판본의 문제에 대해서는 언급이 없다.[9]

연재본과 단행본의 차별성을 지적하고 개작에 대해 말하고 있는 경우라도 사정은 크게 다르지 않다. 식민지 시대의 문학을 사적으로 논의하는 텍스트는 본질적으로 그러한 상황 속에서 쓰여진 작품 텍스트를 보다 우선적으로 보아야 한다는 기본적인 지적[10]이 이루어진 이래『삼대』연

---

6 우한용, 「『삼대』의 담론체계와 그 의미」, 김종균 편, 『염상섭소설 연구』, 국학자료원, 1999.
7 한승옥, 「『삼대』의 다성적 특질」, 김종균 편, 『염상섭소설 연구』, 국학자료원, 1999.
8 김동환, 「『삼대』와 낭만적 이로니」, 김종균 편, 『염상섭소설 연구』, 국학자료원, 1999.
9 김학균, 『염상섭 소설 다시 읽기』, 한국학술정보, 2009.
10 이재선, 「일제의 검열과『만세전』의 개작」, 권영민 편, 『염상섭 문학 연구』, 민음사, 1987, 295쪽; 김경수, 앞의 논문, 같은 곳.

재본과 단행본의 차이를 구체적으로 밝히는 연구로까지 나아가지는 못
하고 있다. 식민지 시대에 출간된 것을 텍스트로 삼아야 한다는 인식
하에《조선일보》연재본을 저본으로 한 판본(동아출판사, 1995)을 텍스트
로 삼고 있지만 연재본과 단행본 사이의 개작 등에 관한 언급은 전혀
없을 뿐 아니라 이 판본이 상당한 오류를 범하고 있는 점에 대해서는
전혀 언급이 없거나,[11] 『삼대』의 갈등구조를 다루면서 연구대상을 원작
(연재본)을 고려하되 개작본을 연구 텍스트 설정하는 모습을 보이기도
한다. 『삼대』 내 인물 간의 갈등구조는 연재본과 개작본 사이에 이루어
진 상당 부분의 개작에 의해 많이 변화했음에도 불구하고 이를 고려하지
않고 있는 점은 이해하기 어려운 점이다.[12] 염상섭의 『삼대』나 『만세전』
을 검토할 때는 반드시 해방 전의 텍스트를 사용해야 한다는 주장이
없는 것은 아니다. 해방 후 수정 가필한 것으로 읽으면 크게 오해될
수 있으며 원래의 텍스트에 대한 모독이라고 해도 과언이 아니라는 단언
이 그러하다.[13] 해방 이후 개작된 단행본은 8·15해방의 역효과로 원작
(연재본)의 정치적 효과를 현저하게 감소시킨 수정판[14]으로 비판하고 있
지만 연재본과 단행본의 차이에 대한 논의는 작품의 정치적 특성에 한정
되어 있을 뿐 그 차이의 구체적 양상에 대한 연구는 보이지 않는다.

   본고는 이러한 일반적인 평가보다는 그러한 평가 이전의 이른바 '텍
스트' 자체에 대한 검토를 해보고자 한다. 현 시점에서 최대한 가능한

---

11 이현식, 「식민지적 근대성과 민족문학」 – 일제하 장편소설, 문학과 사상 연구회, 『염상
    섭 문학의 재인식』, 깊은샘, 1998, 100쪽.
12 조구호, 『한국 근대소설 연구』, 국학자료원, 2000, 263쪽.
13 이보영, 『난세의 문학』, 예림기획, 2001, 5쪽.
14 같은 책, 378쪽.

『삼대』텍스트를 원본비평의 방법을 통해 살펴보고자 하는 것이다. 원본비평은 문학의 원론이나 장르 등 문학의 기본원칙에 대한 비평으로, 본격적인 비평 이전에 작품비평의 이론적 체계를 세우는 기초 역할을 한다. 원본을 확정하기 위한 작업에는 대단한 감식력이 필요하고 특히 한 작가와 그의 작품의 특질에 대한 민감한 판단력이 필요하다. 따라서 원본 확정 작업을 따로 독립시켜 원본비평(textual criticism)이라 부르기도 한다. 원본 확정 작업은 향가의 경우처럼 전적으로 재구성을 요하는 복잡한 것이 있는 반면에 비교적 단순한 와전도 있을 수 있고 아주 간단하게 띄어쓰기나 철자법에 관련된 것일 수도 있다.[15] 따라서 원본비평은 실증주의적이며 서지학적인 비평방법이다. 본격적인 비평이면서 동시에 본격적 비평을 위한 예비적 비평이기도 하다. 올바른 비평을 위해 가장 먼저 이루어져야 할 기초 작업이라고 말하는 것이 더 적절할 것이다. '작품을 쓰고 베껴서 편집 또는 출판하는 과정에서 생긴 오류(誤字나 脫字 등)를 확인하여 바로잡는 작업이다. 즉 작가가 써 낸 원본에서 손상된 대목이나 오류를 최소로 줄여 원작(原作)대로 복원하는 비평 활동을 가리킨다.[16] 이러한 과정을 거쳐 텍스트가 확정되지 않은 상태에서의 평가란 실상 무의미해지기 쉽다. 『삼대』에 대한 평가가 연재본을 분석의 대상으로 하는가 아니면 단행본을 텍스트로 하는가에 따라 달라진다는 사실도 원본비평의 중요성을 되새기게 해주는 점이 될 것이다.

---

15 조태일 외, 『문학의 이해』, 한울, 1999, 343~345쪽.

16 이명재, 『문학비평의 이론과 실제』, 집문당, 1997, 110~113쪽; 이선영 편, 『문학비평의 방법과 실제』, 삼지원, 1991, 15~24쪽 참고.

2. 『삼대』 원본 비평

1) 원본비평의 의미

『삼대』 연재본 1회 가운데 다음의 부분을 보자.[17]

　　아닌 게 아니라 덕기도 조부가 나오기 전에 얼른 **빠져나가려던** 차이
다. 조부는 병화가 누구인지도 모르면서 다만 양복 꼴이나 머리를 <u>덥수
룩하게</u>(①②③④덥수룩하게 ⑤⑥텁수룩하게) 하고 다니는 것으로 보아
<u>무어나</u>(①②③무어나 ④⑤⑥무어) 뜯으러 다니는 위인일 것이요, 그런
축과 <u>얼려서</u>(①②③④⑤ 얼려서 ⑥어울려서) 술을 배우고 돈을 쓰러 다
닐까 보아서 걱정을 하는 것이었다. <u>덕기는 병화의 말에 혼자 픽 웃으
며 벽에 걸린 학생복을 부리나케 떼어 입고 외투를 들쓰며 나왔다.</u>

　　위 예문은 연재본을 저본으로 하여 작가의 의도나 작품 감상에 필요
한 시대적 느낌을 왜곡시키지 않는 차원에서 현대 표기로 바꾼 경우다.
여기서 보듯 연재본 계통 판본, 단행본 계통 판본의 표현이 조금씩 다
르다는 사실을 알 수 있다. '덥수룩하게', '무어나', '얼려서'이 세 단어
에 대한 각 판본의 표기가 얼마나 다른지 한 눈에 알 수 있다. 특이한
점은 연재본 계통, 단행본 계통과 무관하게 다른 양상을 보인다는 사실

---

17 본 논문에서 비교해 본 판본은 다음의 여섯 판본이다.
　①조선일보 연재본 (1931.1.1 ~ 9.17, 215회) ②을유문화사 출판 단행본 (1947, 48년)
　③민중서관 출판본 (1959년) ④창작과비평사 본 (1993년) ⑤동아출판사본 (1995년)
　⑥문학과지성사 본 (2002년). 이 가운데 연재본 ①을 저본으로 삼고 있는 것이 ⑤⑥이
　며, 단행본 ②를 저본으로 삼고 있는 ③④이다. 따라서 ①⑤⑥이 연재본 계통, ②③④가
　단행본 계통이라 할 수 있다.

이다. 이러한 차이는 각 판본이 지향하는 표기의 기준이 다르다는 점을
말해 줄 뿐 아니라 『삼대』라는 작품의 정본 확립을 위한 명확한 기준이
마련되어 있지 않다는 것을 말해준다. 마지막의 밑줄 친 문장을 보자.
단행본 ②와 이를 저본으로 한 ③④의 경우 이 문장을 단락의 첫 문장
'아닌 게 아니라 덕기도 조부가 나오기 전에 얼른 빠져나가려던 차이
다.' 다음에 써 놓았다. 그런데 연재본을 저본으로 삼았다고 하는 ⑥에
서는 이 문장을 누락하고 있다. 이는 명백히 편집상의 오류로, 연재본
을 저본으로 삼았다는 말을 의심하게 만든다.[18]

이러한 예는 어렵지 않게 찾을 수 있다. 연재본 95회(1931.4.16)는 대부
분 병화에게 보낸 덕기의 편지를 필순이 몰래 보는 장면으로 이루어져
있는데, 그 편지 가운데 '……그것은 너무나 독단이요 자기만을 살리는
이기적 충동이요……'라는 표현이 있다. 이 밑줄 친 '독단'이라는 어휘는
연재본에 처음 게재될 때는 '극단'으로 되어 있었지만 다음 날 수정 기사
를 통해 '독단'으로 고쳐 놓았다. 하지만 이후 모든 판본이 이를 수정하
지 않은 채 계속해서 '극단'으로 표기해 놓고 있다.[19] 또 다른 예를 보자.

---

18 연재본, 단행본 계통과 무관하게 각 판본의 차이는 다음과 같은 표현에서도 드러난다.
   연재본 55회(1931.3.2)에는 'はいッ(네—)'처럼 일본어가 그대로 노출되어 있지만 이를
   단행본에서는 '네에……'(②③④)와 같이 고쳐놓았고, 최근 판본인 ⑤⑥에서는 또 '하이
   (네)'처럼 표기하고 있다.

19 '활동'이라는 소제목 아래 연재된 다음 부분의 '꼬물꼬물'도 마찬가지다.

   하여간에 아이 보는 년은 생전 여는 것을 보지 못하던 이 문을 열어 주고 이리로 나가
   라는 데에는 좀 이상한 듯이 주인아씨의 얼굴을 치어다보았으나 하라는 대로 그리 나와
   서 전찻길로 빠져 염천교 다리로 향하여 <u>꼬물꼬물</u> 걸어갔다.

   처음 연재본에서는 '꼬불꼬불'로 표기했지만 다음 날의 정정 기사를 통해 '꼬물꼬물'로
   수정해 놓았다. 하지만 이후 모든 판본은 이를 수정하지 않고 '꼬불꼬불'로 표기하고
   있다.

병화와 덕기가 병화의 진로에 대한 고민을 나누는 장면에서 덕기가 병화를 염려하며 하는 말 가운데, "하지만 그런다면 당장 학비가 오지 않을게 아닌가? 더구나 자네 <u>아버니</u>께서는 어떻게 그렇게 해서 입학만 되면 교회 속에서 학비라도 끌어내실 작정일 텐데……?"(연재본 17회, 1931.1.19) 라는 부분에서 연재본 ①의 경우 '아머니'로 표기되어 있다. 단행본 계통에서는 이를 '아버지'(②) '아버니'(③④)로 고쳐놓았지만, ⑤⑥의 경우 '어머니'로 고쳐 놓은 것을 볼 수 있다. 하지만 이는 ①에 '아머니'라는 오식을 잘못 수정한 경우이다. 문맥상 여기서는 병화의 아버지를 가리키는 것이 명백하므로 '아버지'로 읽어야 한다. 다만 구체적 대화를 존중하는 차원에서 '아버니'라는 표현을 그대로 두는 것이 타당하다고 할 수 있다. 이는 ⑤⑥의 판본이 글 전체의 흐름을 파악하지 않은 채 문구에만 매달린 결과가 아닐 수 없다.[20]

이후 더욱 구체적으로 살펴보겠지만 연재본부터 2002년의 판본까지 여섯 종의 판본만 비교해 보았는데도 약 5천여 곳의 다른 곳을 확인할 수 있었다.[21] 이러한 상황에서 텍스트에 대한 정확한 이해 즉 정본의 확정 없이 내리는 평가들이 얼마나 유효할 것인가 하는 생각이 든다.

정본을 확정하는 일은 작품 분석의 기초로서의 의미를 지닌다. 분석 대상으로서의 원전에 대한 확정이 이루어져야 본격적인 연구가 이루어

---

20 편집상의 실수도 찾아볼 수 있다. ③(민중서관 출판본)의 경우 덕기와 아버지 상훈이 덕기의 진로를 두고 대화를 하는 부분에 대한 서술인 '이렇게 되고 보니 부자간도 서로 이용하고 서로 이해타산으로 살아 나가는 것쯤 된다. 돈 – 그 돈도 아직 생긴 돈은 아니나 – 하여간 돈 앞에는 아들에게도 머리를 숙이게 되는 것이다.'라는 한 단락을 온전히 빼먹은 경우도 있었다.

21 이는 필자가 문장부호부터 내용의 보충 삭제까지 여섯 판본의 모든 차이점을 비교해 본 결과로 정확히 5,009곳이었다. 구체적 내용은 이후 글 속에서 항목별로 서술할 것이다.

질 수 있고 그 연구가 의미를 지닐 수 있기 때문이다. 원본 확정을 위한
자료의 조사와 검토는 보통 다음과 같은 단계로 이루어진다. 첫째 문서
적 증거, 원고 초간본, 수정본 등을 근거로 가장 순수하고 정확한 형태
를 확정하고, 모든 문서를 총망라한다. 둘째, 기본 텍스트 설정. 많은
이본 혹은 사본들 중에서 결정본의 근거가 될 기본 텍스트를 선정한다.
셋째, 차이점 대조 조사. 일정한 기간 동안 출간된 여러 판본을 대조
조사하여 다른 부분을 확실히 기록한다. 넷째, 판본의 족보. 각 판본의
연대적 선후 관계 즉 족보를 추정하고 원전을 확정한다.[22] 물론 이 때의
원전이란 명백한 오기나 오식의 수정을 거친 교열본(일반적으로는 최초
단행본)을 말한다. 일반적으로 정본 확정의 기준은 작가가 현재 이 소설
을 쓴다면 어떻게 표기해야 하며 또 작가는 자신의 의도를 드러내기
위해 어떤 방식으로 표현했을 것인가를 그 기준으로 삼아야 한다. 하지
만 교열본이라 할지라도 작가의 의도적 사투리 사용 등은 당연히 고쳐
서는 안 된다. 작가의 의도를 무시하고 일방적으로 현대화한 표기는
작품의 진정한 맛을 느끼게 못하게 만들기 때문이다.[23]

작품을 처음 신문이나 잡지에 발표할 때와 단행본 혹은 작품집으로
발간하는 과정에서 일부가 개작되는 일은 그리 드문 것은 아니다. 게다
가 식민지 시대에 발표되거나 출간된 이후 현재까지 지속적으로 발간

---

22 이상섭, 『문학연구의 방법』, 탐구당, 1980, 20~21쪽.

23 구체적 예를 들자면 ⑥과 같은 시리즈로 나온 『천변풍경』의 경우, 작가 박태원이 '아이스
크림'과 '아이스쿠리'라는 표현을 병행 사용하면서, 여학생들이 제과점에서 사먹는 경우
'아이스크림'으로 길거리에서 파는 경우 '아이스쿠리'로 표현하고 등장인물들의 생활과
연결시켜 이렇게 달리 표현하고 있음을 밝힌 바 있다. 그런데 ⑥에서는 이를 무시하고
모두 '아이스크림'으로 통일해서 표기함으로써 작가의 의도를 무시하고 있는 것을 볼
수 있다. 졸고, 「『천변풍경』의 개작 과정 연구」, 『민족문학사연구』 45, 민족문학사연구
소, 2011 참고.

되고 있는 작품들의 경우 발표나 출간 연대가 비교적 분명하기에 족보를 따져야 할 경우는 거의 없다. 이 경우 중요한 것은 판본 대조를 통한 차이점 확인 및 이를 근거로 한 원본 확정이다. 하지만 우리의 경우 사정이 조금은 다르다. 식민지, 분단, 전쟁, 급속한 산업화 등 급격한 정치적, 사회적 변화를 겪는 과정에서 사회적 상황이나 정치적 이념에 따른 작가들의 의식적·무의식적 개작이 이루어져 작품이 왜곡된 경우가 많기 때문이다. 『삼대』의 경우도 크게 다르지 않다. 당시 신문 연재소설은 대개 연재가 끝나면 단행본으로 출시되는 것이 일반적 현상이었다. 그런데 왜『삼대』는 연재가 끝난 후 곧바로 단행본으로 간행되지 않았는가. 이에 대해 염상섭은 다음과 같이 말하고 있다. "발표하였던 당시로 말하면 총독부 도서과의 미움도 꽤 많이 받아서 몇 차례나 출판 허가를 제청하여도 신문에 한 번 난 것은 할 수 없으나 출판허가는 안 된다고 번번히 퇴자"[24]를 당했다고 한다. 결국 『삼대』 단행본은 해방 후인 1947년에야 처음으로 출간될 수 있었다. 그런데 문제는 이 과정에서 이루어진 상당 부분의 개작이다. 이 개작에 대해 식민지 시대에 표현하지 못했던 미비한 점을 보충하고 미진한 구사(構思)를 보다 세련되게 가다듬는데 있었으리라[25]고 평가하기도 하지만 실상 그렇게만 보기 어려운 것은 분단에 따른 사회적 정치적 상황의 변화에 따라 이루어진 개작이기 때문이다. 작품의 후반부 개작이 많이 이루어지고 그에 따라 결말 부분이 상당히 달라지고 있는 점은 바로 그런 이유 때문이다. 식민지 시대의 연재본과 해방 후의 단행본을 전혀 다른 작품으로

---

24 염상섭, 「사실주의와 더불어 40년」,《서울신문》, 1959.5.22.
25 김종균, 앞의 책, 166쪽.

파악하는 것도 바로 그 때문이다.[26] 이러한 사정 때문에 특히 식민지 시기 작가들의 작품 분석에 있어서 정본 확정은 필수적 사항이라 할 수 있다. 따라서 원본 확정 작업은 단순한 오자나 탈자 등에 대한 교정이나 현대 국어의 맞춤법에 따른 교정 차원을 넘어, 잘못된 기존 판본의 답습은 물론 작품의 사회적 의미와 그에 따른 가치 인식의 변화까지 밝히려는 가치평가 작업이라 할 수 있다.

2)『삼대』판본 분석[27]

(1) 명확한 오류, 오식 (문맥의 상황에 따른 오류 표함)

앞에서 잠깐 연재본 1회 부분을 살펴보며 어떤 오류가 있는지 보았는데, 다시 한 번『삼대』속의 명백한 오류를 보자. 이러한 경우는 작가에 의해 혹은 출판 과정에서의 오식 등으로 인해 명백한 오류를 보이는 경우로 예를 들면 다음과 같다.

---

26 대표적으로는 이보영(『난세의 문학』, 예림기획, 2001)을 들 수 있다.

27 '정본'확립을 위한 원칙 가운데서 우선 표기의 문제는 첫째, 발표 당시의 문학작품을 현재의 작가가 쓴다면 표기를 어떻게 해야 하는가 하는 원칙에 기준을 둔다. 이를 염두에 두고 원문에 대한 자의적인 변개(變改)나 수정을 가해서는 안 된다는 것을 분명히 해야 한다. 띄어쓰기나 맞춤법의 경우 원칙적으로 현대 표기법에 따라야 하지만, 이는 표기법상의 변천을 반영하는 수준으로만 이루어져야 한다. 작가의 의도가 분명히 개입되어 있는 표현의 경우에는 표기법보다는 작가의 의도를 살리는 것이 작품의 참된 모습을 살리는 것이므로 무조건적으로 현대식표기로 고쳐서는 곤란하다. (문지출판의 경우 예로 들어 설명) 예컨대 원문의 방언(方言)이나 고어(古語) 등을 모두 현대 표준어로 바꾸는 것은 작품의 참맛을 죽이는 행위가 아닐 수 없기 때문이다. 의미 전달에 문제가 발생하지 않으며 작가의 의도가 있는 것으로 판단되는 대화 속의 표현은 물론 지문에서도 이러한 원칙을 유지해야 한다.

만일 금고 열쇠가 상훈에게로 왔던들 이 사람들이 상훈이를 이렇게까지 무시는 못하였을 것이다. 무시는커녕 <u>상훈이가 팥으로 메주를 쑨다 하여도 녜- 녜- 하였을 것이다. 상훈인들 해부를 꼭 하자는 것도 아니다.</u>(연재 146회, 1931.6.13)

밑줄 친 부분을 연재본 계통의 표현이다. 그런데 단행본 계통인 ②③ ④에서는 '무시는커녕 <u>창훈이부터</u> "아무렴, 그 이상하니 해부해보세."하고 서둘러댔을 것이다.'로 수정하는 과정에서 '상훈'을 '창훈'으로 잘못 쓰고 있다.[28]

또 소제목 '추억'의 첫 장면에서 "말하자면 남은 몸을 <u>버렸든지</u> 자식이 있든지 없든지 남의 사정은 <s>손톱만큼도 모르고……(하략)</s>"에서 밑줄 친 '버렸든지'의 경우 연재본(①)에서 '버렸든지'로 선택의 문제로 표현하고 있는데 비해 단행본 계통의 판본(②③④)은 과거 형태인 '버렸던지'로 바꿔 놓았다. 그런데 연재본을 저본으로 한 ⑤⑥의 경우에는 '바렸든지'로 표기하고 있다. 이는 ⑤가 '버렸든지'를 '바렸든지'로 잘못 인쇄한 것을 ⑥이 그대로 검증 없이 쓴 것으로 볼 수 있다. 이러한 예는 또 찾을 수 있다. 상훈과 창훈이 족보 인쇄를 놓고 설전을 벌이는 가운데 창훈이 자기변명을 하는 과정에서 "나도 조가로 태어났으니까 싫어도 하고 좋아도 하는 노릇이 아닌가?"라는 문장의 '조가로'를 ⑤에서 '조카로'로 오식한 것을 ⑥이 검증 없이 그대로 따라 쓰고 있는 것을 볼 수 있다.

'<u>당자들까지도</u> 인제는 가끔 머리에 떠오르는 추억에 그치고 만 것이

---

28 이 외에도 그리고 연재본에서 '병화'를 '덕기'로 표기해 놓은 곳 등 총 25군데에서 이러한 오류, 오식을 발견할 수 있었다.

다.'(연재본 36회, 1931.2.9)라는 문장에서도 연재본인 ①은 '그 당자까지
들도'로 표기하고 있고 이를 바탕으로 한 ⑤⑥은 '그 당자들까지도'로
표기하고 있다. 하지만 여기서의 '그'는 오식이며 '당자들까지도'가 맞
다. 37회 연재 후 정정기사를 통해 36회의 오식을 바로잡아 놓고 있지
만 이후 판본에서는 이 정정기사를 제대로 살피지 않은 까닭이다. 단행
본 계통에서는 이를 '당자들까지도'로 수정해 놓았다.

　이런 오류는 상당히 많아 쉽게 찾을 수 있다. '하는'을 '같이 하는'으
로, '밥 먹을 때'를 '밥도 먹을 때'로, '일본 손들은'을 '일복 손님들은'으
로, '도틀어'를 '도리어'로, '집중'을 '집중'으로, '둘째 애아버지, 셋째
애아버지'를 '둘째애 아버지, 셋째애 아버지'처럼 자의적으로 고쳐 놓
은 모습은 제대로 된 검증을 거치지 않고 다른 판본을 베낀 것으로 추
정할 수밖에 없게 만든다.

　이와 함께 문법적으로 명백히 잘못 쓰인 조사와 어미를 사용하고 있
는 경우도 찾을 수 있다. '아홉시를 치는 것을 보고'를 '아홉시가 치는
것을 보고'로 쓴 경우,[29] '부친은 불호령을 당장 터뜨렸다'(126회, 1931.5.26)
로 써야 할 곳을 '부친은 불호령이 당장 터뜨렸다'로 적은 경우[30], '처자를
갖추고 호강스럽게 사는 양을…'(연재본 184회)로 써야 할 곳을 연재본부
터 시작하여 모든 판본에서 '처자가 갖추고 호강스럽게 사는 양을…'로
표기한 경우 등을 찾을 수 있다. 이런 오류는 모두 7곳 정도를 발견할
수 있었다.

29　④ 창작과 비평사 출판본만 제외하고 연재본을 포함하여 모든 판본이 '아홉시가'로 표
　　기하고 있다.
30　연재본, 단행본 모두 '부친은 불호령이 당장 터뜨렸다'로 되어 있지만 가장 최근본인
　　④와 ⑥은 이를 '불호령을'로 수정해 놓았다.

(2) 문맥에 따른 어휘 수정

이 경우 관건은 어떤 표현이 작가의 의도에 부합하면서도 자연스러운가 하는 점이다. 게다가 작가의 의도를 손상시키지 않는 범위 내에서 현대 맞춤법에 맞는 표현을 찾아야 한다. 상훈이 병화와 어울리는 경애의 모습에 대해 짐작하는 부분을 서술해 놓은 표현 가운데 '모던 걸'과 '맑스 걸'이 판본에 따라 혼용되고 있는 것을 볼 수 있다. 연재본과 최근 판본인 문지, 창비본에서는 '모던 걸'로 표기해 놓았고, 단행본인 을유문화사본, 민중서관본 등은 '맑스 걸'로 표기해 놓았는데, '주의자들 속에서 여왕 노릇을 하는'이라는 바로 앞부분을 고려한다면 '모던 걸'보다는 '맑스 걸'이 적절한 것처럼 보일 수도 있지만, 소제목 '재회'의 첫 부분부터 '모던 걸'이 두 번 이상 지속적으로 사용되고 있는 점을 고려한다면 전체 문맥의 흐름 상 '모던 걸'로 표기하는 것이 더욱 적절하다고 생각할 수 있다.

또 '두 그릇을 후딱 하고 나는 것을 보고 경애는 자기 몫으로 남은 한 그릇을 마저 권하였으나 병화는 <u>남은 것</u>을 참고 담배를 붙여 문다'(연재본 161회)라는 문장의 경우, 연재본에서 '납분 것'으로 표현하고 있고 이후 동아출판사 판본과 문학과 지성사 판본에서는 '나쁜 것'으로 표기하고 있다. 그러나 문맥으로 볼 때 '남은 것'이 더욱 적절한 것으로 보인다. 단행본 계통에서는 이 문장의 경우 '밥 한 그릇을 후딱 먹고 나는 것을 보고 경애는, / "에그 체하시겠소." / 하고 애를 쓰면서'와 같이 완전히 문장 표현을 바꾸었기 때문에 비교할 수가 없다. 이 외에도 '일의 장본인이 상훈이에게 있기 때문에'(연재본 194회)로 되어 있는 경우에도 '일의 장본인이 상훈이기 때문에'로 고치는 것이 옳다.

(2) 문장부호의 수정

문장부호의 변화는 330여 군데 이상 이루어지고 있다. 문장 부호 가운데 가장 많은 변화를 보인 것은 '?'로 연재본에서 최근 발행한 단행본까지 모두 101곳에서 물음표를 더하거나 없애는 등 가장 많은 변화를 보이고 있다. 다음으로는 장음표시 부호 ' — '의 경우 91곳, 말줄임표 '……'의 경우 87곳, 느낌표를 더하거나 없앤 경우는 16곳이며 그 외 문장부호의 변화가 이루어진 곳 41곳 등이다. 문장부호의 경우 현대 표기법을 따르른 것이 원칙이지만 작가의 특별한 의도가 있는 경우에는 작가의 원래 표현을 그대로 살려야 할 것이다. 즉 문체의 특성이나 시각적 효과, 작가의 의도 등을 최대한 살리는 것이 작품의 진정한 느낌을 살리는 것이다. 예컨대 대화 속에서 사용되고 있는 "아-녑쇼", '꽤-니(괜히)', '새-젓(새우젓)' 등의 경우 현대표기법에 따라 "아닙니다" 등으로 고치는 것은 인물 계층에 따라 표현을 다양하게 사용하고 있는 작가의 의도를 무시하는 것이자 동시에 작품의 참맛까지 버리는 꼴이 된다. 이 외에 지문에서의 인용부호도 마찬가지다.

(4) 어휘의 변화

ㄱ. 한자 ↔ 한글의 전환 및 맞춤법·외래어 표기법에 따른 수정

연재본은 상당히 많은 어휘들을 한자어와 병행 표현하고 있다. 해방 이후 발간된 단행본에서는 한자어와 병행 표기했던 대부분의 어휘를 한글 표기만으로 바꿔 놓고 있다. 이후 일관된 원칙 없이 한자어 병행, 한글 표기가 출판사에 따라 달라졌는데, 이는 1970-80년대의 한글운동, 입시 위주의 작품 판매를 위한 출판, 초중고교에서의 한자 교육이

유명무실해지거나 없어지는 등 교육정책에 따라 작품에 대한 고증이나 정본(定本)에 대한 인식이 없이 작품의 출판이 이루어졌기 때문이다. 최근 2000년대 이후 출판본의 경우에는 일부 한자어 병행 방식으로 이루어지고 있다. 연재본, 최초 단행본을 비롯하여 최근의 판본까지 모두 6종만 비교했음에도 한자어 표기의 변화가 이루어진 곳이 모두 242곳에 이른다.

작품의 의미를 전혀 변모시키지 않는 한도 내에서 맞춤법의 변모에 따라 수정이 이루어진 곳은 모두 250곳 정도이다. 이 경우에는 문제될 만한 것이 없다고 볼 수 있다. '멫'→몇, 귀치 않아→귀찮아 등의 예를 들 수 있다.

ㄴ. 대화 속의 표현이나 인용

이 경우에는 최대한 원문을 살리는 한에서 현대어로 표기하는 것을 원칙으로 삼아야 한다. 그런데 최근에 출판된 판본일수록 이러한 원칙을 무시하고 작가의 의도나 당대의 표현 등에 관계없이 무조건 현대표기법에 따라 수정해버림으로써 작가의 의도를 오히려 무시해버린 결과를 낳게 되는 경우가 적지 않았다. 예컨대, 작품의 초반 덕기 처에게 시어머니가 은근히 어린 시조모를 비난하면서 건에는 말 가운데 "이 추이에 얼마나 고생이냐? 손등에 얼음이 얼었구나!" "안방에서는 여전히 쓸어 맽기고 모른 척하니?"라는 대화 속의 밑줄친 부분을 모두 '추위', '맡기고' 등의 현대어로 바꿔놓았는데, 이는 작가의 의도를 제대로 살리지 못한 수정이 아닐 수 없다. 이러한 변화도 모두 250 여 곳에 달한다.

ㄷ. 의미 변화 없는 단순한 어휘의 변화

『삼대』 전체를 통틀어 가장 많은 변화를 보여주는 사항이 바로 이 어휘 표현의 변화다. 모두 2,940여 곳에 걸쳐 변화를 보이고 있다. 여기서의 어휘 변화는 문장이나 문맥의 변화 없이 글자 그대로 단순한 어휘 변화만 이루어진 곳이라 할 수 있다. 예를 들면, 연재본에서는 '할 아버니' '아버니' 등의 표현을 사용했지만 단행본 발행부터 이후 모든 판본에서는 대부분 이를 '할아버님' '아버님' 등으로 고쳐놓은 것을 볼 수 있다. 하지만 『삼대』라는 식민지 시대 작품의 표현을 그대로 살리는 것이 작가의 진정한 작품 의도를 보존하는 것이라 생각한다. 하지만 '위선' '인제는' 등의 표현처럼 작가의 특별한 의도가 담겨있다고 보기 힘든 단순한 어휘표현의 경우에는 '우선' '이제는' 등 현대 표기법으로 고치는 것이 마땅할 것이다.

ㄹ. 어휘 변화에 따라 의미의 변화가 수반된 경우

지금까지의 변화 수정은 작품의 전체적 흐름이나 의미에 큰 영향을 미치는 것이라고는 보기 어려운 것이 사실이다. 하지만 어휘의 변화에 따른 의미의 변화는 단순히 한 어휘의 변화 뿐 아니라 문장 전체의 의미에까지 영향을 미치게 된다. 이러한 어휘 변화를 통한 의미 변화가 이루어진 곳은 60여 곳에 이른다.

이처럼 의미 변화가 이루어진 개작은 다시 다음 몇 가지 경우로 나누어 볼 수 있다. 첫째, '더구나 이런 자리에서 <u>술집 고용살이로 다니는</u> 경애와'(연재본 5회, 1931.1.5)를 '더구나 이런 자리에서 술집 <u>작부로 떨어진</u> 경애와'로 고치거나 '밥이나'→'차를' '밥 먹을 데를'→'좋은 찻집은 없나 하구' 등과 같이 어휘 수정을 했지만 문장 전체의 의미 변화로까지는 나아가지 않은 경우로의 변화. 둘째, '그랬다면'→'그러지 않았다면' '따라 들어섰다'→'끌려 들어갔다' '주인 없소?'→'주인 있소?' 처럼 전체적인 내용의 변화는 없지만 그 표현에 있어서는 반대의 것으로 바꿔놓은 경우. 셋째, '한 시간'→'반 시간' '이백 석'→'삼백 석' '갑절'→'삼갑절' '십오 분'→'삼십 분' 등 단순한 단위 수정. 넷째, '명함'→'유서' '도장'→'정미소 상속 유서' 등과 같이 간단한 어휘 수정이지만 작품 후반부에서의 줄거리의 변경에 따라 이루어진 경우. 다섯째, 식민지적 상황에서 연재할 때와 해방 후 단행본으로 발행할 때의 시대적 상황의 변화에 따른 어휘의 수정, 이를테면 '총독부 지붕'→'영추문 문루 처마' '부르주아의 술도……라고'→'시치미 뚝 떼고' '××서장'→'종로서장' '왜반찬가게'→'반찬가게' '그 일'→'3·1운동' '그래도 나와서는'→'그래도 감옥에서 나와서는' 등의 변화를 들 수 있다. 이 가운데 줄거리 변경에 따른 어휘 수정과 시대적 상황의 변화에 따른 어휘 수정은 작품 전체에 일정한 변화를 야기하는 중요한 수정으로 볼 수 있다.

이 외에도 어휘의 구체화를 통해 내용상의 일정한 변화를 가져온 경우를 볼 수 있는데, 모두 10여 곳에 불과하지만 두 가지 성격으로 나누어 볼 수 있다. 우선 추상적이던 어휘를 구체적으로 수정한 경우로 '몇 시간'→'두어 시간', '이 제사'→'할머니 제사', '말은 몰라도'→'일본 말은 몰라도', '무어 좀 보낼까 해서'→'병환에 맞을 약…보내드릴까 해서' 등과 같이 내용을 명확하게 하는 표현으로 바꾼 경우가 그 첫 번째다. 두 번째는 '덕기는 가슴이 한층 더 두근거렸다.'→'친구의 입에서 홍경애라는 이름까지 듣고 나니 덕기는 새삼스레 가슴이 두근거리기까지 하였다.', '그렇기도 쉬운 일일 듯싶다'→'경애 역시 그런 축으로 떨어지기도 쉬운 일일 듯싶다', '녜–'→'그럼요. 버릇을 애초에 잘

못 가르치셨으니까요.', '때문이다' → '때문이나 이것은 창훈이와 최참봉의 입에서 나온 말이다', '없기 때문이다' → '없겠지마는 조부의 치부도 그 규모 때문이기는 하다' 처럼 대답을 처음에는 없던 내용을 부가시켜 내용을 더욱 구체화함으로써 인물의 성격이나 상황에 대한 이해를 훨씬 더 분명하게 드러내고자 한 경우를 볼 수 있다.

ㅁ. 서술어미 등의 변화를 통한 시제의 변화

'앉았다' → '앉는다' '없었다' → '없다' '웃었다' → '웃는다' '것이다' → '것이었다' 등 작품 속의 상황에 따라 과거형과 현재형을 변화시킴으로써 작품의 내용상의 변화는 없이 단지 인물의 생각이나 행동의 현재성에 대한 변화를 보여주고 있다. 이러한 변화는 살펴본 바로는 모두 49곳에서 이루어지고 있다. 이 경우는 작품의 정확성을 위한 작가의 장인적 성격에서 비롯된 것이라 할 것이다.

(5) 생략된 부분

ㄱ. 어휘 생략

'하고', '그러므로' '또' 등 앞 문장을 받아 다음의 문장과 연결시키는 역할을 하던 어휘를 생략함으로써 군더더기를 없애 문장 연결의 매끄러움을 도모한 곳, '제 고생이 서러워서인지' '날짜를 대서' '이 양반이 아드님! 호호호……' → '호호호……'처럼 한 구절을 생략하여 간결함을 추구한 곳, '별안간' '행여' '퍽' '정말' '다시' '섭섭하고' '조그만' 등의 수식어 생략을 통해 문장을 간결하게 만든 경우, '눈을 찌프린다' → '찌프린다', '나 만났단 말씀도 말우' → '만났단 말씀도 말우'처럼 구체적 용언을 생략하여 문장의 간결함을 추구한 곳, '것이라고 누구든지 생각

하는 것이었다'→'것이었다'와 같이 서술어미의 간결화를 추구한 곳
등 모두 150여 곳 이상에 이른다.

ㄴ. 문장 생략

단행본을 출판하면서 기존 연재본에 있던 문장을 생략하고 있는 경
우는 모두 91곳에 달한다. 이들 대부분은 인물의 심리 묘사나 상황에
대한 서술로 이루어진 문장으로 문맥상 불필요하다고 판단되는 한두
문장 정도를 생략한 곳으로, 줄거리 전개나 분위기 묘사에 영향이 없는
부분들이어서 단지 소설 전개의 원활함을 위한 것으로 볼 수 있다. 두
세 문장을 하나의 문장으로 합친 경우도 10여 곳 있었다. 이보다 조금
더 나아가 최소한 대여섯 줄 이상의 문장을 생략하거나 심지어는 한
페이지 정도의 분량을 삭제한 경우와, 연재본에서 작가 염상섭의 목소
리가 개입되어 있던 부분이 단행본 발행시 삭제된 경우도 있었지만 이
역시 소설 흐름에 지장을 줄 정도는 아니었다.[31]

이처럼 전적으로 소설미학의 완성도를 높이기 위한 노력의 산물로
볼 수 있는 경우 이외에 사회비판적 내용이나 혹은 시대적 상황과 관련
하여 의도적으로 연재본에 있던 내용을 단행본 발행 때 삭제한 것으로
짐작할 수 있는 경우도 볼 수 있다. 이 경우는 작품의 흐름 자체에 영향

---

31 연재본 36회(1931.2.9)에서 '그 다섯 달 동안의 생활을 독자는 궁금히 생각하리라. 그
러나 지나간 일을 후벼 파서 백일하에 내놓은들 무슨 소용이 있으랴. 필자는 앞길이
바쁘니 수시수처에서 다시 보고할 기회가 있겠거니와 경애는 그때 학교를 나오면서
서울을 떠났다.'고 표현되어 있던 것을 단행본에서는 '경애는 그때 학교를 나오면서
서울로 떠났다'는 한 문장으로 줄여 놓았다. 또 장훈의 검거에 관해 옥신각신하는 병화
와 경애의 대화 가운데 '(오토바이 한 패란 형사란 말이다)'처럼 괄호로 처리하여 설명
해놓은 부분도 단행본에서는 삭제한 것을 볼 수 있다.

을 미치는 개작 부분이기에 깊은 주의가 필요한 곳이다. 예컨대 작품 초반 덕기와 병화가 병화 아버지의 돈을 학비로 이용하는 문제를 둘러싸고 언쟁을 하는 장면에서 '자네 말마따나 밥을 옹호하는 부르주아의 파수병정을 이용하는 것은 해로울 게 없다는 말일세……'(연재본 21회, 1931.1.23)라는 내용의 삭제나 사회주의 사상을 상징하는 붉은 색의 술을 마시고 얼굴이 붉어지는 것에 비유한 병화와 경애의 대화 부분을 삭제한 경우(연재본 120회, 1931.5.14) 등이 그러하다. 이와 함께 아버지 조상훈의 타락을 생각하며 그 이유를 사회적으로 분석한 덕기의 생각 부분 20여 줄을 삭제한 곳이나 체포된 조상훈에게 일본 형사가 조선이 망한 것은 모두 당신 같은 사람들 때문이라고 비판하는 부분을 삭제한 것도 이러한 맥락에서 볼 수 있을 것이다.

(6) 첨가된 부분

연재본에서 단행본으로의 개작이 이루어지는 과정에서 새롭게 어휘나 문장을 보충한 곳은 모두 260여 곳으로 어휘 보충이 이루어진 곳은 모두 190곳, 문장이 첨가된 경우는 모두 70곳 정도이다.

간단한 어휘 보충을 통해 내용의 변화를 꾀한 경우는 매우 다양한 경향을 보여준다. 첫째, '안방'→'이 집 안방', '저 입 봐!'→'먹자고 보지 <u>않는</u> 저 입 봐!', '좀 늦게 나갔다고'→'<u>사랑에</u> 좀 늦게 나갔다고' '덕기는 암만 생각하여도'→'<u>다른 때 같으면</u> 덕기는 암만 생각하여도', '경애를 데려다주고'→'경애를 <u>집에</u> 데려다주고'와 같이 문맥을 더욱 세부적으로 구체화하여 배경이나 상황에 대한 이해를 더욱 명확히 하고자 한 경우다. 둘째, 인물의 성격에 대한 보충을 통해 구체적이고도 명확한 표현이 될 수 있도록 한 경우로, '이런 소리를 하며'→'이런 소리를 <u>거침없이</u>

하며', '병화가 이런 소리를 한다.' →'병화가 <u>툭 터놓고</u> 이런 소리를 한다.', '수원집은 혼잣말처럼' →'수원집은 <u>영감 들어보라고</u> 혼잣말처럼', '덕기의 모친은 감잡힐 소리를 또 하여놓고' →'덕기의 모친은 <u>급한 성미에</u> 감잡힐 소리를 또 하여놓고' 등의 예를 들 수 있다. 이와 함께 인물이나 상황 묘사에 대한 보충을 통해 마찬가지의 효과를 얻고자 한 경우도 볼 수 있다. '병화가 있거나 말거나' →'<u>자식의 친구인</u> 병화가 있거나 말거나', '병화에게 대한 질투와 모욕을 참을 수 없어서다' →'병화에게 대한 질투와 <u>자식의 친구 앞에서 받은</u> 모욕을 참을 수 없어서다', '열 번 감추면 열 번 만큼 마음에 서려서 남아 있으리라' →'열 번 감추면 열 번 만큼 <u>마치 흐린 날 연기 서리듯</u> 마음에 서려서 남아 있으리라' 셋째, 인물 및 인물의 말이나 행동에 대한 보충을 통해 문장의 의미를 더욱 명확히 하고자 한 경우. 먼저 인물의 보충은 '술을 권하려니까' →'술을 권하려니까 <u>경애가</u>', '꼭 째인' →'<u>마담은</u> 꼭 째인', '… 하고 닫은 문을 흔드는 바람에' →'… 하고 <u>청요릿집 배달이</u> 닫은 문을 흔드는 바람에', '하고 묻는다.' →'하고 <u>상훈이는 새삼스레</u> 묻는다.', '제 밑 들어 남 보이기니까' →'<u>수원집도</u> 제 밑 들어 남 보이기니까' 등의 예를 볼 수 있다. '일복한 여자가 들어오다가' →'일복한 여자가 <u>목욕 대야를 들고</u> 들어오다가' 등과 같은 예를 들 수 있고, 인물의 말이나 행동에 대한 보충은 '상훈이는 윗목으로 내려섰다' →'<u>아랫목에 앉았던</u> 상훈이는 윗목으로 내려섰다', '노영감이 곧 들어왔다.' →'<u>아이년이 나가자</u> 노영감이 곧 들어왔다.', '… 주인의 얼굴이 나타난다.' →'… 주인의 얼굴이 <u>앉은 채로</u> 나타난다.' 등의 예에서 찾아볼 수 있다. 넷째, '그러나' '하여간' '그래서' 등의 접속어 보충을 통해 문장 연결을 매끄럽게 한 경우. 다섯째, 심리나 상황 묘사에 있어서 사회적 성격의 어휘 보충을 통해 전달하고자 하는 의도를 더욱 명확히 한 경우로 해방 후라는 개작 시기와 밀접히 연관이 있는 부분이라 할 수 있는 경우이다. '술집에 있기 때문에 이런 하대를 받고'→'자기가 조선 사람이고 술집에 있기 때문에 이런 하대를 받고', '무슨 일이 있어서 조사를 당하든지 … 할 경우에는 자네가 천 원을 무조건적으로 나를 주었다고만 대답해주게.'→'무슨 일이 있어서 조사를 당하든지 … 할 경우에는 전향하고 장사를 한다기에 자네가 천 원을 무조건적으로 나를 주었다고만 대답해주게.', '두부살에 바늘뼈던가!'→'부르주아는 두부살에 바늘뼈던가!' 이러한 수정의 예는 명백히 사회적 상황에 따른 개작임을 충분히 짐작할 수 있게 해주는 부분이다.

어휘가 아니라 문장 보충을 통해 작품의 이해와 완성도를 높이고자 한 곳은 모두 70곳 정도인데, 근원적 이유는 어휘 보충의 의도와 마찬가지라 할 수 있지만, 이러한 문장의 보충은 연재본과 단행본의 상당 부분이 달라진 작품의 뒷부분 특히 '장훈'과 '병화'의 체포를 전후하여 등장인물들의 심리묘사 및 상황서술을 하고 있는 부분에서 많아진다는 특성을 지닌다. 이는 다시 수정 정도에 따라 세 경향으로 나누어 볼 수 있다. 첫째, 문맥과는 큰 관계없이 인물이나 상황에 대한 보충으로, 예컨대 필순 부친이 등장하는 장면에서 필순이 부친에 대해 '필순이 부친은 다북한 윗수염에 벌써 흰 털이 두서넛 생기니만치 겉늙어서 한 오십이나 되어 보이고 캥캥하니 암상궂게 생겼으나 상냥한 대신에 별로 주변성이 없어 보이는 중늙은이'와 같은 묘사를 덧붙이고 있는 경우를 들 수 있다. 둘째, 상황에 대한 이해를 구체화하기 위해 대화나 지문을 보충하고 있는 경우.[32] 셋째, 심리나 상황 묘사에 있어서 식민지 시

---

32 예컨대 마지막 부분 장훈의 죽음을 서술하는 부분의 경우, 연재본(208회, 1931.9.6)에는

대에서는 표현하기 어려웠던 내용을 보충한 경우로 시대적 상황에 따른 내용의 변개를 알 수 있게 해주는 경우다.[33]

(7) 문장 표현 혹은 내용의 변화

ㄱ. 문장 표현의 변화

내용의 변화를 일으키지 않으면서 문장 표현의 변화를 통해 문맥을 더욱 자연스럽게 수정한 곳을 볼 수 있다. 이러한 문장 표현의 수정은 두 가지 경우로 나누어지는데, 하나는 문장 표현의 일부만을 변화시키고 있는 경우로 『삼대』 전체를 통틀어 132곳에 이른다. 예를 들면 연재본에서는 병화가 경애를 처음 만나서 "그야 미인보고 이쁘다 하지 않을 사람이 어디 있기에요!" 라는 말을 통해 호감을 표시하는데, 이를 단행본에서는 "그야 미인보고 예쁘다 하지. 그렇지만 놀라 자빠질 지경이야……"처럼 고쳐 놓은 경우를 들 수 있다. 또 덕기와 경애의 관계를 설명하는 대목에서 연재본에는 '덕기와 경애는 남대문 × 소학교에서 9년 전에 한 해에 같이 졸업을 하였다'고 되어 있는 부분을 단행본에서 '덕

장훈이는 저녁밥을 먹고 나서 물을 마실 때 위산이나 먹듯이 '코카인'을 들이드려버렸다. 혀를 깨문 것은 계획하였던 바도 아니요, 자기도 의식 있이 한 노릇이 아니었다.

와 같이 되어 있는데, 단행본에서는 이 문장 사이에 다음과 같이 두 문장을 보충하여 서술해 놓았다.

장훈이는 저녁밥을 먹고 나서 물을 마실 때 위산이나 먹듯이 '코카인'을 들이드려버렸다. 머릿속이 흐려진 장훈이는 이 모든 행동을 기계적으로 하였던 것이다. 죽음의 공포에서 초월하여 약이 창자에서 도는 증세를 가만히 노려보고 있었다. 혀를 깨문 것은 계획하였던 바도 아니요, 자기도 의식 있이 한 노릇이 아니었다.

33 예컨대 경애를 둘러싸고 병화와 싸움이 붙은 술꾼 청년들이 순사의 출현을 반기는 이유를 '일본순사이기 때문이다'라고 보충해 놓은 곳 등.

기와 경애는 남대문 × 소학교에서 한 해에 같이 졸업을 한 것이 벌써 팔구 년 되나보다.'로 고쳐 놓은 부분 역시 문장 일부의 개작을 통해 좀 더 자연스러운 문장으로 만들고자 한 경우다.

다른 하나는 문장 일부가 아니라 전체의 수정을 가하고 있는 경우다. 그렇지만 이 경우 역시 표현의 변화에 따른 의미의 변화가 이루어진다고 보기는 어렵다. 다만 표현의 수정을 통한 뉘앙스의 변화를 가져온 경우이다. 이러한 경우는 모두 60여 곳서 볼 수 있다.[34]

(8) 내용의 변화

문장 수정을 통해 내용의 변화를 꾀하고 있는 점은 작품의 후반부로 가면서 특히 두드러진다. 작품 전체를 전/후반부로 나눈다면 문장의

---

34 예컨대 연재본(10회) 및 이를 저본으로 한 판본에서 '이튿날'이라는 소제목 하의 한 대목을 보면,

> 덕기는 조부에게 제사에 참례하고 가라는 분부를 듣고 사흘이나 물러 떠나면 학교가 늦겠다고는 생각하였으나 그리 해로울 것은 없다고 생각하였다. …… 위선 어제 갔던 바커스-경애-주부-병화-오뎅 접시가 한꺼번에 떠올라 왔다. 조부의 말은 잘 들리지 않았다. 조부의 쓰고 앉은 안경알이 눈에 어른거릴 뿐이었다.
> '오늘 바커스에 다시 한 번 가볼까?'
> 이런 생각도 머리에 떠올라 왔다.

로 표현되어 있는 곳이 단행본 및 이를 저본으로 한 판본들에서는

> 덕기는 조부의 제사에 정성이 부족하다는 훈계를 들으면서도 지끈거리는 무거운 머리로,
> '오늘 저녁때 바커스에 다시 한 번 가볼까?'
> 하는 생각이 떠오를 뿐이요, 조부의 쓴 안경알이 꺼멓게 어른거리는 것조차 멀리 어렴풋이 바라다보였다.

와 같이 수정되어 있다. 이처럼 문장 표현상으로는 상당히 변하였지만 내용상으로는 거의 달라지지 않은 것으로 볼 수 있다.

내용을 바꾸어 놓은 경우는 작품의 전반부에서는 10곳 이하에 그치고 있지만, 중반 이후 후반부로 갈수록 중요 단어는 물론 문장, 단락에 걸쳐 상당한 부분의 내용을 수정해 놓은 것을 볼 수 있다. 이처럼 간단하게 내용이 바뀐 곳은 60여 곳에 이르며, 작품 말미의 상당한 변화를 포함하여 한 페이지 분량 이상의 내용 수정을 가한 곳도 10여 군데 이상이다.

병화가 덕기를 데리고 경애를 만나는 장면에서 경애가 덕기에게 하는 말 가운데 연재본에는 "난 참 싫어요. 어서 당신부터 …… 나 먹던 술은 못 자시겠어요? 부르주아의 술도 얻어먹는데 나 먹던 술은 더러워서 못 자시겠소?"(연재본 6회, 1931.1.6)로 표현된 부분이 단행본에서는"난 그만해요. 우리 합환주 하십시다. 부잣댁 도련님 술은 얻어 먹어두 나 먹던 술은 더러워 못 자시겠에요?"처럼 바뀐 것을 볼 수 있는데 문맥상 전체적 의미의 변화는 없지만 '부르주아의 술'이라는 표현을 '부잣집 도련님 술'로 수정한 것을 알 수 있다. 이는 식민지 시기와 해방 공간이라는 시대적 특성에 따른 작가의 의식적 개작이라 할 수 있을 것이다.

이 외에도 조부의 유산 처리가 논의되는 장면에서 정미소를 누구에게 넘겨줄 것인가 하는 부분은 내용이 완전히 바뀌었고[35], 상훈이 문서를 훔친 후 논공행상을 하는 장면이나 순사부장의 훈계 장면 등은 상당히 달라지고 있음을 볼 수 있다.

특히 눈에 띄는 변화 중 하나가 경애와 상훈의 갈등, 덕기와 수원집의 갈등 중요 인물들 간의 갈등을 매우 구체화하는 방향으로 개작한

---

35 원래 연재본에는 '그 외에 은행 예금 중 큰 것으로 일만 원과 지금 들어 있는 집이 덕기의 차지'일 뿐 아니라 남문 밖 정미소 역시 덕기 소유로 되어 있었다. 그런데 이후 내용에서는 유서에 정미소에 대한 언급이 없어 조상훈이 서류를 위조하는 등 문제가 있다. 그래서 단행본에서는 유서 내용 중 정미소 부분을 삭제해버렸다.

점이다. 연재본에서는 등장인물의 회상, 작가의 서술 등을 통해 인물 간의 관계를 표현하는 경우가 많았지만 단행본에서는 이러한 회상이나 작가의 서술보다는 인물 간의 대화나 구체적 상황 묘사를 통한 갈등 묘사에 주력하고 있음을 볼 수 있다.

구체적으로 '금고'를 둘러싼 갈등상황을 보자.

> 덕기는 다시 집어넣고 채운 뒤에 병원에 전화를 걸어 보았다. 창훈이를 찾았으나 아직 안 왔다 한다. 최 참봉도 역시 없었다. 오거든 곧 전화를 걸어 달라고 일러두고 안으로 들어가 보니 서조모는 나가고 없다. 병원에 갔다고 한다. 내일 다례 지낼 것을 차리려고 병원에 있던 사람까지 끌고 왔는데 수술하는 것 같으면 모르지만 왜 그리 시급히 갔을꼬? 실상은 내가 사랑에서 혼자 거례를 하고 있으니 그렇게 몸이 달았으면야 슬쩍 눈치를 보러 나왔을 터인데 안 나온 것을 보면 금고에 눈이 발개진 기미를 보일까 보아 냉정한 태도를 가작하는지도 모를 일이다. 지주사가 홍정을 해가지고 오니까 그제서야 창훈이가 왔다. (연재본 140회, 1931.6.6)

유서를 둘러싸고 인물들 간의 갈등과 음모가 펼쳐지는 부분에서, 연재본에서 위와 같이 간략히 서술되어 있는 상황을 단행본에서는 세 페이지 이상에 걸쳐 덕기와 수원집의 설전을 통해 구체화하고 있다. 이와 함께 조부의 죽음 후 유산 분배를 둘러싼 갈등이 매우 구체적으로 추가되어 있음을 볼 수 있다. 이 외에도 가게 '산해진'을 필순이 병화 등과 함께 꾸려나가는 모습, 유서에서 정미소 처리 부분을 없애 갈등의 불씨를 만들어 놓은 점, 상훈의 살림살이 구입 과정과 모습을 매우 구체적으로 표현해 놓은 점, 유언의 집행 문제에 대한 수정, 필순의 덕기 병문안 장면의 수정과 그 과정에서 이루어지는 덕기와 필순의 대화 속에

서술해 놓은 경애의 부친과 인생 내력 및 좌우익 운동에 대한 이야기, 필순의 두 번째 병문안 장면을 없앤 점, 덕기가 필순에게 준 돈에 대한 필순 부모의 모습과 이에 대한 경애의 놀림 등을 단행본에서는 풍부하게 표현해 놓은 것을 볼 수 있다. 이는 단행본에서의 개작을 통해 작품 후반부에서의 금고, 유서를 둘러싼 중심 갈등을 전개하고 있다는 점에서 매우 중요한 개작부분이라 할 수 있다. 이에 따라 마지막 장면인 필순 아버지의 임종 및 덕기의 다짐 등에 대해서도 단행본이 훨씬 구체적으로 서술하고 있는 차이점을 볼 수 있다.

그 외 개작과정에서 달라진 점 가운데 특기할 것은 단락 구분과 소제목의 변화이다. 연재본에서는 단락 구분이 되어 있지 않았던 곳을 개작 단행본에서 새로이 단락 구분을 한 곳은 모두 117군데였는데, 이 새로운 단락 구분의 경우 사실 큰 의미를 지닌다고 말하기는 어렵다. 신문이라는 형식의 특성과 책의 특성을 고려한다면 단락 구분에서 오는 작품의 차이는 없다고 보아도 무방할 것이다. 그런데 이와는 달리 소제목의 수정은 『삼대』내용의 수정과 밀접한 연관을 맺고 있기에 주의해서 살펴야 할 것이다. 이런 제목의 변화는 모두 17회에 걸쳐 이루어지고 있는데 전체의 약 1/3에 해당한다. 이 하나만으로도 개작의 정도를 짐작하게끔 해준다.[36]

---

36 연재본을 단행본으로 개작하는 과정에서 소제목을 바꾼 경우는 모두 9회인데('가는 이'→'중상과 모략', '집'→'열쇠꾸러미', '입원'→'금고', '입원'→'일대의 영결'('입원'에서 두 개의 제목을 붙여 따로 구분함), '부모'→'부모들', '고식'→'애련', '용의자 떼'→'검거선풍', '젊은이 망령'→'겉늙은이 망령', '석방'→'부친의 사건') 처럼 줄거리의 수정에 따른 제목의 수정이 이루어진 곳과 주제의 방향성을 선명히 한 경우로 나누어 볼 수 있다. 그 외 연재본에 있던 소제목을 삭제한 경우가 두 곳이고('상점', '취조'), 나머지는 제목 변경 없이 새로운 소제목을 부친 경우이다. (매당, 세 여성, 변한 병화, 단서, 장훈이, 소녀의 애수)

3. 맺음말

이상 염상섭의『삼대』가 연재본에서 단행본으로 개작되는 과정에서
이루어진 다양한 변화 양상을 살펴보았다. 본고의 목적이 개작의 의미
자체를 논의하는 것이 아니라 개작의 구체적 양상을 살피고 연구 대상
으로서의 정본을 확정하기 위한 것임은 앞에서 이미 말한 바 있다.

『삼대』의 정본 확정은 위에서 살핀 것처럼 중요 판본간의 차이에 대
한 정확한 대조가 이루어진 다음에야 가능하다. 각 판본의 차이와 개작
에 대한 인식을 갖지 못하는 것도 문제이지만, 연재본과 단행본 어느
한 쪽에만 시선을 고정하는 것도 문제가 될 수 있다.

종래의『삼대』연구에서 개작된 단행본을 텍스트로 삼는 경우 예외
없이 조덕기를 중심으로 한 조의관 집 삼대를 주인공으로 파악하게 되
고 따라서 가족사 소설로 파악할 수밖에 없다[37]는 인식이 바로 그러하
다. 이로부터 해방 이후 개작은 김병화의 정의를 위한 비극적 투쟁을
취급한 정치소설에서 조의관 집의 가족사를 취급한 소설로 후퇴했다는
평가에 이른다. 하지만 이러한 평가는 연재본과 단행본의 차이를 사회
주의적 휴머니즘과 가족적 이기주의의 대비로만 파악하기 때문에 가능
하다.[38] 덕기의 사고를 준비론으로 비판하고 심정적 민족주의에 기초
한 비현실적인 이상론이라 비판할 수 있겠지만, 정치적 자유의 쟁취를
추구하는 무조건적인 투쟁의 길만이 올바른 길이라는 주장 역시 비현
실적인 이상론에 불과하다는 비판도 가능하다. 어느 한 쪽만 보게 된다
면 오히려 '덕기'를 중심으로 한 삼대와 '병화'의 관계를 통해 식민지

---

37 이보영, 앞의 책, 334쪽.
38 같은 책, 372쪽.

현실을 총체적으로 보여주고자 한『삼대』라는 작품을 스스로 축소 해석하게 되는 우를 범하는 것은 아닌지 생각할 필요가 있다.

우선 이루어져야 할 일은 이러한 고정된 시각을 탈피하여 개작 과정의 정확한 양상을 먼저 고찰하는 일이다. 완전무결한 정본 확정은 어려울 뿐 아니라 그 자체로 곧 정확한 작품의 해석이 가능한 것은 아니겠지만 정본 확립이 명확하고도 풍부한 해석과 평가를 위한 기초인 것만은 분명한 사실일 것이다.

참고문헌

강경화, 「김환태 비평론 연구」, 성균관대 석사학위논문, 1993.

강진호, 『현대소설사와 근대성의 아포리아』, 소명출판, 2004.

고 은, 『1950년대』, 청하, 1980.

구보학회 편, 『박태원과 모더니즘』, 깊은샘, 2007.

권영미, 「박승극의 문학연구 – 소설과 비평을 중심으로」, 경기대학교 교육대학
　　원 석사학위논문, 2001.

권영민, 『한국민족문학론연구』, 민음사, 1988.

＿＿＿, 『한국 현대문학사』, 민음사, 1993.

＿＿＿, 『한국계급문학운동사』, 문예출판사, 1998.

권영민 편, 『염상섭 문학 연구』, 민음사, 1987.

＿＿＿＿, 『월북문인연구』, 문학사상사, 1989.

김경복, 『혁명 이후의 문학』, 박이정, 2009.

김경수, 『염상섭 장편소설 연구』, 삼신문화사, 1999.

김기승 외, 『인문학의 싹』, 인물과 사상사, 2011.

김남식, 『남로당 연구』, 돌베개, 1984.

김동리, 「민족문학에 대하여」, 『월간문학』, 1972. 10.

김동환, 「1930년대 한국 전향소설연구」, 서울대학교 석사학위논문, 1987.

＿＿＿, 「1950년대 문학의 방법적 대상으로서의 외국문학이론」, 『한국전후문
　　학의 형성과 전개』, 태학사, 1993.

김명인, 『전환기의 민족문학』, 풀빛, 1987.

＿＿＿, 「문학사 서술은 불가능한가」, 『민족문학사연구』 43호, 민족문학사연구

소, 2010.

김병익, 「6·25와 한국소설의 관점」, 『상황과 상상력』, 문학과 지성사, 1976.

김상일, 「민족문학의 기원론」, 『월간문학』, 1970. 10.

김상태, 『박태원-기교와 이데올로기』, 건국대학교 출판부, 1996.

김성은(막스 베버 원저), 『근대인의 탄생-프로테스탄티즘의 윤리와 자본주의 정신』, 아이세움, 2011.

김양호, 「전후실존주의 연구」, 단국대학교 박사학위논문, 1992.

김영민, 『한국현대문학비평사』, 소명출판, 2000.

김우종, 『한국현대소설사』, 선명문화사, 1974.

김윤식, 『한국근대문예비평사연구』, 일지사, 1973.

_____, 『한국현대문학사』, 일지사, 1976.

_____, 『근대한국문학연구』, 일지사, 1983.

_____, 『염상섭 연구』, 서울대학교 출판부, 1987.

_____, 『한국문학의 리얼리즘과 모더니즘』, 민음사, 1989.

_____, 『한국근대문학사상사』, 한길사, 1984.

_____, 『한국현대 현실주의소설 연구』, 문학과 지성사, 1990.

_____, 『바깥에서 본 한국문학의 현장』, 집문당, 1998.

김윤식 외, 『한국 현대비평가연구』, 강, 1996.

김윤식·정호웅, 『한국소설사』, 문학동네, 2000.

김일영, 『건국과 부국』, 생각하는 나무, 2004.

김재남, 『김남천문학론』, 태학사, 1991.

김정명·이반송, 『식민지시대 사회운동』, 한울림, 1986.

김정훈, 「남북한 지배담론의 민족주의 비교 연구」, 연세대학교 박사학위논문, 1999.

김종균, 『염상섭 연구』, 고려대학교 출판부, 1974.

김종균 편, 『염상섭소설 연구』, 국학자료원, 1999.

김종엽 편, 『87년 체제론』, 창비, 2009.

김종욱, 「일상성과 역사성의 만남」, 『박태원 소설 연구』, 깊은샘, 1995.

_____, 『한국 현대소설의 서사형식과 미학』, 역락, 2005.

_____, 「전광용 소설에 나타난 삶의 윤리」, 『개신어문연구』 27, 개신어문학회,

2008.

김진실, 「염상섭의 삼대연구」, 서강대학교 석사학위논문, 1996.

김 철, 『국민이라는 노예-한국문학의 망각과 기억』, 삼인, 2005.

김학균, 『염상섭 소설 다시 읽기』, 한국학술정보, 2009.

김 현, 「민족문학 그 문자와 언어」, 월간문학, 1970. 10.

김 현·김윤식, 『한국문학사』, 민음사, 1974.

김현양, 「민족주의 담론과 한국문학사」, 『민족문학사연구』 19, 민족문학사연구
    소, 2001.

남원진, 『1950년대 비평의 이해』, 역락, 2000.

류재엽, 『이성의 문학, 감성의 문학』, 푸른 사상, 2009.

문덕수, 「고전문학과 민족의식」, 『월간문학』, 1970. 10.

문영진, 「김남천의 해방전 소설 연구」, 서울대학교 석사학위논문, 1990.

문학과 문학교육연구소, 『한국현대소설사』, 삼지원, 1999.

문학과 사상 연구회, 『염상섭 문학의 재인식』, 깊은샘, 1998.

문학사상 자료조사연구실 편, 『김환태 전집』, 문학사상사, 1988.

문학사연구회 편, 『민족문학론』, 백문사, 1988.

민족문학사학회 편, 『새 민족문학사강좌』, 창비, 2009.

박동규, 『현대한국소설의 성격 연구』, 문학세계사, 1981.

박명림, 『1950년대 한국사의 재조명』, 선인, 2004.

박승옥, 『상식: 대한민국 망한다』, 해밀, 2010.

박종홍, 『박종홍 전집』, 형설출판사, 1982.

박철희·김시태 편, 『한국현대문학사』, 시문학사, 2000.

박태순, 『문예운동 30년사1·2·3』, 작가회의 출판부, 2004.

백낙청, 「새로운 창작과 비평의 자세」, 『창작과 비평』 창간호, 1966년 겨울.

_____, 『민족문학과 세계문학』, 창작과 비평사, 1978.

백낙청 편, 『민족주의란 무엇인가』, 창작과 비평사, 1981.

백낙청 회화록 간행위원회 편, 『백낙청 회화록』 1~3, 창비, 2007.

백 철, 「전쟁문학의 개념과 그 양상」, 『세대』, 1964. 6.

서경석, 「한설야문학 연구」, 서울대학교 박사학위논문, 1991.

서영채, 『문학의 윤리』, 문학동네, 2003.

서사연 경제분과, 『한국에서의 자본주의 발전』, 새길, 1992.

서종택, 『한국현대소설사론』, 고려대학교 출판부, 1999.

서중석, 『한국근현대의 민족주의 연구』, 지식산업사, 1989.

신경득, 「한국전후소설 연구」, 건국대학교 박사학위논문, 1982.

신경림, 「문학과 민중—현대한국문학에 나타난 민중의식」, 『창작과 비평』, 1973
년 봄.

신동욱, 「김남천 소설에 나타난 지식인의 자아확립과 전향자의 적응문제」, 『동양
학』 제21집, 1991.

신두원 편, 『임화문학예술전집』 4, 소명출판, 2009.

신승엽, 「이식과 창조의 변증법 – '이식문학론'의 정당한 이해를 위하여」, 『창작
과비평』 73, 창작과 비평사, 1991.

신승환, 『지금, 여기의 인문학』, 후마니타스, 2010.

안숙원, 「천변풍경의 비교문학적 연구」, 『박태원과 모더니즘』(구보학회 편), 깊
은샘, 2007.

엄해영, 「한국전후세대소설 연구」, 부산대학교 박사학위논문, 1993.

역사문제연구소 편, 『한국정치의 지배이데올로기와 대항이데올로기』, 역사비평
사, 1994.

역사문제연구소 편, 『한국의 '근대'와 '근대성' 비판』, 역사문제연구소, 1998.

염무웅, 『살아있는 과거』, 창비, 2015.

오효진, 「작가의식과 정치상황」, 서울대학교 석사학위논문, 1974.

우리어문학회 편, 『한국문학과 낭만성』, 국학자료원, 2002.

우한용, 「박태원 소설의 담론구조와 기법」, 『표현』 18호, 1990.

유병석, 『염상섭 전반기 소설 연구』, 아세아문화사, 1985.

유임하, 『분단현실과 서사적 상상력』, 태학사, 1998.

유종필 편, 『일상사로 보는 한국근대사』, 책과 함께, 2006.

유종호, 「한국적이라는 것」, 『사상계』 1968년 문예임시증간호.

유철상, 「한국 전후소설의 관념지향성 연구」, 서울대학교 박사학위논문, 1999.

유학영, 「1950년대 한국소설 연구」, 성균관대학교 박사학위논문, 1987.

윤병로, 『비평의 쟁점과 문학의 안팎』, 국학자료원, 1996.

윤지관, 『리얼리즘의 옹호』, 실천문학사, 1996.

윤해동, 『식민지의 회색지대』, 역사평사, 2003.

이경훈, 『이광수의 친일문학 연구』, 태학사, 1998.

이대영, 『한국전후실존주의소설 연구』, 국학자료원, 1998.

이덕화, 「김남천 연구」, 연세대학교 박사학위논문, 1990.

이명재, 『문학비평의 이론과 실제』, 집문당, 1997.

이보영, 『난세의 문학』, 예림기획, 2001.

이봉일, 『1950년대 분단소설 연구』, 월인, 2001.

이상갑, 『한국근대문학비평사론』, 소명, 2003.

이상섭, 『문학연구의 방법』, 탐구당, 1972.

이상원, 「1950년대 한국전후소설 연구」, 부산대학교 박사학위논문, 1993.

이선영 편, 『문학비평의 방법과 실제』, 삼지원, 1991.

이은애, 「김환태의 '인상주의 비평' 연구」, 서울대학교 석사학위논문, 1985.

이재선, 『한국현대소설사』, 홍성사, 1979.

이종두, 「안확의 '문명적' 민족주의」, 고려대학교 박사학위논문, 2008.

이종오, 「해방 50년의 근대화 그리고 통일에 대하여」, 『창작과비평』, 1995년
　　　가을호.

이주미, 「'추백'의 프로문학 비판가 안막의 예술 전략」, 『国際語文』 제41집, 국제
　　　어문학회, 2007.

이한화 편, 『러시아프로문학운동론』 1, 화다, 1988.

이형기, 「민족문학이냐 좋은 문학이냐」, 월간문학, 1970. 10.

임규찬 편, 『임화문학예술전집』 2, 소명출판, 2009.

임영봉, 『상징 투쟁으로서의 한국 현대문학비평사』, 보고사, 2005.

임지현, 『민족주의는 반역이다』, 소나무, 1999.

임　화, 『문학의 논리』, 학예사, 1940.

장수익, 「박태원 소설의 발전과정과 그 의미」, 『외국문학』 30호, 1992.

전기철, 「한국 전후문예비평의 전개양상에 대한 고찰」, 서울대학교 박사학위논
　　　문, 1992.

전승주, 「1950년대 한국 문학비평 연구」, 서울대학교 박사학위논문, 2002.

전재호, 「박정희 체제의 민족주의 연구 – 담론과 정책을 중심으로」, 서강대학교
　　　박사학위논문, 1997.

_____, 「민족주의와 역사의 이용: 박정희 체제와 전통문화정책」, 『사회과학연구』 7, 서강대학교, 1998.

정성화 편, 『박정희시대 연구의 쟁점과 과제』, 선인, 2005.

_____, 『박정희 시대와 한국현대사』, 선인, 2006.

정현숙, 「갑오농민전쟁 연구」, 『어문학보』 14집, 1992.

_____, 『박태원 소설 연구』, 깊은샘, 1995.

정호웅, 「주체의 정립과 리얼리즘」, 『한국근대리얼리즘작가연구』, 문학과지성사, 1988.

조구호, 『한국 근대소설 연구』, 국학자료원, 2000.

조남현, 『소설원론』, 고려원, 1982.

조동일, 「순수문학의 한계와 참여」, 『사상계』, 1965년 10월호.

_____, 『한국의 문학사와 철학사』, 지식산업사, 1996.

조동일·임철규(대담), 「민족문학에 대하여」, 『임철규, 우리 시대의 리얼리즘』, 한길사, 2009.

조병남, 「이북명 소설 연구」, 성균관대학교 석사학위논문, 1991.

조정환, 『노동해방문학』, 노동문학사, 1989.

조태일 외, 『문학의 이해』, 한울, 1999.

조현일, 「1920-30년대 노동소설 연구」, 서울대학교 석사학위논문, 1991.

_____, 『전후소설과 허무주의적 미의식』, 월인, 2005.

차원현, 「한국경향소설연구」, 서울대학교 석사학위논문, 1987.

차혜영, 『1930년대 한국문학의 모더니즘과 전통 연구』, 깊은샘, 2004.

채호석, 「황혼론」, 『민족문학사연구』 창간호, 민족문학사학회, 1991.

최원규 편, 『일제 말기 파시즘과 한국사회』, 청아, 1988.

최원식, 「안자산의 국학」, 『자산안확국학논저집』 6, 여강, 1994.

최원식·정해렴 편역, 『안자산 국학논선집』, 현대실학사, 1996.

최장집, 『민주주의의 민주화 - 한국민주주의의 변형과 헤게모니』, 후마니타스, 2006.

최정무, 「미국, 무의식의 식민화 그리고 자기분열」, 『당대비평』, 2001년 봄호.

하정일, 『20세기 한국문학과 근대성의 변증법』, 소명출판, 2000.

한국문학연구회 편, 『한국문학과 민족주의』, 국학자료원, 2000.

한국민족운동사학회 편, 『한국민족운동사 연구』 45, 한국민족운동사학회, 2005.
한국예술종합학교 한국예술연구소 편, 『한국현대예술사대계 제5권-1980년대』,
　　시공아트, 2005.
한수영, 「1950년대 한국 문예비평론 연구」, 연세대학교 박사학위논문, 1995.
_____, 「식민지, 전쟁 그리고 혁명의 도상에 선 문학」, 『새 민족문학사강좌』,
　　창비, 2009.
허수열, 「일제하 한국에 있어서 식민지적 공업의 성격에 관한 일연구」, 서울대학
　　교 박사학위논문, 1983.
홍문표, 『현대문학비평이론』, 창조문학사, 2003.
홍석률, 『1960년대 한국의 근대화와 지식인』, 선인, 2004.
홍일선 편, 『박승극 전집』, 학민사, 2001.

梶村秀樹, 『한국근대경제사연구』, 사계절, 1983.
니시카와 나가오, 윤대석 옮김, 『국민이라는 괴물』, 소명출판사, 2002.
에릭 홉스봄, 강명세 옮김, 『1780년 이후의 민족과 민족주의』, 창작과 비평사,
　　1994.
브루스 커밍스, 김동노 외 역, 『브루스 커밍스의 한국현대사』, 창비, 2001.
G. 루카치, 반성완 옮김, 『소설의 이론』, 심설당, 1998.
위르겐 오스터함멜, 박은영·이유재 옮김, 『식민주의』, 역사비평사, 2006.

전승주

서울대학교 국어국문학과 졸업.
동 대학원 석사, 박사 졸업. 현대문학 소설 비평 전공.
현재 서울과학기술대학교 기초교육학부에 재직.
1992년「현단계 문예운동의 반성과 모색」〈실천문학〉으로 연구 – 평론 활동 시작.
저서로『한국 현대비평문학 탐구』『안막 선집』(편) 등이 있고 주요 논문으로는「전후 문학
연구 시각의 검토」,「1980년대 문학론의 반성적 고찰」등이 있으며, 최근에는「삼대 개작 연구」
등 원본비평에 관심을 두고 연구를 하고 있다.

문학사 연구의 기초와 원본비평

2020년 4월 24일 초판 1쇄 펴냄
2021년 12월 7일 초판 2쇄 펴냄

지은이 전승주
펴낸이 김흥국
펴낸곳 도서출판 보고사

책임편집 이순민
표지디자인 손정자

등록 1990년 12월 13일 제6-0429호
주소 경기도 파주시 회동길 337-15 2층
전화 031-955-9797(대표)
        02-922-5120~1(편집), 02-922-2246(영업)
팩스 02-922-6990
메일 kanapub3@naver.com / bogosabooks@naver.com
http://www.bogosabooks.co.kr

ISBN 979-11-5516-989-6 93810
ⓒ 전승주, 2020

정가 26,000원